Lederstrumpf in der Schweiz

Aurel Schmidt

Lederstrumpf in der Schweiz

James Fenimore Cooper und die Idee der Demokratie in Europa und Amerika

Verlag Huber
Frauenfeld Stuttgart Wien

Bibliografische Information der Deutschen Bibliothek
Die Deutsche Bibliothek verzeichnet diese Publikation in der Deutschen Nationalbibliografie; detaillierte bibliografische Daten sind im Internet über http://dnb.ddb.de abrufbar.

ISBN 3-7193-1280-1

© Copyright 2002, Huber & Co. AG, CH-8501 Frauenfeld

Das Werk einschliesslich aller seiner Teile ist urheberrechtlich geschützt. Jede Verwertung ist ohne Zustimmung des Verlags unzulässig. Dies gilt insbesondere für Vervielfältigungen, Übersetzungen, Mikroverfilmungen und die Einspeicherung in elektronische Systeme.

Umschlag: Barbara Ziltener, Frauenfeld
Grafische Gestaltung: Arthur Miserez, Frauenfeld
Gesamtherstellung: Huber & Co. AG, Grafische Unternehmung und Verlag, CH-8501 Frauenfeld
Einband: Buchbinderei Schumacher, Schmitten
Printed in Switzerland

Inhaltsverzeichnis

VORWORT
Unterwegs zu Cooper 7

ERSTER TEIL
I Aus den amerikanischen Wäldern in die europäischen Hauptstädte
Pioniere am Lake Otsego 11
Eine schnell und glücklich gedeihende Siedlung 16
James Fenimore Coopers Jugend 21
Hochzeit und Familienleben 24
Erste literarische Versuche und Erfolge 30
Patriotismus aus selbstloser Überzeugung 35
Amerikanische Geschichte und Literatur 38
Cooper und die Indianer 44
Die ersten Jahre in Europa 48

ZWEITER TEIL
II Erster Schweizer Aufenthalt 1828
Eintritt in die Schweiz «mit offenen Augen» 57
La Lorraine, Bern, das Oberland 62
«Die Einbildung fasst es kaum» 65
Die erste Exkursion: das Berner Oberland 68
Die zweite Exkursion: Gewerbefleiss, Gewinnsucht,
   landschaftliche Schönheit 74
Überlegungen zur Freiheit und Demokratie in der Schweiz 83
Coopers Angriffe auf Handelsgeist und Habgier 91
Aufstieg zur Rigi und Aussicht vom Gipfel: Bewunderung und
   Entzücken 93
Die dritte Exkursion: «Tausend neue Schönheiten» 95
Die Aussicht vom Brünig aus Richtung Norden 109
Die Tamina-Schlucht: Am Eingang zur Unterwelt 111
Die vierte Exkursion: Über Lausanne nach Genf und zurück 112
Letzte Tage in der Schweiz und Abreise nach Italien 116

III Zweiter Aufenthalt in der Schweiz 1832
Italien, Deutschland, Frankreich: Einbildungskraft und Revolution .121

Zeitzeuge von revolutionärer Gärung und Restauration 129
Pariser Zeitbild aus dem Jahr 1832 132
Cooper in der vom demokratischen Fieber ergriffenen Schweiz ...135
Einige Bemerkungen über Schweizer und Amerikaner 144
Letzte Monate in Europa und Rückkehr nach Amerika 146

IV Die Schweiz als Reiseland vor und nach 1830
The Making of Switzerland 151
Freuden und Leiden der Reisenden 157
Erhabene, pittoreske und moralische Landschaften 166
Was Cooper in der Schweiz «schön» fand 170
Coopers Reiseberichte und die Kritik 172
Reiseführer der Zeit: Ebel, Picot, Simond, Murray, Baedeker 176
Das pittoreske Bild der Schweiz bei Dewey und Beattie 180

V Coopers drei europäische Romane
Die Schauplätze Venedig, Rheinland, Schweiz 187
Die Macht und ihre Korrumpierbarkeit 190
Der Scharfrichter von Bern 196
Gefahrvolle Seefahrt und Passüberquerung im Schneesturm 201
Der politische Schriftsteller und die Presse 208

DRITTER TEIL
VI Heimkehr in ein verändertes Amerika
Freiheit und Fortschritt 213
Ein Versuch, zwischen Amerika und Europa zu vermitteln 216
Wieder in Cooperstown 224
Cooper und das Amerika von Präsident Andrew Jackson 233
Der Einfluss der Neuzuzüger auf den Nationalcharakter 240
Standesunterschiede auf amerikanische Art 243

VII Coopers konservative Utopie
Der Übergang von der Natur zur Zivilisation 249
Land und Landbesitz 257
Waldmensch, Squatter und das Gesetzbuch 264
Einsamer Kämpfer gegen eine verkehrte Welt 271
Der Einzelne, die Freiheit und der Staat 278
Ideale Gesellschaft auf einer abgelegenen Insel 281
Abschied vom Schriftsteller und amerikanische Apotheose 285

Unterwegs zu Cooper

Der «Lederstrumpf» ist ein bekanntes Buch, das viele Jugendliche gelesen haben. In Wirklichkeit handelt es sich dabei jedoch um eine grosse fünfteilige Romanfolge, deren Autor James Fenimore Cooper (1789–1851) darin ein Kapitel der Pioniergeschichte der jungen Vereinigten Staaten beschrieben hat. In der für die Jugend eingerichteten Bonsai-Version ist die Handlung nur schwer und dessen Bedeutung nicht einmal ansatzweise zu erkennen.

Dass Cooper daneben noch dreissig weitere Romane, darunter einen, der in der Schweiz spielt, sowie einige andere, nichtliterarische Werke geschrieben hat, wissen nur einige wenige Eingeweihte. Das ist weiter nicht tragisch, viele Bücher sind heute – offen gestanden – nicht mehr lesenswert. Dass sich der Lederstrumpf-Autor ausserdem zweimal in der Schweiz aufgehalten, grössere Ausflüge durch das Land unternommen und darüber zwei Bücher verfasst hat, ist wohl auch nur den wenigsten bekannt. Die beiden Reiseberichte wurden nur einmal, 1836 und 1837, ins Deutsche übersetzt.

Hier wird der Versuch unternommen, Coopers Schweizer Bild zusammenzufassen und zugleich ein allgemeineres Bild der Schweiz wiederzugeben, das in den Jahren 1828 und 1832, als der Autor die Schweiz bereiste, immer noch in Anspruch nehmen konnte, ein bekanntes und beliebtes Reiseland zu sein. Coopers Worte sprechen selbst eine Sprache, die keinen Zweifel daran lässt. Er hatte die Schweiz in einer Zeit des Umbruchs und der schnell vor sich gehenden demokratischen und gesellschaftlichen Veränderungen kennen gelernt und festgehalten. Immerhin war das Jahr 1848, in dem der moderne Bundesstaat gegründet wurde, nicht mehr fern und der Verlauf der Ereignisse absehbar. Zum Begriff Demokratie sind in der Schweiz ebenso wie in Amerika in der Vergangenheit aber einige Fragezeichen gesetzt worden. Die Reise zurück in die Cooper-Zeit kann dabei einiges zu dessen Erhellung in der Gegenwart beitragen.

Angesichts der Tatsache, dass die meisten Werke des Autors einschliesslich seiner zwei Reisebücher über die Schweiz kaum bekannt sind, wirft das Thema Cooper die Frage nach dem Umgang mit dem Stoff auf. Ich habe versucht, ein Buch zu schreiben, das man auch dann lesen kann, wenn man nicht alle dazugehörenden Details kennt, mithin Cooper auf seinen Reisen direkt auf dem Fuss zu folgen. Das heisst: so direkt, dass über weite Strecken der originale Wortlaut zitatweise verwendet, aber nicht unbedingt jedes Mal ausdrücklich ausgewiesen wird. Dem besseren Verständnis dienen auch längere Textauszüge, die einen Eindruck von Coopers Stil und Denkweise vermitteln sollen. Sie können übersprungen beziehungsweise für sich gelesen werden. Im Übrigen habe ich mir einige Freiheiten erlaubt und die alten, sprachlich überholten Übersetzungen durch Eingriffe, Korrekturen und Kürzungen für die Leserschaft von heute erträglich gemacht. Um den Text nicht unnötig zu belasten, sind die wichtigsten Namen und Begriffe, soweit sie für die Sache von Bedeutung sind und mehrmals im Text vorkommen, in einem Register im Anhang des Buchs alphabetisch aufgeführt.

Die Quellen, die auf Cooper Bezug nehmen, sind gelegentlich widersprüchlich, oft fehlen sie ganz. Cooper hatte auf seinem Sterbebett verfügt, dass alle biografischen Unterlagen vernichtet werden sollten, eine Anweisung, der seine Tochter Susan Augusta mit Beflissenheit nachgekommen ist. Die Briefe, die James Franklin Beard in einer sechsbändigen Ausgabe herausgegeben hat, enthalten indessen eine Fülle von wertvollen, unverzichtbaren Angaben und Hinweisen, und in Coopers Romanen ebenso wie in seinen Essays «Notions of the Americans» (einmal ins Deutsche übersetzt) und «The American Democrat» (meines Wissens nie ins Deutsche übersetzt) steht auch einiges über seine politischen und sozialen Ideen. Die beiden Bücher, 1828 und 1838 erschienen, zeigen den Wandel auf, der in Coopers Vorstellungen eingetreten ist. Nur so viel sei vorweg genommen: Es ist ein zunehmend konservatives bis reaktionäres Denken.

Dies alles in Betracht gezogen, ist im Verlauf der Zeit doch vieles über den Autor zusammengekommen, was Aufschluss über ihn und sein Werk gibt, wobei es manchmal schwierig ist, einen Weg zwischen den Meinungen der Cooper-Anhänger und der Cooper-Kritiker zu finden. Eine Biografie war nicht beabsichtigt, eine textkritische Studie ebenso wenig, vielleicht aber ein Zeitpanorama; ein Stöbern in den Archiven; ein Netz, das mit einbezieht, was gleichzeitig an den Rändern der Haupthandlung sich ereignet hat und auf diese Weise grössere Zusammenhänge sichtbar machen kann. Wenn man anfängt, an einem Faden zu ziehen, gerät man leicht in ein expandierendes Universum. Überall Bezüge und Schnittstellen. Was hatte Cooper zum Beispiel 1828 bewogen, Cologny in der Nähe von Genf zu besuchen? Zwölf Jahre zuvor hatten Lord Byron, Percy Bysshe Shelley und Mary Wollstonecraft Shelley den Sommer an diesem Ort verbracht. Selbst wenn das nicht der Grund für Coopers Interesse war, haben wir es hier mit einem literaturhistorischen Cluster zu tun und einem Hinweis auf die Ausstrahlung, die der Genfersee seit Rousseaus Zeiten ausgeübt hat. 1832 verbrachte auch Cooper einen Monat in Vevey am Genfersee. Gleiches gilt zum Beispiel auch, wenn man den «Lederstrumpf»-Autor aus den nordamerikanischen Wäldern als einen zwar hin- und hergerissenen, aber doch aufmerksamen Beobachter der Revolution von 1830 in Paris entdeckt.

Auf vieles gehe ich in diesem Buch ein, vieles bleibt ungesagt, unter anderem, um das Gewicht auf das Verhältnis Coopers zur Schweiz zu legen und seine zwei Besuche zu benützen, um das Bild der Schweiz in der ersten Hälfte des 19. Jahrhunderts hervorzuheben. Auf keinen Fall fehlen durfte aber eine, wenn auch nur gestraffte, Auseinandersetzung mit Coopers politischen Ideen und Überzeugungen. In Coopers Werk können sie wie in einem Laboratorium beobachtet werden. Vieles ist bei ihm im Kleinen angelegt, was das Land im Grossen bewegt hat. Auf diese Weise wird es auch möglich, etwas besser zu verstehen, wie gewisse politische Ideen in den Vereinigten Staaten sich entwickelt haben.

Bei meiner Arbeit haben mir viele Menschen mit Angaben und Anregungen geholfen. Besonders zu Dank verpflichtet bin ich Hugh C. MacDougall, dem Gründer, Sekretär und Webmaster der James Fenimore Cooper Society in Cooperstown, N.Y., mit dem ich im Mai 2002 einen angeregten Gedankenaustausch pflegen konnte und der mir viele ergänzende und nützliche Angaben gemacht hat. MacDougall war lange Zeit in diplomatischen Diensten tätig und hat, selbst ursprünglich Dickens-Spezialist, erst 1980 angefangen, sich mit Cooper zu befassen. Er ist ein beeindruckendes wandelndes Wissenszentrum, von dem sich Forscher, Autoren und Übersetzer aus der ganzen Welt beraten lassen.

Über die Bedeutung, die in Coopers Leben die in Kapitel 7 beschriebene Episode von Three Mile gespielt hat, waren MacDougall und ich uns bis zuletzt uneinig. Während er die Nachwirkungen auf Coopers politisches Denken als nicht besonders weit reichend beurteilt, halte ich sie im Gegenteil für eminent wichtig. Wie ich überhaupt Cooper mit mehr Distanz und mehr Kritik betrachte, als es seine Anhänger in den Vereinigten Staaten verständlicherweise tun.

Legitim ist es aber, eine abweichende Ansicht zu haben – eine Frage der Interpretation. Das schliesst jedoch das Interesse an der Person Coopers, an seinem Werk und seinen Ideen, nicht aus. Der «Lederstrumpf» bleibt, ungeachtet der Verstümmelung, die die Romane erfahren haben, auch weiterhin ein beeindruckendes literarisches Œuvre.

Basel, im September 2002, A.S.

I

Aus den amerikanischen Wäldern in die europäischen Hauptstädte

Die ersten Menschen dringen in die Wildnis am Otsego-See – James Fenimore Coopers Vater als Grundstückhändler und «border aristocrat» – Die Wälder werden gerodet – Bilder von der Frontier und früheste Ansichten von Cooperstown – Die Jugend des Schriftstellers – Lehrzeit bei der Handelsmarine und Dienst in der amerikanischen Marine – Tod des Vaters – Hochzeit mit Susan Augusta De Lancey – Cooper als «gentleman farmer» – Eine vielbeschäftigte Persönlichkeit – Lektüre nach vollbrachtem Tagewerk und Beginn der schriftstellerischen Arbeit – Erste Erfolge als Romancier – Erinnerungen an den Unabhängigkeitskrieg – Der Spion und der General – Cooperstown und Templeton – «Der letzte Mohikaner» – Entschluss, nach Europa zu reisen – Erste Eindrücke von Frankreich und Niederlassung in Paris

Pioniere am Lake Otsego

James Fenimore Cooper wurde am 15. September 1789 in Burlington, New Jersey, geboren. 169 Jahre zuvor, 1620, waren die ersten europäischen Siedler mit der «Mayflower» im heutigen Plymouth, Massachusetts, auf dem nordamerikanischen Kontinent gelandet; nur 13 Jahre vor Coopers Geburt, 1776, hatten sich die britischen Kolonien vom Mutterland getrennt und ihre Repräsentanten am 4. Juli die Unabhängigkeitserklärung unterzeichnet; und zwei Monate und einen Tag vor Coopers Geburt wurde in Paris die Bastille erobert und das Zeichen für einen politischen Umsturz von grösster Tragweite gegeben. Zwischen der amerikanischen Revolution von 1776 und der französischen von 1789 bestanden enge Verbindungen.[1]

Anfang Oktober 1790, als James Fenimore Cooper gerade knapp ein Jahr alt war, zogen seine Eltern an den Lake Otsego, 250 Kilometer nordwestlich von New York, und liessen sich dort in einer Stadt nieder, die erst vier Jahre zuvor gegründet worden war. James' Vater William Cooper (1754–1809) war Abkömmling von Quäkern, die um 1680 aus England nach Amerika eingereist waren. Aus der Heirat mit Elizabeth Fenimore (1752–1817) gingen dreizehn Kinder hervor, James war das zwölfte, fünf waren bei seiner Geburt bereits gestorben. Fünf Söhne und zwei Töchter kamen 1790 mit den Eltern an den Otsego-See; ein weiterer Sohn wurde dort geboren.

Von einer Stadt zu sprechen, wo die Familie beschloss zu bleiben, ist übertrieben, der Ausdruck «settlement» ist zutreffender. Die kleine, schon bald prosperierende Pioniersiedlung, eine Niederlassung ohne Namen in den weiten Wäldern im Nordosten des nordamerikanischen Kontinents, war eine «frontiertown» mitten in der Wildnis, in einer Gegend, mit deren Erschliessung erst begonnen worden war.

William Cooper war Grundstückmakler, der es durch Ausdauer und Zielstrebigkeit zu Wohlstand und Ansehen gebracht hatte. Vielleicht haben auch die Gunst des Augenblicks und das Glück ein wenig nachgeholfen, aber sicher ist, dass die Voraussetzungen, die William Cooper antraf, einmalig günstig waren. 1786 hatte er die Landrechte für ein grösseres Patent (Distrikt) am Otsego-See erworben. Das Geld, um die Rechtstitel für das Land zu kaufen, hatte er als Agent der Burlington Company in West-Pennsylvania verdient.

Alles war noch Wildnis. Es gab keine Felder, keine Mühlen, keine Strassen. Als William Cooper 1785 zu Pferd seinen Besitz in dem verlassenen, hügeligen Land am Otsego-See erkundete, lebten nur ein paar vereinzelte Menschen in der Gegend. Er erinnerte sich später: «Ich war allein, dreihundert Meilen von zu Hause weg, ohne Brot, Fleisch oder Nahrungsmittel; Feuer und ein Fischernetz waren die einzigen Mittel zu meiner Selbsterhaltung. Ich fing Forellen und röstete sie in der Asche des Feuers. Ich legte mich zum Schlafen in meinem Mantel nieder, und nichts als die Melancholie der Wildnis umgab mich. Auf diese Weise erforschte ich das Land, machte Pläne für die spätere Besiedlung und dachte über den Ort nach, wo einmal eine Handelsstation oder ein Dorf gegründet werden sollte.»

So hat William Cooper selber seine erste Begegnung mit der Wildnis beschrieben. Dass er auf einen Baum geklettert sei, die «schweigende Wildnis» rundherum erblickt und den Wald bis an den Horizont ausgebreitet vor sich liegen gesehen habe, hat der Sohn in seinen «Chronicles of Cooperstown» überliefert. Genauso erzählt James Fenimore Cooper in seinem Roman «Die Ansiedler» auch, wie Richter Marmaduke Temple auf einen Baum kletterte «und in die schweigende Wildnis hinausschaute», als er zum ersten Mal in die Gegend kam, die den Schauplatz des Buchs bildet.

Im Mai 1786 begann der alte Cooper, für die 40 000 Acres in der Nähe des Otsego-Sees, die seit Anfang des Jahres ihm gehörten, Käufer zu suchen. Zahlreiche Interessenten meldeten sich, innerhalb weniger Jahre war das Land verteilt. Die Zeit verbrachte William Cooper zur Hälfte in Burlington bei seiner Familie und zur Hälfte unter seinen Siedlern, um die Entwicklung mitverfolgen und beeinflussen zu können, bis die Familie 1790 nachkam.

Die Siedlung am Ausfluss des Susquehanna-Flusses aus dem Otsego-See wurde zuerst unter dem Namen Cooper's Town, Cooperton, Foot of the Lake bekannt und heisst heute Cooperstown. Ungefähr 2000 Menschen leben heute in der Kleinstadt, die vor allem wegen der National Baseball Hall of Fame bekannt ist. In der Hauptstrasse reiht sich ein Geschäft mit Baseball-Souvenirs an das andere. Die Gegend ist auch das wichtigste Anbaugebiet für Hopfen in den Vereinigten Staaten.

Für das Otsego County, das 1790 eingerichtet wurde, war William Cooper von 1791 bis 1800 als Richter tätig; zweimal wurde er in den Kongress gewählt. Später rühmte er sich, mehr Acres für die Urbarmachung und Besiedlung zugänglich gemacht zu haben als irgendjemand sonst in Amerika. Klar ist nur, dass damals vieles möglich war. Für sich selber liess er ein einfaches Manor House bauen, später ein herrschaftlicheres Mansion House, das 1799 fertig gestellt wurde, den Namen Otsego Hall erhielt und den Ort bildete, wo James Fenimore Cooper aufwuchs.

Otsego Hall in 1835

Klar ist auch, dass das Land noch von dichten Wäldern bedeckt war und erst gerodet werden musste, bevor es bebaut werden konnte. Das macht es verständlich, warum in James Fenimore Coopers Büchern oft das Schlagen der Axt zu hören ist und viele ergreifende Waldbeschreibungen vorkommen. Heute sind grosse Gebiete wieder aufgeforstet.

Die Siedler waren in vielen Fällen arme Einwanderer, die sich ein Stück des grossen Glücks erhofften, das ihnen Amerika verhiess. Judge William Cooper wusste, dass er wie alle anderen mitanpacken musste. In einer Reihe von Briefen an William Sampson beschrieb er die Besiedlung am Otsego-See in allen Einzelheiten und mit grosser Anschaulichkeit, aber ohne Pionierromantik. Die Briefe wurden 1810 in Dublin unter dem Titel «A Guide in the Wilderness; or, the History of the First Settlements in the Western Counties Of New York, with Useful Instructions to Future Settlers» gedruckt und dienten vielen Menschen als Ratgeber.

Als das kleine Kompendium erschien, war Judge William Cooper bereits ein Jahr lang tot. Beim Verlassen einer hitzigen politischen Versammlung in Albany hatte er von hinten einen Schlag auf den Kopf erhalten. Am 22. Dezember 1809 starb er an den Folgen der erlittenen Verletzungen.

In den Briefen machte er interessierte Landerwerber und angehende Siedler und Pächter darauf aufmerksam, dass sie auf die Annehmlichkeiten der Zivilisation verzichten müssten und dazu verurteilt sein würden, ein karges Leben in der Einsamkeit der Wildnis («a life of savage solitude») zu führen. Jeder müsse bereit sein, mit seiner Arbeit zum allgemeinen Wohl beizutragen, weil das Interesse eines jeden Individuums, sei er reicher Landbesitzer oder armer Schlucker, helfen müsse, das grosse und oberste Ziel zu erreichen, die Wildnis zum Blühen zu bringen; «und jeder vermehrt seinen eigenen Wohlstand, wenn er an den Fortschritt seines Nachbarn einen Beitrag leistet».

Die Armut der Menschen bedrückte William Cooper. Zu gewissen Zeiten herrschte Hungersnot, und die Menschen mussten sich von Ahornsirup und manchmal wildem Lauch ernähren, auch von Fisch, der im Susquehanna-Fluss gefangen und gerecht verteilt wurde.

Als der alte Cooper sah, wie die Menschen sich abrackern mussten, beschloss er, bei ihnen zu bleiben und ihr Leben zu teilen. Er richtete einen Laden ein, legte Vorräte an, die aber bald aufgebraucht waren, verschaffte Kredite, half, Schulden zu bezahlen und trug auf diese Weise bei, das Zusammengehörigkeitsgefühl der Menschen zu stärken.

Cooperstown war sein Werk, genau wie Templeton im Roman «Die Ansiedler» desjenige von Marmaduke Temple ist, dessen Biografie und

Erinnerungen über weite Strecken mit denen von Coopers Vater übereinstimmen. Der alte Cooper richtete auch eine Schule ein, die ebenfalls als Lokal für politische Versammlungen, religiöse Veranstaltungen und als Gericht verwendet wurde. Sogar eine Orgel liess er kommen, die grosses Aufsehen erregte; es war ein Ereignis, das «mit dem Auftritt eines brillanten Musikstars, einer ‹prima donna assoluta› in einer Grossstadt verglichen werden konnte», wie sich Susan Augusta, später Susan Fenimore Cooper, die Tochter des Schriftstellers, in ihren reichlich pietistisch angehauchten «Small Family Memories» erinnern sollte.

Susan war nicht nur Coopers literarische Beraterin, sondern mindestens ebenso sehr auch seine Apologetin, wie ihre ausführlichen, aber auch idealisierten Einführungen zu den Romanen des Vaters zeigen; sie ist übrigens selbst als Schriftstellerin hervorgetreten, unter anderem mit dem Roman «Rural Hours» (1850). Als von der Orgel die Töne der Hymne «Hail Columbia» erklangen, übten sie auf die Schüler des Orts eine elektrisierende Wirkung aus, eine Art Disco fever im Decorum der Wildnis. Übrigens war der Religionsunterricht sehr wichtig. Ein bisschen Zivilisierung brauchten die Menschen in ihrem rauen Alltag.

Nicht weniger gehörten Strassen und Brücken dazu, die von den Menschen in Gemeinschaftsarbeit angelegt wurden und den vorläufig bescheidenen Ansprüchen genügten. Bald zeigten sich erste Fortschritte des mühsamen Lebens der Menschen in der Wildnis. Die Ergebnisse fielen auch für Judge William Cooper vorteilhaft aus. Zwischen 1790 und 1803 stieg die Bevölkerung von 35 auf 349 Menschen an, und innerhalb von fünfzehn Jahren vermehrte sich der Wert des Bodens nach Angaben des alten Cooper um das Siebenfache.

Zweifellos ist das Bild, das auf Grund verschiedener Quellen hier von ihm zusammengetragen und -gesetzt worden ist, ein bisschen verklärt. Judge William Cooper war ein erfolgreicher Siedlungsgründer in den frühen Jahren der amerikanischen Republik und ein «border aristocrat» («Dictionnary of American Biography»), während andere Autoren ihn unverhohlen einen «Spekulanten» (James F. Beard) genannt haben. Aber mit Land gehandelt und spekuliert und auf das schnelle Geld gesetzt haben damals an der Frontier viele Menschen.

Vorstellen darf man sich indessen, dass die hier genannten Orte, Zeiten und Umstände die Welt waren, in der James Fenimore Cooper aufwuchs und in der er seine Jugend verbrachte. Eine glückliche Zeit war es für ihn bestimmt. Es ist die Umgebung, die er in einigen seiner Romane beschrieben hat; der Otsego-See[2] ist mit dem See Glimmerglas in einigen «Lederstrumpf»-Romanen identisch. Cooperstown stimmt in grossen Zügen mit der Siedlung Templeton in «Die Ansiedler» überein. Andere Orte, an denen James Fenimore Cooper sich später aufgehalten hat, kommen zum Beispiel in der Trilogie «The Littlepage Manuscripts» vor. Wie exakt sich die Beschreibungen des Schriftstellers mit den historischen Figuren und originalen Schauplätzen decken, darüber hat sich Cooper widersprüchlich geäussert. Manchmal bestand er auf einer genauen Übereinstimmung, manchmal wies er sie entschieden zurück. Stimmen wird das eine wie das andere. Ohne die gemachten Erfahrungen in und Erinnerungen an Cooperstown hätte er niemals den Ort Templeton so anschaulich wiedergeben können.

Wie wild die Wildnis noch war, ist eine andere Frage. In Cherry Valley, in der Nähe gelegen, gab es bereits einige Farmen. 1785 hatte am Otsego-See noch kein Haus gestanden, 1786 hatte William Cooper einen Plan mit vier Strassen gezeichnet. Nur 15 Jahre später war Cooperstown das aufblühende Zentrum eines grossen Landstrichs. Von den Indianern, von denen viele längst weiter ins Landesinnere gezogen waren und nur noch vereinzelte sich in der Gegend zeigten, wenn sie die Gräber ihrer Vorfahren aufsuchten oder Felle verkauften, musste keine Gefahr befürchtet werden. Nur einmal tauchte eine Gruppe Indianer in der Nähe von Cooperstown auf. Niemand wusste, aus welchem Grund. Alarm wurde ausgelöst, und die Bewohner meinten, allen Grund zu haben, sich auf eine bewaffnete Auseinandersetzung vorzubereiten, aber die Indianer zogen bald wieder ab. Es war ein falscher Alarm gewesen.

Bären und Panther[3] streiften durch die Umgebung, doch auch sie bildeten keine erhebliche Gefahr – ausser in einer bekannten Episode im Roman «Die Ansiedler». Einmal, als Cooper im Garten spielte, kam durch die angrenzende Strasse ein Hirsch vorbei und streckte den Kopf über den Zaun. Cooper hat diese Episode seinen Kindern oft erzählt. In kurzer Zeit war ein grosser Schritt aus der Wildnis in die Zivilisation getan worden. Dass Cooper, der Schriftsteller, ein Pionier gewesen wäre, kann kaum behauptet werden.

Eine schnell und glücklich gedeihende Siedlung

Auch in «Conanchet oder Die Beweinte von Wish-ton-Wish» hat Cooper eine Pioniersiedlung beschrieben, von der einzelne Züge mit Cooperstown und Otsego Hall übereinstimmen könnten, nur vielleicht

Erster Teil

Der Hudson Fall bei Glens.

ein bisschen weiter in die Vergangenheit zurück verlegt, als dies in «Die Ansiedler» der Fall ist. Hier eine Passage aus «Conanchet».

Wäre die Beleuchtung hell und die Stellung günstig genug gewesen, um eine Vogelsperspektive des Platzes geben zu können, so würde sich dem Auge zunächst ein breites, wellenförmiges Feld dargeboten haben, übersät teils mit dem blassen Grün verschiedener Baumgattungen Neu-Englands, teils mit Massen von üppigen, immergrünen Waldhölzern. Im Mittelpunkt dieses schwellenden und fast unübersehbaren Forstumrisses zwischen drei niedrigen Bergen dehnte sich eine mehrere Meilen lange Ebene aus, welche über ihre ganze Oberfläche hin alle Merkmale einer im glücklichen Gedeihen schnell voranschreitenden Ansiedlung an sich trug.

Die Anzahl der Dorfgebäude mochte sich auf vierzig belaufen. Sie waren wie gewöhnlich von starkem Gebälk gezimmert und die Seiten mit glatten Brettern nett überzogen. Die Häuser hatten alle ein auffallend gleiches Äusseres, und wenn von irgendeinem andern Land als dem unsrigen die Rede wäre, so dürfte man hinzufügen, dass auch das bescheidenste darunter den Anblick von ungewöhnlich viel Bequemlichkeit und Überfluss darbot. Grösstenteils bestanden sie aus zwei Stockwerken, von denen das obere einen oder zwei Fuss über die Front des unteren hervorragte, eine Bauart, die in den frühen Tagen der östlichen Kolonien sehr üblich war. Jedes Haus hatte seinen einzelnen Schornstein im Mittelpunkt des Daches,

17

und nur zwei oder drei konnten mehr als ein Fenster auf jeder Seite des Haupt- oder Vordereingangs aufweisen. Vor jeder Wohnung befand sich ein reinlicher mit Gras bewachsener Hof, den eine bretterne Einzäunung von der öffentlichen Strasse trennte. Diese war breit und auf beiden Seiten mit Doppelreihen von jungen, kräftigen Ulmen eingefasst. Eine schmale, wenig benutzte Wagenspur zog sich in anmutigen Wellenlinien mitten durch die breite, grasreiche Dorfgasse und setzte sich ausserhalb des Dorfes zwischen hohen, hölzernen Feldgehegen fort, bis sie sich dem Ansehen nach zu einem blossen Reitpfad verringerte, da, wo der Forst anfing.

Die Wohnungen waren getrennt voneinander; jede stand auf einem abgesonderten Grundstück und hatte einen an das Haus anstossenden Garten. Die Aussengebäude hingegen lagen ziemlich entfernt; die geringen Preise des Bodens machten dies ebenso möglich, als es wegen grösserer Sicherheit bei etwaigem Feuer ratsam war.

Mitten in der Fahrstrasse und fast am Ende des Dörfchens stand die Kirche. Nicht sehr weit davon entfernt auf der einen Seite der Dorfstrasse befand sich ein kleiner, eingefriedeter Raum als Ruheplatz, der für diejenigen bestimmt war, die ihre Laufbahn hienieden beschlossen hatten. Es war erst ein einziges Grab darin.

Das Wirtshaus unterschied sich von den umgebenden Gebäuden durch seine Grösse, durch ein Vordach zum Unterstellen der Pferde und durch ein gewisses anmassendes Aussehen, das ihm seine aus der Reihe der übrigen Häuser vorspringende, den Reisenden gleichsam zum Eintreten auffordernde Stellung gab.

Die Insel unterhalb der Glenn's Falls heute, mitten in einer Industrielandschaft.

Nur wenige Überbleibsel der Waldung waren in der unmittelbaren Umgebung des Dörfchens zu bemerken. Seit der urspünglichen Fällung der Bäume war hinlänglich Zeit verflossen, um auch jede Spur ihres früheren Daseins zu tilgen. Je weiter aber der Blick sich von der Häusergruppe entfernte, je deutlicher sah man noch die Zeichen späterer Eingriffe in das Waldgebiet, und die Aussicht endigte mit angefangenen Einschnitten, wo Holzhaufen und Reihen gefällter Bäume anzeigten, dass die Axt erst ganz kürzlich dort tätig gewesen war.

In der Entfernung einer kleinen Viertelstunde von dem befestigten Bau der «Garnison», wie das mit Staketen umkränzte Haus durch eine seltsame Wortverwechslung genannt wurde[4], stand ein Wohngebäude, das allen anderen im Dorf bei weitem überlegen war. Ebenso einfach wie diese, war es bedeutend grösser, und obgleich jeder bemittelte Farmer auf eine nicht minder geräumige Wohnung Anspruch machen durfte, so waren doch Bequemlichkeiten, von denen einige für eine Kolonistenfamilie fast an Luxus grenzten, etwas Auffälliges. Kurz, die Anordnung der Aussengebäude, die vorzügliche Ausführung, die besseren Materialien und zahllose andere Umstände, alles wies daraufhin, dass das ganze Bauwerk erst jüngst ausgeführt sein musste. Die um die Wohnung herum liegenden Felder zeigten eine glättere Oberfläche als die entfernteren; die Zäune waren minder schwerfällig und roh; man erblickte durchaus keine Baumstümpfe mehr, und die Gärten wie der Platz vor dem Hause waren mit blühenden Obstbäumen bepflanzt. Nicht weit hinter dem Hauptgebäude erhob sich eine kegelförmige Anhöhe, gekrönt von jener schönen Zierde, die amerikanischen Pächtereien eigentümlich sind, nämlich von einer Gruppe regelmässig und üppig wachsender Apfelbäume, die aber, da die Pflanzung erst ein Wachstum von acht bis zehn Jahren hatte, ihre volle Schönheit erst erwarteten.

Aus «Conanchet oder Die Beweinte von Wish-ton-Wish».

Eine andere literarische Beschreibung von Cooperstown findet sich im Roman «Eva Effingham oder Die Heimat» und hält den Ort und die Gegend fest, wie sie 50 Jahre, nachdem die ersten Ansiedler gekommen waren, ausgesehen haben können. Die Vettern Edward und John Effingham sowie Edwards Tochter Eva kehren in dem Roman nach einem längeren Aufenthalt in Europa nach Amerika zurück und besuchen Templeton. Es sind Nachfahren von Oliver Edwards alias Edward Oliver Effingham aus «Die Ansiedler». Der unüberhörbar ironische Ton in dem nachfolgenden Auszug ist kein Zufall. Die Passage bezieht sich auf den importierten tempelartigen «griechischen» Stil, der sich in der Architektur in Amerika ausgebreitet hatte und den Cooper, im Unterschied zum alten «gotischen», aus England übernommenen Cottage-Stil, ablehnte.

Da wir das Templeton der Ansiedler vor uns haben, an welches sich die Fortschritte eines halben Jahrhunderts knüpfen, wollen wir dem Leser eine genauere Vorstellung von seinem dermaligen Zustand zu geben, als dies durch gelegentliche Anspielungen möglich ist. Wir unterziehen uns dieser Aufgabe um so bereitwilliger, als das Städtchen nicht unter die Ortschaften gehört, welche unter den unnatürlichen Anstrengungen der Spekulation in einem Tag aufschiessen, nein, wir haben es mit einer nüchternen Landstadt zu tun, die pari passu mit der Umgebung stetig vorwärts geschritten ist und eine schöne Probe von der regelmässigen Zivilisierung der Nation bietet.

Templeton nahm sich von der Höhe aus, nach welcher wir den Leser versetzt haben, im Allgemeinen schön und wie eine Karte aus. Man konnte ein Dutzend Strassen sehen, die sich hauptsächlich unter rechten Winkeln kreuzten, obschon dies nicht mit steifer, gezwungener Regelmässigkeit geschah. Wie gewöhnlich in den kleineren amerikanischen Städten war der grössere Teil der Gebäude weiss getüncht, obschon sich mitunter auch ein besserer Geschmack kundgab, indem viele der Häuser die ernsten Farben des grauen Gesteins trugen, aus dem sie gebaut waren. Der Charakter der Reinlichkeit und Bequemlichkeit war allenthalben zu erkennen – Eigenschaften, durch die sich Templeton sehr von den europäischen Städten im Süden des Rheins unterschied, wenn wir die malerischen Flecken der Schweiz als eine Ausnahme gelten lassen.

Templeton war als Durchgangsort nicht bedeutend genug, um eine von jenen Ungeheuerlichkeiten, ein modernes amerikanisches Wirtshaus oder ein Gebäude zu besitzen, dessen Giebel die aller Nachbarbauten, der Kirchen nicht ausgenommen, überragte; dennoch hatten die Herbergen einen ansehnlichen Umfang, waren gut gelegen und vollkommen zureichend besucht.

Fast in der Mitte des Platzes und auf einem Grund von ziemlich beschränktem Umfang stand noch immer jenes Modell der zusammengesetzten Ordnung, welches sein Dasein dem vereinigten Wissen und Geschmack des Mr. Richard Jones und Mr. Hiram Doolittle verdankte.[5] Wir wollen nicht sagen, dass es modernisiert worden sei, denn der Anschein wenigstens deutete gerade auf das Gegenteil hin; gleichwohl hatte es aber, seit es dem Leser vom letzten Mal vorgeführt wurde, unter der Leitung des verständigeren John Effingham wesentliche Veränderungen erlitten.

Dieses Gebäude zeichnete sich durch seine Lage und seinen Umfang dermassen aus, dass die Augen Aller, nachdem sie unter beharrlichen Äusserungen der Freude die ganze Landschaft überblickt hatten, an demselben wie an dem Fokus des Hauptinteresses hängen blieben. Ein langes gemeinsames Schweigen bekundete, wie allgemein dieses Gefühl war, und ohne die Blicke von dem Gebäude zu wenden, setzte sich die ganze Gesellschaft auf Baumstümpfe und umgestürzte Stämme, ehe eine weitere Silbe laut wurde. Aristabulus Bragg schaute unstet um-

her und musterte neugierig das Gesicht von Mr. Effingham, in dessen Nähe er sass, um herauszufinden, ob der Ausdruck desselben eine Gutheissung von Johns geistvollen Bemühungen andeutete oder nicht.

«Mr. John Effingham hat das alte Haus bedeutend regeneriert und reviviziert, um nicht transmographiert zu sagen», begann er, behutsamerweise Ausdrücke wählend, welche seine eigenen Ansichten über die Veränderungen nicht zu erkennen gaben. «Das Werk seiner Hand hat in der ganzen Gegend allerlei Gedanken, viel Nachfragens und ein bisschen Redens veranlasst – ja, so könnte ich sagen, eine Aufregung hervorgerufen.»

«So, wie das Haus von meinem Vater auf mich kam», sagte Mr. Effingham, «kenne ich seine Geschichte, und wenn man mir eine Erklärung über seine einzelnen Züge abforderte, würde ich sie unumwunden auf die Regeln der zusammengesetzten Ordnung beziehen; Du aber, Jack, hast all dies durch Deinen eigenen Stil ersetzt, und ich werde mich deshalb wegen der Erklärung an die höhere Autorität wenden müssen.»

«Missfällt Dir mein Geschmack, Ned? Wie mir scheint, nimmt sich das Gebäude von hier nicht übel aus.»

«Zweckmässigkeit und Gemächlichkeit sind unerlässliche Erfordernisse der Privatarchitektur, wie Du selbst zu behaupten pflegst; weisst Du aber auch ganz gewiss, dass jenes kastellförmige Dach zum Beispiel dem tiefen Schnee unserer Berge angemessen ist?»

«Wenn Dir das Aussehen Deiner Wohnung nicht gefällt, Ned, so hast Du wenigstens den Trost, im Vergleich der Häuser Deiner Nachbarn zu bemerken, dass sie viel hässlicher sind. Von allen derartigen Missgeburten sind meinem Geschmack die griechischen am meisten zuwider; die meinige ist nur gotisch und noch obendrein in einem so bescheidenen Stil gehalten, dass ich glauben möchte, auch der wütendste Kritiker dürfte sie unbelästigt lassen.»

Aus «Eva Effingham oder Die Heimat».

James Fenimore Coopers Jugend

In diesem Templeton genannten Cooperstown wuchs James Fenimore Cooper auf. Da der Schriftsteller auf seinem Sterbebett geäussert hatte, dass es keine Biografie von ihm je geben solle, ist die Tochter diesem Wunsch energisch nachgekommen und hat sämtliche in Frage kommenden Quellen vernichtet. Zu den Daten und Ereignissen, die trotzdem feststehen, gehört, dass der kleine James den ersten Schulunterricht in Cooperstown von einem Lehrer mit dem Namen Oliver Cory erhielt. Fest steht ausserdem, dass er 1801 in die Boarding School des Reverend Thomas Ellison in Albany kam. Die Söhne einiger bekannter und wohlhabender Familien waren dort untergebracht. Mit William Jay (1789–1858), einem Mitschüler, verband Cooper eine lebenslange Freundschaft.

Ellison hatte viele Sympathien für die Loyalisten[6], hasste Dissidente («dissenter»)[7] und konnte Demokraten so wenig wie den Teufel ausstehen. Aber er brachte seinen Schülern, also auch James Fenimore Cooper, die Verse des Vergil bei, und William Jay hat sich später erinnert, wie er und der junge Cooper nachts auswendig Verse aus der «Bucolica» aufsagten. Überliefert hat Jay auch, dass James seine Mitschüler gern damit unterhielt, dass er aus dem Stegreif Geschichten vortrug. Dass er einmal Schriftsteller werden würde, war damals überhaupt noch nicht abzusehen, aber eine Begabung muss damals schon vorhanden gewesen sein.

Im Jahr 1802 starb Ellison, 1803 immatrikulierte sich Cooper am Yale College, aber dass er dort viel geleistet hätte, lässt sich nur schwer behaupten. Es sieht aus, als würde er seine Studien vernachlässigt, dafür verschiedene Streiche gespielt und Eskapaden begangen haben, ausserdem häufte er Schulden für Bücher und Kleider an, die vom Vater beglichen werden mussten. Er hielt es immerhin bis 1805 aus, dann wurde er vom Yale College verwiesen. Die folgende Zeit verbrachte er erneut in Cooperstown, wo er Unterricht von einem Hauslehrer, Reverend William Neill, erhielt, der nicht unerwähnt gelassen hat, dass Cooper eigensinnig war, strengen Schulunterricht verabscheute und gern Romane las. Man muss das mit einem gewissen Erstaunen zur Kenntnis nehmen, denn in den späteren Jahren war Cooper ein schaffender, ununterbrochen tätiger Mensch, der ein Arbeitspensum bewältigte, das unbeschreiblich war: schreiben, lesen, reisen, was viel Zeit in Anspruch nahm, umfangreiche Recherchen betreiben – zum Beispiel für seine 1839 veröffentlichte «The History of the Navy of the United Staates of America» sowie die «Lives of Distinguished American Naval Officers» aus dem Jahr 1846 –, ausserdem Auseinandersetzungen führen, auch prozessieren, zum Beispiel mit seinen Rezensenten, und so weiter.

Zur Marine der Vereinigten Staaten hatte er eine besonders intime Beziehung, die auf persönliche Erfahrungen zurückging. Das kam so: Mit einem Mal war die Idee oder die Absicht aufgekommen, eine Laufbahn zur See, bei der amerikanischen Marine, einzuschlagen; vielleicht war die Idee von Coopers Vater ausgegangen, der damit eine Massnahme verbinden wollte, um den Sohn etwas Tüchtiges oder Rechtschaffenes werden zu lassen, wofür die Aussicht offenbar nicht besonders ideal war.

Etwas wie eine Marine-Akademie gab es damals nicht; der häufigste Weg, um einmal in die Navy einzutreten, war der, zuvor auf einem Frachter die Sporen abzuverdienen. Im August 1806, mit 17 Jahren, trat James Fenimore Cooper in New York auf der «Stirling» seinen Dienst unter Kapitän John Johnston als einfacher Matrose an.

Mitte Oktober verliess die «Stirling» New York, legte kurz in Philadelphia an und nahm dann Kurs auf London. Die Überfahrt war lang und stürmisch, die Gefahr, in kriegerische Händel zwischen England und Frankreich verwickelt zu werden, gross. Nach einem kürzeren Aufenthalt in London ging die Fahrt durch die Strasse von Gibraltar nach Carthagena, Aguilas und Almeria weiter und wieder zurück nach London, wo ein zehnwöchiger Aufenthalt zum Aus- und Einladen eingeschaltet wurde. Ein mitreisender Matrose hat die Seefahrt von New York über London nach der spanischen Mittelmeerküste beschrieben. Er hiess Ned Myers, erinnerte sich viele Jahre später an den ehemaligen Gefährten, der inzwischen zu einem bekannten Schriftsteller aufgestiegen war, und schrieb ihm einen Brief. Die beiden trafen sich, und Cooper zeichnete dessen Lebensgeschichte, in der er, Cooper, selber vorkam, auf[8]. Einmal war Myers ins Wasser gefallen. Er konnte nicht schwimmen und rief um Hilfe. Cooper sprang ins Wasser und rettete seinen Begleiter.

England machte auf Cooper einen grossen, auch respektvollen Eindruck, was damit zu tun hat, dass die meisten Amerikaner in England den Inbegriff ihrer politischen, moralischen und literarischen Verehrung erblickten, auch wenn sie sich 1776 vom ehemaligen Mutterland losgelöst hatten. Allein oder mit seinem Begleiter Ned Myers trieb Cooper sich in London herum und besichtigte die Kathedrale St. Paul's. Den Green Park zu betreten getrauten sich die beiden so lange nicht, bis ein Passant sie aufklärte, dass sie das gleiche Recht wie der König hätten, sich im Park aufzuhalten. Für den jungen Cooper war das der beste Anschauungsunterricht, «um den Unterschied zu verstehen, der zwischen politischer Erlaubnis («franchise») und politischer Freiheit («liberty») besteht»[9].

Es ist denkbar, dass die Begegnung sein politisches Verständnis mehr geschärft hat als irgendetwas anderes. Sie hat den Grundstein seiner Kritik an den feudalo-aristokratischen Zuständen in Europa im Vergleich zu den demokratischen in Amerika gelegt und ihn bewogen, mit Nachdruck die geistige Unabhängigkeit Amerikas von Europa und besonders von England zu verteidigen.

Am 18. September 1807 war Cooper nach einer abermals langen und stürmischen Überfahrt wieder zurück in Amerika. Er hatte sein Lehrjahr bestanden. Auch hier muss erwähnt werden, dass die gemachten Erfahrungen ebenso wie die gewonnenen Kenntnisse später bei der Marine ihm für den Rest seines Lebens das maritime Rüstzeug geliefert haben für seine verschiedenen Seeromane.

Drei Jahre in der Navy folgten. Paradoxerweise meistens an Land. Am 1. Januar 1808 trat er seinen Dienst als Midshipman (Seeoffiziersanwärter) an. Zuerst war er dem Bombardierschiff («bomb ketch») «Vesuvius» zugeteilt, das zur Reparatur im Hafen von New York lag. Die folgende Zeit, von August 1808 bis Oktober 1809, während mehr als eines Jahres, verbrachte er in Oswego am Lake Ontario unter dem Kommando Melancthon T. Woolsey, der mit der Konstruktion der Brig «Oneida» für die Verteidigung der Binnengewässer beauftragt war. Das sei nichts gewesen für einen angehenden Offizier, der von einer grossen Karriere träumte, meint James Franklin Beard; immerhin hatte der Aufenthalt in Oswego Cooper Anschauungsunterricht für seinen Roman «Der Pfadfinder» gegeben.

Von 1809 bis Dezember 1810 war Cooper der Schaluppe «Wasp 18» unter dem Kommando von James Lawrence zugeteilt, aber auch da verbrachte er wiederum die meiste Zeit in New York an Land, mit Rekrutierungsaufgaben betraut, von denen er keinerlei Lorbeeren erwarten konnte. In dieser Zeit lernte Cooper William Branford Shubrick kennen, der einer seiner lebenslangen engsten Freunde werden sollte. Am 3. Mai 1810 stellte Cooper ein Gesuch um seine Entlassung und wurde sofort für ein Jahr beurlaubt, so dass er am 17. des Monats den Dienst quittierte. Die Auflösung des Dienstverhältnisses, auf den 6. Mai 1811 vorgesehen, erfolgte endgültig jedoch erst im Juli 1813.

Hochzeit und Familienleben

Als Coopers Vater starb, hielt sich James Fenimore Cooper zu einem Urlaub in Cooperstown auf. Als er am 3. Mai 1810 den zuständigen Staatssekretär für die Marine, Paul Hamilton, um Entlassung ersuchte, geschah es, «um seine privaten Angelegenheiten» in Ordnung zu bringen. Damit war zweifellos der Tod des Vaters gemeint, aber vielleicht spielte noch etwas ganz anderes mit. Die meiste Zeit des Jahres 1810 verbrachte Cooper in New York. Er hatte sich verliebt: «Wie der ganze Rest der Söhne Adams habe ich mich dem Einfluss und dem Charme einer geziemenden Dame («fair damsel») von 18 Jahren ergeben. Ich liebe sie wie ein Mann und habe es ihr wie ein Seemann gestanden.» So schrieb er am 18. Mai 1810 an seinen Bruder Richard.

Die Erwählte war Susan Augusta De Lancey (1792–1852), Tochter von John Peter De Lancey (1753–1828) und Elizabeth Floyd (1758?–1820), eine Frau, die, Cooper, wie er schrieb, «durch die Eigenschaften ihrer Person und ihres Geistes» entzückte. Ihr Vater hatte während der amerikanischen Revolution auf der Seite der Loyalisten gestanden und war nach Beendigung des Unabhängigkeitskriegs enteignet worden. Er verbrachte einige Jahre in Irland, kam 1790 nach Amerika zurück und liess sich, rehabilitiert, auf einem kleinen Grundstück in Mamaroneck, Westchester County, nieder, das seiner Mutter Anne gehörte, die es von ihrem Vater Caleb Heathcote geerbt hatte. Dieser Caleb Heathcote (1665/66–1720/21), in England geboren, war 1692 nach Amerika gekommen und hatte es zu nicht unbeträchtlichem Landbesitz in New York und Westchester County gebracht. Er war «an important force for civilization in New York» («Dictionnary of American Biography»).

Familientradition und der Einfluss der De Lanceys und Heathcote waren bei James Fenimore Cooper sehr ausgeprägt. Die weitläufige Verbindung mit den Heathcote und die Heirat mit Susan Augusta De Lancey, durch die er sich mit einer der einflussreichsten Familien verbündete, war nicht ohne Gewinn gewesen, was seine Beziehungen sowie die Abrundung seines Landbesitzes betrifft. 1826 übernahm James Fenimore Cooper auch den Familiennamen Fenimore seiner Mutter und fügte ihn als «middle initial» demjenigen seines Vaters hinzu.

Die Hochzeit von James Fenimore Cooper und Susan Augusta De Lancey erfolgte am 1. Januar 1811 in engem Familienkreis in Heathcote Hill. Viel ist von der Hochzeit nicht bekannt, das Wenige und Kuriose hat uns die Tochter Susan Augusta beziehungsweise Susan Fenimore Cooper, wie sie sich später nannte, überliefert. Nach der Hochzeitszeremonie und bevor das Abendessen aufgetragen wurde, spielten Braut und Bräutigam eine Partie Schach. Leider hat die Tochter vergessen, ihre Eltern zu fragen, wer die Partie gewonnen habe.

Die junge Familie Cooper hatte sieben Kinder, von denen fünf überlebten. 1811 wurde eine Tochter geboren, Elizabeth, die zwei Jahre später starb. Die älteste Tochter Susan Augusta, die Insider-Reporterin der Coopers, lebte von 1813 bis 1894. 1815, 1817 und 1819 wurden die Töchter Caroline Martha, Anne Charlotte und Maria Frances geboren. Ein erster

Sohn, Fenimore, der 1811 zur Welt kam, überlebte nicht. Schliesslich folgte 1824 der Sohn Paul, der später Rechtsanwalt wurde und dem Vater in dessen unzähligen Prozessen, die er gegen Ende seines Lebens führte, zur Seite stand.

In den Jahren von 1811 bis 1822 führte Cooper das Leben eines «gentleman's farmer». Die erste Zeit nach der Heirat hielt sich das junge Paar in Heathcote Hill in Mamaroneck am Wohnsitz von James Fenimore Coopers Schwiegereltern auf. Der Wunsch seiner Frau hatte den Ausschlag gegeben.

1811 unternahm Cooper zwei Besuche in Cooperstown; er hatte die Beziehung zu dem Ort, wo er aufgewachsen war, nie aufgegeben. 1812 mietete er in New Rochelle vorübergehend eine kleine Farm mit Landhaus, Closet Hill, wo sich die Familie für anderthalb Jahre niederliess. Von 1813 bis 1817 folgte ein längerer Aufenthalt auf der Farm Fenimore in Cooperstown. Cooper liess während dieser Zeit ein geräumiges Landhaus bauen, mit Blick über den Otsego-See, das 1817 zwar fertig gestellt, aber nicht bezogen wurde, was mit dem inständigen Verlangen von Susan Augusta, Coopers Frau, zu tun hatte, in der Nähe ihrer Familie zu leben. Cooperstown hatte sich entwickelt und umfasste zahlreiche Häuser, wie alte Darstellungen zeigen, lag aber weit draussen in der Wildnis und war schwer zu erreichen, während Mamaroneck doch immerhin in einem Umkreis von etwa 40 Kilometern von New York gelegen war. Die Reise von Cooperstown nach Mamaroneck führte zuerst drei Tage in einem offenen Wagen nach Albany, dort wurde das Dampfboot auf dem Hudson nach New York bestiegen, und von New York wurde noch einmal die Kutsche benützt. Das war ein weiter Weg. Später war das Reisen einfacher, als Cooper in Fort Plain nördlich von Cooperstown die Eisenbahn besteigen konnte.

Für Cooper lief Susan Augustas Wunsch auf die unumgängliche Veranlassung hinaus, im gleichen Jahr in der Nähe von Mamaroneck, in Scarsdale, ein neues Heim zu bauen, die Farm Angevine mit einem Haupttrakt und zwei Flügeln, die in den folgenden Jahren von der Familie zum permanenten Wohnsitz erkoren wurde.

Cooper pflanzte viele Bäume, legte einen Rasen an, zäunte das Gut ein, legte Sümpfe trocken und züchtete Schafe, auf die er sehr stolz war. Von Angevine wurden täglich Fahrten nach Mamaroneck unternommen. Als in Mamaroneck eine Fabrik gebaut wurde, waren alle der Meinung, dass sie ein allgemeines Ärgernis darstelle. Aber was solls, Menschen kamen aus Europa nach Amerika, oft arm und verlumpt, und suchten einen neuen Anfang und einen Ort zum Bleiben. New York wuchs; aber auch Mamaroneck wurde vom Wachstum erfasst und fügte sich in den Lauf der Zeit ein. Die Abneigung der Familien Cooper und De Lancey ist bezeichnend: Der Herrschaftsstil durfte nicht gestört werden durch neue Immigranten, obwohl die Coopers und De Lanceys es selber einmal gewesen waren. Nur waren sie inzwischen zur demokratischen Aristokratie des Landes aufgestiegen. Später, als Cooper durch die Schweiz reiste, sinnierte er darüber, «wie leicht der grosse Zufluss von Fremden rasch zur fortschreitenden Sittenverderbnis im Lande beitragen muss» und dass jeder «nachdenkende und verständige Schweizer» dies einsehen müsse. Und in «Eva Effingham oder Die Heimat» lamentierte er über «die plötzliche Einwanderung grosser Massen ungebildeter Personen, die das Land tiefgreifend verändern» würden. Fremde, Zuzüger, Neuankömmlinge mochte er nicht.

Vielleicht gab es für den Umzug nach Angevine noch einen weiteren Grund, der ein anderes Bild von Cooper entstehen lässt, wenn man die verschiedenen vereinzelten Fakten zusammenträgt. Coopers Finanzlage hatte sich in kurzer Zeit drastisch verschlechtert. Die Erbschaft war aufgebraucht, und in den Jahren der Depression nach dem Zweiten Unabhängigkeitskrieg von 1812–14 konnten die weitläufigen Ländereien, die Cooper besass und die noch nicht erschlossen waren, kaum mehr verkauft werden. Dazu kamen aufgelaufene Schulden. Das betraf James Fenimore Cooper selber ebenso wie seine Brüder, die alle zwischen 1813 und 1819 starben, grosse Schuldenberge hinterliessen und zum Teil zahlungsunfähig waren, bedingt entweder durch einen aufwändigen Lebensstil oder aber durch Spekulationen. Cooper selber hatte ebenfalls spekuliert, in der Hoffnung, sich von seinen Schulden zu befreien und diejenigen, die von seinen Brüdern hinterlassen wurden, zu begleichen; James Franklin Beard meint sogar, er habe «seine Energie zur Hauptsache mit den Spekulationen verbracht». Die Tatsache, dass Otsego Hall, das Vaterhaus in Cooperstown, verkauft werden musste, lässt den Schluss zu, dass nicht alles seinen Lauf so nahm, wie es Cooper erwartet hatte.

Trotzdem muss er weiterhin das Leben eines «gentleman's farmer» geführt haben, immer mit ausreichend Dienstpersonal versehen (das Kindermädchen Nanny, deren Tochter Susan, die als Köchin angestellt war, der Hausbursche Fred, ein junger Schwarzer); der Schwiegervater De Lancey hatte noch über Sklaven verfügt[10]. Zu Coopers umfassenden Tätigkeiten gehörte auch die Leitung des Walfangschiffs «Union», das Walfischöl und -sperma nach Boston brachte und an dessen Bord Cooper gelegentlich mitsegelte. Das Schiff gehörte ihm und einem Mitbesitzer, Charles Dering, der der Ehemann einer Cousine von Coopers Frau war.

Es muss ein bestimmt komfortables Leben gewesen sein, das Cooper führte und vor allem darin bestand, seine Güter zu verwalten. Man kann sich das ein wenig anschaulicher vorstellen, wenn man Coopers «Littlepage»-Romane liest, die von splendiden Landeigentümern und armen Pächtern beziehungsweise Landbesetzern handeln. Es sind zwei Welten, die sich gegenüberstehen und unvereinbar sind. Die einen machen sich Sorgen über ihren Besitz, die anderen darüber, dass sie über keinerlei Besitz verfügen und keine Aussicht haben, es dazu zu bringen.

Sowohl in Cooperstown wie in Scarsdale pflegte Cooper auch ein umfangreiches soziales Leben, innerhalb dessen sich vor allem seine landwirtschaftliche Tätigkeit abspielte. 1817 war er Gründer und erster korrespondierender Sekretär der Otsego County Agricultural Society, dessen Aufgabe zu einem beträchtlichen Teil darin bestand, die Aktivitäten der Gesellschaft publik zu machen und um Unterstützung zu werben. Am 13. März 1817 verfasste er ein Rundschreiben, in dem er die Landbesitzer in Otsego County einlud, bei einem Jahresbeitrag von einem Dollar Mitglied der Gesellschaft zu werden. «Nur gemeinsame Aktionen können die Landwirtschaft («husbandry») beflügeln oder zu ihrem Ausbau beitragen. Otsego County hat seine Kinderjahre hinter sich gebracht und ist auf dem besten Weg in das Erwachsenenzeitalter. Viele von Ihnen haben die Gelegenheit gehabt zu verfolgen, wie ein gewandter, einsichtiger und haushälterisch umgehender Farmer in der Nachbarschaft Gutes hervorbringen kann; was aber könnten wir nicht sonst noch alles von einem Zusammenschluss gleichgesinnter Männer erwarten?» Das ist beinahe die Sprache aus dem «Guide» von Coopers Vater, nur sehr bedingt jedoch diejenige des angehenden Schriftstellers.

Daneben war Cooper aktiv in der Otsego Bible Society tätig und einer der Gründer der American Bible Society. Ausserdem versah er das Amt eines Sakristans. Nach der Übersiedlung nach Scarsdale wurde er in Übereinstimmung mit dem Militia Law von 1818 ein Jahr später auch zum Quartiermeister im Offiziersrang der New York State Militia ernannt. Damit immer noch nicht genug: Auch politisch betätigte er sich, wenn auch nur auf einer bescheidenen unteren Stufe, nämlich als Sekretär der Clinton-Republikaner in Westchester County.

Das war, kann man sagen, ein gerütteltes Programm Arbeit. Dass Cooper auch noch Zeit für ein ausgesprochenes Familienleben blieb, gehört zur Struktur seiner vielseitigen und offenbar ausserordentlich energischen Persönlichkeit. Wie es im Alltag der Familie Cooper zuging, hat wiederum Susan Fenimore Cooper überliefert.

Als Erstes ist vielleicht dazu zu sagen, dass Cooper sich voll und ganz seiner verschiedenen Aktivitäten nur annehmen konnte, weil seine Frau ihn dabei von allen Beeinträchtigungen frei hielt. Selber hielt sich Susan Augusta, die ihrem Mann bis zur Selbstlosigkeit ergeben war, so weit wie möglich zurück und trat so wenig wie möglich in Erscheinung. Die Frauenrolle, die sie verkörperte, ist identisch mit vielen Frauenrollen in Coopers Romanen. Alle Frauen sind sittsam und aufopferungsbereit; sie halten sich zurück, warten geduldig, bis das Schicksal an die Tür klopft, und ertragen es, wenn es gekommen ist, mit viel Ergebenheit.

James Fenimore Cooper hatte Zeit und liebte es, in den Wäldern zu reiten und auf dem Otsego-See zu fischen, wobei er seine Ausflüge aber oft in Begleitung seiner Frau unternahm, die als «great horsewoman» geschildert wird, als grossartige Reiterin. Häufig wurden Parties auf dem Otsego-See veranstaltet. Der Ausbildung der Kinder widmete Cooper grosse Aufmerksamkeit; dazu gehörten auch Näharbeiten und maritime Kenntnisse. Man darf bestimmt unterstellen, dass Papa Cooper seinen Kindern viel von seiner Zeit auf See erzählte. Allergrössten Wert legte er auf die religiöse Erziehung. Zu den Mahlzeiten wurden Tischgebete gesprochen, sonntags fuhr Cooper die Familie im Zweispänner in die Kirche. Es wird vermerkt, dass die Kutsche einmal unterwegs umkippte, aber verletzt wurde niemand. Von seinen Reisen, die Cooper unternahm, brachte er den Kindern regelmässig Geschenke mit. Einmal erhielt die Tochter Susan Augusta eine Wachspuppe, die fast so gross war wie ein richtiges Baby.

Cooper hat Flöte gespielt, offenbar auch Theater. Die Tochter des Schriftstellers erinnerte sich, dass im «dining room» in Heathcote Hill einmal ein Stück mit dem Titel «Love-à-la-Mode» aufgeführt wurde. Cooper, der das Unternehmen leitete, übernahm darin eine Hauptrolle, die anderen Darsteller waren Familienmitglieder und Bekannte; das Publikum wiederum setzte sich ebenfalls aus der Familie und Nachbarn zusammen. Schon in der Schule in Cooperstown hatte Cooper an den theatralischen Versuchen seines Lehrers Oliver Cory partizipiert.

Auch gelesen wurde, sogar viel, meistens an den «ruhigen Abenden in Angevine», das heisst nach vollbrachtem Tagewerk, oder an Regentagen, wie Susan Fenimore Cooper überliefert hat. Es war «high» und «low» darunter. Militärische Werke, historische Bücher, Biografien, Reisebeschreibungen und, natürlich, Romane gehörten zum Lesestoff in der Familie

Cooper. Die belletristischen Werke kamen alle aus England, das der dominierende literarische Lieferant war. Eine amerikanische Literatur gab es damals noch nicht oder nur in schwachen Ansätzen. Charles Brockden Brown (1771–1810), einer der ersten Schriftsteller in Amerika, der das Schreiben zu seiner Profession machte, schrieb im Stil der Gothic Novel, versuchte jedoch, das Setting in eine nordamerikanische Umgebung zu transferieren. Mit «Edgar Huntley; or, Memoirs of a Sleep-Walker» (1799–1800) verfasste er den ersten amerikanischen Roman mit indianischer Thematik. Mehr Erfolg hatte Washington Irving (1783–1859), aber niemand hielt es damals für möglich, dass es je in Amerika möglich sein würde, mit dem Schreiben von Romanen Geld zu verdienen.

Was vor allem Anklang fand, waren die Romane des Schottländers Walter Scott, der den literarischen Geschmack auch in Amerika bestimmte. Monat für Monat brachte das regelmässig zwischen New York und London beziehungsweise Liverpool verkehrende Paketschiff literarischen Nachschub in die neue Welt. Nicht selten kam es vor, dass Cooper der Familie laut vorlas. Er soll eine schöne Stimme gehabt haben, hat seine Tochter rapportiert.

Erste literarische Versuche und Erfolge

Einmal war gerade eine Sendung mit einem neuen Roman eingetroffen, «es war, glaube ich, einer von Mrs. Opie, oder dann aber einer aus ihrer Schule», wie sich Susan Fenimore schwach erinnerte.[11] Cooper fing an, darin zu lesen, warf aber nach den ersten Kapiteln das Buch fort und rief aus: «Das könnte ich besser machen!»

Das Weitere aus dem Mund der Tochter: «Unsere Mutter lachte beim Gedanken und fand es den Gipfel der Absurdität – ausgerechnet er (Cooper), der es hasste, auch nur einen Brief zu schreiben, wollte ein Buch schreiben! Er bestand indessen ausdrücklich auf seiner Erklärung und schrieb auf der Stelle die erste Seite einer Erzählung, noch ohne Titel, nieder, die in England lokalisiert war, wie es sich gehörte. Es dauerte nicht lange, und er fand Interesse und Gefallen daran, das Unternehmen fortzusetzen, entwarf eine Handlung, besprach die Einzelheiten mit unserer Mutter, und brachte es fertig, den Tonfall und Charakter einer englischen Erzählung der geläufigen Art zu meistern.»

Meistens schrieb Cooper abends, da die Tageszeit ihn mit anderen Beschäftigungen in Anspruch nahm. Jedes Kapitel, das abgeschlossen war, las er seiner Frau vor. «Precaution» wurde 1820 von Andrew Thompson Goodrich in New York veröffentlicht, anonym. Der Roman beschreibt das englische Landleben, eine Imitation von Jane Austens «Persuasion» und «Pride and Prejudice». Das Publikum und die Kritik vermuteten denn auch, dass eine englische Schriftstellerin ihn geschrieben habe.

Der Versuch, den weiteren Verlauf von Coopers Leben wiederzugeben, wird jetzt aus nächster Nähe verfolgen, wie die ersten Bücher von James Fenimore Cooper entstanden sind und wovon sie handeln.

Cooper hatte am Schreiben Gefallen gefunden. «Ich will ein weiteres Buch schreiben», teilte er in seiner Umgebung entschlossen mit. Es sollte «patriotischen Geist» atmen, auf amerikanischem Boden spielen, in Westchester County, und ein Stück aus der amerikanischen Geschichte behandeln, das heisst den amerikanischen Unabhängigkeitskrieg gegen England, der auf die «Declaration of Independence» vom 4. Juli 1776 folgte. Dieser Krieg begann im selben Jahr und endete 1781 mit dem Sieg der 13 Kolonien unter George Washington, der die Unterstützung von Frankreich erhalten hatte, bei Yorktown über die englische Streitmacht unter General Lord Cornwallis. Mamaroneck und Scarsdale liegen in nächster Nähe zu einigen wichtigen Schauplätzen des Unabhängigkeitskriegs.

«Precaution» war noch nicht gedruckt, als Cooper seinem Verleger Goodrich mitteilte: «Ich habe bereits ungefähr sechzig Seiten geschrieben und mein weiblicher Mentor behauptet, dass sie Precaution weit in den Schatten stellt.» Gemeint ist der Roman «Der Spion. Eine Erzählung aus dem Niemandsland», der 1821, ein Jahr nach «Precaution», erschien. Der Titel verweist auf die Hintergründe des amerikanischen Unabhängigkeitskriegs: In Westchester County, wo die Handlung lokalisiert ist, bestand zwischen dem Gebiet, das die loyalistischen Truppen besetzt hielten (New York), und dem Gebiet, das von den «Kolonisten» oder «Patrioten» unter General George Washington verteidigt wurde (Hudson River Valley), ein neutrales Territorium, ein No-man's-land, in dem der Hausierer und «Spion» Harvey Birch, die Hauptfigur, sich hin- und herbewegt.

Verstehen kann man die Handlung des Romans erst, wenn man daran denkt, dass der Unabhängigkeitskrieg, recht gesehen, zwischen Engländern und Engländern geführt wurde. Die einen hielten zum Mutterland und George III. und traten für den Verbleib der amerikanischen Kolonien bei England ein; das waren die Loyalisten, wie John Peter De Lancey einer war. Die anderen verlangten die Unabhängigkeit der nordamerikanischen Kolonien und forderten deren staatliche Eigenständigkeit, bestanden mithin auf der Trennung vom Mutterland; das waren die Patrioten unter den Kolonisten. Die Loyalisten werden bei Cooper gelegentlich «die Königlichen» oder «Regulären» genannt, die Patrioten wiederum abwechselnd auch «die Kontinentalen», «Rebellen» oder «Konföderierten».

Diese Ausgangslage macht es schwierig zu verstehen, wie gentlemenartig Patrioten und Loyalisten miteinander verkehren, obwohl im Hintergrund die Auseinandersetzung zwischen beiden Seiten mit aller Schärfe geführt wird und noch verschärft wird durch Freischärler auf der einen wie auf der anderen Seite: den «Cowboys» und «Refugees» bei den Loyalisten beziehungsweise den «Skinner» bei den Patrioten, die den Verlauf der Handlung immer wieder stören und diffus machen. Dies alles berücksichtigt, muss der amerikanische Unabhängigkeitskrieg als Bürgerkrieg verstanden werden. Das war Coopers Auffassung, wie sie in «Der Spion» zum Ausdruck kommt. Die Handlung, ein panoramaartiges Fresko, lag nur knapp vierzig Jahre zurück, als das Buch geschrieben wurde.

Die Erinnerungen an den Krieg waren bei vielen Menschen noch lebhaft wach. Sie kamen in Angevine vorbei, wurden zu einem Glas Cider eingeladen und gaben ihre Erlebnisse zum Besten. Auf diese Aussagen und Berichte stützte sich Cooper. Von Governor John Jay, dem Vater seines Freundes William Jay aus der Zeit in Albany, liess Cooper sich erzählen, wie George Washington, Oberbefehlshaber im Krieg auf der Seite der Pat-

John Wesley Jarvis (1780–1840): James Fenimore Cooper ca. 1822

rioten, in kritischen Augenblicken die Hilfe von Menschen in Anspruch nahm, die ihm Auskünfte zuspielten, die von unschätzbarem Wert für ihn waren, von diesen Menschen aber unter oft lebensgefährlichen Umständen zusammengetragen und übermittelt werden mussten. «Emissäre» wurden sie von den einen genannt, «Spione» von den anderen. Dieser Aspekt zündete den Funken für Coopers neues Buch, das in den Einzelheiten frei erfunden ist, aber die Geschichte, wie sie sich ereignet hat, als Folie verwendet. Patriotismus und Romantik unter dem Einfluss von Walter Scott, auch eine Prise Pathos bilden eine romanhafte Einheit.

Der «Spion» Harvey Birch ist eine undurchsichtige Figur, was mit seiner geheimen Mission und dem Selbstverständnis der Rolle, die er zwischen den Fronten übernimmt, zu tun hat: Birch liefert den Amerikanern wertvolle Informationen, gilt aber in der amerikanischen Öffentlichkeit als englischer Spion, auf den Washingtons Armee eine Kopfprämie aufgesetzt hat. Er handelt selbstlos, er muss es, weil er keine Wahl hat, wenn er seinen Auftrag erfüllen will; er kann auf keinerlei Anerkennung, geschweige denn Hilfe derer, denen seine Tätigkeit zugute kommt, rechnen; er hat nichts zu gewinnen, aber alles zu verlieren. Sein Patriotismus ist seine einzige Motivation.

Die Konstruktion dieser zentralen Figur ist beeindruckend angelegt, radikal und erbarmungslos: «das gejagte Tier dieser Berge», wie Harvey sich selber bezeichnet. Er ist ein Mensch, der seiner Überzeugung und seinem Auftrag verpflichtet ist und unbeirrt seinen einsamen Weg geht; ein Wanderer zwischen den Fronten; ein Aussenseiter, ein Ausgestossener; ein negativer, ein Anti-Held. Und doch ein wahrer Held in einem höheren Sinn, der sein Leben um eines edlen Ziels willen aufs Spiel setzt und auf jede Belohnung verzichtet. Es ist ein sittlicher Imperativ, der ihn leitet, aufrichtig und uneigennützig zu handeln, weil es keine andere Art gibt zu handeln.

Cooper hat diese existenzielle Situation, in der sich Harvey Birch befindet, am Ende des Romans deutlich gemacht. Birch trifft seinen geheimnisvollen Auftraggeber, der ihm zu verstehen gibt, dass ihre Verbindung nun ein Ende haben muss. Dieser Auftraggeber ist ein gewisser Harper, hinter dessen Namen sich George Washington verbirgt. Er bietet Birch hundert Dublonen an, die dieser ablehnt. Ob Harper glaube, dass er, Birch, für Geld sein Leben aufs Spiel gesetzt habe? Ohne Jubel, ohne Enttäuschung zieht sich Birch zurück. Aber viele Jahre später wird er tot aufgefunden. In seinem Gepäck befindet sich eine Notiz, in dem George Washington ihm für die geleisteten Dienste gedankt hat.

Der neutrale Grund ist ein real politisches und ein symbolisches Feld. Es ist das Land zwischen den englischen und den amerikanischen Truppen, auf dem sich das Anwesen «The Locusts» von Mr. Wharton befindet, auf dem sich Engländer und Amerikaner treffen: ein Zufall der Umstände. Mr. Wharton, eher der Sache der Loyalisten zugeneigt, versucht, eine strikte Neutralität einzuhalten, und sei es nur, um seinen Besitz vor der Konfiskation durch die eine oder die andere Seite zu bewahren.

Genau genommen, handelt der Roman von zwei englischen Spionen, einem maskierten und einem offenen. Der verstellte ist Harvey Birch; Spion ist er nur nominell, in Wirklichkeit ist er ein echter Patriot. Er wird von den amerikanischen Truppen gefangen genommen und von Major Dunwoodie zum Tod verurteilt, kann aber entkommen, wird erneut gefangen, entkommt abermals und so weiter. Er ist überall, taucht auf, verschwindet, manchmal auf mirakulöse Weise, wenn es sein muss in Frauenkleidern. Die Eingriffe in die Handlung gehen auf Einfälle zurück, die manchmal aus der Mottenkiste gegriffen sind wie zum Beispiel Verkleidungen, vertauschte oder verheimlichte Identitäten, dramaturgische Kunstgriffe und so weiter, was nicht nur in diesem Roman, sondern auch in vielen anderen von Cooper ein Klima grösster Unwahrscheinlichkeit erzeugt, unter der die literarische Qualität leidet.

Der richtige Spion im Dienst Englands ist Henry Wharton, Sohn von Mr. Wharton und englischer Offizier, der ebenfalls von den amerikanischen Truppen unter dem richterlichen Vorsitz von Oberst Singleton gefangen genommen und ebenfalls, wie Harvey Birch, zum Tod verurteilt wird. Nur mit der Hilfe Harveys, der wieder einmal unerwartet im Augenblick höchster Not als «deus ex machina» auftaucht und die Situation löst, kann er entkommen und nach England, «seiner Heimatinsel», zurückkehren. Inzwischen hat George Washington Befehl erteilt, die Winterquartiere zu beziehen, die Kriegshandlungen werden eingestellt, beide Spione sind entwischt.

Das Verhältnis Harvey Birch – Henry Wharton zeigt, dass die Sympathiegrenzen einen eigenartig krummen Verlauf nehmen. Der amerikanische Patriot hilft dem englischen Spion. Noch komplexer werden die Dinge, wenn Major Dunwoodie in die proamerikanische Tochter Frances des loyalistisch eingestellten Mr. Wharton verliebt ist und sie auch heiratet. Als er mit einer amerikanischen Dragonereinheit angerückt ankommt und den Auftrag hat, Henry Wharton, also seinen zukünftigen Schwager, gefangen zu nehmen und zum Tod zu verurteilen, gerät er verständlicherweise in einen fürchterlichen Gewissenskonflikt. Das sind die Folgen der kolonialen Situation, in der die Menschen in zwei Lager gespalten werden.

Das Niemandsland wird damit zum symbolischen Theater, zur Spielwiese, auf der die Menschen sich behaupten müssen und zu bewähren haben. Jede Logik der Handlung ist aufgehoben und damit jede Kohärenz im Leben. Gegen die Willkür und unerträglichen Zufälle gibt es nur die Entschiedenheit der eigenen Einstellung, wie sie in der Haltung von Harvey Birch konsequent zum Ausdruck kommt. Was bleibt, ist das Niemandsland, in dem sich Freischärler, Opportunisten, Spekulanten, Marodeure, Patrioten aus Gewinnsucht und so weiter tummeln. Die Verhältnisse stürzen die Menschen in Konflikte, die Loyalitäten sind aufgehoben, jeder muss sich so gut wie möglich über die Runden bringen und unheilige Allianzen schliessen. Alles ist durcheinander, die Welt in Unordnung, das heisst im konkreten und in einem übertragenen Sinn im Kriegszustand. Cooper hat hier vorweggenommen, was später viele seine Romane wenn nicht aus-, so doch kennzeichnen wird: die Erhebung einer realen Begebenheit in einen exemplarischen Zustand.

Patriotismus aus selbstloser Überzeugung

Der Roman «Der Spion» endet mit dem Abschied, den Harvey Birch von «Harper» beziehungsweise dem «Fremden» nimmt[12], der in der Begegnung als anonymer Offizier auftritt, aber als General George Washington erkennbar wird, wenn man die Zusammenhänge kennt. Cooper wollte keine historischen Persönlichkeiten in ein fiktives Werk aufnehmen, hat es aber in «Lionel Lincoln» mit den englischen Generälen Howe, Bourgoyne, Clinton dann doch getan.

Es war gegen Ende eines stürmischen Tages im September, als eine grosse Anzahl Offiziere in der Nähe der Tür eines Gebäudes versammelt war, das inmitten der amerikanischen Truppen stand, die Jersey besetzt hielten. Das Alter, die Uniformen und die würdige Haltung der meisten dieser Krieger deutete darauf hin, dass sie von hohem Rang waren, doch besonders einem von ihnen wurde eine Ehrerbietung und ein Gehorsam erwiesen, die verrieten, dass er zu den Höchsten gehörte. Seine Uniform war einfach, doch sie war mit den üblichen militärischen Kennzeichen der Befehlsgewalt versehen. Er sass auf einem edlen Pferd von tiefem Kastanienbraun, und eine Gruppe junger Männer in bunterer Kleidung wartete of-

fenbar auf seine Befehle. So mancher Hut wurde gezogen, wenn dessen Eigentümer sich an diesen Offizier wandte; und wenn er sprach, zeigte sich auf allen Gesichtern eine tiefe Achtung, die über den Respekt blosser Umgangsformen gegenüber Ranghöheren hinausging. Schliesslich zog der General selbst den Hut und verbeugte sich würdevoll vor allen, die ihn umgaben. Der Gruss wurde erwidert, und die Gruppe löste sich auf. Der Offizier sass ab und begab sich in das Haus.

Als er in das Zimmer kam, das für seinen Empfang hergerichtet worden war, setzte er sich und verharrte lange Zeit in nachdenklicher Haltung, wie jemand, der viel mit sich zu Rate gehen pflegt. Währen dieses Schweigens wartete der Adjudant auf seine Befehle. Schliesslich erhob der General den Blick und sprach mit leiser, ruhiger Stimme: «Ist der Mann, den ich sehen will, eingetroffen, Sir?»

«Er ist Euer Exellenz zu Diensten.»

«Ich werde ihn hier empfangen, und zwar allein, wenn ich bitten darf.»

Der Adjudant verbeugte sich und zog sich zurück. Ein paar Minuten später ging die Tür wieder auf, eine Gestalt schlüpfte ins Zimmer und blieb, ohne zu sprechen, bescheiden in einiger Entfernung vor dem General stehen. Der Offizier, der in das Feuer starrte, noch immer in seine eigenen Betrachtungen vertieft, hatte sein Eintreten nicht bemerkt. Mehrere Minuten vergingen, dann sprach er mit gedämpfter Stimme zu sich selbst: «Morgen müssen wir den Vorhang lüften und unsere Pläne aufdecken. Möge Gott sie gelingen lassen.»

Eine leichte Bewegung des Fremden traf sein Ohr; er wandte sich um und sah, dass er nicht allein war. Mit einer leichten und höflichen Bewegung deutete der Offizier auf einen leeren Stuhl; der Fremde dankte bescheiden, wollte sich jedoch nicht setzen. Es folgte eine weitere Pause, schliesslich erhob sich der Offizier, öffnete ein Pult, das sich auf dem Tisch befand, und entnahm ihm einen kleinen, aber augenscheinlich schweren Beutel.

«Harvey Birch», sagte er, sich an den Fremden wendend, «die Zeit ist gekommen, da unsere Verbindung aufhören muss; wir müssen von nun an und für immer Fremde sein.»

Der Hausierer liess die Falten seines Mantels, die seine Gesichtszüge verhüllten, herabfallen, dann sagte er demütig: «Wenn Eure Exzellenz es so wünschen.»

«Es ist notwendig. Seit ich den Rang inne habe, den ich jetzt bekleide, ist es meine Pflicht gewesen, viele Menschen zu kennen, die, wie Sie selbst, meine Werkzeuge gewesen sind, um Informationen zu erlangen. Ihnen habe ich mehr als allen anderen vertraut; ich habe schon zeitig Ihre Wahrheitsliebe und Charakterfestigkeit erkannt, und ich freue mich, sagen zu können, dass Sie mich nie getäuscht haben – Sie allein kennen meine Geheimagenten in der Stadt, und von Ihrer Redlichkeit hängt nicht nur deren Glück, sondern auch ihr Leben ab.»

Er hielt inne, als überlegte er, wie er dem Hausierer volle Gerechtigkeit widerfahren lassen könne, und fuhr dann fort: «Ich glaube, dass Sie einer der ganz wenigen in diesem Dienst sind, die getreu unserer Sache gehandelt haben, und während Sie als Spion des Feindes galten, haben Sie niemals Informationen weitergegeben, die Sie nicht enthüllen durften. Ich, und nur ich allein auf der ganzen Welt, weiss, dass Sie aus einer starken Liebe für die Freiheit Amerikas gehandelt haben.»

Während dieser Rede hob Harvey langsam wieder den Kopf, bis er ganz hoch aufgerichtet war. Ein leichtes Rot überzog seine Wangen, und als der Offizier endete, war sein Gesicht von Glut übergossen.

«Es ist nun meine Pflicht, Sie für Ihren Dienst zu bezahlen; bisher haben Sie die Entgegennahme Ihrer Belohnung immer hinausgeschoben, und es ist eine schwere Schuld geworden – ich möchte die Gefahren, denen Sie ausgesetzt waren, nicht unterbewerten, hier sind einhundert Dublonen; Sie werden der Armut unseres Landes Rechnung tragen und ihr die Geringfügigkeit Ihrer Bezahlung zuschreiben.»

Der Hausierer hob den Blick und sah den Sprecher an, doch als dieser ihm das Geld hinhielt, wich er zurück, den Beutel gleichsam von sich weisend.

«Ich gebe zu, es ist nicht viel für Ihre Dienste und Risiken», *fuhr der General fort*, «aber es ist alles, was ich zu bieten habe; bei Beendigung des Feldzugs liegt es vielleicht in meiner Macht, es zu erhöhen.»

«Glauben Eure Exzellenz, dass ich für Geld mein Leben gewagt und meinen Ruf zerstört habe?»

«Wenn nicht für Geld, wofür dann?»

«Was hat Eure Exzellenz auf das Schlachtfeld geführt? Wofür setzen Sie täglich und stündlich Ihr kostbares Leben dem Kampf und dem Strick aus? Was ist daran mich zu betrauern, wenn solche Männer wie Sie alles für unser Land wagen? Nein – nein – nein – nicht einen Dollar Ihres Goldes werde ich anrühren; unser armes Amerika braucht jeden Cent.»

Der Offizier blickte dem Hausierer fest ins Gesicht und fuhr dann fort: «Es gibt viele Beweggründe, die mich dazu bestimmen könnten und die Ihnen nicht bekannt sind. Ich bin in einer anderen Lage als Sie; man kennt mich als den Führer der Armeen – aber Sie müssen ins Grab gehen mit dem Ruf eines Feindes unseres Heimatlandes. Denken Sie daran, dass der Schleier, der Ihren wahren Charakter verhüllt, in Jahren nicht gelüftet werden kann – vielleicht niemals.»

Birch senkte den Kopf, doch in dieser Bewegung lag keine innere Nachgiebigkeit.

«Sie werden bald alt sein, die Blüte Ihrer Jahre liegt bereits hinter Ihnen, wovon wollen Sie leben?»

«Hiervon», *sagte der Hausierer und streckte seine Hände aus, die schon von mühevoller Arbeit gezeichnet waren.*

Die ernsten Züge des Offiziers entspannten sich zu einem wohlwollenden Lächeln, und er ergriff fest die Hand des Hausierers.

«Nun kenne ich Sie in der Tat, und obwohl die gleichen Gründe, die mich bisher gezwungen haben, Ihr wertvolles Leben der Gefahr auszusetzen, noch immer bestehen und mich hindern, Ihren Ruf offen zu verteidigen, kann ich im Geheimen immer Ihr Freund sein; versäumen Sie nicht, sich an mich zu wenden, wenn Sie in Not oder krank sind, und solange Gott es mir vergönnt, solange werde ich bereitwillig mit einem Mann teilen, der so edel denkt und so redlich handelt.»

«Es ist nicht viel, was ich in diesem Leben brauche», sagte Harvey, «solange Gott mir Gesundheit und ehrlichen Fleiss gibt, kann es mir an nichts fehlen in diesem Land; aber zu wissen, dass Eure Exzellenz mein Freund ist, ist ein Segen, den ich höher schätze als alles Gold aus Englands Schatzkammer.»

Der Offizier verharrte ein paar Augenblicke in einer Haltung angestrengten Nachdenkens. «Dass die Vorsehung dieses Land für ein grosses und ruhmreiches Schicksal ausersehen hat, muss ich glauben, wenn ich die Vaterlandsliebe sehe, von der die Herzen der geringsten Bürger durchdrungen sind», sagte er.

Aus «Der Spion».

Amerikanische Geschichte und Literatur

Der Roman «Der Spion», im Dezember 1821 erschienen, war sofort ein Erfolg; bis 1829 erlebte er sieben Auflagen. Im Vorwort zur amerikanischen Neuausgabe von 1849 verriet Cooper, dass das Schlusskapitel geschrieben, paginiert und gedruckt worden sei, bevor ein grosser Teil des übrigen Textes abgeschlossen war. Der Grund dafür war, dass der Verleger die Befürchtung hatte, das Buch könne noch weiter anschwellen und kein Ende finden, was bei Coopers schwer zu bremsendem Schreibfluss, der hier zum ersten Mal zu erkennen war, nichts Ungewöhnliches war.

Bevor noch der Erfolg von «Der Spion» feststand, arbeitete Cooper bereits an einem weiteren Manuskript: «Die Ansiedler oder Die Quellen des Susquehanna», aus dem später der vierte Teil der «Lederstrumpf»-Romanfolge wurde. Die immer ausschliesslichere literarische Tätigkeit, der Wunsch, in der Nähe seines Verlegers zu sein sowie offenbar Zwistigkeiten mit der Familie De Lancey wegen der treuhänderischen Übernahme des Landbesitzes in Scarsdale bewogen Cooper im Herbst 1822, nach New York zu übersiedeln. Er mietete am Broadway 554 ein Haus, in das er mit der Familie einzog, später in Beach Street 3 und Greenwich Street 345.

In «Die Ansiedler» beschreibt Cooper die Entwicklung einer kleinen Siedlung in der Wildnis, die von Richter Marmaduke Temple gegründet worden ist, der wie ein kleiner unumschränkter Herrscher die Geschicke des Orts lenkt. Oft ist behauptet worden, «Der letzte Mohikaner» sei Coopers bestes Buch. Thematisch gesehen jedoch, sind «Die Ansiedler» weitaus aufschlussreicher, auch in historischer Hinsicht ist das Buch bemerkenswert. Es beschreibt den Eingriff der Zivilisation, das heisst von Eigentum und Gesetz, in die bis dahin unberührte, unerschlossene Wildnis, mithin den Widerspruch von Natur und Zivilisation: Die Wälder werden gerodet, das Wild vertrieben, die Indianer fortgedrängt, kleine Pächter von einflussreichen Landeigentümern, wie Marmaduke Temple einer ist, abhängig gemacht.

Als Gegenspieler von Marmaduke Temple tritt der Naturmensch Natty (Nathanael) Bumppo auf, der wegen Wildfrevel verurteilt wird, das heisst weil er mit dem Gesetz, das bei der Jagd Einschränkungen festlegt, in Konflikt geraten ist. Nach Verbüssung der Strafe verlässt er den Ort und macht sich auf den Weg nach Westen.

Die Romanfigur des Natty Bumppo geht auf eine Person zurück, die sich zu Coopers Zeit in den Hügeln rund um den Otsego-See aufgehalten hat: ein alter Jäger mit dem Namen David Shipman. Als das Wild in der Gegend immer spärlicher wurde, was auch als Hinweis auf die einsetzende Entwicklung einschliesslich der Ansiedlung erster Fabriken angesehen werden kann, machte er sich nach Westen auf und verschwand. Eine «gewisse vage Ähnlichkeit» zwischen Shipman und Natty Bumppo habe zweifellos bestanden, meinte Susan Fenimore Cooper. Der Name Bumppo war ein rein aus der Luft gegriffener Name, eine «ungehobelte Benennung», von der Cooper sicher war, das niemand so heissen würde, bis sich herausstellte, dass fünf Meilen entfernt ein Mann mit genau diesem Namen lebte. Im Unterschied zu Natty Bumppo sei Chingachgook eine reine Erfindung gewesen, meinte Susan Cooper. Aber auch für Natty Bumppos indianischen Freund hat sich ein historisches Vorbild gefunden, das am Otsego-See seine Tage verbrachte und «Captain John» genannt wurde.

Und Marmaduke Temple? Kein Wort über ihn ist bei Susan Fenimore Cooper zu finden. Für sie war Natty Bumppo die Hauptfigur. Die Tochter des Schriftstellers musste gewusst haben, warum sie über Marmaduke Temple kein Wort verlor. Die Übereinstimmung der Züge von Temple mit denen von Coopers Vater ist evident, und das Thema – der Umgang mit Land und Eigentum – brisant. Vielleicht hat man «Die Ansiedler» bisher noch nicht richtig gelesen.

New York: Der Broadway um 1840, nach einem zeitgenössischen Stich.

In New York wurde Cooper sofort in die intellektuellen Kreise der Stadt, die dringend auf künstlerisches und geistiges Ansehen angewiesen waren, aufgenommen. Bald bewegte er sich darin nicht nur mit grösster Selbstverständlichkeit, sondern dominierte es auch. Zusammentreffen fanden an den «Bread and Cheese Lunches» statt, an der eine Gruppe von Freunden, Schriftstellern und Künstlern regelmässig teilnahm. Neben seiner eigentlichen schriftstellerischen Arbeit fand Cooper auch noch Zeit, für Zeitungen zu schreiben, auch darum, weil ihm daran lag, ein Diskussionsforum für die literarische und intellektuelle Öffentlichkeit herzustellen. Nachgewiesen ist, dass er für «New York American» einen Artikel über den Besuch von General Laffayette, «the nation's guest», 1824 in Amerika verfasste. Cooper hatte am Empfang teilgenommen, den ganzen Tag über und die Nacht hindurch bis am frühen Morgen des folgenden Tages, hatte dann die Redaktion der Zeitung, die von Charles King von 1823–1845 herausgegeben wurde, aufgesucht und seinen Beitrag geschrieben, «schneller als irgend eine andere Hand ihn hätte kopieren können». Diese Erinnerung von John W. Francis erklärt, wie Cooper in der Lage war, sein literarisches Programm zu bewältigen. Zu dieser Zeit pflegte Cooper mit King noch freundschaftlichen Umgang; sein Verhältnis zu «New York American» sollte sich später ändern, als er für das Blatt zur Zielscheibe heftiger Angriffe wurde.

«Die Ansiedler» erschienen 1823. Am ersten Verkaufstag war die Erstauflage von 3500 Exemplaren bereits vergriffen. Cooper war auf dem besten Weg, ein Erfolgsautor von nationaler Bedeutung zu werden, wozu auch das patriotische Thema beitrug. Er schrieb jetzt ein Buch nach dem anderen. Noch im gleichen Jahr erschien «Der Lotse», 1825 «Lionel Lincoln oder Die Belagerung von Boston». Der erste der beiden Titel erwies sich wiederum als Erfolg, der zweite wurde eher zwiespältig beurteilt.

«Der Lotse» nimmt den schottischen Seefahrer John Paul Jones zum Helden[13], der sich später der Sache der nordamerikanischen Unabhängigkeit anschloss und in Coopers neuem Roman, in dem sein Name bis zum Schluss nur beiläufig genannt wird, mit amerikanischen Seeleuten vor der nordenglischen Küste kreuzt und den Auftrag hat, Geiseln zu nehmen, um sie gegen gefangen genommene amerikanische Landsleute auszutauschen, oder aber wenigstens die Küste und ihre Bewohner in Angst und Schrecken zuversetzen. Die Amerikaner, die an Land gegangen sind, werden von den Engländern gefangen genommen. Sie können entweichen und nehmen später die Engländer gefangen. So wogt die Handlung hin und her. Mal sind die einen erfolgreich, mal die anderen, ohne erkennbare Gesetzmäßigkeit.

In Wirklichkeit ist die Handlung viel komplizierter, so wie auch das Casting des Romans gelegentlich verwirrend ist. Hier genügt es, darauf hinzuweisen, dass ebenfalls, wie in «Der Spion», die Grenze durch die Verhältnisse zwischen Engländern und Amerikanern gezogen wird und nicht nur Familien, sondern sogar intime Beziehungen trennt. Der geheimnisvolle Fremde ist mit Alice Duncombe verlobt. Er kann nicht verstehen, dass sie seine Parteinahme für die Sache Amerikas nicht teilt; sie wiederum kann nicht begreifen, dass er nicht einsehen kann oder will, dass die Rebellion in Amerika nichts anderes ist als ein Akt des Verrats auf höchster Stufe. Am Schluss bleibt den beiden nichts anderes übrig, als sich zu trennen. Beim amerikanischen Seeoffizier Edward Griffith und Cecilia Howard, deren Vater Land in South Carolina besessen hat und bei Ausbruch der Feindseligkeiten nach Amerika zurückgekehrt ist, stimmt die Chemie dagegen besser.

Am Schluss des Romans begegnen sich einzelne Romanfiguren auf nordamerikanischem Territorium wieder, einmal auf amerikanischer, einmal auf englischer Seite, getrennt durch den St. Lawrence River. Wenn sie sich wiedersehen, unterhalten sie sich wunderbar, wie alte Bekannte – aber auf einer Insel in der Mitte des Stroms, auf «neutralem Boden», fast so wie in «Der Spion».

Interessanter als die mühsamen Verstrickungen der Handlung ist vielleicht der Umstand der Entstehung des Romans. Im Kreis um James Fenimore Cooper hatte man den Roman «Der Pirat» von Walter Scott gelesen. Viele fanden ihn hervorragend, Cooper dagegen war bei allem Respekt für den schottischen Schriftsteller und berühmten Kollegen anderer Ansicht, berief sich auf seine nautischen Kenntnisse und bemängelte die maritimen Details bei Scott. Die Freunde waren wiederum der Ansicht, dass ein allzu fachlich orientierter Roman keinen Erfolg haben könne, was Cooper bewog, das Gegenteil zu beweisen. Er sollte recht bekommen.

In «Lionel Lincoln» ist, wie in den vorausgegangenen Romanen «Der Spion» und «Der Lotse», die amerikanische Vergangenheit nur die historische Kulisse für eine Handlung, die ihrer eigenen Gesetzmässigkeit folgt. Das ist in «Lionel Lincoln» die kurze Zeit zwischen den ersten Schüssen der Kolonisten auf die britischen Truppen und der Schlacht um Bunker Hill in Boston am 17. Juni 1775.[14]

Das kam so: Am 19. April 1775, einem Mittwoch um neun Uhr dreissig morgens, fielen bei der North Bridge in Concord, Massachusetts, die ersten Schüsse, die von Siedlern und Patrioten auf die Regulären abgegeben wurden – «the shot heard round the world» («The Concord Hymn», Ralph Waldo Emerson). Schnell wurden die Rotröcke (die englischen Soldaten in ihren Uniformen) zurückgedrängt und in der Schlacht von Lexington geschlagen. 400 Minute Men (Bereitschaftstruppen), «die nicht wie Soldaten handelten, sondern wie Bürger, nein, wie Staatsmänner, die das Schicksal ihres Landes in Händen hielten»[15], hatten die englischen Truppen in die Flucht geschlagen. Das war ein Zeichen gewesen. Die Ereignisse bildeten den Grund für die Aufsetzung der amerikanischen Unabhängigkeitserklärung und deren Unterzeichnung am 4. Juli 1776. In «Lionel Lincoln» werden die Schüsse an der North Bridge folgendermassen dargestellt: «Die Truppen hatten sich kaum in Marsch gesetzt, als eine Charge aus dem Versteck einer Erhöhung sie überraschte, und wie sie weiter zogen, folgte Salve auf Salve, Schuss auf Schuss aus jedem Dickicht, das sich den Angreifern darbot.»

Vor diesem historischen Hintergrund nimmt die Handlung, in deren Mittelpunkt Lionel Lincoln steht, Form an. Die Bezeichnung «historische Kulisse» ist nicht in einem abwertenden Sinn gemeint. Cooper hatte in Boston genaue Studien für sein Werk betrieben, die sich bis auf genaue Wetterangaben erstreckten, was ihm erlaubte, dem Werk ein authentisches Kolorit zu geben. Die Anschaulichkeit ist überzeugend, während «Der Lotse» ein Retortenroman ist. Zu erwähnen ist auch, dass Lionel

Lincoln auf der Seite der Loyalisten und Königstreuen steht, während Cooper selber die Sache der Patrioten vertrat. «Dass ein Reich, dessen einzelne Teile durch den Ozean getrennt werden und deren Interessen so oft in Konflikt geraten sind, mit der Zeit unregierbar werden müsste und durch seine eigene Grösse zerfallen würde, war etwas, das jeder Verständige voraussehen konnte.»

Das steht im Roman so und wird mit Coopers Auffassung übereinstimmen, auch wenn es beinahe eine Übernahme des Textes der Unabhängigkeitserklärung ist. Es gibt «die Wahrheit» auf der einen und «das Recht des Königs» auf der anderen Seite, meinte Cooper. Er hatte sich auf diejenige der Wahrheit, das heisst der Patrioten, gestellt.

Wenn die Umstände also an Kolorit nichts entbehren, so ist die Handlung von eher konventioneller Mittelmässigkeit. Lionel Lincoln ist in Amerika geboren und hat seine Jugend dort verbracht, betrachtet sich aber «durch Gewöhnung und Erziehung» als Engländer. Als Major der britischen Armee trifft er, aus England kommend, in Boston ein und wird Zeuge des fortschreitenden Aufruhrs und der Rebellion der Kolonisten, an deren Erfolg zunächst kaum jemand glaubt, die aber immer mehr an Kontur und Schärfe gewinnt.

«Man glaubt wohl nicht in England, dass unsere betörten Kolonisten je so tolldreist sein und im Ernst zu den Waffen greifen werden», meint Lionel Lincoln, erstaunt darüber, was er antrifft. «Warum sollten sie auch nicht?», fragt die patriotisch gesinnte Agnes Danforth. «Ich weiss von keinem anderen Grund, als dass es eine tolle und gesetzwidrige Handlung wäre», erwidert Lionel Lincoln. Dass Cooper aus innerer Einstellung kein Freund von Revolutionen und Umstürzen war, nicht einmal von demokratischen Änderungen, wird in seinem Leben noch mehrmals deutlich. Vielleicht relativierte er in diesem Roman durch den jungen Lincoln, der gegen die Revolution eingestellt ist, ohne grosses Aufsehen seinen eigenen Standpunkt: für die Sache der Patrioten, mithin für die damit verbundene revolutionäre Umwälzung, jedoch mit gehörigem Misstrauen an revolutionären Ereignissen schlechthin.

Der Plot des Romans besteht im Wesentlichen allerdings darin, dass Lionel Lincoln nach und nach seine Familienverhältnisse erfährt und aufdeckt. Er ist mit einem Gefährten über den Ozean gereist, der später Ralph genannt wird und die Sache der Patrioten unterstützt. In Boston zeigt ein Debiler, Job Pray, der ebenfalls auf der Seite der Nordamerikaner steht, Lionel Lincoln den Weg zu dessen Grosstante Mrs Lechmere. Im weiteren Verlauf erfährt er, dass sein Vater Sir Lincoln, ein Neffe von

Mrs Lechmere, übergeschnappt ist, als er erfuhr, dass seine verstorbene Frau nicht nur Lionel zur Welt gebracht hat, sondern noch ein zweites, ausserehlicher Kind. Sir Lincoln wird vorgetäuscht, dass Job Pray dieses Kind sei. In Wirklichkeit aber, so stellt sich noch später heraus, ist Job Pray der ausserehliche Sohn von Sir Lincoln, mithin der Stiefbruder von Lionel Lincoln.

Inzwischen heiratet Lionel Lincoln Cecile Dynevor, die Grossnichte von Mrs Lechmere. Und zu guter Letzt stellt sich heraus, dass Ralph identisch ist mir Sir Lincoln, der zusammen mit seinem ausserehlichen Sohn Job Pray für die nordamerikanische Sache agiert, das heisst gegen seinen legalen Sohn Lionel, der zur britischen Krone hält.

Ist das alles klar, bitteschön? Es ist eine typische, im Verlauf der Handlung noch weiter verwinkelte Romankonstellation von Cooperschem Zuschnitt und ohne jede literarische Bedeutung, eine Mischung aus teilödipaler Verstrickung und Gothic Novel (während der Hochzeit von Lionel und Cecil erscheinen seltsame Zeichen an der Wand in der Kirche).

Cooper und die Indianer

Als «Lionel Lincoln» veröffentlicht wurde, hatte sich Cooper bereits wieder ein neues Werk vorgenommen: «Der letzte Mohikaner. Ein Bericht über das Jahr 1757», unter allen seinen Romanen derjenige, der die besten Noten erhalten hat. Cooper schrieb nun Roman um Roman, in schneller Folge, und er bewältigte dabei ein unglaubliches, Respekt einflössendes Programm.

Den Anstoss zu diesem Werk bildete ein Ausflug im August 1824, den der Schriftsteller in Begleitung einer kleinen englischen Reisegruppe nach Saratoga, an den Lake George[16] und zu den Glenn's Falls[17] unternahm. Mit von der Partie war ein gewisser Edward George Geoffrey Smith Stanley, der von 1852 und 1868 als Lord Derby englischer Premier war. Als die Gesellschaft unter den Glenn's Fall stand, meinte der spätere Politiker und Übersetzer von Homers «Ilias» (1864) Smith Stanley zu Cooper, dass sich der Ort für einen Roman eignen müsse. So hat es jedenfalls Susan Augusta überliefert. Nach der entgegengesetzten Version von Smith Stanley ist Cooper aber von sich aus auf die Idee gekommen, den Ort zum Schauplatz eines Romans zu machen.

Cooper begann jedenfalls, sich vermehrt für die Frage der Indianer zu interessieren und las, was er zu diesem Zweck über sie erfahren konnte, so unter anderem den Reisebericht von Meriwether Lewis und William Clark, die 1804 in St. Louis aufgebrochen und im November 1805 den Pazifik erreicht hatten. Ihre Expedition bildete eine zwingende Voraussetzung für die nachfolgende Erschliessung des nordamerikanischen Kontinents nach Westen.[18]

Verschiedene Male traf Cooper in Albany auch indianische Delegationen, die auf dem Weg zu Verhandlungen in Washington waren. Seine wichtigste Quelle war aber zweifellos der «Account of the History, Manners, and Customs of the Indian Nations, Who Once Inhabited Pennsylvania and the Neighboring States» aus dem Jahr 1819 von John Gottlieb Ernestus Heckewelder.

1754 war der spätere englische Missionar Heckewelder mit seinen Eltern nach Amerika gekommen und hatte sich durch seine Begegnungen mit Indianern, vor allem Delawaren, in kürzester Zeit unglaubliche vielseitige Kenntnisse ihrer Sprache, Sitten und Gebräuche erworben. Ohne sie rousseauistisch[19] zu verherrlichen, gewann er ihnen viele positive Seiten ab. «Durchgängige Verehrung des grossen ersten Urhebers aller Dinge, und lebhaftes Gefühl der Dankbarkeit für die von ihm verliehenen Wohltaten machen also einen von den hervorstechenden Zügen aus, welche das sich selbst überlassene Gemüt des Indianers auszeichnen.»

Eine kleine Episode, die Heckewelder zum Besten gibt, ist aufschlussreich. Indianer hatten ihre Pferde auf Heckewelders Weiden grasen lassen. Heckewelder beschwerte sich, einer der Indianer antwortete ihm: «Mein Freund, du scheinst Anspruch auf das Gras, welches meine Pferde gefressen haben, zu machen, weil du es eingezäunt hattest, nun sag mir einmal, wer hat das Gras wachsen lassen? Kannst du das Gras wachsen lassen? Ich glaube nicht, und niemand kann es, ausser dem grossen Mannitto; er lässt es für deine und für meine Pferde wachsen! Siehe, Freund! Das Gras, welches auf der Erde wächst, gehört allen, das Wild in den Wäldern gehört allen!»

Heckewelders Indianer sind grossmütig, sie verehren das Alter, haben ein angeborenes Gefühl von Gerechtigkeit. Sie können aber auch von Rachsucht erfüllt und grausam gegen ihre Feinde sein. Ein Kapitel widmet Heckewelder dem Skalpieren und den Martern der Gefangenen, ein Thema, das auch Cooper aufnimmt, ohne jedoch ausführlicher darauf einzugehen. Wie Heckewelder sich an die Delawaren gehalten hat, so hat auch Cooper ihnen seine volle Aufmerksamkeit und noch mehr seine Sympathie verliehen; die Mohikaner waren ein Stamm der Delawaren, die mit den Engländern verbündet waren. Feinde der Delawaren waren die Mengwes, Mingos, Maquasoder, mit einer anderen, geläufigeren Bezeichnung, Irokesen, die wieder mit den Franzosen gemeinsame Sache machten.

Wieweit die Indianer in Coopers Romanen eine besondere Beachtung finden, muss eine offene Frage bleiben, weil es Cooper stets vor allem um den Verlauf der Grenze zwischen Wildnis und Zivilisation gegangen ist und die Indianer dabei nur eine periphere Rolle spielen. Chingachgook ist in «Der Wildtöter» eine anziehende Figur, was man von ihm in «Die Ansiedler» nicht oder nicht mehr sagen kann; er ist zum Statisten degradiert worden. Die Auffassung, dass auch in «Der letzte Mohikaner» die Indianer nur Staffage für den Roman und seinen im Untertitel angedeuteten zeitgeschichtlichen Hintergrund, bilden, ist durchaus vertretbar. Das bleibt auch dann richtig, wenn Cooper etliche halbethnologische Beschreibungen einflechtet, zum Beipiel am Schluss die Trauerzeremonien für den ums Leben gekommenen Unkas oder die totemistischen Andeutungen. Im Übrigen folgt Cooper ziemlich genau Heckewelder als Quelle.

Den historischen Hintergrund des Romans «Der letzte Mohikaner» bildet der so genannte French and Indian War, der von 1754 bis 1763 zwischen England und Frankreich geführt wurde. Natty Bumppo ist ein erfahrener, mit den Gesetzen der Wildnis bestens vertrauter Scout im Dienst der britischen Armee und Inbegriff des «natürlichen Menschen». Im Roman begleitet der Irokese Magua Major Duncan Heyward sowie die Schwestern Alice und Cora Munro zu deren Vater Oberst Munro, der Kommandant von Fort William Henry[20] ist. Magua hat sich auf die Seite der Engländer geschlagen, doch aus verräterischer Absicht. In Wirklichkeit sinnt er auf Rache an Oberst Munro, der ihn einmal schlecht behandelt hat. Er entführt die drei, die aber von Natty Bumppo, dem Kundschafter, seinem alten Gefährten Chingachgook sowie dessen Sohn Unkas befreit und sicher nach Fort Henry geleitet werden. Man sieht schon, ein altes Thema bei Cooper, die Seiten werden laufend gewechselt. Die gleichen Personen sind Gefangene, die befreit werden, und Befreier, die gefangen genommen werden. Das ist das Maximum an Handlung, das sich Cooper ausdenken konnte.

Fort Henry wird vom historischen französischen General Montcalm belagert, die Eingeschlossenen sind zur Kapitulation gezwungen. Den Eingeschlossenen wird ein fairer Abzug zugesichert, die mit Frankreich verbündeten Indianer sind jedoch damit nicht einverstanden und veranstalten ein Blutbad unter den wegziehenden Engländern. Im weiteren Ver-

Titelblatt der französischsprachigen Cooper-Werkausgabe von Sautelet in Paris.

lauf geraten die beiden Frauen erneut in die Gewalt Maguas. Sie werden ein weiteres Mal von Natty Bumppo, auch Falkenauge oder Lange Büchse genannt, Chingachgook und Unkas befreit, wobei Unkas jedoch am Ende des Romans von Magua erstochen wird und Magua selbst zuletzt ebenfalls den Tod findet. Tamenund, der alte Delawarenhäuptling, spricht am Schluss die bittere Wahrheit aus: Die Zeit des roten Mannes ist vorbei.

Die ersten Jahre in Europa

Am 1. Juni 1826 schiffte sich James Fenimore Cooper mit seiner Familie in New York auf der «Hudson» ein. Die kleine Reisegesellschaft setzte sich aus ihm, seiner Frau Susan Augusta, seinen Töchtern Susan Augusta, Caroline Martha, Anne Charlotte und Maria Frances sowie seinem Sohn Paul zusammen. Begleitet wurde sie ausserdem von William Yardley Cooper, einem Neffen des Schriftstellers, der die Funktion eines Sekretärs und Kopisten einnahm und 1831 in Paris starb.

Die Reisenden trafen am 2. Juli in Cowe, Isle of Wight, ein und hatten die Absicht, sich fünf Jahre lang in Europa aufzuhalten (es sollten sieben daraus werden). Die Gründe für Coopers Entschluss waren vielfältig. Seine Gesundheit habe den Ausschlag gegeben, sagte er, das stark gewürzte Essen habe ihm zugesetzt und Magen und Milz in Mitleidenschaft gezogen, ein Zustand, der sich in Frankreich besserte. Vor allem aber lag Cooper die Erziehung seiner Töchter am Herzen, und auch die Absicht, mit seinem englischen Verleger urheberrechtliche Fragen zu klären, hatte mitgespielt. Nachdem sich die Sorgen wegen der Schulden aufgelöst hatten, konnte Cooper daran denken, neue Pläne zu schmieden. Seit 1823 hatten er, seine Frau und die Töchter Französisch gelernt.

Am 29. Mai, drei Tage vor der Abreise, veranstalteten die Mitglieder des «Bread and Cheese Clubs» ein Bankett für Cooper, das sich als grösstes Zeichen der Anerkennung erweisen sollte, das Cooper je in seinem Leben erfahren hat. Die Abschiedsfeier wurde am darauf folgenden Tag in der Zeitung rapportiert. Als Cooper sich auf den Weg machte, hatte er in seiner Tasche eine Bestätigung, die ihn als amerikanischen Konsul in Lyon auswies, eine Tätigkeit, die ihn indessen keinen Augenblick lang in Anspruch genommen, ihm aber viele Türen in Paris geöffnet hat. Er hatte in Lyon einen Stellvertreter eingesetzt und 1828 das Amt zurückgegeben.

Nach der Ankunft in Cowes führte die Reise weiter nach Southhampton, wo die Familie für einige Tage blieb, während Cooper nach

London weiterreiste, wo er seinen Verleger traf. Besprochen wurden Fragen des Drucks und der Übersetzung, wohl auch Honorarfragen, die es Cooper erlauben sollten, seine finanzielle Unabhängigkeit als Schriftsteller in Zukunft auf eine sichere Grundlage zu stellen.

Ein internationales Urheberrecht gab es damals noch nicht. Zum Beispiel war «Der Spion» in Amerika erschienen, und eine Ausgabe in England sollte folgen, aber der englische Verleger gab das Vorhaben auf, als unmittelbar nach der amerikanischen Veröffentlichung ein Raubdruck in England erschienen war. Cooper veranlasste daraufhin zu seinem eigenen Schutz und Vorteil, dass von jedem Werk zwei Manuskripte vorlagen, die der Post so übergeben wurden, dass sie ungefähr zur gleichen Zeit bei den Verlegern Carey and Lea in Philadelphia und Bentley in London eintrafen und die Bücher gleichzeitig erscheinen konnten. Damit war gesichert, dass die amerikanische Ausgabe nicht als Vorlage für einen Raubdruck in England herhalten würde oder die englische für einen amerikanischen. Ausserdem konnte der autorisierte englische Verleger über seine Kontakte in Frankreich und Deutschland rechtzeitig die deutschen und französischen Übersetzungen in Auftrag geben. Als später Cooper in Paris Walter Scott traf, unterhielten sich die beiden Schriftsteller ebenfalls über Probleme dieser Art; Cooper setzte sich bei seinem Verleger in Philadelphia mit grossem Nachdruck für die amerikanischen Rechte seines Kollegen Scott ein.

Als Cooper von London nach Southampton zurückkehrte, ging die Reise nach Le Havre und Rouen weiter. Cooper fand Rouen «schmutzig und eng», ohne ein einziges freistehendes Haus wie in Amerika, bewunderte aber die Kathedrale, die Claude Monet ein halbes Jahrhundert später gemalt hat. Beeindruckt war er davon, dass «Köpfe und Vögel, & Ungeheuer, und sogar Fabeltiere wie Greife, Meerjungfrauen und Monster, in soliden Stein gehauen», als Wasserspeier dienten. Auch fiel ihm auf, dass auf dem Platz vor der Kathedrale täglich ein Gemüse- und Früchtemarkt abgehalten wird, «weil freier Raum viel zu selten und kostbar ist, um der Luft und der Erscheinung willen herzuhalten». Die Familie stand nachdenklich vor dem Rathaus, vor dem die «teure, gute» Jeanne d'Arc ihr «heroisches und heiliges Leben» in den Flammen des Scheiterhaufens beendete, wie Susan Fenimore Cooper für Coopers Enkel und Enkelinnen festgehalten hat. Alte Kathedralen, Schlösser, Abteien, alles, was nur den geringsten historischen Glamour aufwies, tat es der amerikanischen Reisegesellschaft, die zu Hause keinerlei derartige Altertümlichkeiten kannte, besonders an.

Illustration aus der deutschsprachigen Ausgabe der «Spion» bei Abel & Müller in Leipzig.

Der erste Eindruck, den Frankreich auf die Ankömmlinge machte, war allerdings zwiespältig gewesen. Mitten in der Nacht kam die Familie Cooper in Le Havre an und musste sich der Zollkontrolle unterziehen – «jede Person wurde einzeln untersucht», und dies «noch bevor die Kinder zu Bett gehen konnten», wie Cooper nach Hause schrieb. Im Wirtshaus, das er zusammen mit seiner Familie danach aufsuchte, hatte sich der Dreck und Schmutz seit Jahren gesammelt. «Unsere Herzen begannen, sich nach dem Komfort zu Hause zu sehnen. Aber zum Glück kann man sich an alles gewöhnen, sogar an Schmutz –» Später hat er sich noch oft über «Schmutz, Wanzen, Flöhe» beklagt. «The French», so stellte er fest, «began to be fine before they knew how to be comfortable», was ungefähr sagen will, dass sie die Pracht liebten, lange bevor sie es verstanden, sich behaglich einzurichten.

Am 22. Juli trafen die Coopers in Paris ein und fanden zunächst im Hôtel Montmorency Unterkunft. Noch am gleichen Nachmittag des Ankunftstages führte James Fenimore Cooper seine Frau zu einem Spaziergang auf den Boulevards aus. Einige Tage später mietete er sich in einer möblierten Sechszimmerwohnung im Hôtel Jumilhac[21] in der rue Saint-Maur 12 im dritten Stock ein.

Die Strasse in Saint-Germain, wo die Wohnung lag, war eng, aber wenn man das Eingangstor passiert hatte, öffnete sich ein Hof, und hinter dem Haus lag ein grosser Garten. In den zweiten Stock hinauf gelangte man durch ein geräumiges Treppenhaus mit schmiedeeisernem Geländer. Die Wohnung bestand aus einer Salle à manger, einem Petit und einem Grand Salon, zwei Schlafzimmern, einem Kabinett, und einer Küche; dafür bezahlte Cooper 2600 Francs im Jahr. Im ersten Stockwerk befand sich die Schule, die die Cooper-Töchter besuchten.

Die eingenommenen Mahlzeiten sollen, nach der Ältesten von ihnen, die es überliefert hat, sehr gut gewesen sein. Morgens um sieben Milch und Brot, anschliessend Gebet im Familienkreis, Unterricht bis zehn Uhr, Frühstück mit kaltem Fleisch, Kartoffeln, Salat, mässig Wein, höchstens ein Glas und nicht einmal jeden Tag, Wasser hingegen im Überfluss. Nach kurzer Ruhezeit wurde der Unterricht wieder aufgenommen. Lunch, «gouter» mit Brötchen, Spiele, Tanz, Familiengebet, und ab ins Bett – das war der reguläre Tagesablauf. Die Kinder hatten Lehrer für Musik, Zeichnen, Tanzen.

Cooper belegte das so genannte Kabinett und verwendete es als Schreibzimmer. Hier arbeitete er, mit Blick auf den Garten, an einem Manuskript, das er in New York begonnen hatte: «Die Prärie». Er meinte, dass dieses Buch, zusammen mit «Die Ansiedler» und «Der letzte Mohikaner», unter einem einheitlichen Titel und in gleicher Aufmachung erscheinen sollte und eine anschauliche Beschreibung des Lebens an der Frontier in Amerika ergeben könnte. Das aber war erst der Fall, als 1840 und 1841 die Romane «Der Pfadfinder oder Das Binnenmeer» und «Der Wildtöter oder Der erste Kriegspfad» erschienen waren, die zusammen mit den drei anderen, schon vorliegenden Werken die Romanfolge ergaben, die als «The Leatherstocking Tales» («Der Lederstrumpf») bekannt ist.

In «Die Prärie» ist Natty Bumppo 80 Jahre alt. In den grossen Ebenen westlich des Mississippis, die 1803 durch den Louisiane Purchase das Gebiet der Vereinigten Staaten erweiterten, lassen sich immer mehr Siedler nieder. Natty Bumppo ist ein Vorbote der anrückenden Zivilisation, genau so, wie es die Squatterfamilie von Ishmael Bush ist, deren niedrige, verbrecherische Gesinnung den Konflikt beziehungsweise die Romanhandlung in Gang bringt. Als das Werk 1827 erschien, stellte es sich als Misserfolg heraus. Es ist nicht uninteressant, an dieser Stelle daran zu erinnern, dass Johann Wolfgang Goethe 1826 Coopers Werke «Die Ansiedler», «Der letzte Mohikaner», «Der Lotse» und 1827 den Roman «Die Prärie», an dem er «den reichen Stoff und dessen geistreiche Behandlung» bewunderte, gelesen hatte. Wenn der Geheime Rat in Weimar froh gewesen war, seiner Vorstellung von Weltliteratur einen neuen Schauplatz hinzugefügt und auf diese Weise das Feld der Literatur erweitert haben zu können, so zeigt seine Cooper-Lektüre zugleich die weit verbreitete Rezeption, die der amerikanische Schriftsteller zu der Zeit genoss.

Nach «Die Prärie» wendete sich Cooper wieder einem maritimen Thema zu, dem Seeräuberroman «Der rote Korsar»; ausserdem schrieb er eine Reihe von Briefen, in denen er die Vorurteile gegen Amerika, denen er in Europa begegnet war, ebenso zu widerlegen versuchte wie die amerikanischen Vorurteile gegen Europa, und in denen er sich vorteilhaft über die demokratischen Verhältnisse in Amerika äusserte: «Notions of the Americans; picked up by a Travelling Bachelor» (1828).[22] Das war der Anfang seiner Auseinandersetzung mit politischen und sozialen Fragen und Publizistik, die ihn bis ans Ende seines Lebens begleiteten.

Die Schreibtätigkeit, auf die Morgenstunden verlegt, hielt Cooper offenbar streng ein; in New York hatte er, um sich zu stimulieren, viel Kaffee getrunken, bevor er sich an die Arbeit machte. Aber das scheint zu der Zeit gewesen zu sein, als der Schuldenberg noch schwer auf ihm lastete. Später in London muss er «hart gearbeitet» haben, wie Madame Cooper ihren Töchtern nach Paris berichtete, «er steht früh auf, und manchmal schreibt er so lange, bis er nervös und erregt wird und seine Hand kaum ruhig halten kann».

War die morgendliche Schreibarbeit absolviert, überliess er sich dem gesellschaftlichen Leben. Gleich nach seiner Ankunft hatte er die Verbindung mit seinem alten Bekannten Lafayette, dem französischen General im amerikanischen Unabhängigkeitskrieg, aufgenommen, und durch ihn und den amerikanischen Botschafter in Paris, William Brown, fand er Zugang zu der Haute volée von Paris. «Ich gehe an Soireen, an denen Prinzessinnen so häufig anzutreffen sind wie Schweinekerle in New York», meldete er über den Ozean. Durch die russische Gräfin Barbara Galitzin, die sich des Schriftstellers anerkennend und offenbar bereitwillig annahm, fand er weitere Kontakte, die er durchaus genoss, die ihm aber mit der Zeit gelegentlich doch zu viel wurden und denen sich ausserdem Madame Cooper aus religiösen Skrupeln entweder widersetzte oder gänzlich entzog.

Im 3. November 1826 wollte der Schriftsteller eben das Haus verlassen, als er jemand sah, der das Treppenhaus emporstieg. Beide grüssten sich kurz und eilten dann weiter, als sich der Fremde umkehrte und fragte: «Est-ce monsieur Cooper que j'ai l'honneur de voir?» «Monsieur, je m'appelle Cooper.» Darauf stellt sich der Fremde vor (auf französisch): «Je suis Walter Scott.»

Cooper hatte in literarischer Hinsicht Scott, der 18 Jahre älter war, viel zu verdanken. Er war entzückt, bedankte sich für die Ehre des Besuchs und unterhielt sich ausführlich mit dem älteren Kollegen über Verlagsrechte und Honorarfragen. Später war Cooper masslos enttäuscht, als er zur Kenntnis nehmen musste, dass Scott sich in seinen Tagebüchern nur beiläufig über Cooper geäussert hatte und offenbar weniger hochherzig über ihn dachte als er über ihn.

Im Februar 1828 übersiedelte Cooper mit seiner Frau für ungefähr vier Monate nach London, wo er eine kleine Wohnung mietete, die «Notions» beendete und die Drucklegung überwachte. Der Vorschuss von 1500 Dollar entsprach nicht Coopers Erwartungen, orientierte sich aber am mässigen Erfolg von «Die Prärie». Die Töchter gingen unterdessen in Paris weiter zur Schule. In London hatte Madame Cooper Gelegenheit, ihre Schwester Anne Charlotte kennen zu lernen, die in England während des vorübergehenden Aufenthalts von John Peter De Lancey geboren wurde, sie bis zu dieser Begegnung aber noch nie gesehen hatte.

Am 28. Mai 1828 verliess das Ehepaar Cooper London und reiste über Rotterdam, Delft, Den Haag, Leyden, Harlem, Amsterdam, Utrecht, Antwerpen, Brüssel und Valenciennes nach Paris zurück, wo es am 9. Juni wieder eintraf.

Den Sommer 1827 verbrachten Cooper und die Seinen in Saint-Ouen, ausserhalb von Paris, in einem Haus mit dreissig «gut möblierten» Zimmern am Ufer der Seine. Nach der Rückkehr von Saint-Ouen nach Paris und später, nach den Reisen in die Schweiz, nach Italien und Deutschland, wohnte die Familie Cooper noch an verschiedenen weiteren Adressen, stets «in Übereinstimmung mit unseren beschränkten Geldmitteln», wie sich der Schriftsteller ausdrückte, ohne dass dies ihn je abgehalten hätte, auf grossem Fuss zu leben, wie es sich, wie er glaubte, für ihn gehörte.

Schon lange hatte er vorgehabt, den Sommer des folgenden Jahres in der Schweiz zu verbringen, aber dann hatte er die Idee, 1828 eine grosse Reise in den Norden Europas zu unternehmen, vorgezogen. Doch daraus wurde nichts; die Nachricht vom Tod John Peter De Lanceys hatte dem Plan einen Dämpfer aufgesetzt. Statt dessen machten James Fenimore Cooper und seine Familie sich am 14. Juli, wie es ursprünglich vorgesehen war, auf den Weg in die Schweiz, sehr zur Freude der Familienmitglieder.

[1] Zwischen der amerikanischen Revolution von 1776 und der französischen von 1789 bestanden zahlreiche Verbindungen. Siehe im Register unter «Jefferson» und «Lafayette».

[2] Von «ot» (Versammlungsort) und «sego» (Begrüssungsformel) in der Sprache der örtlich ansässigen Indianer.

[3] Ein Panther (auch als Mountain Lion, Puma, Kugar bezeichnet, «Felix concolor») greift in «Die Ansiedler» die Tochter des Richters Temple und ihre Begleiterin an.

[4] Garnison: Ort mit militärischer Belegung; Garnison wird hier auch als ein mit Latten umgebenes Haus verstanden.

[5] Die Architekten, die in «Die Ansiedler» den Sitz von Marmaduke Temple ausgeführt haben, der jetzt von den Vettern Effingham bewohnt wird. Vorbild ist Otsego Hall, Coopers eigener Wohnsitz.

[6] Anhänger der britischen Krone vor der Unabhängigkeit.

[7] Abtrünnige der Anglikanischen Kirche, zum Beispiel Unitarier.

[8] «Ned Myers; or, A life before the Mast», 1843.

[9] Zitiert nach Charles Grossman, «James Fenimore Cooper».

[10] Susan Fenimore Cooper, «Small Family Memories».

[11] Opie, Amelie, englische Schriftstellerin (1769–1853). Ihre Romane gehören zu den ersten, die das häusliche Leben zum Thema machten, tränenreich und mit einem moralischen Beigeschmack.

[12] Viele Figuren haben in Coopers Romanen verschiedene Namen, was die Lektüre gelegentlich etwas unübersichtlich macht.

13 Auch Blaise Cendrars wollte über John Paul Jones einen biografischen Roman schreiben, kam aber, von der Stoffülle überwältigt, nicht über ein paar Fragmente hinaus.
14 Die erste grössere kriegerische Auseinandersetzung im Unabhängigkeitskrieg auf Bunker Hill ging für die Kolonisten eher schlecht aus, doch gewannen die Kolonisten trotz der Niederlage Vertrauen in ihre eigene Stärke.
15 «The Lexington-Concord Battle Road», herausgegeben von der Concord Chamber of Commerce, Concord, Mass., o.J.(ca. 1980).
16 Ursprünglich Lac du Saint Sacrement, identisch mit dem Lake Horican in «Der letzte Mohikaner», nach den Indianern genannt, die einmal an seinen Ufern gelebt haben.
17 Die Glenn's Falls mit der unterhalb des Wasserfalls liegenden Insel, auf der sich in «Der letzte Mohikaner» Natty Bumppo, Chingachgook, Uncas, Major Heyward sowie Alice und Cora Munro verstecken, war schon zu Coopers Zeit von verschiedenen industriellen Betrieben umgeben. Heute ist die ganze Umgebung von Papier- und anderen Fabriken völlig verunstaltet.
18 Die Indianer haben die Expedition anders beurteilt und darin den Todesstoss für ihre Kultur gesehen.
19 Nach dem Philosophen Jean-Jacques Rousseau und seiner oft falsch verstandenen Idee vom «edlen Wilden».
20 Am Lake George gelegen. Der Verteidiger hiess auch in Wirklichkeit Colonel Munro. Das Fort wurde im French and Indian War von den französischen Truppen zerstört. Es ist heute wieder aufgebaut und dient als Touristenattraktion. Siehe www.fortwilliamhenry.com
21 Gemeint ist mit «Hotel» ein vornehmes Privatwohnhaus.
22 Es ist ein unentbehrliches Buch, um Coopers Gedankenwelt zu verstehen. Es wird hier mit dem Quellenvermerk «Notions» daraus zitiert.

II
Erster Schweizer Aufenthalt 1828

Auf dem Weg in die Schweiz – Fahrt im Regen – Schöne und weniger schöne Landschaften – Die Alpen in der Ferne werden für eine Wolke gehalten – Aufenthalt in Neuchâtel und Ausrüstung für die bevorstehende Reise – Ankunft in Bern und Besichtigung der Stadt – «Was unser jenseits des Grabes harrt» – Vier Reisen durch die Schweiz – Wildheit und Schönheit des Berner Oberlandes – «Verworrene Menge» von Bergen – Der Rheinfall im Vergleich mit anderen Wasserfällen – Versuche, das Appenzellerland zu beschreiben sowie verschiedene seltsame Urteile – Von Zürich auf die Rigi an einem Tag im Jahr 1828 – Die Demokratie in der Schweiz und in Amerika – Tiefe Abneigung gegen Handel und Habgier – Der Ausblick vom Brünig-Pass in das Tal von Lungern und Sarnen – «Uralte Bräuche der römischen Kirche» in Einsiedeln – Die Tamina-Schlucht – Schneesturm auf dem Oberalp-Pass – Das immer wiederkehrende Aussichten-Sehen fängt an zu ermüden – Juweliergeschäfte in Genf – Abreise nach Italien

Eintritt in die Schweiz «mit offenen Augen»

Als der Wagen, in dem die Coopers Platz genommen hatten, durch das Einfahrtstor der Pariser Wohnung und die rue de Sèvres rollte, erlebte der Schriftsteller einen «Augenblick glänzender Vorfreude». Die Erwartungen auf die Schweiz waren hoch geschraubt. Der gesellschaftliche Umgang mit Schriftstellern und Vertretern der besseren Kreise hatte Cooper ermüdet, weshalb «ein von Gemeinplätzen überreicher Verkehr mit Menschen jetzt vor der erhabeneren Gemeinschaft mit der Natur zurückweichen» sollte, schrieb er über seine Erwartungen, die er mit der Reise verband. Die Strassen von Paris schienen sich ins Endlose zu ziehen. Hinter Charenton gelangte die Kutsche auf offenes Gelände, und Cooper glaubte, freier atmen zu können.

Das erste Tagespensum führte nach Fontainebleau, wo das Mittagessen eingenommen und, weil die Zeit noch reichte, das Schloss besucht wurde, das von Franz dem Ersten angelegt und von Heinrich IV. bewohnt worden ist und wo Napoléon I. abdankte. Cooper besichtigte die Gemächer des Kaisers, und mehr als alles andere machte der imperiale Waschnapf Eindruck auf ihn. Für Napoléon brachte er nicht die geringste Bewunderung auf.

Am nächsten Tag wurde Auxerre erreicht, am darauf folgenden Avallon. Von dort ging es weiter nach Dijon und Salins. In Auxerre logierten Cooper und die Seinen in einem Gasthof, vor dem die Yonne vorbeifloss, die ihn an den Mohawk-Fluss in Amerika erinnerte. Der Halt in Avallon, 27 Poststationen von Paris entfernt, war nicht ganz programmiert. Cooper hatte auf dem Aussensitz der Kutsche Platz genommen und war, weil es in einem fort regnete, von Fieberschauern erfasst worden.

Nach Avallon wurde die Gegend «gefälliger und gelegentlich sogar dem Malerischen sich nähernd. Es war das erste Stück eines Naturgemäldes, dessen ich in der Gegend ansichtig wurde, eine tiefe, kühne Talgegend, die sich zwischen sonderbar geformten Felsmassen hinabwand, innerhalb dessen ein rauschender Giessbach hinabstürzt.» Ein Häuschen, halb hinter Bäumen versteckt, belebte die Ansicht, hin und wieder ging auch von kleinen Wäldchen die gleiche Wirkung aus, nicht jedoch von Weingärten, die ihn, als er das Burgund erreichte, mehr ermüdeten als erfreuten. Denn der Weinstock, meinte er, würde die Schönheit einer Gegend unrettbar verderben, wenn er nicht an einem Berghang angelegt ist, genau so wie der Ölbaum oder wie «ärgerliche offene Flächen» sein Gefühl für Landschaftsästhetik stören konnten. Nur wenn alle Bedingungen erfüllt sind, «wird der Eindruck des Malerischen vollendet, doch mehr noch durch Ideenverknüpfung als durch den blossen Anblick». Wenig später, vor Salins, wird eine Schlucht Cooper in Begeisterung versetzen.

Das Pittoreske lag Cooper viel näher als die grossen, bewegenden Aussichten auf die Alpen, selbst wenn sie ihn ergriffen, als er sie zum ersten Mal aus der Ferne erblickte. Die «Bestandteile» einer Landschaft machen sie zu einem gestalteten und belebten Raum. Für Cooper sind das immer wieder Häuser, sanfte Hügel, manchmal Wälder, Flüsse und so weiter. Eine einfache Schweizer Hütte gehörte für ihn so unabdingbar zu einer Schweizer Gegend, wie der gotische Baustil sich für ihn mit den höchsten Empfindungen der Andacht verband.

Dijon mit seinen alten Bauwerken hätte Cooper vielleicht gefallen, aber jetzt, so kurz vor der Ankunft in der Schweiz, waren es ganz andere Gedanken, die ihn bewegten. Am Ende einer weit ausgedehnten Ebene zeichnete sich am Horizont ein blasser blauer Streifen ab, der immer deutlicher hervortrat. Es waren «die erste Reihe jener ungeheueren Bergrücken, die in fast senkrechten Felsenmauern den Ufern des Mittelmeers entsteigen», meinte er in seiner globalen Geografieübersicht.

Die Grenze zwischen dem Burgund und der Franche-Comté war inzwischen erreicht und überschritten. Und dann, mit einem Mal, zeichneten sich in der Ferne die Alpen ab.

Cooper hatte auf dem Aussensitz Platz genommen, als er eine «schöne glänzende weisse Wolke» am Horizont erblickte. «Ich wandte mich an den Postillon, indem ich nach dem ausserordentlichen Gegenstand hindeutete. ‹Mont-Blanc, Monsieur!›», erwiderte der Kutscher.

Die Begeisterung war unglaublich. «Niemals werde ich die Erschütterung dieses Augenblicks vergessen», fasste Cooper seine Eindrücke später zusammen. «Es gibt eine Empfindung, mit der allgemeinen Neigung zum Geheimnisvollen verwandt, welche unsere staunenden Blicke nach einem fernen Gegenstand schweifen lässt mit einer Lust, die unmerklich das Gemüt auf den Fittichen der Betrachtung in das Reich des Unsichtbaren entführt. Entlang den Abhängen entlegener Berggipfel gleitet die Einbildungskraft unmerklich in die Täler hinab und bevölkert sie willkürlich mit Sagen und Erinnerungen oder mit ihren eigentümlichen Gebilden. Nur der Schimmer eines Gletschers war es, denn die leuchtende Erscheinung ging gerade hinter den Spitzen des Juras unter, als wir

Die Quelle des Aveyron im Tal von Chamonix.

schnell abwärts nach Dole vordrangen. Es ist zwar richtig, dass der Mont-Blanc nicht in der Schweiz liegt, aber er ist doch ein Teil der gleichen wundervollen Erdbildung, welche die Schweiz so merkwürdig macht, und eben schwebte das Auge sehnend und forschend über zwei ihrer Kantone und über halb Savoyen, um diesem Prachtanblick himmelanstrebender Herrlichkeit recht innerlich zu erschauen. Noch nie empfand ich den Wunsch, Flügel zu haben, so heftig, obgleich er der beständige Begleiter meiner jugendlichen Schwärmereien blieb.»

Die Thermalstadt Salins war so überfüllt, dass die Coopers am Ende des fünften Tages nur mit Mühe in einem minderwertigen Wirtshaus eine Unterkunft fanden, «wo wir, wie gewöhnlich, mehr bezahlen mussten als üblich, und schlechter bedient wurden, als man sonst pflegt». Daher Coopers Empfehlung: «Nehmen Sie den Rat eines alten Reisenden zur Kenntnis, nie in einem Wirtshaus zweiten Ranges in einer Stadt, die keine Hauptstadt ist, einzukehren, wenn sie nicht überall schlimm ankommen wollen.»

Die «chevaux de renfort», die Zusatzpferde, die eingespannt wurden, zeigten den Reisenden an, dass es nun bergan gehen würde. Cooper beobachtete, dass die Dächer der Häuser so gebaut waren, dass der Schnee, wenn er herunter fiel, nicht den Zugang zu den Haustüren behinderte. Ein Lärchenwald erinnerte ihn an die Wälder zu Hause. Als die Gesellschaft in Pontarlier, der letzten Stadt auf französischem Boden, ankam, regnete es. Der Ort erschien Cooper reinlicher als andere Orte in Frankreich. Die Reinlichkeit – auch das ist, wie die immer wiederholten Klagen über die Wirte, ein Topos in der europäischen Reiseliteratur.

Da es in der Schweiz keinen geregelten Postverkehr wie in Frankreich gab, war Cooper froh, dass der Kutscher gewillt war, die Gesellschaft wenigstens ein Stück weiter, bis nach Travers, zu bringen. Als Pontarlier verlassen wurde, regnete es immer noch, aber nicht mehr so stark, dass der Regen Cooper davon abgehalten hätte, auf dem Aussensitz Platz zu nehmen. «In einen guten Tuchmantel eingehüllt, und einen Regenschirm zum Schutz über uns, beschlossen wir, dem Wetter zu trotzen und mit offenen Augen unseren Einzug in die Schweiz zu halten.»

Es war der 19. Juli, der sechste Reisetag seit dem Aufbruch in Paris, als James Fenimore Cooper und seine Begleitung voller Erwartung die Grenze zur Schweiz überschritten.

Es fiel Cooper vorteilhaft auf, dass die Schweiz oder «die Republik», wie er sagte, keine Zollhäuser kenne und keine Eingangszölle erhebe, und in schnellem Trab wurde die Reise durch das Val de Verrières fortgesetzt.

Der Regen inzwischen hatte aufgehört, die Sonne vertrieb den Nebel, die Wiesen leuchteten und das Tal, durch das die Strasse führte, breitete sich lieblich aus. Wieder war die Wirkung überwältigend. Cooper hatte den Eindruck vom «Eintritt in eine neue Welt». «Noch nie waren wir Zeugen eines solchen Schaffens der Natur gewesen, und nie, schien es mir, hatte Künstlerbegeisterung meinen Blicken etwas Ähnliches enthüllt.» Selbst die Pferde trabten munterer dahin als in Frankreich, meinte Cooper festzustellen, und mit ausgelassenen Jauchzern stimmte er in die schnaubende Lust der Pferde ein.

Alles stimmte. Keine Enttäuschung. Noch schöner als das Val de Verrières kam Cooper das Val de Travers vor. Alles stellte sich heraus, wie er es erwartet hatte. Die Frauen im Val de Travers sassen an den Fenstern, mit weiblicher Arbeit beschäftigt, comme il faut, anstatt wie in Frankreich in groben Holzschuhen durch den Dreck zu waten oder wie Lasttiere schwere Körbe zu tragen, und die Männer hatten nichts anderes zu tun, als den Schmuck der Felder, die sie bestellten, noch zu steigern. Auch der gute Zustand der Strassen fiel Cooper wiederholt auf. Von den Menschen erhielt er einige Kenntnisse über den einheimischen Volkscharakter, und es entging ihm nicht, dass die Uhrmacherei in der Umgebung weit verbreitet war.

Es wurde Nacht. Die Reise Richtung Neuchâtel musste eilends fortgesetzt werden. Bald war es stockfinster, aber jedes Mitglied der kleinen Reisegesellschaft war überzeugt, mitten durch die reizendste Gegend, die man sich nur vorstellen kann, zu reisen. Anders konnte es gar nicht sein.

Am 19. Juli 1828 abends um neun Uhr hielt der Wagen vor dem vornehmsten Gasthof der Stadt Neuchâtel. Die Coopers waren in sechs Tagen von Paris nach Neuchâtel gereist.

Am nächsten Morgen fand Cooper die Stadt zwar «anmutig», doch hatte sie nichts von alledem zu bieten, was die Reisegesellschaften sonst anzog. «W — —», also wahrscheinlich William Yardley Cooper, war zuerst auf und verliess das Haus, kam aber nach fünf Minuten zurück gerannt, um die übrigen Familienangehörigen «zum Mitgenuss der Aussicht» aufzufordern. In der Ferne war die Bergkette des Alpenmassivs zu sehen, und wieder war der Eindruck überwältigend. Niemand war in der Lage, die Augen von dem sich bietenden herrlichen Anblick abzuwenden, und nur die Tatsache, das die Gesellschaft von der strapaziösen Reise Ermüdungserscheinungen zeigte und ausserdem die Geschäfte geschlossen waren, hielt die Cooper-Familie davon ab, auf der Stelle weiterzureisen, «um dem Fuss der wundervollen Alpen nur etwas näher zu sein. Wie die Umstände es wollten, staunten wir sie in der Ferne an und hingen unseren Träumen nach, welchen Anblicks wir uns erfreuen würden, sobald wir uns erst einmal inmitten ihrer beeisten Gipfel befänden.» Wieder wünschte sich Cooper Flügel, um den «schimmernden Eismassen» so schnell wie möglich entgegenfliegen zu können.

Aber ein praktischer Grund hinderte ihn daran. Es war Sonntag. Das Geld war ausgegangen, und Cooper musste am folgenden Tag erst seinen Bankier aufsuchen, bevor an die Fortsetzung der Reise gedacht werden konnte. Mit Landkarten, ferner mit einem Exemplar des «Ebel»[1] sowie, «was in der Schweiz noch weit wichtiger ist», mit reichlich Bargeld ausgestattet, konnte dann am Montag nach dem Frühstück die Reise fortgesetzt werden.

Auf der Weiterfahrt wurde einmal aus einiger Distanz der Bielersee erblickt, aber keiner weiteren Erwähnung für würdig befunden. In Aarberg wurde ein «goûter» eingenommen, und als die Sonne eben unterging, fuhr die Kutsche mit den Coopers durch die Tore der Stadt Bern, «dieses ehrwürdigen Sitzes der Aristokratie in der Form einer Bürgerschaft». Das beste und am meisten frequentierte Gasthaus in der Stadt, «le Faucon», wurde aufgesucht, war aber so besetzt, dass die amerikanische Reisegesellschaft weniger Behaglichkeit antraf, als sie vorzufinden gehofft hatte.

Es war der Abend des 21. Juli 1828. Cooper war am Ziel seiner Reise angekommen und für die nächsten drei Monate den Schweizern überlassen, wie er in seinen «Ausflügen in die Schweiz» mit sanftem Sarkasmus bemerkte.[2]

La Lorraine, Bern und das Oberland

Nur kurz hielten sich die Coopers im «Falken» in Bern auf, wenige Tage später mieteten sie ein kleines Landhaus ausserhalb der Stadt, La Lorraine[3]. In einem seiner Reiseführer, dem «Manuel pour les Voyageurs en Allemagne et dans le Pays Limitrophes» von J. B. Engelmann und H. A. O. Reichard, vermerkte Cooper: «Hier (in Bern) angekommen am 22. Juli 1828. Nahm ein Landhaus nahe der Stadt für drei Monate, La Lorraine genannt. Ich unternahm verschiedene Exkursionen in der Schweiz. Eine der eindrucksvollsten Städte in Europa.»[4]

An anderer Stelle beschreibt Cooper La Lorraine wie folgt: «Wir befinden uns in einem der niedlichen, kleinen, versteckten Landhäuschen, welche die Landschaft schmücken.» Zwischen der Stadt und La Lorraine «schimmert die buchtige Aare, doch so tief in den Boden eingewühlt, dass sie sich uns nur, wenn wir gerade ihr Ufer betreten, wirklich sichtbar macht. Anmutige Pfade winden sich durch die Auen, von Zäunen und Hecken zierlich eingefasst, und die Wege sind so eng und bequem, wie man sie nur in Lusthainen und Gartenanlagen antrifft.» Das Haus war «ungefähr so gross wie einer der gewöhnlichsten Verschläge auf der Insel Manhattan» und gehörte einem Grafen Portalis (Louis de Portalès) in Neuchâtel, der es durch einen Monsieur Walter verwalten liess[5]. Cooper legte sich zwei Fahrzeuge zu, ein grösseres für zwei Pferde und ein kleineres, einen «char-à-banc», für ein einziges Pferd, um umstandslos «stadtaus und stadtein» fahren zu können.

Bern war «der beherrschende Kanton des Bundes» und zeichnete sich durch Länderbesitz, Reichtum und Volkszahl aus, «so wie wir, die Herren von New York, bescheidenerweise auch unseren kräftigen politischen Stamm bezeichnen, der, kaum der Wildnis entsprossen, jetzt bereits den zehnfachen Reichtum, das Doppelte des angebauten Landes, eine weit grössere Volkszahl und weit mehr Mittel besitzt, als selbst die ganze Schweiz zu unserer jetzigen Zeit». Ein Beispiel für Coopers Nationalstolz; wir werden noch mehr davon bekommen.

Lorrainestrasse 80: Das Haus, in dem Cooper 1828 drei Monate wohnte. Heute ist darin ein Kindergarten untergebracht.

Cooper, der soeben aus Frankreich angekommen war, fiel sofort auf, dass die Berner «im eigentlichen Sinn Deutsche» sind: «Sie sprechen in einer deutschen Mundart und haften an den Gewohnheiten und Eigenheiten des teutonischen Stammes. Dennoch sind die eigentlichen Deutschen bei ihren Brüdern wenig beliebt.» Das Land ist gut und mit Fleiss angebaut, «aber im Schmuck eines grossen Gartens prangend, und seine schönen Waldpartien rufen den Vergleich mit einem Park hervor. Dazu kommen die vielen Umzäunungen, ein anmutiger Zug, welcher dem Malerischen des Festlandes gewöhnlich fehlt.» So nachzulesen in den «Sketches of Switzerland».

Gleich in den ersten Tagen nach der Ankunft in Bern 1828 wurden zahlreiche Exkursionen in die Umgebung unternommen. Hindelbank blieb Cooper dabei in nachhaltiger Erinnerung, wo der deutsche Künstler Johann August Nahl für die Frau des Dorfpredigers Langhans, die bei der Geburt ihres ersten Kindes starb, ein Denkmal ausgeführt hatte, an das der Schriftsteller später noch dachte.[6] Auch einige in der Umgebung gelegene Begräbnisplätze («spaces for graves»), «die durch kleine Pfosten am Haupt- und Fussende abgesteckt sind», machten auf Cooper einen so tiefen Eindruck, dass er sie einer Erwähnung für wert befand; die Inschriften waren, bemerkt er, auf Papier hinter Glas geschrieben oder mit weisser Farbe auf das Holz gemalt.

Cooper besuchte ausserdem die Bäder entlang des Ufers der Aare oberhalb der Stadt. Diese Badeanstalten «sind ganz aus Holz gebaut und wenn auch nicht prächtig, doch reinlich und hinreichend bequem eingerichtet. Ich zahlte zwanzig Cents für ein warmes Bad unter einer Leinwandbedachung, mit Seife, warmen Tüchern, warmem Badeanzug, alles nach Wunsch – kurzum, ganz ‹à la française›. Das ist die wohlfeilste Art zu baden, die mir jemals vorgekommen ist. Und gibt es wohl ein so gutes Bad, ausser in Privathäusern, in ganz Amerika? Ich wenigstens habe nie das Glück gehabt, mich eines solchen bedienen zu können.» Hätte er den «Manuel» von Engelmann und Reichard schon gekannt, hätte er darin auch den Vermerk über ein «Etablissement für Körperertüchtigung», «in Deutschland seit einiger Zeit unter der Bezeichnung ‹Turnanstalt› bekannt», lesen können.

Natürlich wurden auch die Lauben besichtigt und der Bärengraben besucht. Dort begegnete Cooper Herrn – – und Frau – –, die auf «Aussichtenjagd» («sight-hunting») waren, wie Cooper sagte, was aber nichts Ungewöhnliches war, da alle Reisenden es zu tun pflegten, die durch die Schweiz reisten. Die drei unterhielten sich eine Weile «über unseren

Mangel an Bergen, ein Übelstand, den der echteste Yankee eingestehen muss. ‹Ich wundere mich,›, sagte unser Namens- und Blutsverwandter eines Tages zu mir[7], ‹ich wundere mich, dass es in den Vereinsstaaten gar nichts von grossartigen Naturgemälden gibt.› Dieser Gedanke kam ihm ganz plötzlich, als er mit geistigem Auge über die Küsten des Mittelmeers, über beide Indien, Brasilien und weiter schweifte; er schien empfindlich getroffen über diesen Mangel unserer Gegenden. Er hatte recht; wir haben schöne Landschaften in reicher Fülle, aber kaum eine, die erhaben heissen könnte. Selbst der Hudson, der unter allen Strömen Europas keinen findet, der ihm gleichkommt, besitzt in ausgezeichnetem Grade alle Eigenschaften und Eigentümlichkeiten des Schönen; nicht aber eine einzige, die ins Gebiet des Erhabenen gehört.» Das ist eine Aussage, die verständlich wird, wenn man Ansichten des Thunersees aus Coopers Reisezeit betrachtet. Tief ist der See in die umgebenden Berge eingelassen, zum Beispiel bei H. W. Bartlett, während der Otsego-See in einer weiten, offenen und flachen Landschaft liegt.

Die grossartigen Gebirgspanoramen hatten es Cooper wie allen Reisenden angetan, aber er war nicht abgeneigt, auch die «idyllischen Niederungen», wie er sagte, zur Kenntnis zu nehmen, das heisst das Mittelland. Bern war für ihn «der Mittelpunkt der lieblichsten Landschaften» in Europa, auch wenn die Jura-und Alpenansichten «vorzügliche Gegenstände des Schauens in diesem Kanton» waren und blieben. Die Schanzen der Stadt Bern waren aus diesem Grund in öffentliche Promenaden verwandelt worden, von wo aus im Vordergrund das Liebliche oder Malerische und in der Ferne, als Hintergrund, das Erhabene zu sehen war. Auch von La Lorraine aus hatte man einen einzigartigen Ausblick auf das Berner Oberland. Und dann waren es natürlich die Stadtmauern mit ihren Wehren und Türmen, die dem Amerikaner Cooper auf- und gefielen. So etwas gab es zu Hause in den wilden Wäldern nicht.

«Die Einbildung fasst es kaum»

Die Gipfel der Berner Alpen, von Bern aus sichtbar, waren etwas, an dem sich Cooper nicht satt sehen konnte. Sie lösten immer neue Schübe der Ergriffenheit und Begeisterung aus.

Ich entdeckte einen Berg! Wyndham und sein Freund Pococke[8] entdeckten ein Tal, ein Ding, das sich dem Auge leicht entziehen kann; ich aber hatte das Glück, ei-

nen Gletscher zu entdecken, der ein ziemlich weisser ist und dazu bis hoch an die Wolken reicht. Da ist ein hoch gelegenes Feld nahe bei La Lorraine, wo P – – eben in die Geheimnisse eingeweiht worden ist, wie man einen Drachen steigen lässt. Ich war sein Lehrer; und vor einigen Tagen, bei dieser luftigen Beschäftigung, liessen wir unsere Blicke himmelwärts streben, und dadurch kam die besagte Erscheinung zustand. Ein glänzender Gipfel erschien durch eine Lücke zwischen den Hügeln in fast östlicher Richtung, mehrere Striche des Kompasses abseits des Oberlandes, das gegen Südosten völlig übersehen werden kann. Es war diese Erscheinung nur von einer Stelle aus sichtbar, und gerade auf dieser Stelle blickte ich ganz zufällig in der geeigneten Richtung, und das Wunder war fertig. Ich erwähne die Tatsache, weil niemand in der Umgebung jemals von einem in dieser Richtung sichtbaren Gletscher gehört hatte; auch konnte ich keinen Glauben finden an meine gemachte Entdeckung, bis die Ungläubigen durch den Augenschein überführt werden konnten. Nach den Karten und der Boussole zu urteilen, musste diese Bergspitze der Gipfel des Titlis sein. Wie mag die Sinnesart eines Landes beschaffen sein, in welcher das Faktum von einem Gletscher, so schön wie dieser sich ausnimmt, entweder von den nächsten Anwohnern übersehen werden oder in Vergessenheit geraten kann. In Bern, einer Stadt, von welcher sowie von jeder benachbarten Anhöhe aus die ganze Kette des Oberlandes mit seinen weissen Gipfeln in ihrer ganzen Ausdehnung überblickt werden kann, erregt der Anblick eines einzelnen Gletschers wenig oder gar kein Interesse.

Jederzeit bleibt es eine schwierige Aufgabe, lebhaft und zugleich genau die von einem grossartigen Naturgemälde empfangenen Eindrücke in Worten wiederzugeben. Hat der, dem wir uns mitteilen, Gegenstände gesehen, die überhaupt eine Ähnlichkeit mit den zu beschreibenden hatten, so wird die Sache weit weniger Schwierigkeiten bereiten, denn der Erzählende oder Beschreibende kann seine Mitteilungen durch bekannte Vergleiche deutlich ausmalen; wer aber kann in Amerika, wenn er nie aus dem Land herausgekommen ist, sich ein treffenderes Bild von Naturszenen der Gegenden hier hervorzaubern? Ein Schweizer würde eine Beschreibung von ungeheuern Granitmassen, überragt von immerwährendem Schnee, sehr leicht fassen, weil er solche Gegenstände ständig vor Augen hat; für solche aber, die niemals ein prächtiges Schauspiel dieser Art erlebt haben, müssen Beschreibungen, wenn sie den gewohnten Massstab anlegen, ebenso sehr von ihrer beabsichtigten Wirkung einbüssen, als Worte so inhaltsleer sind wie die Dinge selbst. Mit dem völligen Bewusstsein der mir gebrechenden Kraft will ich gleichwohl versuchen, Ihnen einen Begriff von den beiden erhabensten Ansichten der Alpen zu geben.

Die eine dieser Ansichten wird öfters erwähnt, aber ich erinnere mich nicht, von der anderen jemals etwas gehört zu haben. Die erste wird durch die untergehende

Sonne hervorgebracht, deren Strahlen an einem wolkenlosen Abend einen Farben- und Lichtwechsel von eigentümlich lieblicher Wirkung erzeugen. Mehrere Minuten lang weicht die strahlende Farbenpracht des Gletschers gleichsam zögernd zurück und geht stufenweise in eine rosenrote Färbung über, welche sich über eine solche glänzende Masse ausbreitet und in rosigem Licht ausstrahlt, in welchem die ganze Gipfelreihe durch allmähliche Verschmelzung und anmutige Übergänge eine sanft-liebliche Wirkung hervorruft. In demselben Augenblick, wo das Auge entzückt auf diesem herrlichen Anblick verweilt, schwindet das Licht. Keine Wandlung des Schauspiels kann einen mächtiger ergreifen als diejenige, welche nun folgt. Alle Gebilde sind noch dieselben, aber ihre Farben so ganz verschieden von einander, als stünden die Geister der Berggipfel vor uns; immer noch dieselbe ungeheuere Klippenreihe von ewigem Schnee starrt uns an, doch mit geisterhaftem, fast gespenstischem Schauer. Die Geisterschatten der Alpen treten auf in riesigen Scharen; noch wenige Minuten halten sie Wacht auf den höchsten Zinnen, und alles Licht erbleicht allmählich. Die Berggeister, gleich den erhabensten Schauerbildern schwermütigen Sinns, werden blass und blässer, allmählich dunstähnlicher, wesenloser, bis sie im weiten Raum zerronnen sind.

Die andere Ansicht, die ich meine, stellt sich nur selten dar; wie wohl bei günstiger Witterung ein beharrlicher Beobachter, war mir doch nur zweimal die Freude beschert, dieses Schauspiel zu bewundern, und von beiden Malen ist selbst nur das eine der Beschreibung würdig gewesen, die ich davon unternehmen will.

Der Umstand, dass die Aare durch ein breites Tal strömt, lässt den Bernern die Aussicht nach den Alpen des Oberlandes frei. Die Riesen erscheinen verschanzt hinter einem Bollwerk mächtiger Aussenwerke, deren jedes für sich allein in jedem anderen Land einen erstaunlichen Anblick darbieten würde. Eines unter ihnen wirkt durch seine besondere Gestalt, sie ist kegelförmig; dieser Berg liegt fast in derselben Richtung wie die Jungfrau; er selbst heisst Niesen. Etwa acht bis zehn englische Meilen von der ungeheueren Kette entfernt, mehr im Vordergrund sich erhebend, erscheint gleichwohl in Bern jede Nebenerhebung, die sich in verworrenem Durcheinander dem Hauptzug anschliesst, doch nur als eine Staffel zu den mächtigen Gipfeln.

Der Tag war zu der von mir erwähnten Zeit umwölkt; die Firste des Niesen waren ganz verschleiert, ein weiter Streifen regnenden Gewölks dehnte sich über den ganzen Zug der Gipfel des näher gelegenen Gebirgszugs, und ihre dunklen Abhänge bräunten sich in Nebeln, blieben aber sichtbar. Der Niesen und seine nächsten Nachbarhöhen erschienen auf einmal wie eine abgetrennte Bergkette von beträchtlicher Höhe und bargen ihre Häupter in den Wolken. Jeder Gipfel stellte sich unseren Blicken vollkommen dar, obschon die ganze Kette der Erde entrückt und in luftiger Höhe zu schweben schien. Den Übergang zu ihnen barg der Wol-

kenvorhang, und während unterhalb alles von Regen triefte und in Nebeln zerrann, warfen die Gletscher den prachtvollen Sonnenglanz mit mächtigem Farbensprühen zurück. Die Abgeschiedenheit von der tieferen Welt erschien in entschiedenerem Kontrast der unterhalb gelegenen dunkleren Farbschattierung und erhabenen Pracht in den oberen Räumen.

Die Einbildung fasst es kaum, dass beide Erscheinungen derselben Umgebung angehörten. Die Wirkung des Ganzen schuf Gemälde, von denen ich keine andere Vorstellung geben kann, als dass ich sage, es stellte sich gleich einem Lichtblick aus den Fenstern des Himmels dar, von einer solchen erschütternden, überirdischen Klarheit, als es nur ein Traumbild ins Leben zu zaubern vermag. Augenblicke gab es, wo jenes erwähnte geisterhafte Aussehen durch den Glanz der Schneemassen dunkelte, ohne ihre Gestalten zu verändern, und keine Sprache vermag den erhabenen Eindruck zu schildern. Es war unmöglich, dorthin zu blicken ohne Schauer der Andacht, und ich vermochte, so sonderbar es auch scheinen mag, nicht, das Gefühl zu bekämpfen, ich sei im Anschauen der Enthüllung dessen entrückt, was unser jenseits des Grabes harrt.

Aus «Ausflüge in die Schweiz», 5. Brief.

Die erste Exkursion durch die Schweiz: Das Berner Oberland

Der Anblick der Alpen rief in Cooper die Sehnsucht wach, alle diese Wunder aus der Nähe betrachten zu können. Während der drei Monate, die er 1828 in der Schweiz verbrachte, unternahm er – zum Teil in Begleitung einzelner Familienmitglieder, zum Teil allein, fast immer mit einem Reiseführer – vier kleinere oder grössere Reisen durch das Land.

Die erste führte vom 4. bis 7. August ins Berner Oberland;

die zweite vom 25. August bis 4. September über Solothurn, den Rheinfall, Konstanz, Rheineck, Gais, St. Gallen, Rapperswil, Zürich, Rigi, Luzern und Langenthal und zurück nach La Lorraine;

auf der dritten vom 8. bis 19. September schlug er den Weg über Meiringen, den Brünig, Stans, Brunnen, Einsiedeln, Glarus, Pfäfers, Chur, Oberalp, Furka, Grimsel nach La Lorraine ein;

auf der vierten schliesslich war er vom 24. September bis 1. Oktober von Bern über Lausanne nach Genf und zurück unterwegs.

Auch wenn Cooper jedes erreichbare Verkehrsmittel benützte wie Pferd, Pferdefuhrwerk (Kutsche, «char-à-banc»), Boote auf den Seen, so war dies doch ein erstaunliches Reiseprogramm, verbunden mit aussergewöhnlichen Tagesleistungen. Und zu alledem hatte Cooper über diese

Zweiter Teil

Spiez, der Thunersee und das Panorama der Berner Alpen.

Reisen auch noch Tagebuch geführt und später ein Reisebuch veröffentlicht. Wenn er zum Beispiel abends nach einer langen Reise in Zürich ankam und sich schon am folgenden Tag zu früher Stunde wieder auf den Weg machte oder er einen Abstecher nach Glarus unternahm und sich dort sechs Stunden aufhielt, nicht länger – mit welcher Berechtigung durfte er dann seine Eindrücke und, vor allem, seine Meinungen und Urteile wiedergeben? In Zürich stellte er fest, dass der Gewerbefleiss «beträchtlich» ist, in Glarus sah er: «Man schlachtet dort Vieh auf öffentlicher Strasse.» Wie zutreffend, wie zulässig beziehungsweise wie zufällig sind solche Beobachtungen?

Es gibt keine befriedigende Antwort darauf. Coopers Ansichten und Urteile sind entsprechend ausgefallen: mal pointiert, mal abwegig; mal aufmerksam, mal völlig daneben gegriffen – nicht weniger und nicht mehr, als es zu jener Zeit in den Zeugnissen anderer Reisender der Fall war. Trotzdem vermitteln sie ein Bild der Schweiz von damals – oder ein Bild, wie die Schweiz damals von ihren Reisenden und Besuchern gesehen wurde, um genauer zu sein.

Dass die erste Reise ins Oberland führte, war nahe liegend – im doppelten Sinn des Wortes. Wenn man schon die Berge vor der Haustür hat und ihretwegen in das Land gekommen war! Und ausserdem war das Berner Oberland – in der Übersetzung von damals – «das innere Mark

Staubbach in Lauterbrunnen.

der eigentlichen Schweiz». Cooper war in Begleitung seiner Frau, seiner ältesten Tochter und seines Neffen William.

Unterwegs nach Thun wurden «herrliches Vieh, gediegene Bauernwohnungen mit vorgebauten Dächern im schweizerischen Stil und überall Zeichen von Behaglichkeit und Wohlstand» gesichtet. Thun war in dreieinhalb Stunden erreicht, und die dort befindliche Burg «nur erbaut, möchte man sagen, um eine Landschaft zu zieren».

Die Weiterreise wurde mit einem Nachen unternommen. Vom Thunersee aus wurde der Gipfel der Jungfrau erblickt, einen besseren Aussichtspunkt, um die erstaunliche Höhe der Eisgipfel zu würdigen, gab es nicht. Hinter Interlaken wurde das Tal so eng, dass die Peitsche des Kutschers die Berghänge berühren konnte. Alles schien Cooper «im Alpenmassstab» angelegt zu sein – was das auch heissen mag: sehr gross, sehr klein, je nachdem. Die Wildheit und Schönheit der Schlucht, die nach Lauterbrunnen führt, bot ein «schauerliches Gemälde». Die Schnelligkeit der zurückgelegten Reise, die veränderte Umgebung und die fremdartige und wildromantische Landschaft überwältigte Cooper dermassen, dass er sich nicht erinnern konnte, «jemals eine solche Aufregung, fast bis zu überwältigendem Entzücken, empfunden zu haben wie in diesem Augenblick». Aber nochmals: Diese Aufregungen gehörten zu einer ordentlichen Schweizer Reise; sie waren ja der Grund dafür. Alles ist «schauererregend», «geheimnisvoll», «entzückend», «grossartig». Manchmal eilte die Sprache den Eindrücken voraus, manchal jene dieser. Man könnte auch sagen: Die Überwältigung war zu gross.

Natürlich wurde der Staubbach besichtigt, und als Cooper aus dem Fenster des Wirtshauses schaute, in das er eingekehrt war, zählte er einhundertachtundfünfzig Sennhütten. Auch sonst war Cooper bei jeder sich bietenden Gelegenheit von einer unbeschreiblichen Genauigkeit der Beschreibung, was Masse, Mengen oder Distanzen anbelangt. War das Genauigkeit, Anschaulichkeit, Pedanterie? In der Literatur gehen die Meinungen auseinander.

Weiter hinten im Tal gelangte Cooper an eine Stelle, «welche die Allmacht noch nicht in Ordnung und Zweckmässigkeit vollendet» hatte – die Zivilisation war noch nicht so weit vorgedrungen. «Wir sahen von unserem beschränkten Tal aus durch eine Schlucht in eine Art von Felsenbecken hinab, das sich durch die höheren Alpen selbst bildete.» Es müssen die Trümmelbachfälle gewesen sein. In Coopers Beschreibung ist das Entzücken der ersten Begegnung festgehalten.

Am nächsten Morgen wurde die «Reveille» von den Füssen mehrerer Reisender gestampft, es entstand ein «Gerassel wie Trommelschall». In Wengen, wo die Reisenden auf ihrem Weg gewöhnlich ausruhen, wurde ein «Gebirgsmahl» eingenommen: Brot, Käse, Milch.

Wenig später setzte ein Krachen ein. Das Geräusch erinnerte Cooper an das Brausen eines fernen Sturms, und er glaubte, der Berg würde sich auf seinem Lager umdrehen. Eine Lawine war zu Tal gegangen. «Das Ächzen eines Berges ist von wundersamem Ausdruck.»

Die Kleine Scheidegg wurde überquert, und der Blick senkte sich auf den Talkessel von Grindelwald. Überall waren ländliche Wohnungen und Sennhütten zu sehen, aber nirgends ein dicht gedrängtes Dorf. Grosses Interesse bekundete Cooper für die Gletscher, die er, der Seefahrer, der er einmal gewesen war, «mit plötzlich zu Eis erstarrten Seen» verglich: «Der Vergleich ist phantastisch und mag treffend genug für diejenigen sein, die mit einem Meer nicht eben vertraut und daher auch nicht mit dessen wirklichen Erscheinungen sonderlich bekannt sind; man braucht indessen auch nicht den Vergleich allzu wörtlich zu nehmen. Die Oberfläche zeigt durchaus nicht die gleichförmigen Wechsel steigender und fallender sturmerregter Wogen; wenn auch im Sammelpunkt schneller und widerstreitender Flutenbrechung das Wasser bisweilen in senkrechter aufwallender Wogenbrandung dem Äusseren eines Gletschers nicht unähnlich erscheinen mag, obschon nie in einem gleich grossen Massstab. Die beliebte Vergleichung ist sonst genau genug, um dem Zweck einer poetischen Schilderung zu entsprechen.»

Was an Coopers Versuch einer Beschreibung der Landschaft von Grindelwald auffällt, ist einmal die Schwierigkeit, die es bereitet, das Alpenmassiv in angemessenen Worten wiederzugeben, ohne Pathos, ohne Hingerissenheit. Nicht um das Bergmassiv geht es Cooper, sondern um viele Berge, die verschiedene Formen aufweisen, bald kegelförmig, bald zackig, und dies Hunderte von Meilen im Umkreis. «Die starren Eisklippen ragten wild durcheinander hervor», schreibt er einmal, ein anderes Mal spricht er «von der verworrenen Menge von Bergen». Das erinnert an Johann Jacob Scheuchzer, der die Berge «als Stücker eines über einen hauffen geworffenen grossen Gebäues» und «als Wirkung eines blossen ‹hazard›, oder Zufalls» bezeichnete: «Da ist nirgends einige ‹regularitet›.»[9] Aber das war 112 Jahre früher gewesen.

Das andere Auffallende ist die Tatsache, dass Cooper im Angesicht der berühmtesten Berge der Schweiz zwar immer wieder in Begeisterung ausbricht, in Ergriffenheit, in Schaudern, wie es von den Reisenden aus jener Zeit erwartet wurde. Wendete er aber den Blick nur ein wenig zur Seite, dann kontrastierte das Bild der eisstarrenden Gipfel, die ihm so bewegende Worte entlocken, mit lieblichen Matten, Wiesen, Hütten und so weiter, und die Gegend scheint «friedlich, grünend und idyllisch schön. Die Einbildungskraft kann kaum lieblichere Bilder erträumen, die sich der Teilnahme unseres Gemüts für die Empfindung ländlicher Ruhe, Einfachheit und Einsamkeit bemächtigen.» Die eher idyllischen Ansichten sind es, die ihn zutiefst bewegen, das Grossartige ist dagegen ein Kanon, der von allen Reisenden eingehalten wird.

Was schön ist, ist eine Frage des Geschmacks. Darüber lässt Cooper sich ebenfalls aus. Der Eiger in Nebel gehüllt, als die Nordwand noch kein Spektakel für das Fernsehen abgab, das war schon etwas für sich. «Nebel, nur Nebel, und nochmals Nebel; gebt mir nur Nebel zu meinen Naturgemälden», ruft er einmal aus, pathetisch, von sich selbst hingerissen. «Natürliche Schönheit wird ebenso sehr erhöht durch die Beihilfe des Dunkeln und Rätselhaften eines nebligen Himmels, als wie menschliche Schönheit gewinnt, wenn man die zu ängstliche Beleuchtung jeder Einzelheit vermeidet. Ich habe Ansichten gesehen, in welchen die Neugierde so sehr gespannt war, dass ich den Wunsch nicht zurückhalten konnte, es möchte der Schleier lieber ganz weggenommen werden; doch erinnere ich mich keiner einzigen, von der ich nicht gewünscht hätte, dass der Schleier wieder über so manches herabgelassen werden möchte, nachdem das Auge völlig befriedigt war.» Das Sonnenlicht mag seine Bedeutung und Wirkung in warmen Gegenden haben, in hohen Breiten und hoch gelegenen Regionen dagegen kann doch «eine teilweise Nebelbedeckung von unschätzbarem Wert» sein.

Cooper hörte auch, was er «Gebirgsmusik» («mountain music») nannte, von einer Gruppe Sängerinnen ausgeführt, die das Wirtshaus in Grindelwald zur Unterhaltung der Reisenden angestellt hatte, und liess sich den Kuhreihen vorsingen. Aber dann begann ihn zu stören, dass die Hirten und Hirtinnen des Tals das Malerische missbrauchten, um daraus ihren Unterhalt zu gewinnen. In den Wirtshäusern waren die männlichen Bedienten «ausländische Glücksjäger, welche die Geldgier während des Sommers in die Berge lockte. Diese kleinen Geldangelegenheiten sind die verdriessliche Kehrseite des Malerischen, denn in einem solchen Land möchte man wünschen, nichts Ausländisches anzutreffen, den Wein ausgenommen.» Das strenge Urteil ist deplatziert; nicht alle konnten es sich, wie der amerikanische Reisende Cooper, leisten, einen längeren Aufenthalt mit verschiedenen Exkursionen in der Schweiz zu verbringen, ohne dabei an Geld denken zu müssen. Einige mussten auch ihr Leben durch Arbeit verdienen.

Am dritten Tag, auf dem Weg über die Grosse Scheidegg Richtung Meiringen, regnete es, «und die Empfänglichkeit für das Erhabene ging in dem niederdrückenden Gefühl des Missbehagens verloren». Im Wirtshaus in Rosenlaui loderte ein schönes Feuer und wurden die Kleider getrocknet. Nur erlaubte der Regen nicht, den Rosenlauigletscher zu besuchen, und Cooper musste sich auf das Urteil seines Führers Rudolf Wunster verlassen, dass der Gletscher in Rosenlaui sehenswerter sei als diejenigen in Grindelwald.

In Meiringen stellte Cooper einen Vergleich mit Amerika und dem Tal des Hudson an – nicht den letzten; Amerika blieb sein Massstab. Die Reichenbachfälle wurden besichtigt und die Nacht in ihrer Nähe verbracht.

Am Morgen des vierten Tages brachte ein Fahrzeug die kleine Reisegruppe nach Brienz. Nur aus der Ferne wurde der Giessbachfall erblickt, das Frühstück wurde, der einsetzenden Eile wegen, im Boot auf dem Brienzersee eingenommen; La Lorraine fing an zu locken. Die Strecke zwischen Brienzer- und Thunersee wurde in der Kutsche zurückgelegt, die Winde auf dem Thunersee waren günstig. In Thun erwartete ein Fuhrwerk die Reisegesellschaft, und um sechs Uhr am Abend des vierten Reisetages waren die Coopers wieder in La Lorraine.

Die zweite Exkursion: Gewerbefleiss, Gewinnsucht, landschaftliche Schönheit

Nur wenig mehr als zwei Wochen später war Cooper erneut unterwegs, wiederum in der gleichen Besetzung wie auf der viertägigen Exkursion ins Berner Oberland. Die Fahrt, wiederum im eigenen Gefährt, ging über die Ebenen Richtung Jura nach Solothurn. Unterwegs versuchte ein Bursche durch ein Seil, das er über die Strasse gespannt hatte, die Kutsche am Weiterfahren zu hindern. Nach einer kurzen Unterredung wurde die Weiterfahrt gestattet. Es war kein Überfall gewesen, sondern ein Hochzeitsbrauch.

In Solothurn gaben wieder einmal «Türme, Basteien und Mauern» der Stadt ein malerisches Aussehen, «das aber mit dem Inneren schlecht übereinstimmte, das plump und düster genug aussieht». Durch die Strassen wehte noch ein «klösterlich beschränktes Flüstern, das an die düsteren Zeiten der Verschlossenheit und Heimlichkeit» des Mittelalters erinnerte. Da Cooper wusste, dass die 2000 Einwohner der Stadt streng katholisch sind, war er nicht erstaunt, viele Kirchen und Klöster anzutreffen. Dagegen waren die Überreste römischer Baukunst, die er besichtigte, nicht besonders eindrucksvoll.

Cooper wusste aber auch, dass nicht nur die Stadt, sondern der ganze Kanton Solothurn streng katholisch waren, und vielleicht deshalb meinte er «eine gewisse nachteilige Veränderung in Rücksicht auf die Nettigkeit und Wohnlichkeit festzustellen». Dann überlegte er: Solothurn ist nicht weniger aristokratisch als Bern, infolgedessen könne die Verschlimmerung nicht der Demokratie zur Last gelegt werden. Was aber dann? Offenbar nur dem Katholizismus.

Hinter Solothurn hatten die Landleute ebenso wie die Wohnungen kaum noch «etwas eigentlich Schweizerisches», sondern erinnerten Cooper an die Franche-Comté. Denn nicht in der Schweiz muss man die Schweiz suchen, sondern in Frankreich, weil sie dort am schweizerischsten ist. Das sind eben die grotesken Seiten der Urteile über fremde Länder. Und es geht gleich weiter in diesem Stil!

Die Trachten der Frauen, denen Cooper am Nachmittag begegnete, waren von grosser Vielfalt. «Keine derselben nimmt sich niedlich aus, ausser auf dem Papier; und doch trägt selbst die hässlichste dieser Trachten, von den hässlichsten Weibern getragen, das ihrige bei, um das Eigentümliche der Nationalverschiedenheiten zu bezeichnen». Das sind Stellen, und es werden noch mehrere dieser Art folgen, bei denen man sich stets in Erinnerung rufen muss, dass ihr Autor der Verfasser von Büchern wie «Die Ansiedler» und «Der letzte Mohikaner» war, die schon zu jener Zeit auch in Europa gelesen wurden. Erst dann wird man ermessen können, was für eine Aussage Cooper hier macht. Ein Amerikaner kommt nach Europa und findet alles anders als zu Hause. Wie und woran soll er sich da orientieren? Indem er das, was er antrifft, mit dem vergleicht, was er von zu Hause kennt - das ist seit jeher die einfachste und daher die häufigste Methode gewesen. Selbst dann, wenn durch die hier vorgenommene Selektion der Sehenswürdigkeiten die Rosinen aus dem Kuchen geklaubt werden und auf diese Weise der anekdotische Charakter von Coopers Äusserungen unverhältnismässig stark hervorgehoben wird. Cooper hat in seinen «Ausflügen in die Schweiz» der Beschreibung von Landschaften und Städten den meisten Raum gegeben, sich aber auch über die politischen und gesellschaftlichen Institutionen geäussert.

Gegen Abend waren der Himmel heiter und die Waldplätze einladend. Cooper schaute auf die Karte und sah, dass links der Weg nach Basel abzweigte. Wohin die Reise weiterführen sollte, war in diesem Augenblick offenbar völlig offen für spontane Entscheidungen, Basel jedoch nicht anziehend genug, um sich dorthin auf den Weg zu machen, weil die Stadt «zu sehr in der grossen Welt liegt, als dass unsere jetzige Stimmung dahin passte». Und da es ausserdem einzunachten begann und ein kleines Nest gerade in der Nähe lag, wurde es aufgesucht und in demselben übernachtet. Der Ort war Olten.

Um sechs Uhr am nächsten Morgen wurde die Weiterreise angetreten. Die Aare wurde überquert: auf einer gedeckten Brücke ganz «‹à la Américaine›, obgleich ich vermute, die unserigen seien vielmehr ‹à la Suisse› angelegt». Aarberg machte mit Türmen und Wällen einen angenehmen Eindruck («einer der wenigen befestigten Orte, die die Schweiz behalten hat»), auch Aarau nahm sich aus der Ferne gut aus, hatte dann aber doch nichts Anziehendes, als Cooper näher kam.

Die Bäder von Schinznach wurden kurz besucht, die Habsburg gab Gelegenheit zu nachdenklichen historischen Gedankenflügen über Raum und Zeit, in Brugg erinnerte sich Cooper, dass das «kleine eng gebaute Städtchen» der Geburtsort Zimmermanns war.[10] Über Königsfelden und Baden ging es weiter bis nach Kaiserstuhl. Die zwischen Limmat und Rhein liegende Gegend «sah nicht mehr schweizerisch aus, sondern schon sehr deutsch», eine Aussage, die er auch auf das Landvolk und deren Wohnungen ausdehnte. Cooper erkannte es unter anderem an den Hüten, den an den Knien offen stehenden Hosen und den talergrossen Rockknöpfen. «Stuhl» in Kaiserstuhl «wird beinah wie unser ‹stool› ausgesprochen. Sie sehen, dass jeder, der englisch spricht, sich mit einiger Aufmerksamkeit auf die Laute leicht in einen achtbaren deutschen Reisenden verwandeln kann.»

Am dritten Tag kam die Cooper-Gesellschaft an den Rheinfall. Und war enttäuscht – nichts Imposantes, ein richtiger Reinfall. Die Höhe des Falls stimmt nicht mit der Umgebung überein, und der Vergleich mit den Niagarafällen, die Cooper in seiner Marinezeit gesehen hatte, fiel zum Nachteil des Rheinfalls aus.

«Einige anmutig gelegene Felsen, mit wenigen Bäumen besetzt, teilten den Strom etwa in der Mitte, während die ganze Wasserwucht in einem steilen Absturz, mehr rauschend als brandend, hinabbrauste; in einer Weite von etwa zweihundert Yards beträgt die grösste Höhe des Falls nur etwa siebzig Fuss. Es ist ein unterbrochener, ungleicher und schäumender Wassersturz, der mehr von Felsenmassen und grösserer Höhe als Wasser entbehrt, um ein erhabenes Schauspiel zu sein. Wenn der Mohawk[11] an-

Der Rheinfall

geschwollen ist, so meine ich, macht der Cohoesfall einen weit ergreifenderen Eindruck, während zu anderer Zeit der Rheinfall jenen übertreffen mag. Es ist ein Übelstand bei den meisten grossen Wasserfällen, dass die Umgebung selten mit einem in den Grundzügen entsprechenden Massstab übereinstimmt. Wenn irgendwo ein tiefer und schneller Fluss, etwa eine englische Meile breit, senkrecht eine Höhe von hundert und fünfzig Fuss herabstürzt, wie der Niagara, lassen sich kleinere Fehler in der wundervollen Einzelerscheinung leicht übersehen; aber bei kleineren Wasserfällen wird man nur zu bald inne, dass noch manches fehlt.» Der Rheinfall war bei der Prüfung durchgefallen!

In Schaffhausen wurde ein spätes Frühmahl eingenommen. Die Stadt schien Cooper «verwinkelt, eng, unansehnlich und klein». «Hier sahen wir zum ersten Mal mit Schildern bemalte Häuser. Die altertümlichen Mauern und Türme, die grösstenteils eingestürzt sind, geben dem Ort gleichwohl ein malerisches Aussehen.»

Der weitere Weg führte dem Rhein entlang. «Es war ein vergnüglicher Nachmittag», mit Klöstern, Weinbaugebieten, zerfallenen Schlössern und schönen Dörfern, hielt Cooper später fest. Dann wurden der Bodensee erreicht und abends Konstanz, als gerade zwanzig oder dreissig Tambouren den Zapfenstreich wirbelten. Unverzüglich wurden der «goldene Adler» und die Betten darin aufgesucht – nach dem «mühevollen Tagwerk».

Am nächsten Morgen noch eine Enttäuschung. «Konstanz hat längst aufgehört, die Beständigkeit der gotischen Zeiten zu beweisen.» Vor allem wollte Cooper etwas über den Ort erfahren, an dem von 1414 bis 1418 das Konstanzer Konzil abgehalten und der tschechische Reformator Jan Hus zum Tod verurteilt und auf dem Scheiterhaufen hingerichtet wurde. Er besichtigte eine Nachbildung der Zelle, in der Hus gefangen gehalten wurde. Anschliessend frühstückte die Gesellschaft im «Goldenen Adler» und liess sich Bodenseefisch schmecken.

Als die Weiterreise angetreten wurde, hinterliessen die weite Wasserebene, die Dörfer, schönen Landschaften und grünen Abhänge, Apfelbäume, Wiesen und Gehölze, Türme, Burgen und Schlösser auf der gegenüberliegenden Seeseite und die Berge im Hintergrund, «die die Kennzeichen des Schweizerischen immer mehr entwickelten», einen nachhaltigen Eindruck. Rorschach hatte einen Anlegeplatz und einen «für diese Weltgegend sehr lebhaften Handel». In seinem Tagebuch vermerkte Cooper, Rorschach sei der Umschlaghafen für Getreide, das für die Ostschweizer Kantone bestimmt sei. Hier sah Cooper auch ein Bodensee-Dampfboot: «ein Wunder in seiner Art», das ihn sofort an einige Schooner erinnerte, die ihm auf dem Ontario- und Erie-See begegnet waren. Aber das waren Segelschiffe gewesen, die von Ochsen ins Wasser gezogen wurden, jetzt jedoch hatte er es mit einem richtigen Dampfboot zu tun!

Übernachtet wurde in Rheineck. Das war aber ein ganz und gar abscheulicher Ort. Die Fahrt dorthin war schön gewesen und die Luft ausgezeichnet, auch wenn es unmöglich war, sie nachzuempfinden, «wenn man nicht selbst Gegenden wie die Schweiz bereist und die ins Heiligtum eindringenden Spiessbürger beobachtet hat». Aber in Amerika hatte noch niemand von diesen Ländern gehört, die an Grundfläche, Volkszahl und Wohlstand beinahe einem Staat wie demjenigen von New York gleichkommen und längst bevölkert und belebt waren, als noch niemand etwas von Amerika wusste.

Die Bemerkungen von Cooper über Rheineck sind nicht besonders freundlich. Was war geschehen? Niemand wird es je erfahren. Es sieht aus, als hätte der Rappel Cooper gepackt.

Ein kurzer Abstecher nach Österreich wurde unternommen. Auf dem Rückweg beobachteten die Coopers Mädchen, die unter Bäumen mit der Herstellung von Musselin beschäftigt waren. Dabei musste er das Einzelne und Besondere wie immer gleich ins höhere Allgemeine erheben und an die «Wirkungen des menschlichen Fortschritts» denken: «Die

Baumwolle wuchs vielleicht in den amerikanischen Wildnissen, wurde nach Rotterdam geschifft, gleitete stromaufwärts durch die Krümmung des Rheins bis zu irgendeiner benachbarten Manufaktur, schlüpfte hier durch die Hände von Bauernmädchen unter dem Schatten des väterlichen Weinstocks; und mag vielleicht denselben Weg entlang zurückkehren und dereinst in unseren eigenen Berglüften einherflattern.» Globalismus à l'epoque.

Dass beim Eintritt ins Rheintal die angrenzenden Hügel bis zu den Gipfeln angebaut waren, wird Cooper vielleicht nicht besonders erstaunt haben, da auch die Uferpartien der Delaware- und Susquehannaflüsse bis zu den Spitzen der angrenzenden Berge bewirtschaftet waren, wie man in den einleitenden Sätzen des Romans «Die Ansiedler» lesen kann, auch wenn sie nicht so hoch waren wie diejenigen, die er hier antraf. Etwas mehr Mühe hatte Cooper mit den kugelförmigen Kirchtürmen, die ein ganz «moscheeähnliches Aussehen» haben. Erstaunen erregte für ihn auch die Tatsache, dass der Rhein nicht für die Schifffahrt verwendet wurde. «Warum wird um die Fälle des Rheins kein Kanal gezogen?», erkundigte er sich. Dabei wird Cooper wohl an den Schiffsverkehr auf dem Hudson, Mohawk und Erie-Kanal zwischen New York und dem Erie-See gedacht haben.

Am folgenden Morgen verliess die Reisegesellschaft Rheineck wiederum sehr früh. Gefrühstückt wurde in Altstätten. Danach führte der Weg über den Stoss in die Höhe nach Gais. Hatte sich bisher angenehm bemerkbar gemacht, dass die «geldsüchtige Begierde» noch nicht bis in diesen Teil des Landes gedrungen war, was auch verständlich ist, weil er nicht so sehr am Weg der Touristen lag wie zum Beispiel im Berner Oberland, dann fiel dafür eine besondere Art des Bettelns umso mehr auf. Man hatte sich an einem Hang niedergesetzt, um die Aussicht zu bewundern, als ein paar Kinder sich näherten und um «Mitleid» baten. Cooper verstand «pity, pity», was für ihn Mitleid, Erbarmen hiess; in Wirklichkeit werden die Kinder eher «bitte, bitte» gesagt haben. Ein sprachliches Missverständnis also, das aber Coopers Ablehnung der Bettelei deutlich macht.

Wenn man nachzuvollziehen versucht, wie Cooper das Appenzellerland beschreibt, dann muss man feststellen, dass die Sprache bei ihm dabei ausfällt. Wie anders sollte man das Appenzell in Worten wiedergeben und anschaulich machen, wenn man nicht auf eigene Erinnerungen zurückgreifen kann? Eine «Hochebene», ein «Bergtal» und eine «wellenförmige Berggegend» meinen ein und das Gleiche; «allerlei Hütten ganz schweizerischen Aussehens» sind hier verteilt, «ohne Absicht und Ordnung», «auf weiten Teppichen sorglos hingeworfen»; es ist eine Gegend, die «von Bäumen leer» ist, mit «kahlgeschorenen» beziehungsweise «sammetprall geschorenen» Wiesen, und so weiter. Nach den Obstpflanzungen und Wiesen auf der bisher zurückgelegten Wegstrecke war die Ankunft im Kanton Appenzell wie der «Übergang von einer fröhlichen Tanzgesellschaft in die Stille einer Quäkerversammlung».

Über Gais notierte Cooper im «Manuel» von Engelmann und Reichard: «Eines der seltsamsten Dörfer der Schweiz», aber in den «Ausflügen in die Schweiz» ist nicht näher ausgeführt, warum das so gewesen sein soll. Oder sollten es am Ende die Farben gewesen sein, die es ihm angetan hatten? Sie sind der einzige Anhaltspunkt. «Erbsengrün, Weiss und Bleirot waren die beliebtesten Farben. Farbenprangendes Manhattan! Wie liegst du beschämt und besiegt vor diesem namenlosen Dorfe!»

Gais und Teufen liessen die Reisenden hinter sich. St. Gallen war Cooper bloss eine Erwähnung seines Gründers wert und einen Hinweis auf die 200-jährigen Zwistigkeiten zwischen der Stadt und dem Kloster. Das Kloster, einst ein weitherum bekannter Ort der Gelehrsamkeit, war wegen Widerspenstigkeit des Abtes 1805 aufgehoben worden, was die Coopers veranlasste, nicht weiter in die «verödeten Gebäude» der Abtei einzudringen.

In Herisau traf Cooper ein Gemisch von altertümlichem und neuerem Schweizer Baustil beisammen; damit meinte er die Vorderseiten der Appenzeller Häuser mit den strukturierten Fensterfronten (auf drei Stockwerken sieben Fenster nebeneinander, von denen jedes sechs Glasscheiben aufweist, von Cooper mathematisch genau festgehalten).

In Herisau wurde übernachtet. Am nächsten Morgen, dem 30. August beziehungsweise dem sechsten Reisetag, machte die Gesellschaft zum Frühstück in Lichtensteig Halt. Die Leute im Wirtshaus zeigten grosses Interesse für die Gäste, als sie erfuhren, dass es Amerikaner sind, weil einige von ihnen nach Amerika ausgewandert waren. Überall fielen Cooper jetzt Manufakturen und Bleichen auf, die erst noch in Schlössern untergebracht waren: für ihn deutliche Zeichen für einen langsam sich vollziehenden gesellschaftlichen Wandel von der Agrarwirtschaft zur Industrie und Handelsunternehmungen und, implizit, vom Feudalismus zur Demokratie.

Als der Rickenpass erreicht war, öffnete sich der Blick über den Zürichsee einerseits und die Bergketten im Hintergrund andererseits. «Alles war im grossen Massstab der wechselseitig bedingten Grösse und Erhabenheit.» Das Wirthaus «zum Pfauen» in Rapperswil war der Etappenort des Tages.

Am folgenden Morgen überquerte Cooper in nochmals exakt nachgezählten siebzehn Minuten auf einer hölzernen Brücke den Seedamm, es war Sonntag, die Glocken läuteten, und der Schriftsteller unternahm eine «kleine Pilgerreise nach der Wiege der schweizerischen Freiheit»; er meinte damit den Kanton Schwyz als einen der drei Urkantone. Wieder zurück in Rapperswil, schmeckte das Frühstück umso besser; es hätte einer amerikanischen Küche alle Ehre gemacht, fand er.

Das Ufer des Zürichsees hatte es Cooper angetan, mit Dörfern, Kirchen, Weinbergen, Obstgärten, einer spiegelnden Seefläche. Alles fügte sich so wunderbar zusammen, dass man hätte meinen können, «einen weiten, erhabenen Tempel der Andacht» betreten zu haben.

Zürich war Etappenort: eine Stadt mit beträchtlichem Gewerbefleiss und Wasser vor dem direkt am See gelegenen Hotel, so einladend und hell, dass Cooper nicht umhin konnte, sich wieder einmal an den Otsego-See erinnert zu fühlen.

Und weiter! Am nächsten Morgen führte der Weg die Coopers über den Albis nach Zug, wo der Wagen nach Luzern vorausgeschickt wurde und Cooper einen Führer engagierte. Ein Boot wurde gemietet und etwas kaltes Essen herbeigeschafft, das auf der dreistündigen Überfahrt nach Arth verzehrt wurde. Der See wurde als «hübsch» empfunden, aber nicht so eindrucksvoll wie die Berge rund um den Thuner- und Brienzersee. In Goldau war es der Bergsturz aus dem Jahr 1806, der einen nachhaltigen Eindruck hinterliess. Dann wurde mit dem Aufstieg auf die Rigi begonnen, die erst in der zweiten Hälfte des 19. Jahrhunderts zum Modeberg für die High Society avancierte, aber schon 1828 viel besucht wurde.[12] Es konnten nicht einmal mehr besondere Gemächer für die Coopers aufgetrieben werden, und das Essen musste im gemeinschaftlichen Esszimmer eingenommen werden. Die meisten Gäste verhielten sich ordentlich, bis auf «drei oder vier deutsche Tölpel»; «sie waren das ‹non plus ultra› von selbstgefälliger Gemeinheit».

Das war also das Programm eines langen, anstrengenden Tages gewesen: von Zürich bis Rigi-Kulm; mit Fuhrwerk, Boot und zu Fuss. Keine schlechte Leistung. Und dabei reichte die Aufmerksamkeit, trotz Hingerissenheit über die Schönheit der Aussichten, um noch allerlei Angaben über Land und Leute zu bekommen, die später in den «Ausflügen in die Schweiz» verarbeitet wurden.

Der Abstieg am folgenden Morgen war nicht besonders beschwerlich. Die Weiterreise führte durch die Hohle Gasse («in Amerika würden wir sagen ‹the dugway›»), wo Tell den Gessler erschoss, was Cooper genau zur

Kenntnis nimmt: «Sonderbar genug weiss man von Tell so wenig.» Cooper ging es noch um etwas anderes: «Das Leben eines Mannes bezeichnet freilich nur einen Augenblick im Fortschreiten der Zeit, und doch bricht seine Tat sich Bahn bis dorthin, wo keines Menschen Gedanken hinreicht.» Später am Sempachersee, Bezug nehmend auf die Schlacht bei Sempach, setzte Cooper seinen Gedankengang fort: «Es gibt in der Geschichte manche grossartigen, unvergesslichen Erinnerungen, welche alle Untersuchungen zurückweisen und, selbst wenn sie nicht ganz wahr wären, schonende Rücksicht verdienen, sofern sie zu ähnlichen edlen Taten begeistern.» Nur dürfen die Taten nicht von Napoleon verursacht werden!

Von Küsnacht brachte wiederum ein Boot die kleine Gesellschaft nach Luzern, wo sie rechtzeitig zum Mittagessen eintraf – auch das ein ordentliches Vormittagsprogramm. Gleich nach dem Essen wurden die Sehenswürdigkeiten der Stadt besichtigt. «Da gab es einen verwundeten Löwen zu bestaunen, von Thorwaldsen aus einem daliegenden Felsen gemeisselt, zur Erinnerung an die Schweizer Leibwache, die bei der Einnahme der Tuilerien im Jahr 1792 niedergemetzelt wurde. Der Aufseher war einer von den Wenigen, welche den blutigen Tag überlebten, und er entledigte sich seiner Obliegenheiten mit dem feinen Anstand eines Mannes, der königliche Wachdienste geleistet hat.» Sagte der Republikaner Cooper! Dann fährt der Kunstkenner Cooper fort: «Als Kunstwerk wird dieser Löwe mit Recht gepriesen, doch meine ich, er stehe gewissermassen einem von den beiden geschätzten Tieren Canovas nach.»

Cooper erwähnt auch «eine Karte in ansehnlichem Massstab», die eine ganze Halle einnimmt, auf der Berge, Gletscher, Seen, Dörfer, Wege, Pfade, Sennhütten «schön und richtig» nachgebildet sind und auf der Cooper die selber soeben zurückgelegte Reise «mit dem grössten Nachgenuss» verfolgte, ohne einen Irrtum zu bemerken.[13] Auch die Kapellbrücke mit der Totentanzdarstellung wird kurz erwähnt. Weiter erstaunlich ist es nicht, dass sich Coopers am Abend «mit einem bis jetzt noch nie empfundenen Gefühl von Ermattung in allen Gliedern endlich zur Ruhe» begaben. Das Tagebuch vermeldet nur knapp: «Fatigue.» Begreiflicherweise!

Am anderen Morgen erwachte Cooper – auch nicht überraschend – mit steifen Gliedern, wie er es noch nie zuvor gekannt hatte. Der Wagen wurde nicht abgelehnt. Die Gegend war nicht mehr sehr anziehend. In Sempach fand Cooper, dass Winkelrieds Tat mehr Anspruch auf Glaubwürdigkeit erheben könne als die Sage «von Tell und dem Apfel».

Um noch bei guter Zeit zu Mittag zu essen, wurde Halt gemacht. «Wir wünschten eine Obsttorte, und oh Wohlgerüche und Blumendüfte! wir erhielten einen Zwiebelkuchen. Die Wirtin behauptete, es sei wirklich gutes Obst in seiner Art. Wir assen so viel davon, wie wir Lust hatten.» Dann wurde die Reise fortgesetzt, und die Coopers trafen rechtzeitig in Langenthal ein, «um die Leere zu füllen, welche die Zwiebeln nicht vollmachen konnten».

Die besten Erinnerungen verbanden sich für Cooper mit dem Gasthaus «Bären», dessen Wirt ein «treuherziger, wohlgenährter Landmann, eine Art obrigkeitliche Person im Dorf» war. «Da er mich kreuzlahm, gleich einem abgejagten Klepper, einherschreiten sah, fragte er mich gutmütig, ob mir ein Unfall begegnet wäre. Ich antwortete munter, in dem ich meine Wade rieb: ‹Der Rigiberg.› Da lachte er so herzlich und gut gelaunt, und deutlich sah seine ehrliche Freude über den Einfluss seiner heimischen Berge auf den Neuling daraus hervor.»

Der Kontakt war hergestellt. Er war herzlich. «Wir bekamen köstlichen Tee, ein recht gutes Nachtessen, und danach so vortreffliche Betten, als Federn es vermögen. In unserem Zimmer bediente uns eine Tochter des Wirts, die uns durch ihr verständiges und artiges Benehmen recht eigentlich an unsere Heimat erinnerte.»

Der 4. September 1828, der elfte Tag, führte die Reisenden von Langenthal zurück nach Lorraine.

Überlegungen zur Freiheit und Demokratie in der Schweiz

Während in Coopers «Ausflügen in die Schweiz» die Beschreibung landschaftlicher Schönheiten dominiert, hatte er doch dazwischen immer wieder Beoachtungen über die politischen Einrichtungen angestellt und sich zum Begriff Demokratie geäussert, den er zur Abgrenzung gegen die Monarchie gebrauchte. Vor allem anderen kam es ihm darauf an, die republikanischen Institutionen in Amerika als Modell und Massstab seinen Überlegungen zugrunde zu legen. In der Aristokratie, die er in Bern antraf, sah er eine bürgerliche Formation: eine Selbst-, keine Fremdregierung, allerdings eine, die in der Hand nur weniger konzentriert war. Herrschte nur ein wenig Verhältnismässigkeit und Zurückhaltung, gab es für Cooper keine Einwände. Er dachte durch und durch elitär.

Im Mittelalter pflegte Gewerbsamkeit gern innerhalb gut widerstehender Mauern Schutz und Zuflucht zu suchen. Die Gesetzlosigkeit der Zeiten, die räuberischen

Gewaltstreiche der Freiherren, deren Burgen in fast ganz Europa das flache Land ängstigten, und die Weise, in welcher das Recht sich vor der Stärke beugen musste, machte solchen Schutz zur notwendigen Bedingung jeden besseren Strebens auf dem Weg der Zivilisation. Bern wurde einer der Zufluchtsorte des Handels und des Gewerbes, doch immer nach den Verhältnissen, die gerade dem jeweiligen Bildungsstand und dem Bedürfnis eines Landes, wie die Schweiz damals eines war, entsprachen; und im Lauf eines halben Jahrhunderts schlossen sogar mehrere der benachbarten Edeln bereitwillig Bündnisse mit den mächtigen Bürgern, die immer mehr in ihrer festen Stellung an der Aare aufstiegen, und liessen sich unter die Zahl ihrer Bürger aufnehmen.

Die ganze Zeit über war in Bern die Herrschaft in den Händen der Bürgerschaft, einer Körperschaft von bevorrechteten Bürgern, die man mit unseren «freemen» vergleichen könnte, dergleichen es vor der jetzigen Verfassung gab, als noch die «Freiheiten» in einer Stadt bestimmte gesetzliche Rechte vor den übrigen Einwohnern beanspruchten. Da es nun vergleichsweise nur wenige dieser bevorrechteten Bürger gab und ihre Vorrechte erblich waren, so war die Regierung des Kantons streng aristokratisch. Das Recht der Bürgerschaft kann erworben werden; in jetziger Zeit wird es sogar öffentlich erkauft. Von allen Mitteln, Macht und Freiheit in den Händen Weniger zu vereinigen und zu behaupten, ist das Mittel einer offenen Aristokratie das sinnreichste, und es ist zugleich das bewährteste auf die Dauer, solange diejenigen, die sich im Besitz dieser Vorzüge befinden, ihre Begierden zu mässigen verstehen.

Bern ist nicht reich genug und hat zu wenig Anlass, um eine solche Aristokratie besonders drückend zu machen. Vielleicht ist dies sogar das gerechteste und gemässigteste Regiment dieser Art, das sich in neuerer Zeit erhalten hat; kurz, es kann als ein «beau idéal» von ausschliesslicher Bevorrechtung gelten. Eine von den zerstörenden Wirkungen dieser Vorrechte ist die Furcht vor der Aufklärung, und um diese zu unterdrücken, wird der Gedanke gefesselt; ein Verfahren, welches der aufstrebenden Bildung zuwider läuft und dem ärmeren Bürger jede Aussicht entzieht. Bern verdient diesen Vorwurf, wie jeder andere Staat mit ihm, der keine Freiheit Aller gestattet. Denn die immer wiederholten Lehren des Gehorsams, die erbaulichen Ideen von demütiger Unterwürfigkeit und Geduld im Leben, wie man sie in europäischen Ländern vorträgt, wo die Regierungen ihre Völker erziehen wollen, sind durchaus nicht mit der frei wirkenden Erziehungsweise zu verwechseln, welche den Geist entfesselt und die verborgenen Kräfte entfaltet.

Aus «Ausflüge in die Schweiz», 4. Brief.

Anders liegen die Verhältnisse in Zürich: «Zürich ist weniger aristokratisch als Bern.» Die Aufklärung hatte hier deutlicher Spuren hintergelassen. Es bleibt unklar, ob dies ein Nachteil ist oder als unumgänglicher Vorteil angesehen werden kann.

Die Stadt beherrscht das Land, und wenige ausgezeichnete Geschlechter von Bürgern beherrschen die Stadt. Die Verhältnisse änderten sich durch die französische Umwälzung, die einen Lichtstrom über ganz Europa verbreitet hat. Jetzt ist es an der Tagesordnung, die Menschen alle «vor dem Gesetz» gleichzustellen, wie man sich ausdrückt, obschon die Menschen sich von der Gleichheit entfernen, wenn sie ihre Gesetze machen. Sonst waren die Grossen von öffentlichen Auflagen befreit; jetzt werden alle besteuert, dem Namen nach; weil aber der Reiche ausschliesslich die Gesetze macht, so ist er bestrebt, alles so einzurichten, dass der Arme so viel wie möglich beizutragen hat.

Ich habe schon erzählt, wie in Paris auf einer Flasche Wein, die sechs Sous kostet, gleich viele Abgaben erhoben werden wie auf einer Flasche, die sechs Franken gilt. Da Wein in diesen Gegenden ein Bedürfnis ist, da Brot und Wein die hauptsächlichsten Verbrauchsgegenstände aller Volksklassen sind, so geht daraus die Absicht der gemachten Einrichtungen hinreichend hervor. Der Vorwand ist, dass wenn der Wein wohlfeiler wäre, die Arbeiter davon zu viel trinken würden. Alle Menschen sind im Sinn des neuen europäischen Liberalismus durchaus gleich vor dem Gesetz; denn jeder zahlt für seine Flasche Wein dem Staat eine gleiche Abgabe von fünf Sous.

Aus «Ausflüge in die Schweiz», 11. Brief.

In Appenzell dagegen regiert das Volk, genauer gesagt: Es regiert sich selber. Das ist die höchste demokratische Regierungsform, die dem Umstand zugute kommt, dass die wichtigsten Geschäfte, die verhandelt werden, Weiden und Viehzucht betreffen. Anders gesagt: In den ländlichen Kantonen (Uri, Schwyz, Unterwalden, Glarus, in beiden Appenzell) sind die modellhaften Demokratien für die Lösung der auftretenden Probleme durchaus geeignet. In den Städten jedoch mit ganz anderen, anspruchsvollen Führungsaufgaben können und dürfen die aristokratischen und halbaristokratischen beziehungsweise autoritären Regierungen nicht völlig ausgeschlossen werden.

Appenzell teilt sich in einen katholischen und einen protestantischen Bezirk oder vielmehr Rat, wie es dort heisst. Der zuletzt genannte Bezirk ist der reichste, gewerbesamste und volksreichste: der andere ist schlichtweg ein Hirtenland. Beide Landesteile sind rein demokratisch, indem das Volk sich selbst seine Gesetze in seinen ursprünglichen Versammlungen gibt.

Aus «Ausflüge in die Schweiz», 10. Brief.

Dass die Demokratie keine vollendete Staatsform war, hatte sich Cooper schon von dem Begleiter sagen lassen, mit dem er über den Zugersee gereist war. Das entsprach grosso modo auch Coopers Auffassung: Wenn es geht, sollte der göttliche Willen, der alles wunderbar lenkt, höher angesetzt werden. Cooper meint im besten Fall eine Demokratie der Haltung, der inneren Einstellung, nicht der kodifizierten Rechte. Demokratie ja – aber nicht mehr als nötig.

Unser Führer war ein eifriger Verteidiger der neuen Lehren, und schien völlig von der wichtigen Wahrheit überzeugt zu sein, dass man nichts Vollkommenes erwarten dürfe und von einer Demokratie nicht zu viel verlangen könne. Er hatte überhaupt, wie es unter Leuten eines beschränkteren Wirkungskreises öfters vorkommt, in allen diesen Dingen, durch Weltkenntnis weit mehr begründet als durch Erfahrung gestützt, gesundere Ansichten als manche, die sich einbilden, sie seien das Salz der Erde. Menschen, welche sich berufen wähnen, alles Gute dieser Welt für sich allein in Anspruch zu nehmen, vergessen, dass der bestehende Zustand der Dinge nur ein Teil eines Ganzen ausmacht und dass eine höhere Weisheit alle Dinge leitet, dass diese göttliche Weisheit in jeden Menschen ein Bewusstsein von Recht und Unrecht gelegt hat, welches den Niedrigsten in der Gesellschaft befähigt, das angeborene Recht zu würdigen, und daher jeden Menschen gewissermassen behutsam in allen Dingen zu Werk gehen heisst, die sein Wohlergehen betreffen.

Erziehung und Gewöhnung können freilich diese natürliche Fertigkeit schwächen oder zerstören; insofern aber das Glück in den meisten Fällen weit leichter als das Unglück das Herz zu verderben im Stande ist, so bin ich bis jetzt noch in keinem Land gewesen, wo nicht die unteren Stände weit einleuchtendere und gesundere Ansichten als die höheren Stände über die erhabenen Grundsätze vertreten, die in der Sichtung der menschlichen Bestrebungen immer das Übergewicht behaupten sollten. Ich rede übrigens von Ständen in der Gesamtheit, nicht von Einzelnen; und ich kann ebenso wenig einräumen, dass irgend ein Stand, nicht einmal der verworfensten Knechtschaft, im Menschen diese Empfänglichkeit für die einfachen Wahrheiten auslöschen könne, der ihm von der Gottheit zur Erreichung seiner erhabenen Absichten eingepflanzt worden ist.

Ganze Versammlungen können irregeleitet werden, das ist gewiss, und selbst die gewaltsam gehandhabte Gerechtigkeit wird gefährlich; aber in allen solchen Fällen wird man finden, dass ein Gefühl von Recht dennoch den missverstandenen Beweggründen der Mehrheit zu Grunde liegt. Welches Gefühl von Recht mag aber wohl diejenigen beseelen, welche den Zündstoff in die rohe Masse werfen, in der Absicht, aus ihren Wutausbrüchen einen Vorteil zu ziehen; die ein Volk bis zur

Raserei aufreizen, um selbst in eine bessere Lage zu kommen, durch die Reaktion, die zur Dämpfung der Unruhen aufgeboten wird; kurz, die alle täuschen, reizen und verwirren, um alle zu überlisten, damit sie allein und ihresgleichen aus ihrer Arglist Vorteile ziehen? Das letztere war das gewohnte Treiben der europäischen Aristokratie während der französischen Revolution, deren meiste Greuel, wie ich meine, mit Recht von besonnenen und parteilosen Männern ihren heimlichen Zwischenhändlern zugeschrieben werden müssen. Die Mehrzahl mag ebenso oft wie die Minderheit Unterdrückung befördern, aber erstere, im Bewusstsein ihrer Übermacht, tut solches nicht leicht bloss der eigenen Sicherheit wegen.

Aus «Ausflüge in die Schweiz», 12. Brief.

In dem nachfolgenden Ausschnitt wird die Idee ausgedrückt, dass Freiheit in der Befugnis liegt, die Gesamtheit der Interessen zu vertreten. In diesem Sinn hat die Gendarmerie[14] keine Funktion im Dienst eines einzelnen Herrschers, sondern sie setzt die Befugnisse der Allgemeinheit, die «öffentliche Freiheit», wie Cooper sagte, durch. Jean-Jacques Rousseau hat in diesem Kontext von «volonté générale», vom Gemeinwillen, gesprochen, aber Cooper wäre die damit verbundene Vorstellung, falls er sie gekannt hätte, mit Sicherheit zu weit gegangen.

Der grosse Unterschied zwischen England und den anderen europäischen Nationen ist in den geschichtlich bedingten Verhältnissen begründet, dass die Rechte der Untertanen dort aus Vernunftgründen abgeleitet werden, während man solche auf dem Festland mehr als Zugeständnisse von Seiten des Herrschers betrachtet.

Eine der Folgen der gewöhnlichen Annahme, dass in persönlichen Vorrechten die bürgerliche Freiheit begründet liege, ist eine Verwechslung von Ursache und Wirkung, von Grund und Folge; und daraus entspringen alsdann Vorurteile der Art wie der Abscheu vor einer Gensd'armerie. Die öffentliche Freiheit besteht aber nicht so sehr in der Beschaffenheit der bestehenden öffentlichen Verordnungen, sondern vielmehr in der wesentlichen Befugnis der Gesamtheit einer Volksgemeinschaft, in Dingen höchster Wichtigkeit sich die Macht vorzubehalten, um solche Einrichtungen im Gemeinwesen zu verteidigen, und solche gemeinschaftliche und machtvollkommene Handlungen zu vollziehen, soweit die fortwährenden Bedürfnisse der Gesamtheit solches notwendig erfordern könne. Ein Staat, der einen Diktator beruft, kann, so lange das Volk die wesentlichen Mittel zur Wiedererringung seines Ansehens nicht preisgegeben hat, vernunftgemäss wirklich weit freier sein als ein Staat, der eine Republik mit beschränkter Verfassung einführt. Demokratien dürfen es wagen, einem Martialgesetz sich zu unterwerfen, ohne von ihrem demokratischen Charakter irgendetwas einzubüssen, solange sie sich die Macht vorbe-

halten, ein solches Gesetz wieder aufzuheben. So dürfte eine Demokratie auch wohl Gensd'armen mit der Vollziehung ihrer Angelegenheiten beauftragen, ohne im geringsten ihr öffentliches Ansehen zu beeinträchtigen. Gesetze werden gegeben und müssen als solche vollzogen werden; ist nun vielleicht ein Mann mit einer Flinte nötig, um diese Vollziehung zu bewirken, so ist das kein Zeichen, dass der Freiheit irgendeine Gefahr droht, weil man sich solcher Beamten bedient, sondern es beweist vielmehr, dass das Volk fest entschlossen ist, seinen Gesamtwillen nachdrücklich durchzusetzen. Freiheit ist und bedeutet nicht Ungebundenheit, sei sie durch Bevorrechtungen, sei sie durch Unordnungen entstanden, sondern Freiheit ist und bedeutet vielmehr eine dem Volk fortwährend innewohnende Befugnis, als Gesamtheit die Gesetze dem Bedürfnis Aller anzupassen.

Aus «Ausflüge in die Schweiz», 13. Brief.

Der Untersuchung der verschiedenen Regierungsformen in der Schweiz und ein Vergleich mit Amerika war eines von Coopers besonderen Interessen. Während seines zweiten Aufenthalts in der Schweiz im Jahr 1832 hat er dazu mehr ausgeführt und die Verschiedenheit der einzelnen Staatsformen und die sich daraus ergebenden Unzweckmässigkeiten ebenso wie die Aussichten auf eine neue Staatsordnung, die 1848 mit der Gründung des Bundesstaates dann zum Durchbruch gekommen ist, genau analysiert.

Es ist eine ebenso schwierige Aufgabe, eine genaue Schilderung der Regierungen der verschiedenen einzelnen Schweizer Kantone zu entwerfen, wie es schwierig ist, sämtliche Regierungsformen der einzelnen Staaten unseres Bundes zu beschreiben. Jede ist in mancher Beziehung von allen übrigen verschieden; und hier wie bei uns ist die Anzahl so gross, dass man über diesen Gegenstand eine besondere Abhandlung schreiben könnte.

Die Verfassung ist die einer Bundesverfassung, welche jedem Mitglied die Freiheit lässt zu tun, was ihm beliebt, soweit die inneren Angelegenheiten in Betracht kommen. Die Zentralregierung wird durch einen Landtag[15] geleitet, ziemlich so, wie unsere Angelegenheiten ehemals durch den alten Kongress geleitet wurden. Auf diesem Landtag hat jeder Kanton eine Stimme. Die ausübende Gewalt, so wie sie besteht, wird mittels eines Komitees oder Rats gehandhabt. Seine Pflichten erstrecken sich nicht viel weiter als darauf, das Organ der gegenseitigen Mitteilung zwischen dem Landtag und den Kantonen zu bilden, für den öffentlichen Schatz zu sorgen (welcher nicht viel bedeutet) und die auswärtigen Gesandten zu empfangen und mit ihnen zu unterhandeln. Kurz, die Regierung hängt nur locker zusammen, so dass sie in einem entscheidenden Augenblick keine ernste Haltung an-

nehmen könnte, und nur die gegenseitige Eifersucht ihrer Nachbarn hält sie einigermassen aufrecht.

Ich habe bereits mitgeteilt, dass unter den einsichtsvolleren Bürgern der ernstliche Wunsch besteht, diese Einrichtung zweckmässiger zu gestalten.[16] *Kein einziger wünscht eine völlige Verschmelzung, denn die grossen Verschiedenheiten der Interessen der städtischen und ländlichen Bevölkerung lässt überall den Wunsch nach gegenseitiger Unabhängigkeit bestehen.*

Die Menschen überhaupt, besonders Menschen von beschränkten Gewohnheiten und bescheidener Lebensweise, geben ihren etwaigen Einfluss nur mit Widerwillen auf. Niemand wird daran zweifeln, dass gemeinschaftliche öffentliche Einrichtungen bezweckende Veränderungen dem jetzigen schweizerischen System zu grosser Verbesserung gereichen würden. Aber eine einflussreiche Minderheit in den kleinen Staaten, die durch eine solche Veränderung an Ansehen einbüssen würde, widersetzt sich jeder solchen Neuerung. Das gesamte Gebiet der Republik ist nicht so gross wie Pennsylvania, noch ist ihre gesamte Bevölkerung viel zahlreicher als die des letzten Staates. Sie ist bedeutend geringer als die Bevölkerung von New York.

Die Schweizer haben die meisten physischen Eigenschaften mit den umgebenden Nationen gemein. Der deutsche Teil der schweizerischen Bevölkerung ist im Ganzen von grösserem Wuchs und besserem Äusseren als dies bei den Deutschen selbst der Fall ist. Alle Bergbewohner haben übrigens ein frischeres Äusseres und ein kräftigeres Ansehen als die Einwohner der Talgegenden.

Die Schweizerinnen sind weit hübscher als die Französinnen und Deutschen, doch eigentliche Schönheit, selbst auch nur vorzüglich hübsche Gestalten, sind selten. Überhaupt ist leichte, gewandte, anmutige Körperbildung durchaus nichts Gewöhnliches.

Aus «Aufenthalt in Frankreich, Ausflug an den Rhein und zweiter Besuch in der Schweiz», 26. Brief.

Stark beschäftigte Cooper die Frage, wieso die demokratischen Institutionen in Amerika einerseits und in der Schweiz andererseits verschieden beurteilt würden. In Amerika werden die sich ergebenden Unterschiede auf die Verfassung zurückgeführt, die den europäischen Staaten zu Coopers Zeit ein Dorn im Auge waren, während deren Ursache in der Schweiz in der «derben Freimütigkeit der Bergbewohner» gesucht wird. Trotzdem bestehen Unterschiede zwischen den ehemaligen Kolonisten in Nordamerika und den Bewohnern in den Schweizer Bergen. Was die Gemeinsamkeit ausmacht, ist die Idee des Eigentums. Später sollte Coopers politisches Credo nicht mehr so eindeutig ausfallen.

Gewiss gibt es bezeichnende Unterschiede zwischen den Schweizern und Nordamerikanern. Eine Volksherrschaft im eigentlichen Sinn gibt es in Europa nirgends ausser in einigen wenigen, ganz unbedeutenden Kantonen im Inneren der Berge, die fast unbekannt sind, und die, wenn sie bekannter wären, keinen politischen Einfluss haben ausser auf ihre eigenen Mitbürger. Mit uns verhält sich dies ganz anders. New York, Pennsylvania und Ohio mit einer Gesamtbevölkerung von fast fünf Millionen Menschen sind zum Beispiel so reine Demokratien, als solche unter der Form einer repräsentativen Verfassung irgend möglich bestehen können, und ihr Handel, ihre Erzeugnisse wie ihre Vorbilder bringt sie in so mannigfaltige Berührung mit der übrigen Christenheit, um diese Staaten zum Gegenstand des wärmsten Anteils aller Menschen zu machen, die im Stande sind, in der Betrachtung des Fortschreitens der menschlichen Verhältnisse auch die Zukunft, nicht bloss den gegenwärtigen Augenblick in Erwägung zu ziehen.

Ich zweifle keineswegs, die Ursache der hämischen Ungerechtigkeit gegen uns Demokraten habe ihre Quelle in der Furcht vor dem gewichtigen Einfluss, den das Beispiel einer grossen und an Zahl und Wohlstand wachsenden Bevölkerung ausübt, deren handelnde und politische Eigentümlichkeiten tätige Wechselwirkungen hervorbringen. Denn ihr Einfluss muss viel grösser sein als der eines kleinen Ländchens, das zufrieden ist, wenn man es ruhig und ungefährdet fortbestehen lässt. Die Ursache dieser Anfeindung liegt ferner darin, dass wir alle herkömmlichen aristokratischen Unterschiede der Stände, die noch mehr oder weniger in der Schweiz fortbestehen, durchaus verwerfen; sie liegt überdies darin, dass man uns wegen unseres Handels und unserer Schifffahrt beneidet sowie in der verdriesslichen Erinnerung, dass England in früherer Zeit uns abhängigen Ansiedlern als herrschendes Mutterland gegenüberstand. Dieser zuletzt berührte reizbare Fleck, eine unvermeidliche Folge der Herrschsucht der Hauptstädte, äusserte sich in einer weit allgemeineren Wirksamkeit, als es vielleicht erscheinen mag.

Obschon die Bergbewohner, oder überhaupt die Landleute, ein freimütiges und unabhängigeres Benehmen als die Bewohner der Städte und der wohlhabenderen Talgegenden aufweisen, so findet man dieses doch in der Schweiz weder bei ersteren noch bei letzteren in einem solche Grad, dass man gewiss sein könnte, die öffentlichen Einrichtungen stünden mit diesen Zügen des Volkscharakters in wesentlichen Beziehungen. Wohl können öffentliche Einrichtungen die Menschen niederdrücken unter das natürliche Selbstgefühl, wie dieses die Sklaverei in sich birgt, aber in einem zivilisierten Staat, wo das Eigentum einen Einfluss auf das Selbstbewusstsein ausübt, da möchte schwerlich irgendeine öffentliche Einrichtung im Stand sein, die Menschen über diesen Standpunkt hinaus zu versetzen.

Wenn das Gefühl der Unabhängigkeit, wie es sich in Gedanken und Benehmen äussert, mit dem Gefühl behaglicher äusserer Zustände zusammentrifft, so kenne ich keine Gegend in Amerika, wo nicht ebenfalls Wohlhabenheit dieses Selbstgefühl steigert. Wer von der Arbeit für andere leben muss, wird überall in einer Art Abhängigkeit von demjenigen befinden, der sich seiner Arbeit bedient, und die Verhältnisse zwischen beiden müssen notwendig einen Grad von Übergewicht und Unterordnung hervorbringen, der nach dem Charakter der Individuen sowie nach den dabei mitwirkenden Umständen sehr verschieden sein wird.

Mit anderen Worten, ich meine, es komme hauptsächlich auf die Verhältnisse des Eigentums und auf die grössere oder geringere Leichtigkeit an, einen Zustand von Wohlstand und Behaglichkeit zu erringen, um den Menschen das Gefühl freimütiger Behaglichkeit und selbständiger Ungezwungenheit in Worten und Handlungen äussern zu sehen, als auf die Erweiterung oder Beschränkung seiner politischen Verhältnisse.

Aus «Aufenthalt in Frankreich, Ausflug an den Rhein und zweiter Besuch in der Schweiz», 23. Brief.

Coopers Angriffe auf Handelsgeist und Habgier

Die ungewöhnlich ausfälligen Worte, die Cooper in Rheineck und über die dort lebenden Menschen ausgesprochen hat, richteten sich vor allem gegen den Handels- und Krämergeist, gegen den der Schriftsteller zu verschiedenen Malen heftig polemisiert hat. Diesen Geist verachtete er zutiefst: aus einer überheblichen Position heraus. Als Vertreter der «landed gentry», der wohlhabenden Landeigentümer, die von ihren Latifundien lebten, konnte er sich das sehr gut leisten.

Rheineck ist der Hauptort des Rheintals. Es ist ein vereinzeltes Städtchen ländlichen Aussehens, ungeachtet dessen, dass es ziemlich gewerbstätig ist. Das Wirtshaus, wo wir anhielten, erinnerte mich an eine von jenen altväterischen, ruhigen, holländischen Schenken, die ehemals am Mohawk anzutreffen waren und ebenso sehr vor ihren lärmenden, tabakkauenden, whiskytrinkenden, schmutzigen Yankee-Nachfolgern vorzuziehen waren, als irgend Reinlichkeit, Pünktlichkeit und Sauerkraut einem solchen Treiben vorgezogen werden kann, das den Tag mit einer Niederlassung beginnt und mit einem Aufbruch beschliesst. Wie widerwärtig ist ein geselliger Zustand, der alles Gefühl für Nachbarlichkeit, Volksglauben, örtliche Rückerinnerung, gemeinsame Entwürfe, vaterländischen Boden, Bande des Bluts, freundschaftliche Teilnahme und so weiter einzig zum Hebel der Gewinnsucht erniedrigt! Die Heuschreckenzüge von Ägyptenland waren keine so arge Landplage wie diese unruhigen, seelenlosen, unbeweglichen Gemüter, die gleichwohl in beständiger

Bewegung durch das Land schwärmen und nirgends lange genug an einer Stelle rasten, um ausser sich selbst noch etwas lieben zu können, und ohne Unterlass die innigsten Neigungen gleich Warenballen handhaben und damit Handel treiben wie mit einer Herde Vieh, die zur Schlachtbank getrieben wird. Nicht Menschen sind es, die, von männlichem Unternehmergeist und kühnen Entwürfen angeregt, die Wildnisse in Gärten verwandeln; nur kriechendes Gewürm ist es, das sich in den Fussstapfen jener einnistet, sich mit seinen Taten brüstet, bald hier, bald dort zum Vorschein kommt oder weiter zieht und gleich dem rollenden Gestein kein Moos ansetzt.

Aus «Ausflüge in die Schweiz», 10. Brief.

Diese Episode in Rheineck steht in Zusammenhang mit verschiedenen Äusserungen, die Cooper im Verlauf seines Lebens und in seinen Werken über Handel und Handelsgeist gemacht hat. Auf einer späteren Reise kam Cooper in einem Wirtshaus mit einem Deutschen ins Gespräch, dessen Benehmen sich sofort verschlimmerte, als er erfuhr, dass Cooper Amerikaner sei und nicht Engländer.

Er war, wie er selbst eröffnete, aus einer deutschen Handelsstadt, eine Erläuterung, die eigentlich ganz überflüssig war. Ungeachtet mancher Abgeschmacktheiten, war der Mann etwas verschlagen, und manche seiner Anmerkungen waren hinreichend belustigend. Ich liess es mir gefallen, dass er mich überredete, dem Rhein bis an seine Quelle zu folgen, ehe er noch wusste, dass ich Amerikaner sei; danach schien es ihm einerlei, wenn ich auch zum Teufel hätte gehen sollen. Ich vermute, dass er zur Partei derjenigen der Herren der neueren Zeit gehörte, denen unsere Unabhängigkeit und demokratischen Vorzüge und Vorteile verhasst ist; denn der kaufmännische Instinkt, der auf die politische Bevorrechtungen der Kaufmannschaft so lebhaft versessen ist, ist gänzlich tot für die Ansprüche aller übrigen geselligen Beziehungen. Die längst behauptete freiheitbegünstigende Bestrebung der Handelswelt ist ein falsches Lob; denn sie will keine andere Freiheit als die, welche ihren Bedürfnissen reiche Ernte verspricht, sondern ist nur eine mit kaufmännischem Scharfblick aufs genaueste berechnete Freiheit, die kein anderes, das Wohl der Menschheit förderndes Ziel kennt als einzig den Vorteil und das Emporkommen des Hauses W. G. B. R. und Kompagnie[17].

Aus «Ausflüge in die Schweiz», 18. Brief.

Aufstieg zur Rigi und Aussicht vom Gipfel: Bewunderung und Entzücken

Ein paar schöne Seiten hat Cooper von seinem Besuch auf der Rigi hinterlassen. Schon auf der Staffel, lange bevor der Kulm erreicht wurde, war die Begeisterung vollständig ausser Rand und Band geraten. Bewunderung und Schauer ergriffen ihn. Und dann der höchste Punkt des Berges!

Der Gipfel selbst des Rigikulms mag etwa drei bis vier Acres fassen, bildet eine etwas geneigte Fläche und einen etwas ungleichen Abschnitt dieses Bergkegels. Oben befindet sich ein schweizerisch eingerichtetes Gebäude, in dem Zimmer zu bekommen sind, dazu Stallungen, ein Kreuz, das man von weit unten schon erblickt, und eine erhöhte Plattform, von welcher man die weiteste Aussicht hat. An dieser Stelle ist weder Baum noch Busch zu finden, aber er ist mit trefflichem Gras bedeckt.

Viele Ansichten verlieren im Einzelnen, was sie in der Ausdehnung gewinnen, wenn man Berge ersteigt. Sobald das erste ergreifende Lustgefühl über das Schauen etwas ruhiger geworden ist, vermisst der verwöhnte Freund des Schönen alle jene kleinen Züge des Landschaftsreizes, die gerade am innigsten ansprechen und wegen Mangels eines Profils in der Vogelperspektive ganz verloren gehen. In der Schweiz ist jene Bemerkung jedoch weniger richtig als an anderen Orten, da die grosse Anlage des Ganzen einen Berg, wenngleich in der Verkürzung, immer noch als Berg darstellt. Da das Land grösstenteils wie in erhabener Bildnerei erscheint, treten die Schatten immer noch deutlich hervor, und wenig geht dem Anblick verloren, oder vielmehr alles Bleibende ist so deutlich gezeichnet und tritt so kühn hervor, dass kleinere Züge des Schönen nicht vermisst werden. In der Aussicht von der Rigi nach Norden und Nordwesten passt diese Bemerkung freilich nicht ganz; denn dort wird der Blick nur durch die Ferne beschränkt, weil das Land sich in dieser Richtung zwar in trefflichem Anbau, aber vergleichsweise mehr wie eine Ebene ausbreitet. Doch trägt eben diese weit ausgedehnte Aussicht viel zur Erhabenheit des Eindrucks bei, weil hier sich die ungeheure Ferne gleich einer Landkarte, in deutlicher Zeichnung, darstellt und zum wirkungsvollen Chaos der Alpengipfel in jeder anderen Richtung, die das Auge verfolgen kann, den herrlichsten Gegenstand bildet.

Ich weiss nicht zuverlässig, wie viele Seen man vom Rigikulm aus erblickt; ich zählte deren dreizehn; zudem sehen der Zürich- und Luzernersee an nicht weniger als sechs verschiedenen Stellen zwischen den Bergen hervor, so dass jede dieser Buchten einem eigenen See ähnlich sieht. Überdies sieht man eine grosse Zahl von Flüssen in gewundenen bläulichen Streifen durch die Auen ziehen. Überall er-

scheint die Wasserfläche ganz dunkelfarbig, dunkler als das Meer. Von Städten, Kirchen, Türmen neben solchen Gegenständen zu reden wäre fast zu klein. Diese schmückten aber die ganze Rundsicht in allen Richtungen; und unmöglich wäre es, auf eines der vielen Täler hinunter zu blicken, die, vor uns gleich einem schimmernden Teppich ausgebreitet, von allen Seiten offen dalagen, ohne dass das Auge im Stande wäre, ihnen einzeln zu begegnen.

Was ich sage, ist nur der erste Eindruck, den das Auge empfängt; aber die erhabensten Schönheiten dieses hoch hinan gerückten Standpunkts gewährt zunächst der Anblick der Hochalpen. Diese Gipfel stehen alle zusammengedrängt längs dem südlichen Rande des Gesichtsfeldes; wilden, düsteren, schaudervollen Ansehens, sich aufrichtend, eine furchtbare Erdriesenschar. Nur in kurzen Zwischenräumen sind sie einzeln deutlich zu erkennen; doch öfter hüllen sie sich in undurchdringliches Dunkel, wie es ihr starrer Geheimdienst zu fordern scheint, dann wieder blicken sie dräuend hervor hinter den von Winden zerrissenen Nebeln und erscheinen als die verborgene Werkstätte von Regen und Stürmen.

Die Nacht oben auf der Rigi war windig, verworrene Nebelschwaden schweiften umher, Cooper erwachte ein paar Mal und meinte zu fliegen. Am nächsten Morgen wurde bei Zeiten aufgestanden, denn man wollte nicht, wie Mark Twain fünfzig Jahre später, als er die Rigi besuchte, den Sonnenaufgang verpassen (und mit dem Sonnenuntergang verwechseln). Was folgt, ist die perfekte Inszenierung eines Naturschauspiels im Stil der Zeit:

Wir waren alle früh auf, um den Anblick der aufgehenden Sonne zu geniessen. Die Nebel verzogen sich halb und die Wolken schwebten zwischen uns und der tieferen Erde. Eine davon wallte allmählich bis zu unserer Höhe herauf, und nun wurde der ganze Gipfel in Dunst gehüllt. Wir hatten keine andere Empfindung, als wie wenn wir uns mitten in einem dichten Nebel befänden. Einige Augenblicke lang konnte man nicht bis zum Rand des Kulms sehen; dann verwehte die Nebelhülle und schwand vor unseren Augen zu den Alpen hinüber. Einige Blicke von den Seen streiften zwischen den Nebeln herauf, und ein- oder zweimal stand die ganze Reihe der Hochalpen in hehrer Pracht uns gegenüber. Jeden Augenblick verwandelte sich die Szene, bis die Sonne siegreich emporstieg und mit heiter, mild und glorreich waltendem Tageslicht Ordnung eintrat.

Aus «Ausflüge in die Schweiz», 12. Brief.

Die dritte Exkursion: «Tausend neue Schönheiten»

Am 4. September 1828 war Cooper von seiner zweiten Schweizer Exkursion nach Bern zurückgekehrt, am Morgen des 8. September war er schon wieder auf den Beinen und auf dem Weg nach Thun und weiter. Die Zeit dazwischen hatte er benützt, «um unsere Angelegenheiten zu ordnen», «Statistique de la Suisse» von Jean Picot und «Voyage en Suisse» von Louis Simond zu lesen und bei Simond zu beanstanden, dass dessen Rigi-Beschreibung nicht korrekt genug für Cooper ausgefallen war.

Wieder stand eine ausgedehnte Tour durch die Schweiz, die Cooper allein unternahm, bevor. Die Wahl fiel diesmal auf das linke Aareufer, das den Reisenden «innerlich» befriedigte und ihm die Gelegenheit verschaffte, in den gewöhnlichen Landschaften «tausend neue Schönheiten» zu entdecken, die ihm auf der ersten Reise nicht aufgefallen waren. Die schweizerischen Landschaften des Flachlands unterscheiden sich kaum von den Landschaften in allen übrigen Ländern Europas, bekommen jedoch, so meinte er, durch das Panorama der Alpen- beziehungsweise Jurahöhen oder von beiden ein zusätzliches Moment der Attraktion. Neben dem Stockhorn fiel ihm die Blüemlisalp auf, «strahlend, blinkend und glänzend in hehrer Pracht».

Die Mauern, die Thun umgaben, fand Cooper, als er darüber nachdachte, wenig geeignet «gegen Angriffe der neueren Art, Krieg zu führen», weil es überall noch höhere Erhebungen gibt, die die Stadt beherrschen. «Die eigentliche Politik dieses Staates muss sein, den Feind an der Schwelle zu empfangen. Das ganze Land ist eine grosse natürliche Bastion.»

Wie beim letzten Besuch in Thun wurde Cooper im Gasthaus schlecht bedient, was ihn veranlasste, in das «Weisse Kreuz» überzuwechseln, was der schon angestellte Reisebegleiter kaum verstand: im vornehmsten Haus am Ort! Aber Cooper fand, dass weniger Vornehmheit und höflichere Bedienung vorzuziehen seien.

Über den Thunersee nach Neuhaus liess Cooper sich rudern, wie auf der letzten Reise. In Untersee war viel los, und der Reisende aus Amerika mietete ein Zimmer, um dem Trubel, der offenbar herrschte, zu entkommen. Diejenigen Reisenden, die «Badehäuser, Gasthöfe und modische Lustgärten voll Menschengedränges in einem Land wie der Schweiz aufsuchen, sind», wie Cooper zur Einsicht kam, «gewöhnlich nicht dazu gemacht, ihre Schönheiten zu geniessen, und ich meide sie, weil sie mich nur stören.»

Dafür hatte Cooper ein mehr komisches als aufschlussreiches Gespräch mit seinem Begleiter, der, wie sich herausstellte, kein Freund der neuen Demokratie, also der Schweiz der Mediationsakte, war, jedoch die Franzosen besser mochte als die Deutschen, weil die französischen Soldaten die Schweizer gut behandelt und sich höflich gegenüber den Frauen verhalten haben. Und weil sie mit Brot und Zwiebeln zufrieden waren, während ein Deutscher so viel wie drei Franzosen gegessen habe. «Gegen diese Einwendung liess sich nichts sagen», lautete Coopers Kommentar, «besonders in einem Land, wo die Hälfte der Einwohner selten Fleisch zu essen hat.»

Am Eingang des Tals, das nach Lauterbrunnen führt, bestieg Cooper den Rugen, fasste eine Burgruine ins Auge sowie eine Wiese, «wo die Bauern ihre ländlichen Spiele abzuhalten pflegen». Die Ruine gehörte zum Schloss Unspunnen, das Lord Byron für sein Schauspiel «Manfred» zum Schauplatz gewählt hatte, und die ländlichen Spiele müssen die Alphirtenfeste gewesen sein, die 1805 und 1808 auf Veranlassung des Berner Schultheissen N. F. von Mülinen in Unspunnen durchgeführt wurden; der Hintergedanke dieser Veranstaltungen war gewesen, dass die Älpler sich untereinander im Wettkampf messen sollten – nicht mit der Regierung in Bern. Dass die künstlerische Wiedergabe des Alpenfestes durch Elisabeth Vigée-Lebrun (1755–1842) aus dem Jahr 1808–09[18] eine frappante Ähnlichkeit hat mit dem Gemälde «Der letzte Mohikaner» (um 1827) des amerikanischen Malers Thomas Cole (1801–1848) von der Hudson River School aufweist, soll hier nur kurz erwähnt werden, weil beide Bilder sich überraschend gleichen, auch wenn kein Anlass zur Annahme besteht, dass Cole das Gemälde der Vigée-Lebrun kannte oder etwas über das Unspunnenfest wusste.

Beim Weitergehen teilte der Führer Cooper mit, dass Jäger und Bergführer aus Grindelwald entschlossen seien, in den nächsten Tagen die Jungfrau zu besteigen. So viele hätten schon den Gedanken geäussert, es zu versuchen, dass die Schweizer nun in Eile waren, damit andere ihnen nicht zuvorkommen würden.

Im Tal von Interlaken waren einige Nussbäume so schön, dass Cooper sie erwähnen musste. Und der Brienzersee, nicht nur der Zürichsee, erinnerte ihn an den Otsego-See. Kurz vor der Landung in Brienz zählte er noch schnell hundert und zwanzig braune Dächer, ausser der Kirche. Dass in der Schweiz «wechselseitige Versicherungen gegen die Verwüstung durch Hagelschlag» bestehen, etwas, «woran man bei uns noch nicht gedacht hat; obgleich ich meine, dass etwas Ähnliches bei uns zur Sicherung vor Verlust durch Pferdediebstahl eingeführt ist».

Als der Weg Richtung Brünig eingeschlagen wurde, hörte Cooper das Getöse von Wasserfällen und entdeckte überall Zeugnisse der Verwüstung durch Bergstürze.

Oberhalb von Meiringen gab es eine Stelle, wo Cooper eine Aussicht über die Gegend um das Dorf und das Tal hatte, nur fehlte ihm erstens der Reiz des Nebels und zweitens der Reiz des Neuen, «und so war ich in der Laune zu tadeln und zu bessern; vielleicht war ich vorsichtiger und weniger voreilig in meinem Urteil geworden; weniger dem Einfluss des Staunens und der Bewunderung hingegeben, sondern mehr zur Selbstbeherrschung und ruhigen Betrachtung übergegangen. Das Reisen», fährt er fort, «ist eine Kunst, wie jede andere; der erfahrene Reisende hat dem Unbewanderten wenigstens so viel voraus als der Kenner vor dem Neuling in irgendeiner schönen Kunst. Ich hatte aufgehört, mich um Drapperie, um Finger, Nasen und solche Nebensachen des Malens zu bekümmern; ich hatte gelernt, den Ausdruck, den Gedanken im Gemälde selbst aufzufassen.»

Vom Brünig erfolgte der Abstieg in den Kanton Unterwalden, «das Geburtsland von Winkelried». In einer Sennhütte liess Cooper sich ein Glas Milch reichen, das ihm so gut schmeckte, dass er entschlossen war, sich noch lange an den Trunk zu erinnern, wenn er manches prächtige Gastmahl schon längst vergessen haben würde. «Dabei dachte ich an die ungekünstelte Gastfreiheit in unseren Wäldern zurück, und ich hätte kaum gewagt, dafür Bezahlung anzubieten, an einem Ort von so romantischem und unverfeinertem Aussehen; aber die Wahrheit zu sagen, hier wurde das Geld nicht verschmäht.» Die Schweizer waren «jetzt meistens hinreichend fein, um keine Bezahlung auszuschlagen». Solange die so genannte Unverdorbenheit der Schweizer noch an der Tagesordnung war, stellte sie einen nicht unbedeutenden Faktor zur Verbilligung der Reise dar. Kein Wunder, wurde sie so hoch gelobt!

Etwas weiter erwartete Cooper eine einzigartige Aussicht, die ihn dermassen ergriff, dass er sich scheute, noch einmal anzufangen, von den Naturschönheiten zu reden. Aber es war nun einmal «die Überraschung aller Überraschungen». Die mittel aufregenden Naturgemälde haben es Cooper, das muss man sich noch einmal in Erinnerung rufen, genau so angetan wie die grossartigen, erhabenen Aussichten – wenn nicht noch mehr. Was Cooper auffiel, war die grosse Zahl wohlklingender Titel wie «Schultheiss», «Schöffe», «Rat» und so weiter. «Ich möchte vermuten, dass diese Schwungkraft des Beamtenwesens hier von geringem praktischem Nutzen ist; denn es ist kaum zu begreifen, woher eine so kleine Volkszahl hinreichende Beschäftigungen für eine so grosse Anzahl von Beamten nehmen könne.»

Von da führt der Diskurs gleich weiter. Die Urkantone waren katholisch und demokratisch, was nicht an «Rom» lag, das nichts zu den Freiheitsrechten beigetragen hat, sondern mehr damit zu tun hatte, dass das Land nicht so viel wert war, dass sich die «Kosten einer Eroberung» gelohnt hätten, da das Land «kaum hinreichend aufbringt, um seine Bewohner kärglich zu ernähren, und keinen anderen politischen Wert hat als eine Grenzmauer zu bilden, eine Eigenschaft, die es als neutrales Gebiet weit unverletzbarer behaupten kann als im Zustand der Unterwerfung». Auf keinen Fall hat die Religion etwas dazu beigetragen, die Unabhängigkeit des kleinen Landes zu behaupten.

Am Morgen des zweiten Tages auf dieser Reise war Cooper in Unterseen aufgebrochen, am Abend übernachtete er in Sarnen. Es war für ihn «eine in jeder Hinsicht dem Lande angemessene Hauptstadt». Vom Landenberg aus zählte der Statistiker Cooper «hundert und fünfzig Dächer». Im Gasthaus traf Cooper viele Franzosen an, die versuchten, englisch zu sprechen, und erstaunt waren, dass Cooper, der selber englisch sprach, behauptete, kein Engländer zu sein. Dass er Amerikaner sein könnte, fiel niemandem ein, «nicht einmal im Traum», und den weiteren Erkundigungen entzog sich Cooper dadurch, dass er vorgab, zu Bett gehen zu wollen oder zu müssen, nach einer langen Reise wie am heutigen Tag.

Am nächsten Morgen sah Cooper, bevor er aufbrach, vier Frauen, die beinahe kahlköpfig waren, und führte diese Erscheinung darauf zurück, dass die Kälte die Haare bis zur Wurzel abgetötet hatte. Gefrühstückt wurde in Stans, in Gesellschaft einiger Engländer, die sehr unhöflich waren, aber nur deshalb, weil es Engländer waren, die «zwischen Wind und Wasser leben». Mit dem «char-à-banc», dem guten alten Kremser, ging die Reise weiter nach Stansstad. Während der Kahn zur Abfahrt gerüstet wurde, lobte Coopers Führer die Schönheit des Vierwaldstättersees. Aber nicht nur der See war schön, die ganze Schweiz war es. Am schönsten fand der Führer den Zürichsee: «Toujours des vignes», während Cooper den Vorzug den Alpmatten gab. Mitten auf dem See, mit dem Blick in alle Richtungen, beratschlagte Cooper, wohin er weiterfahren wollte, «gleich einem Kenner auf dem Tscherkessinnen-Markt in Istanbul», während Coopers Begleiter die Preise nach den verschiedenen infrage kommenden Bestimmungsorten mit den Fingern abzählte. Da Cooper Luzern von der zweiten Reise her schon kannte, entschied er sich für Brunnen.

Als das Schiff in Gersau vorbeikam, stellte Cooper einige Überlegungen über die republikanische Staatsform an, die lange Zeit, das heisst bis zum Untergang der alten Eidgenossenschaft, dort in Kraft gewesen war.

In Brunnen beschloss Cooper, da es noch früh am Tag war, die Reise nach Flüelen und von dort weiter über das Urserental nach Graubünden fortzusetzen. Ein neuer Vertrag wurde mit der Rudererfamilie abgeschlossen und die Weiterfahrt angetreten. Auf dem Urnersee herrschte ein reger Warenverkehr. Der Schauplatz von Wilhelm Tells Gefahr und Rettung wurde in Augenschein genommen. Das Rütli wurde nicht weiter besichtigt, weil erstens die Winde für die Weiterfahrt günstig waren und zweitens der Ort «nichts Anziehendes» hatte, «ausser dass er ein wenig auf ausserordentliche Begeisterung hoffen liess». Aber die konnte Cooper auch so erleben, dazu brauchte er nicht auszusteigen. Es kam hinzu, dass es sowieso nicht möglich war, den Ort genau zu bestimmen, wo sich der Sage nach die «Verschworenen», «Vaterlandsfreunde» und «Verbündeten» um Walter Fürst, die alle rund um den gleichen See wohnten, wirklich getroffen haben.

Und dann setzte, um das Mass voll zu machen, auch noch einer der berühmten, wenn nicht berüchtigten Föhnstürme auf dem Urnersee ein, und der Entschluss musste gefasst werden umzukehren. Nur mit Müh' und Not, unter tatkräftiger Mithilfe Coopers beim Rudern, wurde Brunnen wieder erreicht. Zu Fuss ging es weiter nach Schwyz, vorbei an den beiden «Mitren(Mythen)»[19], und von dort aus weiter nach Goldau, wo der Bergsturz, den Cooper schon einmal gesehen hatte, Anlass zu langen und breiten Erörterungen gab.

Ziel des darauf folgenden Tages war Einsiedeln. Unterwegs wurde die Stelle in Augenschein genommen, wo sich 1315 die Schlacht von Morgarten zugetragen hat. Auf der Strasse waren viele Pilger und Pilgerinnen unterwegs, einige von ihnen kamen aus dem Elsass, andere aus dem Schwarzwald. Einige gingen barfuss, alle beteten laut. In Einsiedeln nahmen die Gebäude einen ansehnlichen Raum ein, so dass sie in der armen und unwirtlichen Gegend, wie Cooper meinte, einen mächtigen Eindruck auf das Auge machten.

Im «Ochsen» belegte er ein Zimmer, und weil es noch nicht spät war, hatte er Zeit, die Klosteranlage zu besichtigen. Seine Betrachtungen zum Katholizismus fielen bei ihm, der streng religiös war, zwiespältig aus. Er entdeckte «frommen Wahn» beziehungsweise «uralte Bräuche der römischen Kirche» auf der einen und «Aberglaube» auf der anderen Seite und gelangte zum Schluss, dass es sich dabei um eine «Folge der Unwissenheit und des Elends» handeln müsse, wo entweder «jeder Weg, der irgendwie Hilfe und Trost verheisst, eifrig verfolgt wird» oder sich die Menschen heimlich «einer übernatürlichen Einwirkung» anvertrauen. «Dass beide nicht auf vernünftigere Mittel setzen, ist in beiden Fällen die Folge von Erziehungsfehlern»: man erhalte, meinte Cooper, zwar Sprech-, aber selten Denkfertigkeit.

Er war angetan von der «überschwänglichen Andacht» der Wallfahrer und Wallfahrerinnen, aber seine Vernunft sagte ihm, «wie furchtbar nahe sich die betörte Menge der Götzendienerei» zuwandte, «dann wieder erschien das Geheimnis der Menschwerdung so erhebend und, wenn ich mich so ausdrücken darf, so handgreiflich, wie ich es bis zu diesem Augenblick noch nie empfunden hatte. Ich glaube, es gibt wenige Menschen, die weniger unter dem Einfluss irgendeines Aberglaubens stehen als ich oder auf welche eine Scheu einwirkt, die mit unnennbaren Regungen im Gemüt verknüpft ist; und doch bedurfte es des Zusammenraffens meiner ganzen protestantischen Unempfänglichkeit, um gleichgültig die eherne Haltung der Maria anblicken zu können.» Nur das allen Menschen gemeinsame Unvermögen, «in das grosse Rätsel der Weltordnung einzudringen», war es, das ihn «duldsam» machte, wenn er die Pilger beobachtete, wie sie sich mit blossen Knien auf das Steinpflaster niederliessen, mit gesenktem Haupt und demutsvollem Blick, und auf diese Weise das Bild von «männlicher Ergebung in eine allgewaltige und unerforschliche Macht» vermittelten.

Die Einweihung einer Kapelle stand wenige Tage bevor, aber so lange wollte Cooper nicht warten. Das Jahr war schon weit fortgeschritten. Keine Frage, am nächsten Morgen die Reise fortzusetzen, wahrscheinlich über den Etzelpass und weiter nach Lachen. Bevor der Ort erreicht war, machte Cooper die Entdeckung, dass der Blick von grosser Höhe herab Staunen hervorruft, aber die Aussicht von einem Ufer mit ruhigem Gewässer aus oder aus der Tiefe eines Tals in die Höhe hinauf den Empfindungen doch noch mehr behagt.

In Lachen wurde gefrühstückt, dann ein «char» bestellt und der Wahrheit der Worte gedacht: «Die Schweiz gibt alles so gut wieder, als sie es empfangen hat.» Während unterwegs die Pferde Futter erhielten, machte Cooper Rast in einem Wirtshaus, das so nahe bei einem Berg stand, dass er überrascht war, nachmittags um zwei Uhr bereits im Schatten zu stehen.

Er bestellte Birnen, «poires», der «kecke Schweizer Bursche», der ihn bediente, verstand «pois», Erbsen, und meinte, dass die Erntezeit vorbei und Coopers Aussprache sehr schlecht sei. «Vous n'abez bas un bon pronunciachon, monsir; voilà pourquoi je ne fous ai bas combris.» Was würde man gedacht haben, wenn dergleichen in einem amerikanischen Wirtshaus vorgefallen wäre, überlegte Cooper. Wer seine Bücher gelesen hat, wird sich erinnern, dass er zahlreiche seiner Personen immer gerne mit einem verstümmelnden Akzent sprechen lässt. Die Anekdote ist also vielleicht eine pure Erfindung.

Unterwegs machte Cooper einen kurzen Abstecher nach Glarus. «Es fehlte hier gar nicht an Bergen; aber die Felsen streben hier schon vom Tal aus viel steiler empor als in anderen Schweizer Gegenden.» Glarus war der Ort, «wo der in Amerika so bekannte Schapzigerkäse gemacht wird. Ausser Glarus kenne ich keinen Ort, wo man diesen Käse so häufig anträfe als am Broadway.»

Am Abend wurde Weesen erreicht, und der kleine Abstecher nach Glarus erschien bereits am Abend so fern und unwirklich wie ein Traum. Cooper erfuhr, dass der Walensee für einen der gefährlichsten in der Schweiz gehalten wird, die Schiffsleute genaue Weisung haben, das Wetter genau zu beobachten, und verpflichtet sind, ihre Fahrzeuge alle drei Jahre auszubessern. Dass Cooper am folgenden Morgen etwas Fieber hatte, wollte er nicht auf die sumpfigen Niederungen zwischen Walen- und Zürichsee zurückführen.

Das Ufer des Walensees verglich Cooper mit den Catskill Mountains nördlich von New York. «Sie brauchen nichts als den höchsten Gipfel, den Round Top, abzuschlagen, bis eine etwas unregelmässige Abdachung entsteht, sodann seiner Höhe noch die Hälfte hinzuzufügen und ihn alsdann, längs dem Rand eines vollkommen klaren Gewässers, etwa zehn englische Meilen weit an beiden Seiten auseinander zu dehnen, die Felsen danach gelegentlich mit einigen Hütten, Dörfern, Alpmatten zu verzieren, noch ein paar Dörfer unter den zackigen Abstürzen hinzubauen, dann wird Ihre Ansicht des Wallenstädtersees ziemlich vollständig dastehen.» So werden virtuelle Landschaften doch erst heute auf dem Bildschirm generiert, aber lassen wir das.

Für die Weiterfahrt engagierte Cooper nur zwei Ruderer, die nicht besonders schnell vorankamen, so dass es möglich war, die Aussicht zu geniessen. Walenstadt selbst war ein «armseliger Ort». Über Ragaz ging es weiter nach Pfäfers. «Das ist vermutlich der ausserordentlichste Ort in seiner Art, den man in der Welt finden kann. Die Breite des Engtals misst unten nicht über zweihundert Fuss, und hoch oben ist es nicht viel breiter.»

Es folgen in Coopers Reisebericht Seite um Seite über die Gräuel dieser «unterirdischen Welt». Nach dem Besuch speiste er, und weil er kein besonderes Vergnügen an der Gesellschaft empfand, die er antraf, machte er seine Eintragungen in sein Tagebuch und ging zeitig zu Bett.

Während der Nacht regnete es in Strömen, und Cooper hatte die Vision «eines Besuchs der Tamina zu den Fenstern herein»: «Es sollte mich nicht wundern, wenn Wolkenbrüche oder ein zerstiebender Gletscher einst Brücke, Haus, Mönche, Karten, Wein, Schmutz, dunkle Bogengänge, alles in einem Haufen, in grösster Eile nach Ragaz hinunter spühlen sollten. Die grosse Festigkeit des Gebäudes hat vermutlich einige Beziehung zu der Besorgnis vor solchen plötzlichen Abkühlungen.»

Am Abend des folgenden Tages wurde Reichenau erreicht, wo im gleichen Wirtshaus eine deutsche Reisegesellschaft abstieg, der zwei Frauen angehörten, die «noch ganz freudeberauscht von der schrecklichen Schönheit der Via Mala» waren. Mit ihrer Begeisterung wäre es ihnen um ein Haar gelungen, Cooper dorthin zu locken, aber dann sagte er sich, dass man unmöglich alles sehen könne, und als er sich zu Bett begab, war er entschlossen, seinen ursprünglich vorgesehenen Weg Richtung Disentis fortzusetzen.

Wiederum regnete es die ganze Nacht. Am nächsten Morgen hatte die Landstrasse «das verdächtige Aussehen jener äusserst kunstlosen Wege, über welche der amerikanische Ansiedler vorsichtig stolpern und waten muss, während der ersten acht oder zehn Jahre, die eine Niederlassung erlebt». Die Harzfarbe der Häuser, die er unterwegs antraf, hatte etwas Wohlgefälliges, im Gegensatz zur weissen Farbe der Häuser in Amerika, die aus der amerikanischen Landschaft einen «holländischen Spielzeugladen» machen. Unterdessen hatte sich Coopers Führer verlaufen, ein Waldarbeiter mit einer rohen Axt wies ihm den richtigen Weg. Cooper, den Schweizer betrachtend, dachte, dass ein geschickter Holzhauer «bei uns», das heisst in Amerika, mit einem wohlgeformten und brauchbaren Werkzeug dreimal mehr ausrichten könne als der Schweizer Holzhauer – der wahrscheinlich auch mit einem besseren Werkzeug nicht an die Leistung des Amerikaners herangekommen wäre.

Vielleicht lag die Tatsache, dass sich Coopers Begleiter verirrt hatte, daran, dass er zugeben musste, die Sprache nicht zu verstehen. Denn hier wurde Rätoromanisch gesprochen. «Das ist ärger, als es bei den indianischen Stämmen in den Steppen vorkommt; denn diese haben keine festen Wohnungen und begegnen einander nie, ausser wenn sie einander bekriegen.» Aber da die Schweizer in festen Wohnungen leben und in Frieden miteinander verkehren…

Die Tamina-Schlucht, nach einem Stich von Bartlett.

Nach Ilanz wurde die Gegend «immer unebener». Cooper bestellte ein Reitpferd, dessen Eigentümer Cooper bis zur Furka-Passhöhe begleiten wollte. Das Land erhielt jetzt «das Aussehen einer unserer wilden, halbzivilisierten Grenzniederlassungen» und «die hin und wieder vorkommenden Burgruinen waren die einzigen, in eine solche Szene nicht ganz hinein passenden Gegenstände».

Es wurde Abend, und Cooper trieb das Pferd an, um noch gleichen Tags Disentis zu erreichen, dessen Abtei aus der Ferne «gleich einer weissen, schauerlichen Riesengestalt» sichtbar wurde. Aber der Weg war länger, als er gedacht hatte, weil die «Reinheit der Luft» ihn wie gewöhnlich über die Entfernung getäuscht hatte.

In Disentis setzten die Schwierigkeiten der gegenseitigen Verständigung mit Leuten, die eine Mundart sprachen, «die nur sie allein verstanden», erneut ein. Und das unkomfortable Bett im Wirthaus erinnerte Cooper wieder einmal «an jene Zeiten, als ich, an der Grenze unserer gebildeten Welt umherreitend, in ähnlichen Häusern in Amerika meine Nachtruhe gefunden hatte». Brot und Milch zum Nachtessen – mehr gab es nicht. Nachts hörte Cooper, im Bett liegend, den Ruf des Nachtwächters, wiederum in einer Sprache, die er nicht verstand. Aber diesmal konnte er sich nicht erinnern, je «lieblichere Töne» vernommen zu haben. Der Tag war der 15. September 1828 gewesen, Coopers 39. Geburtstag.

Am darauf folgenden Morgen besuchte er das Kloster, zunächst mit einem gewissen Respekt, bis er feststellte, dass einige Haushaltungen sich darin eingerichtet hatten. Der Rhein war, wie er feststellte, «nur noch ein flüchtiger, rauschender Bach». Hätte er den Weg in der umgekehrten Richtung unternommen, wie er in Brunnen zuerst vorgehabt hatte, wäre der Rhein wahrscheinlich «erst» ein flüchtiger, rauschender Bach gewesen. Während Cooper auf seinen Führer und den Eigentümer des Pferdes wartete, verzog sich der Nebel, und die Aussicht auf frisch gefallenen Schnee wurde frei. Talabwärts zählte Cooper exakt neun Kirchen.

Als sich schliesslich der Reiseführer einfand, empfahl er, näher beisammen zu bleiben. Durch eine Schlucht führte der Weg fürs Erste in ein höher gelegenes Tal, dann ging es noch ein weiteres Mal bergan. Der Pflanzenwuchs hatte fast aufgehört. Zwei Hirten, die mit ihrem Vieh auf dem Alpabzug waren, begegneten Cooper. Ein scharfer Wind wehte, es war kalt und fing auch noch an zu schneien. Niemand war jetzt mehr zu sehen, der Führer musste zugeben, sich verirrt zu haben, und der Pferdeeigentümer kannte sich auch nicht aus; so weit wie bis hierher war er in seinem Leben noch nicht gekommen. Aus diesem Grund entschloss sich Cooper, das Heft selbst in die Hand zu nehmen.

Als der Pass erreicht war, Cooper zu Pferd voraus, Führer und Pferdehalter mit einem Rückstand folgend, ging der Blick, weil es plötzlich aufgehört hatte zu schneien, hinab in das «so berühmte Urserental».

In Andermatt wurde eine Stärkung eingenommen und danach das Urner Loch sowie die Teufelsbrücke, die Pièce de résistance jeder Schweizer Reise, besucht und besichtigt. Es war eine landschaftliche Szenerie, «die das Ausserordentliche in sich fasst, das ich jemals in diesem Land gesehen habe, in dem das Ausserordentliche recht eigentlich zu Hause ist». So eindrücklich war alles, dass Cooper nicht in der Lage war, «die einzelnen Teile dieses Gewirres von Schrecklichem und Erhabenem getrennt aufzufassen». Noch keinem Reisenden war es an diesem Ort anders ergangen.

Die Fuhrwerke zogen zu jener Zeit den Simplon und den Splügen als bequemere Passstrassen vor, aber die Kantone Uri und Tessin waren daran, die Strasse über den Gotthard auszubauen; auch eine neue Brücke war im Plan vorgesehen. Der deutsche Maler Carl Blechen (1798–1840) hat auf dem Gemälde «Der Bau der Teufelsbrücke» (um 1833) die alte Brücke und die Bauarbeiten für die dahinter liegende neue, grössere Brücke, die 1829 in Betrieb genommen wurde, wiedergegeben. Cooper muss die Teufelsbrücke in diesem Bauzustand angetroffen haben. Er beschreibt, wie Männer, die sich an Seilen hielten, oberhalb des alten Pfades mit dem Sprengen der Felsen beschäftigt waren.[20] Dann verliess Cooper den Ort einerseits «zögernd» und andererseits «ermüdet», denn die fürchterlichen Schönheiten kamen ihm vor wie «ein neckischer Versuch der Natur, um zu prüfen, wie weit sie es im Grausigen und Schaurigen zu bringen vermöge».

An diesem Tag reiste Cooper nicht weiter; die Nacht verbrachte er in Andermatt. Es herrschte eine scharfe Kälte, am Morgen war das Wasser gefroren.

Auf dem Weg überlegte Cooper, ob er an Stelle der Furka den Gotthardpass vorziehen sollte, doch er verzichtete darauf, weil er bereits für den Herbst einen Aufenthalt in Italien vorgesehen hatte und nicht länger als nötig verweilen durfte. Um elf Uhr war die Passhöhe der Furka erreicht, zu Pferd. Der Besitzer des Tiers wurde entlassen, Cooper ergriff den «Alpenstab» und machte sich auf den Abstieg. Offenbar zu schnell, denn der Führer sah sich veranlasst, ihn zu warnen, dass er sich in dieser menschenleeren Gegend leicht verirren könne.

Teufelsbrücke

Der Rhonegletscher wurde besichtigt, eine englische Reisegesellschaft begrüsst, dann mit dem Aufstieg zur Grimsel begonnen, der für Cooper der anstrengendste von allen bisher überstandenen Pässen war. «Einige Male war das Pochen meines Herzens so heftig, dass ich fast fürchtete, es werde mir das Blut zum Mund herausstürzen.» Da es heiss war, entledigte sich Cooper sogar seines Rocks. Dass er das auch noch festhalten muss, will schon etwas sagen.

Das Hospiz, unterhalb der Passhöhe gelegen, war nicht mehr als ein «rohes Obdach für Reisende». «Mit einem fremden Gefühl von Trübsinn» spazierte Cooper unter den Felsen umher, nachdem er beschlossen hatte, hier die Nacht zu verbringen. Zu sehen war nichts weiter «als nebeneinander gescharte Felsen von jeder möglichen Gestalt», ein trübes Tal, in dem sich schon Hegel mit der Tatsache konfrontiert gesehen hat, dass Naturgegenstände keine andere Erkenntnis hervorbringen als die limitierte Feststellung: «So ist es.»

In Handeck besichtigte Cooper am nächsten Tag den «berühmten» Wasserfall: «Der Fluss stürzt in einen engen tiefen Schlund, in dem er ein neues Bett sucht, wie durch einen Kanal.» Heute ist davon nur ein Rinnsal geblieben.[21]

In Meiringen wurde Einkehr gehalten, mit einem «char» nach Brienz gefahren und dort rechtzeitig das Postschiff nach Interlaken erreicht. Mit grosser Neugier wurde der Blick zur Jungfrau emporgerichtet, und weil dort etwas wie eine kleine Flagge zu wehen schien, musste es den Gemsjägern gelungen sein, den Gipfel zu erreichen, wie sie es sich vorgenommen hatten.

Im Wirtshaus war eine lange Diskussion entstanden über Sklaverei und Handelsfreiheit. Und als sich Cooper endlich wieder «unseren Schweizern» zuwendete, entfiel ihm der Satz: «Man wird endlich physisch übersättigt, und das immer wiederkehrende Aussichtensehen ermüdet auch, selbst wenn es nicht von übermächtiger körperlicher Anstrengung begleitet wird. Die fortwährende Aufregung, die beständige Reizung der Einbildungskraft, die ermüdende Wiederholung romantischer Eindrücke wirkt endlich ermattend auf Körper und Geist.»

Damit war die dritte Reise, jedenfalls geistig, abgeschlossen. Die Sehnsucht nach den Seinen machte sich, nach zwölf Tagen im Eiltempo unterwegs durch die Schweiz, bemerkbar.

Am nächsten Tag, auf dem Weg nach Bern, begegnete Cooper einigen Truppenabteilungen, die ihn zu einigen Gedanken über das Söldnerwesen anregten und daran erinnerten, dass Schweizer «Miettruppen» – wie

Der Handeck-Fall

Cooper sich ausdrückte[22] – «an unserem letzten Krieg teilnahmen» und beim Angriff auf Fort Erie beteiligt waren – auf der Seite der Engländer, gegen die die amerikanischen Truppen im so genannten Zweiten Unabhängigkeitskrieg kämpften. Die Beziehungen zwischen der Schweiz und Amerika seien auf diese Weise enger geknüpft worden, meinte Cooper generös. Ein kurzes Stück marschierte er mit den Schweizer Milizen, die am Exerzieren waren, mit.

Cooper nennt zwei Namen: «Herr von Watteville» und «Oberst Fischer». Das Regiment des Franz Friedrich Wattenwyl (1753–1838), der auch dessen Inhaber war, stand unter dem Kommando seines Neffen Karl Ludwig von Wattenwyl in englischen Diensten gegen die amerikanischen Kolonisten und war an der Einnahme von Washington beteiligt. Oberst Carl Viktor Fischer (1765–1821) befehligte ein Korps in Kanada, eroberte die Festung Oswego und wurde bei Fort Erie verwundet.

Der Abschied von seinem Reisebegleiter, der Aristokraten nicht leiden mochte, dafür aber an Kirschenwasser umso mehr Gefallen fand, fiel Cooper nach zwölf Tagen nicht leicht. Dafür konnte er aus der Erfahrung der zurückliegenden Reisetage den Schluss ziehen, dass die Berge als Ganzes, das heisst aus grösserer Entfernung, sich am schönsten darbieten. Vielleicht spielte auch eine «innige Bekanntschaft» mit, welche der Einbildungskraft freies Spiel liess und erlaubte, die wirklichen Grössenverhältnisse, die einsamen Täler, die erhabene Ruhe in ein passendes Gemälde zusammenzustellen. Oder einfach ausgedrückt: Von Bern aus gesehen, aus der Ferne, sind die Berge schöner anzuschauen als aus nächster Nähe.

Die Aussicht vom Brünig aus Richtung Norden

Einen der schönsten Landschaftsstriche in der Schweiz traf Cooper an, als er, mit den Gipfeln des Oberlands im Rücken, von der Brünig-Passhöhe aus nach Norden in das Tal von Lungern und Sarnen hinabschaute.

In den meisten früheren Anlässen hatte ich mich gewöhnlich auf etwas Aussergewöhnliches gefasst gemacht, und obschon ich meine Erwartung dieses Mal so sehr übertroffen fühlte, so hatte ich doch nichts von ungewöhnlicher Schönheit vorher vermuten können. Wohl wusste ich, dass der Brünig ein berühmter Bergpass sei und dass man mancherlei über seine Schönheiten geschrieben habe; doch glaubte ich, er verdanke seinen Ruf den Aussichten nach Meiringen und ins Oberland, die in jedem anderen Land einen hohen Reiz ausüben würden, in denen ich jedoch vergleichungsweise meine Erwartungen keineswegs befriedigt fand. Jetzt entdeckte ich erst, dass der Brünig Reize ganz neuer Art enthalte und dass seine mehr nördlich vorkommenden Ansichten ohne allen Vergleich die schönsten sind.

Sobald mein Entzücken beim ersten Anstaunen ein wenig nachgelassen hatte, verliess ich den Pfad und setzte mich im Schatten eines Baums nieder, der ganz nahe am Rand eines Absturzes stand, um den Anblick des herrlichen Gemäldes mit Musse zu geniessen. Die ganze Landschaft dehnte sich durch ein langes, etwas eingeengtes Tal, das aber in der Ferne sich etwas erweiterte und nördlich vom wild blickenden Pilatus und vom lächelnden Rigi-Berg begrenzt war. In der Nähe war das Dorf, der Wiesengrund und der Lungernsee zu sehen. Letzterer sah blau und dunkel aus, bespühlte den Abhang eines der schönsten ländlich geschmückten Berge, die mir jemals vorkamen, dessen bräunliche Vorderseite in herrlichem Wiesengrün schimmerte und sich über dunklen Sennenhütten verlor. Eine grosse Tiefe erhielt das Ganze durch diese zufällige Anordnung, und dabei war die Luft so rein, dass die Umrisse irgendeiner Hütte kaum verloren gingen.

Die bezaubernde Farbmischung dieses Gemäldes gehörte mit zu den ausserordentlichen Schönheiten; denn während der Berg einen dunklen Schatten über den See hingleiten liess, warf das Wasser spielend einen bläulichen Schimmer bergan; fast über das ganze Tal flimmerte ein seltsamer, bläulicher Schein, so ungewohnt für den Anblick und doch so sanft und wohltuend in seiner Rückwirkung auf das Auge. Sie war der lebhaften ungewöhnlichen Luftbläue mancher alter italienischer Gemälde nicht unähnlich, in denen dieses Ultramarin noch frisch erhalten ist, während die meisten übrigen Farben verblasst sind. Mitten durch schien aber das Grün der Wiesen vorzüglich anmutig und zart, und diese Farbmischung ging augenscheinlich aus Luft und Wasser in alle Teile des Gemäldes über und mässigte, aber änderte nicht die Färbung der Gegenstände.

Cooper erfuhr unterwegs, dass die Menschen im Tal die Absicht hätten, durch einen Abfluss die Wasserfläche des Lungernsees abzusenken, wodurch es möglich sein würde, gutes Grasland zu gewinnen.

Ich schalt diese, das Malerische zerstörende, Neuerung, als ich davon erfuhr; doch ist freilich das Ufer des Sees rings umher so steil und seine Wasser von solcher Tiefe, dass vielleicht die Landschaft dadurch weit weniger eingebüsst hätte, als man auf den ersten Blick vermuten könnte. Auf jeden Fall ist gegen diese Veränderung nichts einzuwenden, wenn die Einwohner dieses Tals aus irgendeinem triftigen Grund vorhersehen, dass der vorgeschlagene Versuch ihnen solchen Zuwachs an

Wiesengrund gewähren muss. Ihren Augen ist ein Käse ein genau gleich anziehender Gegenstand wie ein See oder ein Felsen.

Aus «Ausflüge in die Schweiz», 14. Brief.

Die Taminaschlucht: Am Eingang in die Unterwelt

Die Tiefen der Taminaschlucht und die Bäder von Pfäfers gehörten zu den Highlights – oder Lowlights – der dritten Schweizer Reise.

Im Grunde dieser halbunterirdischen Welt steht ein mächtiges grosses Gebäude, das im Notfall 600 bis 700 Gäste aufnehmen kann. Die Badezeit war vorüber, und es waren wenige Fremde dort, die bloss der Neugierde halber dahin kamen. Nachdem wir unseren Reisesack abgegeben, ein Zimmer in Beschlag genommen und einen leiblichen Trost eingenommen hatten, nahm ich einen Führer für den Badeort an und begab mich zur Quelle.

Sie werden leicht einsehen, dass die natürliche Wildnis eines solchen merkwürdigen Orts und die Heilkraft seines berühmten Quellwassers nur eine zufällige Beziehung zueinander haben. Die Tamina hat sich durch eine grosse Felsspalte einen Weg gebahnt; aus dieser quillt sie nur eine kurze Strecke von dem Badehaus entfernt hervor und rauscht an diesem vorüber, um bald ihre brausenden Wogen mit dem Rhein bei Ragaz zu vereinigen. Die heissen Quellen stehen mit diesem Strom in keiner Verbindung. Sie sprudeln aus den Felsen, welche die Seitenmauern des Stroms bekleiden, zischend hervor, und sie würden sich ganz in diesem verlieren, wenn man nicht durch künstliche Mittel einen Teil ihrer Wasser für die Badeanstalt zu verwenden gewusst hätte.

Wir verliessen das Gebäude mittels eines engen Überbaus von Planken, der etwa dreissig Fuss über dem Strom angebracht ist, und an dessen Seite das Wasser der Springquellen durch einen hölzernen Behälter zu den Bädern geleitet wird. Diese wankende Brücke führte bald über den Strom hinüber auf die andere Seite des Engtals und folgte alsdann den Felsen, an welche sie mittels eiserner Klammern befestigt war. Nachdem wir eine Weile vorwärtsgegangen waren, während die schroffen Abhänge sich allmählich über unseren Häuptern schlossen und der tobende Strom heftig von Fels zu Fels hinunter strudelte, traten wir endlich in eine Höhle ein, in welcher die überragenden Berge uns das Tageslicht entzogen. An dieser Stelle kreuzt der Pfad der Oberwelt das Engtal. Ein ungeheurer Felsblock war von seinem ursprünglichen Lager dorthin gerollt, wo er nicht in der Öffnung des Schlundes eindringen konnte und Jahrtausende hängen geblieben sein mochte, gleich einem Keil, der die Berge auseinander zwängt.

Die Planken waren mitunter nass; bisweilen war nur eine Planke da; an manchen Stellen mussten wir uns bücken, um unsere Köpfe nicht an den überhängenden Klippen zu stossen, während uns andere Planken nach der Mitte der Schlucht geleiteten, so dass wir wie Seiltänzer in der Luft schwebten. Das Überwältigende der staunenden Empfindung, die mich erfasste, und die beständige Anreizung, öfter um mich zu blicken, machten diesen Ausflug für mich nichts weniger als ungefährlich; der brausende Bergstrom, der immerfort unter meinen Blicken flimmerte, und das unaufhörliche Getöse, das schaurig zu mir hinaufbrauste, machten die betäubende Wirkung des Ganzen vollkommen. Für einen ausdauernden Kopf ist übrigens die Gefahr unbedeutend; aber wer irgend zu Schwindel neigt, darf sich nicht dahin wagen. Die einzige Vorsicht, die ich bereit war anzuwenden, bestand darin, mich zuvor fest auf die Beine zu stellen, sobald ich nach den verschiedenen Gegenden, wo es etwas zu schauen gab, hinblicken wollte.

Dieser gähnende Spalt ist wunderlich genug gebildet, um die Aufmerksamkeit zu spannen, und die Brücke schien anfangs nicht aufhören zu wollen. Ich murmelte fast immer wieder das Wort «unterweltlich» vor mich hin, und ich glaube, dieses Beiwort bezeichnet diesen Ort am besten. Der Führer behauptete, man könne sechs französische Meilen weit in die Schlucht eindringen. Es mag wirklich so sein, wenn man nur bedenkt, in welchem grossen Massstab die Natur alle ihre Werke in der Schweiz angelegt hat. Die Wirkung des Spiels der in diese Schlucht einfallenden Lichtschimmer sind nicht die geringsten ihrer schauerlichen Annehmlichkeiten. Da der Führer merkte, dass ich mich ziemlich fest auf den Beinen halten könne, eilte er mir voraus, und das Aussehen seiner durch die Luft schwebenden Gestalt, die bald beleuchtet, bald in tiefem Schatten vor mir einher gaukelte, diente wirklich dazu, diese Stelle einem Eintritt in die Unterwelt zu verähnlichen, wo gespenstige Schattenbilder durch die düsteren Räume schweben.

Aus «Ausflüge in die Schweiz», 17. Brief.

Die vierte Exkursion: Über Lausanne nach Genf und zurück

Wie zwischen der zweiten und dritten Exkursion, lagen auch zwischen der dritten und vierten nur wenige Tage, die Cooper in La Lorraine verbrachte. Am 19. September war er zurückgekommen, am 24. wieder unterwegs. Mindestens zwei Sommer müsse der Reisende in der Schweiz verbringen, um sich ein genaues Bild machen zu können, meinte er, und jetzt war es schon Mitte September. Noch lange in der Schweiz bleiben wollte Cooper nicht. Italien rief, und man musste denken, bei Zeiten über den Simplon zu kommen. Mitte Oktober würde das Wetter in der Schweiz «ganz unleidlich». Es war keine Zeit mehr zu verlieren.

Diesmal ging die Reise Richtung Genfersee. Murten verband Cooper mit der Erinnerung an die Schlacht Karls des Kühnen, eine Stadt «im altertümlichen Baustil erbaut», nicht mit Schanzen, Bastionen, Gräben, sondern einem «tüchtigen, altmodischen Gemäuer», die ihn durch eine schwer nachzuvollziehende Gedankenverbindung an die alttestamentarische Geschichte denken liess: «an Jerusalem und Jericho». Über die alten Mauern hinaus hatte sich die Stadt noch nicht erweitert.

Cooper freute sich über den Sieg der Eidgenossen über die Burgunder, «nämlich des Nationalstolzes wegen, welcher ein sonderbares Ding ist». Nach der Schlacht sammelten die Schweizer die Gebeine ihrer Toten und bewahrten sie in einem Beinhaus auf, als Grabmal und Siegesdenkmal. Beim Einfall der Franzosen 1798 wurde es von den Franzosen zerstört, um die «alte Schmach» zu tilgen. «Ein so leidenschaftlicher Frevel hat seine gebührende Vergeltung nicht verfehlt, denn jetzt ist dem gewöhnlichsten Reisenden diese Schlacht eben durch diese ohnmächtige Rachehandlung weit bekannter als durch die Geschichte dieses Ereignisses selbst.»

Weiter nach Avenches. Die römischen Ruinen waren für Cooper etwas Ungewöhnliches, etwas, das er gar nicht erwartet hatte, weil alles, was von der Schweiz bekannt war, sich auf die Naturschönheiten bezog. Ohne Reiseliteratur hätte er die Stadt für das alte Rom halten können, meinte Cooper. Zeit zu längerem Verweilen blieb keine. Eine Stunde später war Cooper, der jetzt auch wieder allein reiste, nur in Begleitung eines Führers, in Payerne eingetroffen. Damit war das Ende der ersten Tagesreise erreicht.[23]

Am nächsten Tag gab Cooper den Auftrag, seinen Reisesack nach Lausanne befördern zu lassen, und machte sich zu Fuss auf den Weg. Die Gegend war nicht besonders aufregend. «Nichts besonders Schweizerisches», fand er, weder Jura noch Alpen waren zu sehen. «Man hätte die Umgebung hier für eine der besseren amerikanischen Landschaften ausgeben können, wenn man wenige örtliche Einzelheiten, die Ruinen, die Schlösser und die häufigere Begegnung von Dörfern als Ausnahme gelten lassen will.»

In Lucens setzte Cooper sich in den Wagen eines Mietkutschers, der nach Lausanne fuhr. «Die Landschaft hatte ein Äusseres von Zierlichkeit, wie wenn ein Mann oder eine Frau im Staatskleid erscheint; und die ganze Umgebung, obgleich ausgesucht und prachtvoll in allen ihren natürlichen Bestandteilen, schien dennoch mehr durch menschliche Fortschritte beherrscht als alle bis jetzt von mir bereisten Gegenden.»

Lausanne liege auf «unebenem Boden», fand Cooper, es gehe hinauf und hinab, aber von der Promenade Mont Benon habe man eine wunderbare Aussicht auf den Genfersee mit den Bergen von Savoyen im Hintergrund. Die Gegensätze zwischen dem Erhabenen und Gefälligen, dem Grossen und Bezaubernden fand Cooper wirkungsvoller als beim Vierwaldstättersee. In Lausanne trafen kurz nach Cooper auch Charles X. von Frankreich und die russische Grossfürstin Helena mit Entourage ein, was zur Folge hatte, dass die ganze Stadt in Aufregung war. Der königliche Besuch unternahm einen Ausflug mit dem Dampfboot «Leman»[24] auf dem Genfersee, und Cooper und die anderen Reisenden waren angewiesen, die Rückkehr der hohen Gesellschaft «in allergetreuester und alleruntertänigster Geduld» abzuwarten. In der Menge, die sich am Hafen versammelte, kam sich Cooper so allein vor wie noch in keiner einsamen Schlucht in den Alpen. Dass so viele obrigkeitliche Personen des Waadtlands sich, mit auswärtigen Orden dekoriert, zum Empfang der adligen Gäste einfanden, belastete Coopers «demokratische Gesinnung» schwer.

Am folgenden Tag wurde es spät, bis Cooper mit der frei gegebenen «Leman» nach Genf weiterreisen konnte. Unterwegs gab die Aussicht den Blick auf den Mont-Blanc frei. Bei Ankunft in Genf war es bereits dunkel und der Hafen geschlossen, ein Faktum, das in Coopers Roman «Der Scharfrichter von Bern oder Das Winzerfest» erwähnt wird. Das bedeutete, dass die Passagiere mit Kähnen ans Ufer gebracht werden mussten und auf dem Landweg in «die Stadt Calvins und Jean Jacques Rousseaus» einzogen.

In Genf blieb Cooper ausnahmsweise drei Nächte, so lange wie an keinem anderen Ort unterwegs in der Schweiz. Wie in Lausanne lassen sich viele Strassen «weit angenehmer bergab als bergan durchstreifen, und einige sind kaum zugänglich für Fuhrwerke».

In Genf fiel Cooper auf: das gedankenlose Fensterglucken (wenn sich die Menschen an den Fenstern aufhalten und den Blicken der Passanten aussetzen); eine Menge schwimmender Waschhäuser; sowie nicht zuletzt die Tatsache, dass Genf «gleichsam nur ein einziger Juwelenladen» ist: «Hier werden Juwelen für die ganze Christenheit verfertigt, und man kann kaum den Ort besuchen, ohne Geld los zu werden.» Im Übrigen lautete Coopers Urteil über Genf knapp und deutlich: «The town disappointed me», jedenfalls in den Eintragungen im Reiseführer von Engelmann und Reichard.

In Genf traf Cooper Louis Simond, den Verfasser der «Voyage Suisse», eines Werks, das Cooper ausgiebig konsultiert hatte. Anknüpfungspunkte für ein Gespräch wird auch die Tatsache gegeben haben, dass Simond von 1788 bis 1809 ein Handelshaus in New York geleitet hatte. Cooper schreibt, dass früher zwischen einem Teil seiner Familie und Simond freundschaftliche Beziehungen bestanden hätten. Im Gespräch mit Simond muss es diesem schwer gefallen sein, die Gründe zu verstehen, warum Amerika in einem so raschen Wachstum begriffen sei. Simond erinnerte sich noch an die Zeit, als New York nicht grösser als Genf war, und musste mit Erstaunen hören, dass New York jetzt – also um 1828 – das Achtfache der Bevölkerung von Genève aufwies. «Er schien sich auf die Seite derer zu neigen, die behaupten, es sei uns geglückt, ungeachtet unserer demokratischen Verfassung zu gedeihen; ich war dagegen geneigt zu behaupten, dass es gerade die Folge dieses verachteten Elements des amerikanischen Staatsverbandes sei.»

Simond soll seine Auseinandersetzung mit Cooper «auf eine Weise, die mich in Erstaunen setzte», beschlossen haben: «Denn er sagte: ‹Ich fürchte mich bei Ihnen, etwas vorauszusagen, da Sie der Einzige sind, der mir die Erbfolge der Seeschlachten im letzten Krieg mit Grossbritannien vorhergesagt hat.› Ich bin wahrhaftig nicht der Einzige gewesen», fährt Cooper über sich selber fort, «der damals die Wahrheit vorausgesehen hätte; aber ich erinnere mich noch, wie er meine Prophezeiung im Jahr 1812 verlachte.» Sechzehn Jahre später lachte Simond nicht mehr.

Im Mittelpunkt des Genfer Aufenthalts stand der Besuch von Ferney, dem kleinen Dorf ausserhalb von Genève und in Frankreich gelegen, in dem sich Voltaire lange Zeit aufgehalten hat, für den Cooper aber nicht besonders viel Enthusiasmus aufbringen wollte. Die Kirche war in einen «Kartoffelbehälter» («receptacle of potatoes») umgewandelt worden.

Im Tagebuch erwähnt Cooper auch, freilich nur am Rand, dass er einen kurzen Abstecher nach Cologny gemacht habe; in den «Ausflügen» fehlt der Hinweis ganz. Wenn man aber weiss, dass Lord Byron, Percy Bysshe Shelley und Mary Wollstonecraft Shelley sich 1816 in Cologny aufhielten – Byron in der Villa Diodati, die Shelleys in der Maison Chappuis – und den Sommer dort gemeinsam verbrachten, dann ist es nicht ganz abwegig, Cooper eine gewisse Neugier zu unterstellen, die sich auf die Engländer bezog, die sich zwölf Jahre vor ihm in der Gegend aufgehalten haben.

Die Rückreise nach Bern wurde durch einen unangenehmen Zwischenfall gestört. In Lausanne entschloss Cooper sich, einen Kutscher für die Fahrt nach Bern zu engagieren. Der aber wollte sich nicht an die Abmachungen halten und machte sich mit Coopers Gepäck aus dem Staub. In Bern suchte Cooper die Polizei auf, der Kutscher stritt alles ab, verfing sich während der Befragung dann aber in Widersprüche, beschimpfte den Magistraten und wurde zu einer vierzehntägigen Haftstrafe verurteilt. «Das sind die Folgen der bloss vorübergehenden Berührungen, die zwischen denen vorkommen, die unbekannt durchs Land reisen, und denen, die davon leben, dass sie von jenen so viel zu bekommen versuchen wie nur irgendwie möglich.»

Am 1. Oktober traf Cooper nach dem Abstecher nach Genf wieder in La Lorraine ein.

Letzte Tage in der Schweiz und Abreise nach Italien

Am 1. Oktober war Cooper wieder in La Lorraine. Die Zeit für die Ab- und Weiterreise nach Italien war gekommen, und Cooper war daran gelegen, so schnell wie möglich eine sichere und bequeme Fahrgelegenheit nach Florenz zu finden. Es gab in Italien so viele Schelme, und die Postmeister und Vetturini standen in einem eher schlechten Licht. Cooper schloss daher mit dem Mietkutscher, dessen Dienste er schon während seiner Berner Zeit in Anspruch genommen hatte, einen Vertrag ab, der vorsah, die Coopers «wohlbehalten und sicher binnen der Zeit von elf Reisetagen nach und in die Stadt Florenz zu befördern», wofür «le dit Sieur» einwillige, einen bestimmten Betrag zu entrichten. Vier Pferde wurden vor Coopers Reisewagen gespannt, der Kutscher schaffte ausserdem «einen Fourgon oder Bagagewagen mit noch zwei Pferden, zur Fortschaffung der Bedienung und der Reisekoffer» an; im Reisewagen wurde nur das Allernötigste mitgenommen. Der Mietkutscher selber sowie zwei Postillone begleiteten den Zug. Es war ein Vertrag, als ob es gelte, «einen Kontrakt zur Überschiffung einer Ladung Tee von China nach New York» aufzusetzen.

Am 8. Oktober verliess Cooper Bern. Der Abschied von der Familie des Herrn W – – war herzlich, auch wehmütig. Als die beiden Fahrzeuge sich in Bewegung setzten, war der Wind rau und das Wetter trüb. Die Alpen schauten «sturmverkündend und zürnend» herüber. «Es machte mir kein Vergnügen, sie in diesem Aussehen zu betrachten; sie kamen mir wie Freunde vor, deren Antlitz anfängt zu erkalten.»

Die erste Nacht auf dem Weg nach Italien wurde in Payerne zugebracht. Das Frühstück in Moudon am folgenden Tag erwähnte Cooper nur, weil er nun schon zum dritten Mal für ein schlechtes Mahl eine teure Rechnung begleichen musste. Es war eine «auberge inévitable».

Bei Carrouge[25] zweigte die Strasse nach Vevey ab, und als die Reisegesellschaft einen höher gelegenen Punkt auf dem Weg erreicht hatte, öffnete sich der Blick über den Genfersee. Es war eine überwältigende Aussicht, vergleichbar allein mit derjenigen vom Brünig aus hinunter ins Tal von Sarnen. «Es war Goethe, mit Schiller verglichen»: der literaturkundige Cooper, aber was war Goethe, was Schiller? «In dieser Landschaft fanden wir die Wärme italienischer Himmelsglut mit der ernsten Hoheit des Schweizerlandes verbunden. Vevey zu unseren Füssen ist wegen seines milden Klimas bekannt, und die anliegende Ufergegend bringt Wein und Obstarten hervor, von welchen man behauptet, dass sie eigentlich eher einem um einige Grade südlicheren Parallelkreis angehören.»

Vevey durchquerte der Kutscher und «ehrliche Rossebändiger», der hier mit seinem Namen Kaspar genannt wird, mit «Postillons-Keckheit». Es war Zeit der Weinlese, Kaspar kaufte Trauben ein, Meillerie war auf der anderen Seeseite zu sehen, der Ort von «Rousseaus Aufenthalt». Es war «eine feenhafte Luftfahrt».

Das Schloss Chillon wurde, weil es schon spät wurde, nur von aussen besichtigt. Zwischen Chillon und Villeneuve führte Kutscher Kaspar ein Wettrennen mit dem auf dem Genfersee verkehrenden Dampfschiff durch, denn er wusste: Wer zuerst in Villeneuve ankommt, belegt die besseren Zimmer. Es waren Cooper und seine Familie.

Bei Bex ist das Tal so eng, dass Cooper fand, das dahinter liegende Wallis befinde sich «buchstäblich hinter Schloss und Riegel». Saint-Maurice war nicht der Rede wert, auch über Martigny gab es nichts Nennenswertes zu sagen. Die Kretins fielen Cooper auf, auch hatte Cooper sich sagen lassen, dass die Walliser heldenhaft gegen Napoleon gekämpft haben. Dadurch stiegen sie in seiner Achtung.

Später waren es Teile der Walliser Bergwelt, die seine Aufmerksamkeit fanden. «Die Akropolis kann Athen in keinem königlicheren Baustil überragen, als diese Felsenfestung auf das unten liegende bescheidene Sion herabsieht.»

Das Wallis machte weiter talaufwärts einen immer grösseren Eindruck auf den Reisenden. «Wo man zwischen ‹sacs d'eau› (Wasserhosen), Bergströmen, Sturzbächen, Überschwemmungen und bisweilen niederstürzenden Lawinen sich ansiedelt, ist es keine Kleinigkeit, die Fluren wie eine Gartenanlage zu unterhalten. Der Anblick der Berge wurde immer wilder und abstossender. Aber immer noch wohnen Menschen in diesen schauerlichen Einöden.» Cooper fühlte sich ermattet, und die Nacktheit der schauerlichen Klippen bekam in seinen Augen «etwas ungemildert Grauenhaftes, wie ich es in der Schweiz noch nirgends empfunden hatte».

In Brig wurde der letzte Halt in der Schweiz gemacht. «Kaspars Kavallerie» brauchte für die Überquerung des Simplon Verstärkung. Der Pass, ein Bauwerk Napoleons, der auf eine schnelle Verbindung von Frankreich nach Oberitalien angewiesen war und den Pass von seinen Ingenieurstruppen ausbauen liess, interessierte Cooper sehr. Von Brig aus bis zur Passhöhe gab es keine besonderen Schwierigkeiten zu überwinden, aufregend, beinahe gefährlich war dagegen die Abfahrt nach Italien hinunter. Am Ende der Fahrt auf der Südseite des Passes waren die hölzernen Hemmschuhe, die unter die Räder geklemmt wurden, völlig durchgeschliffen.

Es war der 11. Oktober 1828. Die Reisegesellschaft verliess die Schweiz und verbrachte die nächste Nacht bereits auf italienischem Boden, in Domodossola, auf dem Weg nach Florenz.

[1] Gemeint ist die «Anleitung auf die nützlichste und genussvollste Art in der Schweiz zu reisen» von Johann Gottfried Ebel.

[2] Zur Geschichte von Coopers Erinnerungen an die Schweiz: Über seinen ersten Aufenthalt im Jahr 1828 verfasste er 1836 eine Reisebeschreibung, «Sketches of Switzerland»; ein zweiter Band, der den Titel «Sketches of Switzerland. Part Second» trug und sich auf den zweiten Aufenthalt im Jahr 1832 (siehe Kapitel III) bezog, folgte im gleichen Jahr wie der erste Band. Nicht ganz so übersichtlich verhält es sich mit den deutschsprachigen Ausgaben. Der erste Band kam im selben Jahr wie die amerikanische Ausgabe heraus, 1836, und zwar gleich zweimal: als «Ausflüge in die Schweiz» bei Sauerländer in Frankfurt und als «Streifreisen durch die Schweiz» bei Duncker & Humboldt in Berlin. Der zweite Teil der Erinnerungen war 1837 erhältlich, ebenfalls wieder in zwei Ausgaben: einmal als «Aufenthalt in Frankreich, Ausflug an den Rhein und zweiter Besuch in der Schweiz» wiederum bei Sauerländer in Frankfurt und einmal als «Lebensbilder aus Frankreich, dem Rheinland und der Schweiz» bei einem Verleger in Braunschweig. Wir halten uns hier an die Ausgaben, die bei Sauerländer erschienen sind. Sie sind nie wieder neu aufgelegt worden.

[3] Lorrainestrasse 80 in Bern. Heute ist ein Kindergarten in dem Haus untergebracht.

[4] Cooper hatte in seinem Exemplar des «Manuel» (Frankfurt 1827, dritte Auflage) vermerkt, das Buch am 13. Mai 1830 in München, auf der Reise von Italien nach Dresden, gekauft zu haben. Die Einträge, die er darin machte, müssen also zum Teil im Nachhinein und aus dem Gedächtnis heraus erfolgt sein.

[5] Zwei der wenigen Menschen, die Cooper mit ihrem Namen nennt.

[6] Johann August Nahl (1710–1785), Directeur des ornements an Bau und Innenausstattung der königlichen Schlösser in Berlin, Charlottenburg und Potsdam, schuf das «für den Kunstgeschmack der Zeit bezeichnende Grabmal» der Pastorin Langhans in

Hindelbank, das seinen Ruhm begründete (Thieme-Becker Künstlerlexikon XXV, Leipzig 1931).
[7] Der also offenbar ebenfalls Cooper hiess.
[8] Richard Pococke, englischer Forschungsreisender (1704–1765). Nahm 1738 die erste wissenschaftliche Beschreibung des Tals der Könige in Ägypten vor. Auf der Rückreise nach England besuchte er zusammen mit William Windham von Genf aus das Tal von Chamonix am Fuss des Mont-Blanc und trug zu dessen wachsender Bekanntheit bei.
[9] Johann Jacob Scheuchzer (1672–1733), Schweizer Arzt und Naturforscher, hier in «Helvetiae Stoicheiographia, Orographia et Oreographia oder Beschreibung Der Elementen, Grenzen und Bergen des Schweitzerlands. Der Natur-Histori des Schweitzerlandes Erster Theil», Zürich 1716.
[10] Johann Georg Zimmermann, Arzt und Philosoph (1728–1795). «Von dem Nationalstolze» (1758), «Über die Einsamkeit» (1784/85).
[11] Nebenfluss des Hudson, der bei der Stadt Cohoes, wo er in den Hudson mündet, einen Wasserfall bildet.
[12] Ebel gibt den Aufstieg von Arth bis zum Kulm mit «3 - 4 Stunden» an beziehungsweise «3 St. hat man auf den Gipfel zu steigen, wenn man so stark und mit so grossen Schritten wie ein Senne gehen kann.»
[13] Es handelt sich um ein von Franz Ludwig Pfyffer von Wyer (1716–1802) zwischen 1762 und 1786 in jahrelanger Arbeit erbautes Relief. Die dreidimensionale Landschaftsdarstellung beruhte auf zahlreichen Reisen, die Pfyffer mit seinem Mitarbeiterstab jeweils in den Sommermonaten unternahm. Heute im Gletschergarten in Luzern ausgestellt.
[14] Von «gens d'armes», Leuten, die mit einer Waffe ausgerüstet sind.
[15] Eigentlich Tagsatzung (von «tagen», zusammenkommen, verhandeln). Die letzte Tagsatzung wurde vom 4. bis 22. September 1848 abgehalten.
[16] Ein Hinweis auf die Entwicklung, die 1848 in der Schweiz zur Gründung des Bundesstaates führte.
[17] Es ist nicht klar, aber auch nicht erheblich, wer genau damit gemeint ist.
[18] Heute im Kunstmuseum Bern.
[19] C. F. Nietsch übersetzte «Mützen»; in einem Brief hat Cooper die beiden Mythen mit einem M gekennzeichnet.
[20] Noch ungefähr 60 Jahre standen beide Brücken, die alte und die neue, nebeneinander, dann stürzte die ältere zusammen.
[21] Das Wasser wird von den Kraftwerken Oberhasli zur Stromerzeugung in ein weit verzweigtes System von miteinander verbundenen Pumpspeicher-Kraftwerken geleitet.
[22] Wir nennen es Söldnerwesen.
[23] Wer würde es übrigens wagen, etwas gegen die Hetze der modernen Touristen zu sagen, wenn man sieht, wie Cooper durch das Land eilte, ohne je einen längeren Unterbruch einzulegen?
[24] Die «Leman» verkehrte seit 1826 auf dem Genfersee. 1823 wurde die «Guillaume Tell» in Betrieb genommen, 1825 die «Winkelried», die Cooper 1832 benützte.
[25] Ein Ort, den man heute auf der Schweizerkarte suchen muss. Postleitzahl 1084.

III
Zweiter Aufenthalt in der Schweiz 1832

Abschied von der Schweiz – Anderthalb Jahre in Italien und Aufenthalt in Dresden – Der Schriftsteller als Beobachter der Revolution von 1830 und des gesellschaftlichen Lebens in Paris – Cooper und Lafayette – Europäische Restauration und Juste-Milieu – Die so genannte Finanzaffäre – Neue Eindrücke beim zweiten Besuch in der Schweiz – «Unser Geschmack ändert sich mit den Jahren» – «Niemand vermisst die Berge» – Kurzer Aufenthalt in Bern – Das «demokratische Prinzip» verschafft sich überall Bahn – Der Genfersee – Ein Monat in Vevey – Arbeit am Roman «Der Scharfrichter von Bern oder Das Winzerfest» – Nationalstolz und Nationalcharakter bei den Schweizern und Amerikanern – Rückreise nach Amerika

Italien, Deutschland, Frankreich: Einbildungskraft und Revolution

Die Coopersche Reisegesellschaft fuhr eben an einer in den Felsen gehauenen Kapelle vorbei, als Kaspar, der Kutscher, die Peitsche knallen liess und «das Zauberwort ausrief: ‹Italien!›».

«Ich riss», schreibt Cooper, «meine Reisemütze herunter aus Ehrfurcht; und ich glaube nicht, dass irgendeiner in der Gesellschaft war, dessen Blut bei dem Überschreiten der Grenze nicht rascher als gewöhnlich die Adern durchströmt hätte. Alles dieses bewirkte bloss die Einbildungskraft; denn es war hier nichts zu sehen, das eine Veränderung des Gebiets hätte andeuten können ausser der kleinen, bereits erwähnten Kapelle.»

Am Lago Maggiore war alles «warm und italienisch». Mailand machte einen reinlichen und geschäftigen Eindruck. Der Dom war grösser als alle Gotteshäuser in New York, und von den Gasthäusern konnte man sagen, dass sie gedrängt voll waren. Die Coopers entledigten sich der «regelmässigen Pflichten der Reisenden», das heisst, sie besichtigten das «Abendmahl» von Leonardo da Vinci.[1]

Italien war für Cooper und seine Familie nun einmal das Land «unserer Sehnsucht». Gleich vom ersten Augenblick an wusste Cooper, dass er den Aufenthalt in vollen Zügen geniessen würde. «Also lasst uns jetzt scheiden von der Schweiz, von ihren Klüften, ihren ewigen Eisgefilden, ihren Sturzbächen, ihren grünenden Abhängen, ihren Sennenhütten, ihren felsenumsäumten, wildverschlungenen Pfaden, ihren luftigen Brücken und unterirdischen Abgründen, ihren Waldungen und düsteren Nadelgehölzen, ihrer Unzahl starrer Felsgipfel; und fort nach den sonnigen Tälern und den purpurschimmernden Felsen von Parthenope.»

Zu sehen gab es in Mailand viel, Florenz aber war das Ziel, und alles wurde unternommen, um so schnell wie möglich dahin zu kommen. Am 21. Oktober 1828 trafen die Coopers in Florenz ein und wohnten zuerst während eines Monats im Hotel York. Vom November 1828 bis Juli 1829 mietete Cooper eine zehn Zimmer umfassende Suite im Palazzo Ricasoli. Die Zeit verbrachte Cooper neben der streng eingehaltenen täglichen Schreibarbeit mit vielen Besuchen in der besseren Gesellschaft. So verkehrte er bei Louis Bonaparte, dem Bruder von Napoleon I., und war mit dessen Sohn Napoleon Louis, dem Bruder des späteren Kaisers Napoleon III., näher befreundet. Enge Freundschaft schloss Cooper mit dem amerikanischen Bildhauer Horatio Greenough, der sich damals gerade in Florenz aufhielt.

Von Mai bis Juli 1829 hielt er sich in der Villa St. Illario in Porto Romano, ausserhalb von Florenz gelegen, auf, am 31. Juli brach er von Florenz auf und reiste mit einer gemieteten Feluke auf dem Seeweg von Leghorn (Locanda San Marco) nach Neapel weiter. Die sechstägige Reise wurde vom Schriftsteller, der in seinem Herzen ein Seemann geblieben war, wie die Tochter-Sekretärin durchblicken liess, in allen Zügen genossen.

In Neapel folgte eine zehntägige Wohnungssuche, bis schliesslich in Sorrento, hoch über den Klippen, eine Bleibe gefunden, gemietet und bezogen wurde, mit dem Blick über den Golf von Neapel und den Vesuv, was Cooper später zur Aussage verleitete, die Bucht von Neapel sei schöner als diejenige von New York. Hier, in der Casa de Tasso, mit der einzigartigen Aussicht auf das Meer, in dem er gern regelmässig schwamm, schrieb Cooper an einem neuen Roman, «The Water-Witch», eine patriotische Seeräubergeschichte vor der Küste von New York. Die Morgenstunden waren auch hier wieder der Schreibarbeit vorbehalten, am Nachmittag wurden Ausflüge in die Umgebung unternommen. An Kunst und Altertümern herrschte für die Amerikaner, die aus den Wäldern kamen, kein Mangel, mit Pompeji, Herculaneum, Paestum in der Nähe. «Wir besuchten alles, was wert war, besucht zu werden», schrieb Cooper später. Es scheint, als habe er viel Zeit für die «villeggiatura» vorgesehen. Im Oktober bestieg er den Vesuv.

Am oder um den 1. Dezember 1829 übersiedelte die Familie nach Rom. Von Albano aus erblickte Cooper zum ersten Mal Rom aus der Ferne. Und war wieder einmal überwältigt. «Ich habe unterwegs auf unseren Reisen viele vergleichbare Eindrücke erlebt, in einem grösseren oder kleineren Mass, und alle stehen wie verschleiert in der melancholischen Leere der Vergangenheit. Genau das ist das wahre und wichtigste Ergebnis beim Reisen. Was wir sehen, sehen wir in der Regel mit vielen Opfern persönlicher Verbundenheit, so dass uns, wenn wir nicht lange an einem Ort bleiben und unseren Besuch oft wiederholen, die Erinnerung mehr Vergnügen verursacht als die direkte Begegnung im Augenblick.»

Ein paar Tage wurden zunächst im Hotel Paris verbracht, dann fanden die Coopers Unterkunft in einer Suite in der Via Ripetta mit Aussicht auf den Tiber. Noch am Abend der Ankunft besuchte Cooper in Begleitung seiner Frau den Petersdom und war von der Majestät der Kuppel beinahe zu Tränen gerührt. In Rom verband ihn eine enge Freundschaft mit dem polnischen Nationaldichter Adam Mickiewicz (1798–1855), mit dem er oft, wenn er um die Mittagszeit seine Arbeit beendet hatte, zu Pferd durch die Umgebung von Rom ritt. Auch mit dem amerikanischen Künstler Samuel Finley Breese Morse, den Cooper in New York kennen gelernt hatte und der zu jener Zeit in Italien weilte, unternahm Cooper ausgedehnte Streifzüge in Rom (Colosseum, Vatikan, Gallerien) und in die Umgebung. Später traf Cooper Mickiewicz und Morse in Paris wieder. In Paris leitete Cooper ein Komitee, das die exilierten polnischen Revolutionäre, zu denen Mickiewicz gehörte, unterstützte.

In Rom wollte Cooper «The Water-Witch» drucken lassen, doch die päpstliche Zensurbehörde untersagte die Veröffentlichung aus Gründen, die heute nicht mehr einsehbar sind. Es waren ein paar Sätze über das zerfallende, das heisst in diesem Zusammenhang auch reaktionäre Europa und die Dynamik, die sich von Amerika aus über die westliche Welt ausbreiten würde, was in diesem Fall gleichzusetzen war mit republikanischem Ideengut.

Als Cooper beschloss, Anfang Mai, nach fast anderthalb Jahren in Italien, nach Deutschland weiterzureisen, nahm er das Manuskript mit. Die Reise über Venedig und München wurde nicht übereilt. Am 21. Mai 1830 traf die Familie Cooper in Dresden, dem «deutschen Florenz», ein, stieg zuerst im Hotel de Pologne ab und mietete sich vier Tage später in einer Wohung über dem Altmarkt ein.²

In Dresden konnte der Druck von «The Water-Witch» ohne weitere Umstände in die Wege geleitet und abgeschlossen werden. Die Beziehung Coopers zu den Romantikern beziehungsweise von diesen zu jenem würde eine eigene Untersuchung ergeben. Bekannt ist der Einfluss, den Cooper auf Ludwig Tieck ausgeübt hat, der zu jener Zeit als Dramaturg am Hoftheater in Dresden angestellt war und ebenfalls am Altmarkt wohnte, wo sein Haus ein bekannter literarischer Treffpunkt war. Hier fanden Tiecks legendäre Leseabende statt, die auch Cooper als Eingeladener besuchte, dessen Werke wiederum in Tiecks Bibliothek vertreten waren.

Um den 10. oder 11. August 1830 verliess Cooper Dresden und machte sich auf den Weg nach Paris. Unterwegs übernachtete er am 13. August in Weimar, einer Stadt, von der er seiner in Dresden zurückgebliebenen Frau schrieb, «which will make you laugh», die dich zum Lachen bringen wird.³ Die Abreise von Dresden hatte verschiedene Gründe. Die politischen Ereignisse hatten angefangen, sich zu überstürzen, und in Frankreich für revolutionäre Zustände gesorgt.⁴

Schon 1828 hatte Cooper mit einzigartigem Scharfblick erkannt, dass Europa «an der Schwelle einer grossen Konvulsion» stand. Es waren zwei Parteien oder Gruppierungen, die sich gegenüberstanden. Der Konflikt zwischen den Bourbonen und Charles X. auf der einen und der wachsenden liberalen Bourgeoisie, die im Parlament die Mehrheit besass, auf der anderen Seite hatte sich immer mehr zugespitzt. Noch am 15. Juli 1830 schrieb Cooper aus Dresden an Peter Augustus Jay, den Bruder seines Freundes William Jay, nach Amerika, die Entwicklung schreite rasch in Richtung einer Krise voran, dessen Konsequenz der Ausbruch eines grossen Konflikts sein werde. Einige Tage später, am 26. Juli, erfolgt die Mitteilung an Jay, dass man den Herbst wieder in Paris verbringen wolle. Im Juni 1831 lief der für Europa gesetzte Zeitplan von fünf Jahren aus, und Cooper machte sich schon Gedanken über die Rückreise. Besonders Madame Cooper drängte darauf, nach Amerika zurückzukehren. Aber alles sollte anders kommen.

Am 27. Juli war die Revolution in Paris ausgebrochen, am 29. war alles vorbei. Charles X. hatte sich nach England abgesetzt, die verhassten Bourbonen waren vertrieben. Die «trois glorieuses», die revolutionären «drei glorreichen Tage», hatten die Wende herbeigeführt, die Charles X. selber mit den so genannten Juli-Ordonanzen (Aufhebung der Pressefreiheit, Änderung des Wahlrechts, Auflösung der soeben erst gewählten Kammer) provoziert hatte. «Die Lage in Europa ist so interessant, dass wir ins Auge fassen könnten, ein Jahr länger zu bleiben, aber es ist noch ganz ungewiss», schrieb Cooper an Jay.

Als Cooper in Dresden mit der unvermeidlichen Verspätung von den Ereignissen in Paris erfuhr, machte er sich umgehend auf den Weg nach Paris, ins Zentrum der Ereignisse, wo er am 20. August eintraf; die übrigen Familienmitglieder sollten ihm wenige Tage später folgen. Cooper war durch seine Beziehungen einerseits und Überzeugungen andererseits mit den Ereignissen in der französischen Hauptstadt eng verbunden und nahm ernsthaft daran Anteil. Ursache des revolutionären Ausbruchs war die Tatsache gewesen, dass die autoritären staatlichen Strukturen viel zu eng für die rasch expandierende Wirtschaft geworden waren. Der eingetretene Konflikt trug sich zwischen den monarchistischen und klerikalen beziehungsweise reaktionären und restaurativen Kräften, den so genannten Doktrinären, einerseits und den anfänglich liberalen und republikanischen, später «demokratischen» Kräften andererseits zu. Cooper stand mit seiner republikanischen Einstellung entschieden auf der Seite derer, die die Revolution von 1830 durchgeführt und -gesetzt haben; den später erhobenen demokratischen Forderungen stand er dagegen äusserst skeptisch gegenüber.

Durch seine enge Verbindung mit General Lafayette, der direkt in das Tagesgeschehen involviert war, hatte Cooper Gelegenheit, den Verlauf der Ereignisse aus bevorzugter Position zu verfolgen. «In seiner Hand liegen die Geschicke Frankreichs», schrieb Cooper. Lafayette, Befehlshaber der Nationalgarde, war für die Einsetzung des so genannten Bürgerkönigs Louis-Philippe aus dem Haus Orléans eingetreten, von dem das liberale Bürgertum Verständnis und Entgegenkommen für seine Anliegen, das heisst für den wirtschaftlichen Aufschwung, erwartete.[5]

Im Juli 1830 hatte Lafayette noch grosse Pläne gehabt. Cooper vertraute er an, dass es in seiner Macht gelegen hätte, sich mit Hilfe der Nationalgarde und der Unterstützung eines grossen Teils der Pariser Bevölkerung selbst an die Spitze der neuen Republik zu stellen. Die Revolution sei nicht gemacht worden, «um bei den Grundsätzen der Heiligen Allianz stehen zu bleiben». «Aber sechs Wochen», so Lafayette in der Wiedergabe durch Cooper, «würden hingereicht haben, meine Laufbahn zu beenden und auch der Republik ein Ende zu bereiten. Die Regierungen von Europa würden sich zu unserem Sturz verbunden haben. Wir befanden uns nicht in der Lage zu widerstehen.» Der Druck aus Europa war zu mächtig. Selbst ein grosser Teil der Bourgeoisie in Frankreich hätte sich Lafayette widersetzt und würde ihn «in den Fluss gestürzt haben», wenn es anders gekommen wäre. Die konstitutionelle Monarchie bot sich unter diesen Voraussetzungen als vorteilhafteste Staatskonstruktion an.

In den Hoffnungen, die er in Louis-Philippe gesetzt hatte, sah sich Lafayette aber bald bitter enttäuscht. Der König dachte, als er seine Machtstellung gesichert hatte, nicht im Entferntesten daran, seine an das liberale Bürgertum abgegebenen Versprechungen zu halten, was zur Folge hatte, dass er im revolutionären Sturm von 1848 fortgejagt wurde wie 1830 sein Vorgänger. Cooper hatte Louis-Philippe von Anfang an misstraut; lange werde sich die neue politische Ordnung nicht halten können, meinte er, und früher oder später werde das Juste-Milieu, die Regierungszeit Louis-Philippes, gezwungen sein, rigorosere Massregeln zu ergreifen, um die sich überstürzende Lage zu meistern. Im Unterschied zu Lafayette sollte er Recht bekommen.

Aber auch das liberale beziehungsweise Wirtschaftsbürgertum driftete in eine andere Richtung ab, als es zunächst aussah, und es zeigte sich bald, dass es bereit war, jeden Pakt abzuschliessen, durch den es schneller an sein Ziel gelangen sollte. Das war, solange alles gut ging, der Pakt mit Louis-Philippe gegen die Doctrinaires gewesen. Als aber das Bürgertum gewahr wurde, dass weitere Gruppierungen der Gesellschaft – das Kleinbürgertum, die kleinen Händler, die Arbeiterklasse und so weiter – für sich die gleichen Rechte verlangte, war es schnell bereit, zwischen sich und den ehemaligen Verbündeten eine neue Frontlinie zu ziehen und die Position einzunehmen, die zuvor die Doctrinaires besetzt gehalten hatten. Auch Cooper wurde der zunehmende Einfluss der demokratischen Bewegung zunehmend suspekt. Auf seiner zweiten Schweizer Reise 1832 musste er an vielen Orten mit Unbehagen ansehen, wie die «Volksherrschaft das Übergewicht» erhielt. Das war nicht gewesen, was er gemeint und seinen politischen Überzeugungen entsprochen hatte.

Während der achtzehnjährigen Herrschaft Louis-Philippes brodelte es in Frankreich und schüttelten Krisen das Land. An die Stelle des anfänglichen Rufs «Vive la révolution» trat bald der Ruf «Vive le commerce». Der latente republikanische Enthusiasmus, der sich als Antwort auf diese Entwicklung ausbreitete, musste gedämpft werden, mit allen Mitteln, notfalls mit repressiven. Trotzdem flackerten immer neue, wenn auch meistens kürzere Aufstände der um die Revolution Betrogenen aus dem Kleinbürgertum auf, so in den Jahren 1832 und

1834, bis dann 1848 Frankreich und ganz Europa von einer Welle von Revolutionen erfasst wurde und der Sturm der Ereignisse auch Louis-Philippe vertrieb.[6]

In allen Ländern Europas wogten während der Restauration, das heisst während der Zeit zwischen dem Wiener Kongress (1814–15) und der Revolution von 1848, die Kräfte zwischen dem restaurativen und reaktionären Machtkartell auf der einen und den revolutionären Kräften auf der anderen Seite hin und her. Frankreich war nicht direkt an den Beschlüssen des Wiener Kongresses beteiligt, aber wie in allen Ländern Europas führte auch in diesem Land die liberale beziehungsweise Wirtschaftsbourgeoisie, die zwar mehrheitlich antirepublikanisch, aber auch gegen die Bevormundung des Ancien Régimes eingestellt war, einen Kampf gegen zwei Seiten: einmal gegen die Restauration, die sie in ihrer Entfaltung behinderte, das andere Mal gegen die demokratischen und bereits von hinten spürbar nachdrängenden Gruppierungen des Kleinbürgertums und der sich bildenden Arbeiterklasse.

Diese Entwicklung hatte Cooper mit grösster und manchmal fast protokollarischer Aufmerksamkeit beobachtet. Darüber hinaus war Paris, ungeachtet der gärenden Stimmung, eine «pittoreske» und «menschenerfüllte» Stadt, was insofern auch einleuchtend ist, als die Aufstände sich meistens auf einzelne Orte oder Quartiere beschränkten. Im Übrigen regierte die von Cooper nicht besonders geschätzte «Geldmacht» wie überall und gab auch in Frankreich den Ton an.

In den Jahren von 1830 bis 1833, das heisst bis zur endgültigen Rückkehr Coopers nach Amerika, blieb Paris, mit wechselnden Adressen, sein permanenter Wohnsitz, unterbrochen nur von zwei Reisen nach Belgien, Deutschland, der Schweiz (im Jahr 1832) und nach London (1833).

Am 8. Dezember 1830 gaben die in Paris lebenden Amerikaner einen grossen Empfang für General Lafayette, an dem Cooper das Wort ergriff; noch vor Ende des Monats hatte Louis-Philippe sich der Dienste Lafayettes entledigt.

Das grosse Ereignis in den Jahren 1830–32 in Coopers Biografie war die Diskussion um die so genannte Finanzaffäre. Es ging dabei um die Frage, ob die republikanische Administration in Amerika nicht viel höher sei oder sein müsse als die Monarchie in Europa.

Ausgelöst hatte den Streit der Franzose Louis Sébastien Saulnier in einem im Juni 1831 erschienenen Artikel in der «Revue Britannique». Cooper wollte ihm keine Beachtung schenken; er dachte, dass es sich dabei wieder einmal um einen Beweis europäischer Unkenntnis der amerikanischen Verhältnisse handelte. Aber Lafayette drängte Cooper dazu, eine Erwiderung zu schreiben, was Cooper in einem «Letter of J. Fenimore Cooper, to Gen. Lafayette» unternahm, der im Dezember in England und im Januar 1832 in der «Revue des Deux Mondes» in französischer Übersetzung erschien. Die Hintergründe werden etwas verständlicher, wenn man annimmt, dass die französische Regierung unter dem Einfluss der Doctrinaires die Auseinandersetzung inszeniert hatte, um damit direkt oder indirekt Lafayette zu diskreditieren.

Der «Brief» bildete den Ausgangspunkt einer heftigen Debatte. Saulnier replizierte, Cooper duplizierte in einer Reihe von Briefen, die in «Le National» erschienen, und vertrat und verteidigte dezidiert den Standpunkt der Republik, indem er die republikanischen Institutionen Amerikas gegen ihre europäischen Kritiker in Schutz nahm. Coopers Gegner setzten sich aus einem bunten Haufen zusammen: Legitimisten, das heisst Anhänger der gestürzten Bourbonen, Doctrinaires, Anhängern des Juste-Milieu, die sich bei aller Verschiedenheit, die sie trennte, doch wenigstens in der Ablehnung Coopers einig waren; im Hintergrund mischte die englische Oligarchie mit; selbst in Amerika hatte Cooper Gegner.

Die Kontroverse eskalierte 1831, als Cooper den Roman «Der Bravo» veröffentlichte, in dem er eine fiktive Oligarchie in Venedig zum Stoff wählte, um die antirepublikanische Stimmung in Europa beziehungsweise jede Form von Absolutismus zu verurteilen. Der Vorwurf, den der Roman ihm eintrug, lautete grosso modo: deplatzierte kritische Einmischung in die inneren Angelegenheiten befreundeter Länder, denn offenbar war die Kritik an den Doctrinaires, wie sie sich aus dem romanesken Sittenbild aus dem mittelalterlichen Venedig ergab, nur zu gut verstanden worden. Auf die abermaligen Einwände gegen ihn antwortete Cooper mit einem ausführlichen «Letter to His Countrymen, by J. Fenimore Cooper», der 1834 in New York erschien und zeigt, wie sehr Cooper zu einem willkommenen Ziel für die Angriffe seiner immer zahlreicher werdenden Gegner geworden war.

Am 18. Juli 1832 entschlossen sich Cooper und seine Angehörigen, eine weitere Reise durch Europa zu unternehmen, einen «Sommerausflug», wie sie es nannten, die alles in allem drei Monate dauern sollte. In seiner Begleitung befanden sich auch Jette, das Dienstmädchen, das aus Dresden mit nach Paris gekommen war, und der Kutscher Emery.

Wohin die Reise gehen sollte, scheint zunächst nicht festgestanden zu haben. «Par quelle route, Monsieur?», fragte der Kutscher. «A Saint-Denis!», gab Cooper Anweisung. Offenbar konnte Cooper es sich leisten, sich im allerletzten Augenblick zu entscheiden und sozusagen ins Blaue hinaus zu reisen.

Die Fahrt ging über die fürchterlichen «pavés du nord», die Pflastersteinstrassen in Nordfrankreich, zunächst nach Brüssel. Von dort wurde die Reise fortgesetzt nach Antwerpen, Liège, Aachen, Köln, Rüdesheim, Frankfurt, Heidelberg und Stuttgart. In Marbach («Schillers Geburtsort!») empfand Cooper, unter dem Eindruck des Orts stehend, «wie weit mächtiger wahre Grösse auf das Gemüt einwirkt als bloss eingebildete». «In meinen Augen steht er da als der deutsche Genius dieser Zeit», bemerkte Cooper über Schiller. «Mein Leben setze ich dafür ein, Schillers Ruhm wird am längsten währen, länger als derjenige Goethes.»[7]

Sich mit der deutschen Kultur anzufreunden, war Cooper nie besonders gelungen; er hatte freilich auch keine besonderen Anstrengungen unternommen. Aber unterwegs konnte er sich nicht ganz dem Reiz der Burgen und Ruinen, der alten Städte und Dörfer, der an die Hügel angelehnten Weinberge, kurz gesagt, dem stereotypen romantischen Deutschlandbild, entziehen. In Coopers Reisebüchern kommt mit der Fahrt von Belgien durch das Rheinland nach der Schweiz Deutschland auch nur knapp, der Aufenthalt in Dresden gar nicht vor. Damit fehlt ein amerikanischer Blick auf die deutschen Romantiker.[8] Dafür kann man einen längeren Exkurs über Wein im Allgemeinen und die Rheinweine im Besonderen lesen.

Im Verlauf der Reise fasste Cooper einmal einen Moment lang den Entschluss, über Innsbruck und Salzburg nach Wien weiterzureisen, aber dann gab er diesen Plan wieder auf und liess die Kutsche Richtung Schweiz rollen, nicht zuletzt deshalb, weil einige der Familienmitglieder während des letzten Aufenthalts in der Schweiz noch zu jung gewesen waren, um bleibende Erinnerungen gewinnen zu können «von einer Gegend, welcher keine von der Welt an die Seite gestellt werden kann».

Am 24. August 1832 in Schaffhausen betrat die Reisegesellschaft zum zweiten Mal Schweizer Boden.

Zeitzeuge von revolutionärer Gärung und Restauration

Cooper hatte in Paris aus nächster Nähe die revolutionäre gesellschaftliche Entwicklung verfolgt. Die Begebenheit, die er in der nachstehenden Passage beschreibt, trug sich im Jahr 1832 zu, in einem jener zahlreichen Aufruhre, die bis 1848 immer wieder entbrannten. Dass Cooper auf der

Seite der Aufständischen gestanden oder seine Sympathie ihnen gehört hätte, kann aus dem Text beim besten Willen nicht geschlossen werden.

Als ich den Quai Voltaire erreicht hatte, war niemand mehr zu sehen, ausser einem Pikett auf dem Pont Royal. Ich wusste nicht, ob vielleicht irgendein Anhänger des Hauses Orléans in grösserem als gewohntem Eifer für gut befunden haben konnte, mich anzutasten, weil ich aus Amerika komme, und bog deshalb in eine Gasse ab, um schnell in die rue du Bac, nicht weit der Brücke, einbiegen zu können. Nur etwa fünf oder sechs Menschen begegneten mir zwischen dem Quai und dem Hotel – –. Alle Läden waren verschlossen. Kaum war ich eingetreten, verriegelte der Türhüter die Pforte unseres Hotels, und wir begaben uns zur Ruhe, in Erwartung dessen, «was sich über Nacht ereignen würde».

«Les canons grondent dans les rues, Monsieur», bemerkte der Pförtner, als ich am anderen Morgen zum Tor hinaus auf die Strasse wollte. Die Volksmenge wogte in unserem Stadtteil unbehindert hin und her; die Läden waren alle wieder geöffnet; es schien, als sei man unterrichtet, dass in der Nähe keinerlei Kämpfe stattfinden würden. Als ich die rue du Bac hinaufging, begegnete ich drei Nationalgardisten, die eben vom Kriegsschauplatz gekommen waren und, ihren Reden zufolge, die Nacht einigermassen in feindlicher Umgebung zugebracht hatten. Sie waren voller abenteuerlicher Mitteilungen und hatten sich, ihrer Meinung nach, mit Ruhm bedeckt.

Die Strassen wurden immer lebhafter, alle versuchten, die Quais oder die Brücken zu erreichen, weil dort der Lärm vernehmbarer war, der von den Stadttoren her kam, wo der Kampf vor sich ging. Gelegentlich vernahm man dort Kleingewehrfeuer und einige Male ertönte auch ein Kanonenschuss, aber das Feuer war abgebrochen, durchaus nicht heftig und blieb in unregelmässiger Folge. Im Carroussel begegnete ich einem bekannten Engländer, und wir beschlossen, uns nach dem Kampfplatz zu begeben, um zu sehen, was vor sich ging. Mein Begleiter sprach heftig gegen die Empörer, welche, wie er sagte, die Fortschritte der Freiheit ein halbes Jahrhundert lang durch ihren Ungestüm verzögern würden. Die Regierung, meinte er, würde sie niedertreten und ihren Sieg zum Vorwand strengerer Massregeln verwenden. Doch ich habe gelernt, den liberalen Grundsätzen mancher Engländer zu misstrauen, denn sie fragen vor allen Dingen nach den Vorteilen ihres Landes, ehe sie an die Rechte ihrer Nachbarn denken. England als Nation ist niemals der Freiheit anderer Nationen geneigt gewesen; dieses beweist die lange bittere Feinschaft gegen uns wie gegen Frankreich und Holland.

Wir gingen durch den Palais Royal, durch die Passages Vivienne und du Panorama nach den Boulevards. Die Strassen waren voller Menschen, als gelte es, ein Volksfest zu feiern, und doch bemerkte man hier und da die Besorgnisse über das mögliche Ende dessen, was vorging. Eine grosse Anzahl Truppen zeigte sich hier, und das Gerüchte ging um, es stünden sechzigtausend Mann von Seiten der Regierung unter den Waffen. Die Hälfte würde zu einem sicheren Erfolg ausgereicht haben, wenn man nicht Beweise für die Abneigung des Volks gehabt hätte.

Mein Begleiter verliess mich auf den Boulevards, und ich ging nach der Porte Saint-Denis weiter, wo wirklich etwas wie ein Kampf vorging; es war ein unbedeutendes Feuern, und ich begegnete einigen Verwundeten, die nach ihren Kasernen zurückkehrten; der eine war durch den Leib geschossen. Aber der Vorfall am Saint-Denis-Tor war durchaus nicht ernsthaft und auch bald vorüber.

Die Aufrührer[9] hatten sich nach der rue Saint-Méry zurückgezogen, wo sie eng von starken Truppenabteilungen umstellt wurden, und ihnen dorthin zu folgen, schien mir etwas unvorsichtig. Dort entbrannte der Kampf weit heftiger, und von Zeit zu Zeit dröhnte ein Kanonenschuss.

Sie möchten wissen[10], ob es mir nicht unbehaglich geworden sei, in den Strassen einer Stadt umher zu streichen, während so viele Menschen in blutigem Kampf begriffen waren; doch werden Sie leicht einsehen, dass hierbei wenig oder gar nichts zu befürchten war. Die Strassen waren von Menschen erfüllt, und es war nicht anzunehmen, dass die eine oder andere Partei ins Gedränge hineinfeuern würde. Der Kampf beschränkte sich auf einen einzelnen Stadtteil, und kein Mensch von nur alltäglichem Verstand würde sich da ohne Not und Gefahr ausgesetzt haben, wo ihn der Gegenstand des Streits nichts anging. Zwar sind bei dieser Gelegenheit selbst Frauen und Kinder getötet worden, aber doch nur unter Umständen, die in keinem Fall der Masse der Einwohner zur Last gelegt werden können.

Die Kaffeehäuser wurden, wie gewöhnlich, besucht, und gar nicht weit von dem Schauplatz des Kampfes hatte alles das Ansehen eines gewöhnlichen Sonntags, an welchem eine Truppeninspektion abgehalten wird. Der Morgen verging auf diese Weise; und nachdem ich zwischendurch einmal in unserem Hotel gewesen war, fand ich mich wieder auf dem Pont Royal. Von da an ging ich mit zwei amerikanischen Freunden, die ich antraf, zum Pont-Neuf. Das Gedränge war sehr dicht, und es war schwer, hindurch zu kommen. Kurz, ehe wir die Brücke erreichten, hörten wir rufen und schreien: «Vive le Roi!» Sogleich erblickte ich Herrn de Chabot-Rohan, den ersten Ehrenadjudanten, den ich gut kannte und der gewöhnlich das königliche Geleit anführte. Es schien, als sei Louis-Philippe vom Lande zurückgekehrt und über die Boulevards nach der Place de la Bastille gefahren und von dort längs der Quais auf dem Rückweg nach den Tuilerien begriffen. Sein Erscheinen in den Strassen während dieses Vorgangs wurde sehr gelobt, und in den Zeitungen verweilte man natürlich bei der vom König bei dieser Gelegenheit bewiesenen Festigkeit. Der königliche Zug bog durch das Carrousel in den Hof des Louvre ein, während wir unseren Weg über die Brücke fortsetzten.

Der Pont-Neuf war voller Truppen, welche die Trottoirs besetzt hielten, und es wimmelte von Männern, Frauen und Kindern. Auf dem Place de Greve war ein Scharmützel gewesen, und der Schauplatz des Hauptgefechts, die rue Saint-Méry, war ganz in der Nähe. Wir schoben uns langsam im Gedränge vorwärts, als der Lärm von vier oder fünf in der Nähe gerade hinter uns abgefeuerten Gewehren alles in Bewegung brachte. Der Schrecken ist das am schnellsten ansteckende Übel, und im ersten Augenblick rannten wir wie alle übrigen davon. Doch nach einigen Schritten hielten wir wieder an. Zwei Kriegsmänner, der eine ein Nationalgardist, der andere ein Neukonskribierter der Linientruppen, fielen mir auf; ich sah keine Gefahr und hatte also Zeit, stehen zu bleiben und zu lachen. Der Nationalgardist war ein kleiner, spiessbürgerlicher Kerl mit einem tüchtigen Schmerbauch; er griff eben nach seiner Kehle, schwer atmend, als fürchte er, sein Herz würde versagen; er war ein drolliges Zerrbild des Schreckens. Der Neukonskribierte, ein schlanker, rothaariger Jüngling, war seinerseits schneebleich geworden und stand mit offenen Augen und Mund, als habe er ein Gespenst erblickt. Er war von Schrecken wie gelähmt. In diesem Augenblick ertönte wieder Schlachtenlärm. Die Soldaten wandten sich in diese Richtung, hielten es aber unter ihrer Würde, die Gewehre zu schultern. Am folgenden Tag berichteten die Zeitungen, einige Menschen seien durch die Schüsse verwundet worden, die von den Empörern kamen.

Aus «Aufenthalt in Frankreich, Ausflug an den Rhein und zweiter Besuch in der Schweiz», 4. Brief.

Die Episode bliebe unvollständig, wenn nicht in Betracht gezogen würde, dass Cooper am Abend des gleichen Tags an einer Einladung von «Frau – –» teilnahm, in deren «Prunkgemach» die Meinung vorherrschte, dass die zurückliegenden Ereignisse «für einen Triumph der Sache Louis-Philippes anzusehen» seien. So ist es wenigstens klar, wer auf welcher Seite stand. Beobachtungen, die man mit dem Autor des «Lederstrumpfs» in Verbindung bringt, sind es nicht von vorneherein.

Pariser Zeitbild aus dem Jahr 1832

Der Republikaner Cooper in Paris war auch der Mann, der die grossen Bauwerke in der französischen Metropole bewunderte, aber den Erscheinungen der Mode und der gesellschaftlichen Sitten, dem Aufwand und Luxus eher skeptisch gegenüberstand.

Wenn meine Geschäfte des Morgens beendet waren, strich ich durch die Gartenanlagen, besuchte die Kirchen, schwärmte längs der Quais, durchstöberte die Läden der Verkäufer alten Hausrats und anderer ähnlicher Gegenstände. Es gibt hier eine grosse Anzahl solcher Geschäfte, und ihre Vorräte an merkwürdigen Gegenständen ist unermesslich. Fast scheint es, als habe ganz Frankreich die Überreste seines alten Systems in die Vorratshäuser der Hauptstadt gebracht. Die Leerung der Chateaux und Hotels hat ihnen Schätze geliefert, die man wirklich sehen muss, um eine Vorstellung davon zu bekommen; und mich wundert es sehr, dass mehrere unserer begüterten Landsleute auf ihren Reisen sich nicht um diese Schätze bemühen, um sie nach Amerika hinüber zu befördern.

Gewöhnlich verbringe ich ein paar Stunden bei M – –[11] in der Halle des Louvre; er geht mit mir nach Hause, um zu Mittag zu speisen, und um sieben Uhr, wo es in dieser Jahreszeit und Breite noch heller Tag ist, machen wir einen Spaziergang. Ich habe schon öfters gesagt, dass Paris eine pittoreske Stadt ist und eine endlose Abwechslung von Vergnügungen bietet, ausser der Betrachtung des wühligen Volksgedränges, des geselligen Treibens, der Schauspielhäuser und der Boulevards. Die öffentlichen Schaustellungen des Ehrgeizes und der Selbstgefälligkeit in der Akademie und in den Verhandlungen über Wissenschaft, Kunst und Philanthropie sind weniger nach meinem Geschmack.

Die Kirchen entbehren des Geruchs der Heiligkeit, des ergreifenden Schauers, der geistlichen Umnebelung, des andächtigen Aberglaubens, wodurch die italienischen Kirchen uns in eine betäubend-schwärmerische, lieblich-wehmütige Stimmung versetzen. Doch sind sie hochragende, umfangreiche Bauten und können den Besuchenden deshalb schon anziehend erscheinen. Die Kirche Notre-Dame in Paris ist ein edles architektonisches Denkmal, und seit der erzbischöfliche Palast zerstört wurde, wird sie besser ins Auge fallen, als es bei diesen ehrwürdigen Gebäuden sonst möglich ist. Vor wenigen Tagen bestiegen M – – und ich abends die Türme derselben, liessen uns auf ihren Bleidächern nieder und betrachteten eine volle Stunde lang die mancherlei Gemälde der uns umgebenden Gegenstände von oben herab. Die zusammenhängende Masse von Dächern, über die sich hier und da, gleichsam schwarz gefirnisst, Türme, Hallen, Kuppeln und Paläste erheben, die bisweilen, wie die Tuilerien und der Louvre, weit auseinander liegen; dazwischen die Durchklüftung der Strassen, den Spalten in Felsmassen ähnlich anzusehen; der Fluss in abwechselnden Krümmungen durch das Ganze sich windet, und von Brücken überquert, worüber wimmelnde Menschenmilben und zappelndes Wagengeflimmer schwärmen; die Scharen von Bildern vergangener Zeiten, die geschichtlich berühmten Anhöhen, die das Tal der Hauptstadt umschliessen; die Kenntnis dessen, was in ihrem Inneren wogt; unser Mitgefühl für ihr Ehemals und Jetzt; unser Zweifel über das, was ihr bevorsteht, alles dies vermehrte den Eindruck dieses Abends auf unser Gemüt.

Es folgen Ausführungen über den Place Royal, den Louvre sowie die Tuilerien, die miteinander verbunden werden sollen, die Madeleine, deren Vollendung rasch voranschreitet, die Hotels, ausserdem über die Lebenskosten und über die praktischen Fragen des Alltags.

Die Nahrungsmittel jeder Art sind bei uns am wohlfeilsten, das Brot ausgenommen. Weine kann man im Ganzen besser und billiger in New York bekommen, wenn man sie von den Weinhändlern nimmt, als dies in irgendeiner europäischen Stadt der Fall ist, wo wir bisher weilten. Sogar französische Weine bekommt man bei uns eben so wohlfeil wie hier; denn die Eingangszölle sind bei uns jetzt weit niedriger als die Abgaben an den Toren von Paris. Der Transport derselben von Bordeaux, Champagne oder Burgund kostet bis hierher nicht viel weniger als bis nach New York, wenn er überhaupt wirklich weniger kostet. Alle geringen Artikel des Luxus der Tafel, wenn sie nicht gerade in Frankreich selbst wachsen oder verfertigt werden, sind in Amerika auch unverhältnismässig wohlfeiler als hier. Textilien für Kleidungen sind hier dagegen merklich billiger; noch stellt man solche hier überhaupt so gut her wie bei uns. Daraus darf aber keineswegs gefolgert werden, die Amerikaner seien ein vergleichsweise wohlgekleidetes Volk; im Gegenteil stehen wir hier den Engländern weit nach, und unsere männlichen Anzüge sind gewöhnlich nie so zierlich wie die der Pariser. Dieses folgt aus unserem Mangel an Bedienung, aus der Gewöhnung an Vernachlässigung, aus dem Streben nach Geldgewinn, der den grössten Teil unserer Zeit in Beschlag nimmt, so dass er uns keine Erholung gestattet; dazu die hohen Preise dieser Dinge, welche uns davon abhalten, den Schneider so oft in Anspruch zu nehmen, wie man das hier zu tun gewohnt ist. Meine Kleider haben mich in Europa weit mehr gekostet als zuhause, denn ich war genötigt, verschiedene Anzüge zu haben und diese öfters zu wechseln.

Unsere Frauen haben keine Vorstellung davon, was Galakleidung heisst, und deshalb entgehen sie manchen tiefen Griffen in den Geldbeutel, dem sie hier unvermeidlich ausgesetzt sind. Es würde sich für eine französische Schöne wenig schicken, wenn sie sich jeden Abend in derselben Robe zeigen wollte, und noch dazu, wenn solche das Ansehen hätte, als sei sie bereits getragen worden. Seidenzeuge, wie auch die gewöhnlichen Bedürfnisse weiblichen Schmucks, sind vielleicht in unseren Läden eben so wohlfeil zu haben wie in den Pariser Läden; aber sobald man die Menge kleiner Putzsachen und Zierate erwägt, die hier zum Schmuck einer Dame gehören, sowie zur Verzierung des Gesellschaftssaals, oder zur Ausstat-

tung des Boudoirs in diesem Land, so sind diese Dinge bei uns entweder ganz unbekannt, oder man könnte sie nur für das Drei- und Vierfache des Preises bei uns erhalten, den man hier dafür bezahlen muss.

Uns fehlt nämlich der eigentümliche Stand von Krämern, den man nur in Europa antrifft. Unter Krämern verstehe ich jene bescheidene Klasse von Handelsleuten, die sich mit einem mässigen Vorteil begnügen und höchstens auf ein anständiges Auskommen und die hinreichenden Mittel Anspruch erheben, um ihre Kinder in ähnliche angenehme Verhältnisse einzuführen, die sie selbst kennen gelernt haben. Der Mangel dieser Klasse von Verkäufern beraubt die Amerikaner mancher Annehmlichkeiten und Bequemlichkeiten, die sie um einen billigen Preis haben könnten, wenn nicht die spekulative Verwertung der Dinge jede unserer Unternehmungen beherrsche. In Paris sind der Mann oder die Frau, die einer Herzogin artige Tändelei verkaufen, meistens zufrieden, wenn sie ihr bescheidenes Mittagsmahl in einem kleinen, an den Laden angrenzenden Zimmerchen verzehren und im Entresol über demselben die Nachtruhe finden können; daher suchen sie keinen höheren Gewinn, als bloss ihre geringen Bedürfnisse hinreichend zu befriedigen. Der Druck der gesellschaftlichen Verhältnisse drängt sie in diese Schranken zurück. Bei uns ist die Sache umgekehrt, und der Konsument zahlt, als notwendige Folge davon, höhere Abgaben.

Fürs erste müssen wir zugeben, dass unsere Läden im Vergleich mit denen in London und Paris nur eine gleichgültige Figur machen. Und es fragt sich, ob wohl unsere besten Läden mit denen vierten Rangs in London oder dritten Rangs in Paris einen Vergleich aushalten; wenn auch vielleicht manche Seidenwarenhändler bei uns möglicherweise von dieser Regel auszunehmen sind.

Aus «Aufenthalt in Frankreich, Ausflug an den Rhein und zweiter Besuch in der Schweiz», 7. Brief.

Cooper in der vom demokratischen Fieber ergriffenen Schweiz

Zwar war Cooper der Auffassung gewesen, es gebe auf der Welt keine Gegend, die mit der Schweiz vergleichbar sei, aber der zweite Aufenthalt in der Schweiz fiel, im Vergleich zum ersten, ganz anders aus: nüchterner, weniger enthusiastisch, fast abweisend. Beinahe gereizt.

Schon auf der ersten hatte er eine Abwehr gegen die vielen Aussichten, die zum Touristenprogramm gehörten, in sich entdeckt. Diese Einstellung verstärkte sich diesmal noch. Auffallend, aber nicht unverständlich ist es auch, dass im Bericht über die zweite Schweizer Reise 1832 sehr viel mehr Überlegungen über die politische Lage in der Schweiz, in

Frankreich und Europa angestellt werden und weniger über die Naturschönheiten, die im ersten Bericht im Vordergrund gestanden hatten.

Die Ermüdung ist jetzt ein Thema. Wir lesen erneut, aber in viel deutlicheren Worten, das Gleiche. «Wir wurden endlich der Schönheiten der Landschaft vor uns müde, weil wir ungeduldig waren, weiterzukommen. Denn wider Willen lässt sich niemand den übermächtigen Genuss, nicht einmal des Schönen, aufdrängen.»

Schon der Rheinfall gefiel den Reisenden nicht mehr besonders. Was war geschehen? War es wieder einer von Coopers unmotivierten Ausfällen? «Wie lange wird es dauern, bis die Einbildungskraft unseres Volkes, die immer in dem Streben fortschreitet, alles Grosse der Natur und Kunst mit der Elle der Gewerbsamkeit zu messen, auf ähnliche verschönernde Umgebungen des Niagarafalls bedacht sein wird? Glücklicherweise sind die Kraftanstrengungen ihren Wünschen nicht gewachsen, und so wird eine Mühle an der Seite dieses Weltwunders niemals etwas anderes bedeuten als bloss eine Mühle; dagegen ist der Rheinfall jetzt nicht viel mehr als ein Wehr, denn die Naturschönheit ist hier durch die Macht des Gewerbegeistes gänzlich verunstaltet.»

Was könnte «Gewerbegeist» in diesem Zusammenhang heissen? Eine Mühle auf der rechten Rheinuferseite – wenn es das gewesen sein sollte – hatte schon 1794 bestanden, wie man auf einer Radierung des Schaffhauser Kleinmeisters Johann Heinrich Bleuler (1758–1823) mit der Wiedergabe des Rheinfalls sehen kann. Die Glenn's Falls, wo Cooper den Einfall für den Roman «Der letzte Mohikaner» erhielt, waren schon damals von industriellen Bauten verunstaltet. Die «Macht des Gewerbegeistes» konnte der Schriftsteller auch zu Hause antreffen und beanstanden.

«Das niedrige Land» auf der Weiterreise Richtung Zürich fand Cooper «weder besonders schön, noch vorzüglich angebaut, bis wir in die Nähe des Hauptorts kamen, wo die Gegend den Anblick der Verfeinerung in der Umgebung grosser Städte annahm». Als er aber in der Ferne die Berggipfel sah, war ihm doch, als träfe er mit «wieder teuren Freunden zusammen» und stiess einen Jauchzer aus.

In Zürich wurde übernachtet. Zwei Stunden, bevor die Coopers im Hotel ankamen, war eben der französische Schriftsteller François-René Chateaubriand abgereist, mit dem Cooper gern Bekanntschaft gemacht hätte, auch schon früher in Paris, ohne dass es je so weit gekommen wäre. Dafür fiel Cooper nun deutlich «der unruhige Zustand von Europa» auf; angeblich sollten sich in allen Kantonen der Schweiz Karlisten, das heisst Anhänger des gestürzten Charles X., aufhalten, die hier ihre konterrevolutionären Pläne schmiedeten. Aber auch andere Reisenden hielten sich in der Schweiz auf, zum Beispiel eine Gruppe Engländer, die Cooper einige Tage später in Brienz traf und unter denen sich einer befand, der lauthals «gegen die anwachsende Macht demokratischer Bestrebungen in den Schweizer Kantonen» wetterte. Man kann daraus ersehen, dass die Zeit im Umbruch war, und dies in jeder denkbaren Beziehung. Überall gab es dafür Anzeichen. Für Cooper wird die Situation zwiespältig gewesen sein: Gegen die Engländer hatte er etwas, aber ein Demokrat war er ebenfalls nicht, und für die Monarchie hatte er gar nichts übrig. Auf welche Seite sollte er sich also stellen?

In Zürich verbrachten Cooper und seine Angehörigen eine Nacht, am nächsten Tag ging es weiter, nach Rapperswil, wo im «Pfauen», in dem Cooper das letzte Mal schon abgestiegen war, ein «goûter» eingenommen wurde. Die Strasse vom Zürichsee auf die Höhe des Etzelpasses, «einer der steilsten Wege in der Schweiz», die mit Vorspannpferden bewältigt wurde, erlaubte eine immer grossartigere Aussicht. «Es ist immer angenehmer, bergan als bergab zu reisen, wegen der steigenden Überraschungen der Aussichten.» Wiederum gab es Grund zum Jauchzen, und die Coopers gerieten in einen «fieberhaften Zustand von Bergbegeisterung». Mal Begeisterung, mal Ermüdung, je nachdem.

Blick vom Brünig auf den Pilatus, ein Ausblick, der Cooper ganz besonders gefiel.

In Einsiedeln wurde im «Ochsen» übernachtet, ebenfalls wie auf der letzten Reise. Es war zehn Uhr abends, und zu mehr als einer Tasse Tee reichte es nicht mehr. Im Kloster besichtigte Cooper am folgenden Tag das Innere, die Zellen, die Büchersammlung, während die Frauen, der Tunlichkeit wegen, wie man das damals nannte, draussen bleiben mussten.

Von Einsiedeln führte der Weg nach Goldau, dem Zugersee entlang nach Küssnacht, wo es schon spät war. Aber weil die Strasse in einem so guten Zustand war, reichte es bis Luzern, wo die Reisegesellschaft um neun Uhr abends eintraf.

Tags darauf wurde das Reisegepäck auf den Weg nach Bern gebracht, während die Coopers ein Boot nach Alpnach mieteten und am Abend bis nach Lungern kamen.

Durch die veränderte Reiserichtung sah alles, im Vergleich zum letzten Mal, als Cooper hier vorbei kam, ganz anders aus. Dazu kam, dass die erhöhte Empfänglichkeit und die bereits vorhandene Aufregung des Gemüts «oder eine andere Veranlassung» ein grossartiges Wohlgefallen auslösten. «Alle, die mit Landschaftsszenerien bekannt sind, stimmen darüber ein, dass der Hudson weit anziehender ist, wenn man stromab als stromaufwärts fährt; mag dem sein, wie es wolle, wäre ich damals gefragt worden, welches besondere Fleckchen in Europa mich durch vollkommene Naturschönheit oder kunstlose Verschönerung der Umgebung am meisten entzückt habe, so hätte ich gewiss einzig und allein die Ufer des Vierwaldstättersees genannt.»

Die Aussicht vom Brünig aus, die ihn das letzte Mal so hingerissen hatte, fand Cooper «diesmal nicht so schön, vielleicht, weil ich damals völlig überrascht worden war, vielleicht auch, weil damals das Unbekannte mit den entferntesten Gegenständen den Zauber des Geheimnisvollen über den Hintergrund des Gemäldes verbreitete».

In Brienz wurde ein Schiff nach Interlaken gemietet; für Cooper war es die vierte Überquerung. Ein Franzose erhielt die Erlaubnis, die Reise mitzumachen und verriet sich bald unzweifelhaft als Karlist. Die Nacht wurde in Interlaken verbracht.

Es folgte ein kurzer Ausflug ins Berner Oberland, der am folgenden Tag zunächst nach Lauterbrunnen führte. Aber das Tal mit dem Staubbach löste nicht mehr die gleiche Begeisterung aus und erschien den amerikanischen Reisenden weniger schön als das Tal von Lungern; dafür gefiel Cooper der Staubbach besser als das erste Mal. Die Nacht wurde in Grindelwald verbracht, das diesmal besser abschnitt als das letzte Mal – eine schwierige Ökonomie des Vorzugs. «Das gewöhnliche Anstaunen war bei uns vorüber, und unsere Augen betrachteten die einzelnen Züge des Gemäldes mit vergleichendem Urteil.»

Mehr noch: «Unser Geschmack ändert sich mit den Jahren, mag er sich nun läutern oder verschlimmern. Wir fangen an zu fühlen, dass die blosse anstaunende Bewunderung, selbst von Naturschönheiten, eben nicht das Zeichen des gebildeten Geschmacks sein könne; jetzt achte ich mehr darauf, die einzelnen Züge zu betrachten, welche den Eindruck des Ganzen hervorbringen und durch deren Zusammenwirken das Gemälde vollendet wird, als bloss bei dem stehen zu bleiben, was weiter nichts als Staunen hervorruft.»

Die in Italien gemachten Erfahrungen zeitigten nun ihre Wirkung. «Wir haben zu viel gesehen, um durch einige Knalleffekte sogleich ausser uns zu geraten.» In Italien waren die Übergänge vom Erhabenen zum Anmutigen sanfter gewesen und hatten Cooper belehrt, dass beides zusammenkommen müsse, das Erhabene und das Anmutige, «um etwas wirklich Schönes darzustellen». Ohne zweiten Eindruck, der eine nachträgliche Verifizierung erlaubte, würde der erste von 1828 besser abgeschnitten haben. Im Tagebuch hatte Cooper seine Eindrücke sogar noch schroffer zusammengefasst: «I believe no one regrets the mountains», niemand vermisst die Berge, die Zeiten haben sich verändert, das Spektakel ist vorbei.

Von Grindelwald über Neuhaus, Spiez und Thun nach Bern war eine Reise, die auch nicht mehr einen besonderen Reiz aufzuweisen gehabt hätte. Die Coopers stiegen in der «Krone» in Bern ab, blieben zwei ganze Tage in der Stadt, ungeheuer lange, wenn man an das im Allgemeinen eingehaltene hohe Reisetempo denkt, und besuchten das Münster, den Bärengraben, La Lorraine. Herrn W – –, den Verwalter von La Lorraine, den er vom letzten Mal her kannte, traf Cooper auf der Strasse; er bat ihn, mit der Familie in der «Krone» zu speisen. «Der jetzige Zustand der öffentlichen Angelegenheiten wurde natürlich während der Mahlzeit nicht unberührt gelassen; das würdige Glied der Berner Bürgerschaft beklagte die eingetretenen Veränderungen, wie solches seinen Ansichten gemäss nicht anders zu erwarten war.»

Immer wieder hatte Cooper Gelegenheit festzustellen, dass das «demokratische Prinzip» sich überall Bahn verschafft und begonnen hatte, die herkömmlichen Meinungen, Gesetze und Einrichtungen zu beeinflussen. Unter dem französischen Einfluss waren bedeutende politische Veränderungen eingetreten. Nicht im Reisebericht, aber im Tagebuch steht der Hinweis auf einen «excess of liberty», einen Freiheitsexzess. Demokratie ist gut, aber nicht zu viel davon. Und nicht für alle gleichermassen. Welche Gärung die neuen politischen Ideen in der Schweiz ausgelöst hätten, kann man sich besser vorstellen, wenn man den Roman «Zeitgeist und Berner Geist» (1851–52) von Jeremias Gotthelf liest.

Am letzten Abend in Bern besuchten alle Coopers noch einmal die Aussichtsplattform, aber Nebel verhüllte die Berge. Der Platz war gedrängt voll und Erfrischungen wurden angeboten; man hatte zu diesem Zweck Hütten errichtet. Offenbar war das eine Neuerung seit 1828. Auch der Tourismus, nicht nur die Demokratie, verschafften sich jetzt überall Bahn.

Von Bern führte die Reise weiter Richtung Genfersee. Der erste Halt wurde in Murten «mit seinen Jericho-Mauern» gemacht. Avenches, Payerne und Moudon waren, wenigstens für Cooper, bekannte Stationen. Als dann der Blick von einer Anhöhe aus über den in der Tiefe liegenden Genfersee glitt, war alles, was Cooper in den vergangenen Tagen Negatives über seine Reise gesagt, gedacht, geschrieben hatte, wie weggeblasen. Trotz der Erfahrungen in Italien, trotz wechselnder Voraussetzungen und Vergleiche «empfand niemand von uns das geringste unbehagliche Gefühl fehlgeschlagener Erwartung».

«Vor uns lag der Genfersee, weit ausgedehnt, tiefblau und ruhig, seine Fläche von Segelbooten überhaucht oder beschattet von hochragenden Bergen, das Ufer halb schroff und abstürzend, bald verschwimmend in dem leuchtenden Grün der Niederungen; dort das feierlich-düstere, geheimnisvolle, schluchtähnliche Rhonetal, Schlösser, Städte, Dörfer, Weiler, Türme; alle Abhänge überreich an Weingelände; Landhäusern, Kirchen; aus den entlegenen Bergwiesen erhoben sich die braunen Sennenhütten mit dem Hintergrund von Felsenzacken, Berggipfeln und Gletschern.»

Als dieser «überherrliche» Anblick Cooper ergriff, musste er laut lachen, schreibt er, «aber es war», fügt er sofort hinzu, «eine Art triumphierendes Lachen». Er sagte sich, dass seine Begeisterung noch nicht zum Erliegen gekommen sein konnte, wenn es möglich war, dass diese Gegend ihn mit so viel Entzücken erfüllte. Und er fasste auf der Stelle den Entschluss, einen Monat lang in Vevey zu bleiben.

Ein Haus, «Mon Repos» genannt, nahe am See gelegen, wurde gemietet, eine Köchin angestellt, als nächstes ein Boot besorgt sowie ein Bootführer engagiert; das war wiederum eine der wenigen Personen mit einem Namen: «Monsieur Descloux». Auf dem See verbrachte Cooper, zusammen mit Jean Descloux, dann auch einen grossen Teil der Zeit, die ihm neben seiner Arbeit blieb.

Von der Gegend war er sehr angetan. Die Berge schlossen das Land von allen Seiten ein, was zur Folge hatte, dass alles hier wunderbar gedieh, vor allem Früchte südlicher Breitengrade. Madame Cooper hatte ihren Verwandten berichtet, dass die Familie von schöner Aussicht, reiner Luft und süssen Trauben lebe. Was den Wein betrifft, ging er nicht unbemerkt an Cooper vorbei; besonders erwähnte er denjenigen von St. Severin.[12] Doch dann fällt ihm im Fluss seiner Reiseerinnerungen gerade rechtzeitig noch ein, dass nur in wenigen Nationen so viele Traubensorten vorkommen wie in Amerika, und dass man in New York den besseren Bordeaux bekommen könne als in Paris. «Andere Weine Frankreichs finden sich zwar nicht so häufig bei uns, und doch war es in Amerika, wo ich je den besten Burgunder getrunken habe.»

Französische, deutsche und Schweizer Auswanderer waren es, die sich damals in Amerika des Weinbaus annahmen, was ja gut und recht sei, meint unser referierender Autor, wenn nur nicht so viele Übel «aus dieser Quelle entspringen». Cooper meinte die Trunksucht, über die ein langer moralisierender Exkurs in seinem Reisewerk folgt. Im Übrigen brauchen gute Weine lange Zeit zum Reifen, etwas, das die Amerikaner, wie er eingestehen musste, nicht aufbringen würden, weil sie immer in grosser Hast lebten.

Obwohl Susan Cooper, die Tochter, gemeint hatte, ihr Vater trinke nur mässig, gibt es doch Hinweise, dass Cooper selber dem Weingenuss kei-

Blick auf den Genfersee.

neswegs abgeneigt war. In einem Brief an Peter Augustus Jay aus dem Jahr 1832 erkundigt er sich, ob er ihm eine Ladung Wein besorgen solle, da sein Hausbesitzer ihm den Weinkeller mit wunderbarem «mousseux» fülle. «My healthdrunk», mein Gesundheitstrunk, meinte Cooper. Bei Direktkauf im Chateau koste die Flasche drei Francs und zehn Sous beziehungsweise nur drei Francs. Das seien «ungefähr sechzig Cents für wirklich ‹ausgezeichneten Wein›». Er, Cooper, würde den Versand in die Hand nehmen.

Im Oktober des gleichen Jahrs bot sich Cooper noch einmal an, Jay als Weinprobierer behilflich zu sein. Er beabsichtigte, eine Ladung Rheinwein, Champagner, Bordeaux und Burgunder zu besorgen, bevor er nach Amerika zurückreiste, und schlug Jay vor, eine angemessene Teilung vorzunehmen. Wenn Jay darauf eingninge, würde dies erlauben, den Einkaufspreis zu senken!

Von Vevey aus unternahm Cooper mit der «Winkelried» einen mehrtägigen Ausflug nach Genf, in dessen Verlauf er meinte, dass es 1828 ein Fehler gewesen sei, sich in Bern niederzulassen. Genf wäre unvergleichlich schöner gewesen, der Genfersee ebenfalls, von dem er überzeugt war, dass seine Ufer «grössere und mannigfaltigere Schönheiten vereinige als

Blick auf die Kirche von Saint-Martin und die Stadt Vevey, Aquarell von Th. Steinlen (1779–1847).

irgendeine andere Schweizer Gegend». Genf hatte sich übrigens sehr zum Besseren verändert. «Die entstellenden Wetterdächer waren von den Vorderseiten entfernt worden, und ein steinerner Hafen ist eben im Bau, welcher im Verhältnis den mächtigen Hafen von New York mit seinen Handelserleichterungen beschämt.» Nicht verschwunden waren die Juweliergeschäfte. «In einem Anfall von ritterlicher Zartsinnigkeit» kaufte er mehrere Ringe, mit denen er die in Vevey gebliebenen Familienmitglieder erfreuen wollte. Auch eine Auskunft über Coopers nicht immer unbedingt bescheidenen Lebensstil.

Vevey wurde häufig von Fremden besucht, war aber doch weit weniger «der Sammelpunkt der vornehmen Welt» wie etwa Lausanne, weil in Vevey, wie Cooper feststellte, die Sitten weitaus einfacher waren. William Cox aus Philadelphia, mit dem Cooper in Florenz engen Kontakt gehabt hatte, wohnte mit seiner Familie jetzt in Lausanne, und beide trafen sich häufig allein oder mit ihren Angehörigen in Vevey und in Lausanne. Einen Ausflug unternahmen die beiden Männer nach Chillon. Am 10. September begann Cooper auch, einen neuen Roman mit dem Titel «Der Scharfrichter von Bern oder das Winzerfest» zu schreiben, der auf dem Genfersee, in Vevey und auf dem Grand Saint-Bernard lokalisiert ist. Um Lokalkolorit zu sammeln, unternahm er von Vevey aus, zusammen mit Cox, einen mehrtägigen Ausflug auf den Pass, den er in seinem Reisebericht ebenso wie im Roman ausführlich beschrieb.

In der Einleitung zum «Scharfrichter von Bern» hatte Cooper sich selbst als Erzähler eingeführt und geschrieben: «Früh im Oktober 1832 hielt ein Reisewagen auf der Höhe des lang gestreckten Abhangs, welcher von der hoch gelegenen Ebene Moudons in der Schweiz sich zum Genfersee niedersenkt, unmittelbar über der kleinen Stadt Vevey. Der Postillon war abgestiegen, um ein Rad zu hemmen, und dieser Aufenthalt machte es den Passagieren möglich, einen Blick auf das liebliche Landschaftsgemälde zu werfen, welches diese erinnerungswürdige Aussicht darbot.»

Dann fährt Cooper fort: «Die Reisenden waren eine amerikanische Familie, welche Europa lange Zeit durchwandert hatte und nun, nachdem sie mehrere hundert Meilen in Deutschland durchquert hatte, über das nächste Ziel ihrer Reise in Ungewissheit war. Vier Jahre früher hatte dieselbe Familie, fast am gleichen Oktobertag und genau aus demselben Grund, an dieser Stelle angehalten. Sie war damals auf dem Weg nach Italien, und wie die Familienmitglieder die Aussicht auf den Lémansee mit den umliegenden Beigaben («accessories») Chillon, Châtelard, Blonay,

Meillerie, den Savoyischen Bergspitzen und den wilden Alpenzügen überschaut hatten, hatten sie es schmerzhaft empfunden, dass sie dieses Feenland so schnell wieder verlassen sollten. Das war diesmal anders; sie gaben sich dem Reiz einer so grossartigen und lieblichen Natur hin, und nach wenigen Stunden war der Wagen in einer Remise, ein Haus gemietet, die Koffer ausgepackt, und zum zwanzigsten Mal wurden die Haushaltgötter[13] der Reisenden in einem fremden Land aufgestellt.»

Schon einmal, in den «Notions», hatte Cooper sich selbst ins Spiel gebracht. Der Reisende in Amerika, der im Buch vorkommt und seine Eindrücke beschreibt, besucht Cooperstown und gibt zum Besten: «In der Nähe dieses Orts wohnte früher ein Mann, der als Verfasser einer Reihe von Erzählungen bekannt ist, in welcher er die Absicht hatte, die Geschichte, die Sitten und Gebräuche und die Gegenden seines Vaterlandes zu schildern.» Cooper als Figur Coopers – das ist auch bemerkenswert.

Einige Bemerkungen über die Schweizer und Amerikaner

Natürlich machte sich Cooper auf seinen Reisen in der Schweiz auch Gedanken für die charakterlichen ebenso wie staatspolitischen Eigenschaften der Schweizer, die er mit denen der Amerikaner verglich. Wie weit er dabei einem Klischee «des» Schweizers aufsass, ist eine andere, durchaus berechtigte Frage. Aber Vorurteile können manchmal aufschlussreich und gelegentlich erheiternd sein.

Die Schweizer, ein uraltes unvermischtes Volk, reich an historischen Erinnerungen und zudem durch ihre geographische Lage weniger mit anderen Völkern in Berührung, haben weit mehr Nationalität als die Amerikaner. Bei uns erstrecken sich Nationalstolz und Nationalcharakter hauptsächlich auf diejenigen Stände, die zwischen Ländereibesitzern und der eigentlichen Hefe des Volks liegen; dagegen wird in der Schweiz dieses Gefühl desto stärker wahrgenommen, je höher man aufwärts steigt. Überdies wird der Schweizer durch seine Armut niedergedrückt, und öfter sieht er sich gezwungen, sich von dem Land seiner Geburt gewaltsam loszureissen, um die Mittel seines Unterhalts anderswo zu suchen; und dennoch wählen nur äusserst wenige aus freien Stücken ein anderes Vaterland.

Die Auswanderer, welche in Nordamerika unter dem Namen Schweizer anzutreffen sind, sind entweder wirkliche Deutsche oder französische Deutsche aus dem Elsass oder Lothringen. Ich habe noch nie einen Zug von Auswanderern angetroffen, die echte Schweizer gewesen wären, obschon es einige wenige gegeben ha-

ben soll. Es wäre einer Untersuchung wert, wie weit die grossartigen Naturgegenden auf die starke Anhänglichkeit der Schweizer an ihr Land eingewirkt haben. Die Neapolitaner lieben ihr Klima und würden lieber als Lazzaroni in ihrem sonnigen Land ihr Leben beschliessen denn als vornehme, wohlhabende Leute in Holland oder England. Der Genuss davon ist ganz einfach, weil dieser von physischen Einwirkungen abhängt. Der Zauber, der den Schweizer zu den Bergen, in denen er geboren ist, so mächtig zieht, muss höherer Natur sein, denn das Wesen dieser Anhänglichkeit liegt tief im sittlichen Gefühl begründet.

Der amerikanische Volkscharakter steht gegen den schweizerischen im Schatten, da er die Kehrseite von dem zeigt, was in den Gefühlen eines Schweizers so wohltuend wirkt. Die Gewohnheit des beständigen Wanderns von Ort zu Ort verhindert die Entstehung einer innigen Teilnahme an eine und dieselbe Gegend, wozu bloss das lange Verweilen und Eingewöhnen einer Familie an demselben Ort eigene Veranlassung geben kann und welches einen Menschen endlich dahin bringt, einen Baum, einen Hügel, einen Felsen lieb zu gewinnen. Diese Anhänglichkeit beruht weit mehr auf Gefühlen als auf der Lust am Erwerb; und diese Gefühle sind umso viel reiner und heiliger, als überhaupt tugendhafte uneigennützige Gefühle reiner und heiliger sind als weltlicher Eigennutz und weltliche Habsucht. In dieser moralischen Beziehung stehen wir weit hinter allen älteren Nationen und ganz besonders hinter den Schweizern zurück, und ihre Anhänglichkeit an den vaterländischen Boden wird, wie ich glaube, auf eigentümliche Weise durch die erregenden Eindrücke der sie umgebenden erhabenen und grossartigen Natur noch mehr belebt und erhöht.

Ich glaube nicht, dass, genau genommen, die Schweizer im geringsten für ihre Institutionen eine innigere Beziehung haben als wir für die unsrigen; denn wenn ich mich auch über den herrschenden Ton von vielen unserer Landsleute beklage, so kann ich doch eben diesen Ton nicht anders zur Kenntnis nehmen als wie den Ton eines Volkes, dem die Mittel, Vergleichungen anzustellen, durchaus fehlen, und daher weder das, was es tadelt, noch das, was es lobt, wirklich zu beurteilen im Stand ist. Wenn ich die Schwäche, nach persönlicher Auszeichnung zu streben, abziehe, so ist mir kein Schweizer begegnet, der mir seine Verfassung gering zu achten geschienen hätte. Öfter, vielleicht durchgehend, beklagen sie sich über den Mangel grösserer Macht im Bund; kommt es aber darauf an, zwischen Monarchie und Republik zu wählen, sind sie und bleiben sie, soweit meine Beobachtungen reichen, durchaus schweizerisch gesinnt. Ich glaube nicht, dass es einen einzigen Mann in allen Kantonen zusammen geben mag, der sich nach der preussischen Despotie sehnen könnte! Sie dienen zwar Königen um Lohn und sind einverstanden, ihre Soldaten und Leibtrabanten zu werden; so wie aber von der Schweiz die Rede ist, denken sie, einer wie der andere, die Nachkommen von Winkelried *und Stauffacher könnten nur Republikaner sein. Nun könnte dies wohl davon herrühren, weil in den demokratischen Kantonen äusserst wenige zum Adelsstand gehören und die Edelleute in den übrigen Kantonen den Dingen den Vorzug geben, wie sie nun einmal bestehen, und alles lieber beim Alten belassen, als einen Fürsten an die Stelle ihrer Aristokratie einzusetzen.*

Von den übrigen Staaten Europas wird gegen den Schweizer Bundesstaat[14] eine Politik betrieben, die sehr von derjenigen verschieden ist, die gegen uns beobachtet wird, oder vielmehr bis jetzt beobachtet worden ist. Was uns nämlich betrifft, so habe ich bereits mich darüber geäussert, dass man wahrscheinlich einen politischen Kreuzzug gegen uns unternommen haben würde, wenn die neuesten Begebenheiten in Europa nicht wichtige Veränderungen herbeigeführt hätten und die geheimen Umtriebe, Zwietracht zwischen die Glieder unseres Bundes zu säen, nicht gänzlich fehlgeschlagen wären. Ihre vorzügliche Hoffnung stützt sich jetzt auf unsere inneren Zwistigkeiten; doch da diese Hoffnungen sich wahrscheinlich nicht erfüllen werden, so meine ich, dass sie jeden Vorwand zu einem Angriffskrieg willkommen heissen werden. Der Hauptbewegungsgrund wird also in der dringenden Notwendigkeit liegen, das faktische Beispiel einer Republik zu vernichten, oder vielmehr einer Demokratie, welche zu mächtig zu werden droht.

Es war Coopers wiederholt vorgetragenes Credo, dass die republikanische Staatsverfassung Amerikas Stärke sei und die übrigen, vor allem europäischen Länder es aus diesem Grund auf Amerika abgesehen hätten, um das ansteckende Beispiel aus der Welt zu schaffen.

Was man bei uns als rohe gemeine Ausbrüche der Freiheits- und Gleichheitsmaximen erläutert, wird hier[15] in weit milderen Ausdrücken als derbe Freimütigkeit der Bergbewohner geschildert oder keckes Unabhängigkeitsgefühl von Republikanern entschuldigt; was jenseits des Atlantischen Meeres geradezu als Gemeinheit bezeichnet wird, heisst hier bloss unverdorbene Natürlichkeit; und was uns als grobe Widersetzlichkeit ausgelegt wird, gilt, wenn es in der Schweiz vorfällt, für weiter nichts als ernsthafte Gegenvorstellung.

Aus «Aufenthalt in Frankreich, Ausflug an den Rhein und zweiter Besuch in der Schweiz», 23. Brief.

Letzte Monate in Europa und Rückkehr nach Amerika

Anfang Oktober 1832 wurde der Aufenthalt in der Schweiz abgebrochen. Am 4. des Monats erreichte Cooper mit der Familie abends Genf, am 11. war er wieder in Paris zurück. Adieu la Suisse. Im «eigentlichen Frankreich» traf Cooper wieder «französische Küche, Betten, Lebensart und Denkweise» an. «Mit der schweizerischen Einfachheit, die noch grösstenteils unbeeinträchtigt fortbesteht, war es jetzt aus, aus war es mit der schweizerischen Gradheit, und an deren Stelle trat jetzt höfliches, verschmitztes und maniriertes Benehmen. Jetzt hiess es: ‹Monsieur sait› – ‹Monsieur pense› – ‹Monsieur fera› – statt des ‹Que voulez-vous› Monsieur?»»

In Paris schrieb Cooper an seinem neuen Roman «Der Scharfrichter von Bern oder Das Winzerfest» weiter. Im Juni des darauf folgenden Jahres unternahm Cooper eine Geschäftsreise nach London, um die Druck-

Eugène Joseph Verboeckhoven (1798 –1881): James Fenimore Cooper 1832.

legung des «Scharfrichters» zu überwachen. Anfang August war er wieder in Paris, um seine Sachen zu packen. Das Ende des Europaaufenthalts war gekommen.

Am 16. oder 17. August verliess die Gesellschaft Paris Richtung London, wo sie noch einmal fünf Wochen blieb, eine Zeit, die Cooper damit zubrachte, die Neuauflagen einiger seiner früher schon erschienenen Bücher, «Die Wassernixe», «Conanchet oder Die Beweinte von Wish-ton-Wish» sowie «Der rote Korsar», zu überwachen. Am 12. September erschien auch «Der Scharfrichter von Bern» in London im Druck.

Am 28. September war der Abreisetag endgültig gekommen: nach etwas mehr als sieben Jahren in Europa. Cooper und seine Angehörigen schifften sich in London auf der «Samson» ein. Am 5. November erreichten sie New York. Sie waren wieder in Amerika. Aber die Zeiten hatten sich in politischer und sozialer Hinsicht geändert. Cooper war ein angesehener, einflussreicher Schriftsteller, aber auch eine zwiespältige Persönlichkeit geworden. Dass die Jahre in Europa ihn verändert hatten, sollte er bald zu spüren bekommen.

[1] Refektorium von Santa Maria delle Grazie, Mailand, 1497.
[2] «Séjour agréable pour beaucoup d'étrangers», vermerkt das «Manuel» von Engelmann und Reichard über Dresden.
[3] Schwer zu sagen, warum. Aber Goethe und Cooper am gleichen Tag in Weimar – man kann sich kaum ausdenken, was für Gespräche die beiden miteinander geführt hätten, wenn Cooper am Abend noch kurz am Frauenplan vorbei geschaut hätte. Der alte Goethe hatte längst seine Bewunderung für Cooper ausgedrückt.
[4] Auch wir beeilen uns, weil wir mit Cooper wieder in die Schweiz zurückkommen möchten.
[5] Die Situation von damals weist überraschende Parallelen mit der von heute auf und lässt sich ohne Weiteres vergleichen. Beide Male ging es um eine unvermeidlich gewordene Anpassung der staatlichen Strukturen an die tief greifende industrielle, technologische und zum Teil wissenschaftliche Erneuerung.
[6] In der Schweiz wiederholten sich die Vorgänge in vergleichbarer Form. Siehe Stichwortverzeichnis und Zeittafel.
[7] Jetzt können wir uns besser vorstellen, wie das Gespräch zwischen Goethe und Cooper am 13. August 1830 in Weimar, wenn es stattgefunden hätte, verlaufen wäre. Der alte Rat in Weimar hielt mehr Stücke auf Cooper als umgekehrt. Aber es ist nicht erwiesen, was Cooper weder von Schiller noch von Goethe wusste. «Gatty» kommt im Roman «Eva Effingham oder Die Heimat» vor, um die ungebildete New Yorker Oberschicht zu karikieren.
[8] Einen Band über Deutschland hatte Cooper wohl vorgesehen, jedoch nie ausgeführt.
[9] Aufrührer sind hier eine Koalition von Kleinbürgern und Arbeitern, die sich gegen das Juste-Milieu auflehnen.
[10] Coopers Reiseerinnerungen sind in Briefform abgefasst.

[11] Samuel F. B. Morse.
[12] Saint-Saphorin.
[13] Cooper schrieb: «The household gods of the travellers were erected, for the twentieth time, in a strange land.» Der unbenannte Übersetzer der Ausgabe von 1833 hat das mit «Haushaltgötter» wiedergegeben. Mit diesem umgangssprachlichen, also nicht wörtlich zu nehmenden Ausdruck ist aber einfach die Tatsache einer neuen Niederlassung gemeint.
[14] Beziehungsweise natürlich Staatenbund. Der Bundesstaat ist das Werk von 1848.
[15] In der Schweiz.

IV

Die Schweiz als Reiseland vor und nach 1830

Wie die Schweizer Alpen zuerst Schauder erregten, bevor sie als schön bewundert wurden – Die Schweiz als «Garten Europas» und politisches Museum – Coopers Kenntnisse von der Schweiz – Annehmlichkeiten und Widrigkeiten des Reisens – Zu Fuss unterwegs – Verbesserungen der Reiseinfrastruktur – Eindrücke aus der Ferne und der Nähe – Pittoreske, erhabene und moralische Landschaften – Das durch bäuerliche Arbeit verbesserte Land wird bewundert – Was kann als «schön» bezeichnet werden? – Reiseführer aus der damaligen Zeit – Die Schweiz in der Darstellung verschiedener Zeitgenossen Coopers – Hilfreiche Informationen für die Reisenden in der Schweiz

The Making of Switzerland

Das 18. Jahrhundert war das Zeitalter der grossen Entdeckungs- und Forschungsreisen gewesen. James Cooks drei grosse Weltumsegelungen (1768–71, 1772–75, 1776–80) sowie die Reise des französischen Seefahrers Louis-Antoine de Bougainville (1766–69), der den Mythos vom Paradies auf der Insel Tahiti («Kythera») in die Welt setzte, sind zwei grosse Beispiele für das heroische Jahrhundert des Aufbruchs. Möglich waren solche aufwändigen Expeditionen nur, weil sie von den Imperien gefördert und finanziert wurden und sich gewichtige nationale und ökonomische beziehungsweise koloniale Interessen damit verbanden.

Gereist wurde zu jener Zeit nicht viel, jedenfalls nicht zum privaten Vergnügen und schon gar nicht ausser Landes. Der einzige ausschlaggebende Grund für eine Reise waren wissenschaftliche Forschungsabsichten oder Handelsinteressen sowie, wenn man von religiösen Gründen, das heisst Pilger- und Missionarsreisen, einmal absieht, allenfalls Bäderreisen. Die Einzigen, die verhältnismässig frei und weit reisten, waren Dichter. Allenfalls konnten sich noch die vornehmen und wohlhabenden Engländer ihre «grand tour» leisten, um sich von der Melancholie ihrer Nebelinsel zu befreien.

Ende des Jahrhunderts und danach werden wissenschaftliche Forschungsreisen auch in kleinerem Rahmen möglich, wofür die memorablen Reiseunternehmungen von Alexander von Humboldt (1799–1804) und Charles Darwin (1831–36) stehen. Dass Darwins Reise, die ihm in den bolivianischen Bergwerken die Grundlage für seine Theorie des «survival of the fittest» lieferte, zur gleichen Zeit erfolgte wie Coopers zweite Schweizer Reise, zeigt die gleichzeitige Ungleichzeitigkeit in der Reisegeschichte an. Allmählich wird auch das individuelle Reisen möglich, immer eine angemessene soziale und ökonomische Stellung vorausgesetzt, was bei Cooper der Fall war. Auf die grossen historisch bedeutenden Fahrten und Expeditionen des 18. folgen die kleinen Reisen des 19. Jahrhunderts. Dazwischen liegen unzählige Untersuchungen, die Schweizer Wissenschafter zwischen 1750 und 1800 auf verschiedenen Reisen angestellt haben. Die «Eisgebirge» in der Schweiz waren das vorherrschende naturwissenschaftliche Thema.

Erst von den zwanziger Jahren des 19. Jahrhunderts an wurde die Infrastruktur für das Reisen verbessert, was mehr Reisende auf den Weg brachte, wenn es sich nicht umgekehrt verhielt und für die häufiger unternommenen Reisen bessere Verkehrsmöglichkeiten entwickelt und angeboten wurden. Aber bis zum Tourismus-Boom, der in der Schweiz um 1880 einsetzt, als im Rahmen der industriellen Expansion die ersten Bergbahnen angelegt wurden, ein Run auf die Gipfel einsetzte, auf der Rigi die High Society sich ein Stelldichein gab und die Engländer den Alpinismus in der Schweiz inaugurierten, dauerte es noch eine ganze Weile. Nach 1880 setzt eine neue Qualität des Reisens ein.

Dass lange davor, zur Zeit des Vormärz, so viele Schriftsteller in Deutschland unterwegs waren und Bücher über ihre Reisen veröffentlicht haben, hat vor allem mit einem Umstand zu tun, der nicht übersehen werden darf. Das Reisen ist eine subversive Tätigkeit oder vielmehr ist der Reisebericht eine Gattung, die es geschickt erlaubte, die erdrückenden Zensurbestimmungen zu umgehen. Walter Hömberg hat die Kommunikationsstrategie des Jungen Deutschland als «Ideenschmuggel» bezeichnet. Er erlaubte es, unter dem harmlosen Vorwand der Reiseliteratur eine tüchtige Menge an Nebenbemerkungen, die wie Fremdkörper wirken, aber eine gezielte Strategie erkennen lassen, einzubauen. Heinrich Heines «Harzreise» aus dem Jahr 1824 und «Nordsee» von 1826 sind voll von erstaunlichen Abschweifungen und überraschenden Anspielungen, die erkennen lassen, wie hier mit der Zensur Katz und Maus gespielt wird. Wenn der Mond «ganz zweideutig» in Heines Kammer scheint, die er unterwegs bezogen hat, dann ist das leicht als Zweideutigkeit zu erkennen, die offenbart, dass es noch etwas anderes zu erzählen gibt. Das fällt noch mehr auf, wenn Heine wie ein Heimat-Ethnologe den Deutschen die «merkwürdige Gewohnheit» andichtet, «dass sie bei allem, was sie tun, sich auch etwas denken». Und der vorgespielte Ernst der Sache wird zum versteckten Spott, wenn Heine zum Beispiel schreibt: «Freilich, wie in Madagaskar nur Adlige das Recht haben, Metzger zu werden, so hatte früherhin der hannövrische Adel ein analoges Vorrecht, da nur Adlige zum Offiziersrange gelangen konnten» – ein schallendes Lachen in repressiver Zeit.

Andere haben sich, weniger subversiv, mit der in hehre Worte gefassten Wiedergabe von Naturschönheiten zufrieden gegeben: Einige mehr, das waren die allermeisten, denn Schönheit ist immer etwas Schönes; einige andere weniger, das war zum Beispiel der Philosoph Hegel, der den Felsen und Wasserfällen im Haslital nichts abgewinnen konnte, darin nur das reine «Müssen der Natur» erblickte, Langeweile empfand und über seine wund gescheuerten Füsse jammerte. Das Haslital war wahrhaftig kein angemessener Ort für den Weltgeist.

Überhaupt war die Schweiz keineswegs seit jeher ein approbiertes Reiseland, wie man meinen könnte. Die Berge waren zu hoch und zu steil und verursachten nichts als Schrecken und Entsetzen, die Lebensbedingungen zu hart. Dagegen hielt das Leben in den Städten so viele Annehmlichkeiten bereit, dass es nicht nur ein Wagnis, sondern auch ein Wahnsinn gewesen wäre, wegzureisen. John Milton hatte in «Paradise Lost» seine Eindrücke von einer Alpenüberquerung von Italien nach Genf zur Grundlage seiner Beschreibung der Hölle gemacht. Und der englische Reisende John Evelyn (1620–1706), zweifellos sehr wohlhabend, da sein Grossvater die Herstellung des Schiesspulvers in England eingeführt hatte, meinte in seinem Reisetagebuch, die Alpen bestünden aus weiter nichts als wirren Steinhaufen («craggy stones») und müssten entstanden sein, als der Unrat beseite geschafft wurde, um die schöne ebene Lombardei anzulegen.

Im Jahr 1714 war das Buch «Les Délices de la Suisse» von Abraham Ruchat (1680–1750) erschienen. Der Titel will etwas andeuten, das ungefähr so viel bedeutet wie «Wonnen der Schweiz». Das war damals nicht ganz selbstverständlich, und der Autor entschuldigte sich auch sofort auf den ersten Seiten und meinte, das sei eine Behauptung, die den Leser sofort zum Lachen reizen müsse. Aber der Waadtländer Theologe und Historiker Ruchat unternahm in dem Buch den Versuch einer «ernsthaften und genauen» Beschreibung der Schweiz in historischer, politischer und landeskundlicher Hinsicht. Das war ein Unterfangen, das in eine neue Richtung wies. Es war eine kühne Aussage, dass die Natur in den Alpen gut für die Menschen, die dort wohnten, sorge. Johann Jacob Scheuchzer hatte nur wenige Jahre zuvor schon etwas Ähnliches angedeutet und auf diese Weise Vorarbeit geleistet.

Während die Alpen und damit ein grosser Teil der Schweiz bis ungefähr 1700 ein Ort des Horrors und des Grauens war, setzte um diese Zeit ein überraschender Diskurswandel ein. Er lässt sich zeitlich genau fixieren, während die Gründe dafür eher im Dunkeln bleiben. Der englische Publizist John Addison reiste 1701, 1702 und 1703 in die Schweiz, stand am Ufer des Genfersees, blickte auf der Savoyer Seite zu den Alpen hinauf und sagte sich: Ja, es herrscht «so much Irregularity and Confusion». Zugleich musste er aber feststellen, dass es den Bergen auch gelingt, «(to) fill the mind with an agreeable kind of Horror». Ein leichtes, angenehmes, anregendes Prickeln erfasste ihn. Das Schreckliche ist schrecklich, jawohl, aber es ist auch anziehend und verlockend. Das war der Umschwung. In kürzester Zeit finden alle die Alpen schön und aufregend. Der in diesem Kontext richtige Ausdruck heisst «erhaben», im Englischen «sublim». Die Schönheit stellt sich dann bald mehr oder weniger von allein ein.

Rund um die Erhabenheit bildet sich ein neuer Diskurs: bei Edmund Burke, Immanuel Kant und Friedrich Schiller. Das Erhabene ist eine Art Double-Bind aus der Zeit der sich ausbreitenden Empfindsamkeit. Etwas ist düster, bewegend, unheimlich, abstossend vielleicht, aber darin liegt die ganze Faszination. Der Betrachter ist zwischen zwei entgegengesetzten Stimmungen hin und hergerissen. Das Bewegende, Hinreissende und Erschütternde verliert allerdings schnell seine Anziehungskraft, wenn man sich nur ein wenig besser auskennt. So bemerkt etwa Johann Georg Altmann[1], die Alpen würden weit mehr die Aufmerksamkeit und Bewunderung der Fremden finden als der Schweizer selbst, «die von Jugend an diese Berge vor Augen haben, und endlich wegen der täglichen Anschauung ihnen nicht mehr als etwas sonderbares oder seltsames vorkommen».

Andere haben das nicht so gesehen. Rousseau hat beschrieben, wie er auf der Strasse nach Chailles in den Savoyer Alpen in einen Abgrund blickte und von einem Schwindel erfasst wurde. «Das Lustige an meiner Vorliebe für abschüssige Stellen ist es eben», kann man bei ihm lesen, «dass ich schwindlig davon werde und dass mir dieser Schwindel sehr angenehm ist.» Nichts anderes meinte Cooper, wenn er feststellte, dass die Landschaft auf der Rigi «so durchaus schweizerisch» geworden sei und sie ihn gleichermassen mit «Bewunderung» und «Schauder» erfülle. Wenn andererseits der englische Philosoph Lord Shaftesbury(1671–1713) mit bescheideneren Worten meinte: «Die Wildnis kann auch gefallen», dann kam dies indirekt dem Eingeständnis gleich, dass die Natur in ihrer Ursprünglichkeit in Übereinstimmung mit dem sittlichen Gesetz steht, an das sich der vernünftige Mensch halten soll. Anders gesagt: An der Natur kann nichts Abträgliches oder Schlechtes sein. Das war der Ausgangspunkt einer neuen naturbezogenen Betrachtungsweise, die nach dem Jahr 1700 rasch um sich griff.

Ihre Spuren davon können bei Albrecht von Haller festgestellt werden, der in seinem Lehrgedicht «Die Alpen» (1832) die Nützlichkeit der Alpen hervorhebt: Sie bieten den Menschen, die dort leben, ein Auskommen; ausserdem ist es ein Ort der Unverdorbenheit der Menschen. Die Menschen in den Bergen sind nicht oder noch nicht von den negativen, zersetzenden Kräften der fortschreitenden Zivilisation angesteckt; sie haben ihr ursprüngliches einfaches und ungekünsteltes Naturell bewahrt; sie sind fleissig, einfach, genügsam, aufrecht, unkorrumpierbar. Unschuld und Armut werden zu so hohen Tugenden emporstilisiert, dass es gar nicht mehr richtig auffällt, wie reaktionär diese Auffassung im Grunde genommen ist.

Es sieht aus, als sei damit alles für den Auftritt Jean-Jacques Rousseaus angelegt und vorbereitet. Bei ihm wird, vor allem im berühmten «Diskurs über die Wissenschaften und Künste», aber auch im Briefroman «Julie oder die Neue Heloise», die Forderung der «Rückkehr zur Natur», die nur vordergründig die ungetrübte Natur meint, zum Kampfruf gegen die Sittenverderbnis der Zeit und die Figur des «edlen Wilden», die eine ganz und gar fiktive ist und deren eigentlicher Ursprung auf die Gestalt des unverdorbenen und sittlichen Alpenbewohners zurückgeführt werden muss, zur Idealverkörperung, mit der es möglich ist, Gesellschafts- und Kulturkritik an den sozialen Zuständen der Epoche zu üben. Der Naturzustand ist nichts anderes als eine Konstruktion und ein Kampfdispositiv. Er wird als Massstab aufgestellt und in der Auseinandersetzung verwendet. Der gesellige Mensch, das heisst der Zivilisationsmensch, ist eine Verirrung. Selbst der Verstand, der von der Aufklärung so hoch veranschlagt worden ist, wird vom Anti- oder Gegenaufklärer Rousseau in Frage gestellt. Alles dies ist keine Sache von «wahr» oder «falsch», sondern es gibt die Richtung an, in die die Stosskraft der Einwände Rousseaus an seiner Zeit wirken.

Dass sie deutliche Spuren im praktischen Leben hinterlassen hat, versteht sich trotzdem; darin besteht gerade die unglaublich katalysierende Wirkung, die Rousseau mit seinen Ideen erzielt hat. Das Zeitalter der Empfindsamkeit triumphiert und geht von der Schweiz aus, das zugleich zu einem neuen Arkadien aufsteigt. Die rauen Täler, das raue Klima, das einfache Hirtenland und seine ehrlichen Bewohner: dies alles wird zum Vorbild. Zwischen dem Freiheitswillen der Schweizer und dem Alpenland besteht ein direkter Zusammenhang, auch wenn er natürlich ebenfalls eine Fiktion bleibt; nicht einmal in den «rein demokratischen» Kantonen hat der Demokratie-Diskurs gestimmt, auch dort haben lokale Persönlichkeiten gesagt, wo es entlang geht, und die Knechte haben geglaubt, freie Menschen zu sein, weil sie anders als die Städter waren. Bescheidenheit, Vaterlandsliebe, Freiheitswillen: das sind republikanische Tugenden, um nicht Utopien zu sagen; zu rütteln gab es daran nichts. Die Taten der alten Eidgenossen «werden auch in den goldenen Tagen der griechischen und römischen Republik geglänzet haben», sagte Johann Caspar Hirzel, als er sich 1763 an die Helvetische Gesellschaft wandte, deren erster Präsident er war. Die Schweizer sind also die direkten Nachfahren der Griechen und Römer, die sich in das alpine Arkadien zurückgezogen haben.

Im gleichen Zug, wie der Schweizer zum Idealmenschen aufsteigt, breitet sich auch das Bild der Schweiz als eines vorbildlichen politischen Museums aus, das auch wieder nicht stimmt, aber dessen ungeachtet den Diskurs dominiert. Nicht umsonst hat Johann Gottfried Ebel sogar für Polit-Touristen, wie wir heute sagen würden, eine Art Fahrplan aufgestellt, der ihnen helfen sollte, die verschiedenen Landsgemeinden als demokratischen Anschauungsunterricht zu besuchen. Im gleichen Jahr, 1793, erschien auch der «Guide des Voyageurs en Europe» von Heinrich August Ottokar Reichard, der den schon erwähnten «Passagier auf der Reise in Deutschland und einigen angrenzenden Ländern» (1801) mitverfasst hatte, von dem Cooper eine spätere Ausgabe mit sich führte. Vor allem die Niederlage der Schweiz im Krieg gegen die napoleonischen Truppen hatte Reichard schwer erschüttert.

Ebel (1764–1830) war deutscher Arzt. Er hielt sich von 1790 bis 1792 in Zürich auf und war von der landschaftlichen Schönheit der Schweiz ebenso wie von deren politischen Einrichtungen derart beeindruckt, dass er eine Art Reiseführer verfasste, der einer Huldigung an die Schweiz gleichkam, die bekannte «Anleitung». Er nannte die Schweiz den «Garten von Europa» und die Reisenden «Anbeter der Natur». 1798 und 1802 veröffentlichte Ebel eine hymnische «Schilderung der Gebirgsvölker der Schweiz». Er erhielt das helvetische Bürgerrecht und Ehrenbürgerrecht der Stadt Zürich und befasste sich ausführlich mit den politischen Zuständen in der Schweiz.

Auch William Coxe[2] hat das Land «sowohl wegen seinen verschiedenen Regierungsformen, als auch seinen wunderbaren Schönheiten» den ausländischen Besuchern empfohlen.

So gerät die Schweiz durch die Macht und Menge dessen, was über sie gesagt und wiederholt wird, zu einem Musterland der Freiheit und politischen Gleichheit, auch wenn das alles nie genau gestimmt oder etwas anderes bedeutet hat. Merkwürdig ist nur, dass, obwohl die Rhetorik leicht zu durchschauen war, niemand je daran Anstoss genommen hat und der Zustrom fremder Reisender nicht abgerissen ist – wie das Beispiel Cooper zeigt. Ein paar Kritiker und Nörgler wie der Weltgeist-Philosoph Hegel, die es immer gegeben hat, waren nicht in der Lage, das Geringste daran zu ändern. Im Gegenteil, jeder Einwand, jede Kritik verstärkt nur die Unantastbarkeit des Idealbildes. Es wird nicht falsch sein, in der Vorbildlichkeit, die der Schweiz attestiert wurde, ein Mittel zu sehen, das in den politisch bewegten Zeiten zwischen Französischer Revolution und der Revolution 1848 eine stellvertretende beziehungsweise Entladungsfunktion hatte.

Freuden und Leiden der Reisenden

In den Jahren nach 1820 befasste sich Cooper erstmals mit dem Gedanken, sich vorübergehend in Europa niederzulassen. Was wusste er damals von der Alten Welt? Die Beziehungen Amerikas zu Frankreich waren seit den Tagen der amerikanischen Revolution immer sehr eng gewesen, aber welche Kenntnisse besass Cooper zum Beispiel über die Schweiz? Die Frage ist nicht leicht zu beantworten, weil Cooper kaum nennenswerte Dokumente und Unterlagen hinterlassen hat, aber einen Wink können seine Hinweise geben, was die Amerikaner von der Schweiz und umgekehrt die Schweizer von Amerika gewusst haben. Viel war es nicht. «In Amerika ist die Bekanntschaft mit den wahren Verhältnissen in der Schweiz eben nichts Alltägliches, wenn ich nach meiner eigenen gänzlichen Unwissenheit über diesen Gegenstand, vor meinem Besuch im

Lande selbst, ein Urteil fällen darf», gestand Cooper in den «Ausflügen» ein. Ausser einigen flüchtigen Kenntnissen über Wilhelm Tell und einige historische Ereignisse haben die Amerikaner «ebenso rohe Begriffe von der Schweiz wie die Schweizer von Amerika». Als Cooper sich bereits in Europa aufhielt, schrieb ihm am 29. Mai 1829 Peter Augustus Jay, er denke, Coopers Reisen in der Schweiz würden für ihn bestimmt lehrreich und unterhaltsam sein; für ihn, Jay, sei die Schweiz ein Land, an dem es nichts zu bewundern gebe, doch wolle er sich auf Coopers Urteil verlassen.

Zur Vorbereitung seines Schweizer Aufenthalts hat Cooper auch die «Statistique de la Suisse» von Jean Picot gelesen, ebenso die «Voyage en Suisse 1817, 1818 et 1819» von Louis Simond, die 1822 in Paris und im gleichen Jahr in einer englischen Übersetzung unter dem Titel «Switzerland or, A Journal of a Tour and Residence» in Boston erschienen ist. In Neuchâtel besorgte sich Cooper den Ebel, dessen 7. französische Auflage 1827 herausgekommen war, sowie von Heinrich Keller die «Carte Itinéraire de la Suisse». [3]

Um seine Kenntnisse von der Schweiz zu vervollständigen, nahm Cooper in Bern auch Kontakt auf mit einer Bibliothek («a circulating library») auf und «verschlang» alle Werke über die Schweiz, deren er habhaft werden konnte. Auf diese Weise ausgerüstet, machte er sich auf den Weg, um durch das Studium gesellschaftlicher und politischer Entwicklung und von Verhaltensmustern des Menschen seine Kenntnisse zu erweitern. Dafür galt die Schweiz in der Vergangenheit und zu Coopers Zeit als «komplettes Laboratorium» (Robert E. Spiller und James F. Beard[4]), in dem die politischen und sozialen Verhältnisse unter geradezu wissenschaftlichen Bedingungen untersucht werden konnten.

Um 1830 befindet sich die Verkehrsgeschichte selbst in einem gewaltigen Umbruch. Immer noch werden weite Strecken zu Fuss zurückgelegt, zum Teil auch auf Pferdewagen wie dem «char-à-banc», während die Diligence eher einem besser bezahlenden Publikum vorbehalten geblieben ist. Für die Frauen gab es Tragsessel; wenn sie ein Pferd bestiegen, wurden die Sättel mit einer Rückenlehne ausgerüstet.

Zur selben Zeit wurden die Postkurse fest eingerichtet, mit fixen Zeiten und Poststationen. Ebel gab noch approximative Reisezeiten an, die immer die vorteilhaftesten Reisemöglichkeiten berücksichtigten, so zum Beispiel von Bern über Thun nach Untersen 10½ Stunden, von Gsteig nach Lauterbrunnen 3½ Stunden, von Lauterbrunnen zurück nach Zweilütschinen und weiter nach Grindelwald 4 Stunden oder über die

Wengernalp 6 Stunden, und von Grindelwald auf dem gleichen Weg zurück nach Bern 15½ Stunden, was alles in allem 33 bis 36 Stunden oder fünf Tage ergibt. Cooper hat diese Strecke in vier Tagen zurückgelegt.

Ganz anders sieht 1844 der «Baedeker» «Schweiz» aus, wo zum Beispiel die Strecke von Flüelen nach Bellinzona sich «bequem in 1½ bis 2 Tagen zu Wagen» zurücklegen lässt, allerdings mit dem Post-Eilwagen ab Flüelen um 7 Uhr 40 Minuten, nachdem der Postdampfer aus Luzern eingetroffen ist; im Winter wurden die Postwagen auf grosse Schlitten geladen.

Cooper hat immer, wenn es möglich war, den «char-à-banc» genommen, aber doch einen grossen Teil zu Fuss durch die Schweiz zurückgelegt, was in den Alpen auch gar nicht anders möglich war; gelegentlich hat er auch ein Pferd bestiegen.

Dass so viele Reisende zu Fuss unterwegs waren, hatte Cooper zunächst erstaunt, bis er die Feststellung machte, dass die Fussreise in der Schweiz «nichts Ungewöhnliches war». Schon Ebel hatte deren Vorzüge gepriesen: «Es gibt sicher keine gesundere, stärkendere, die Lebenskräfte vermehrende Bewegung als das Reisen zu Fuss in einem gebirgigen Land.» Und: «Wer zu Fuss reiset, hängt von nichts als von seinem Willen und seinem Vergnügen ab; diese Freyheit ist ganz unbeschreiblich angenehm.» Die Möglichkeit, zu halten, wo man will; die gesundheitlichen

Der Lungernsee Richtung Brünig.

Aspekte; und der vermiedene Ärger mit den Fuhrpersonal sind enorme Vorteile, wenn man zu Fuss reist.

Johann Gottfried Seume hat einen in die Literatur eingegangenen «Spaziergang nach Syrakus im Jahr 1802» (zu Fuss, mit wenigen Ausnahmen) unternommen und später bekundet: «Wer geht, sieht im Durchschnitt anthropologisch und kosmisch mehr, als wer fährt.» Gingen die Menschen mehr, meinte er, wäre es um die Humanität besser bestellt; denn kaum sitzt man in der Kutsche, geht es mit einem schon bergab. Dass er zu Fuss unterwegs war, hatte zur Folge, dass er die Verhältnisse näher und genauer anschauen konnte und sein «Spaziergang» zu einem überraschend sozialkritischen Werk wurde.

Der Vater aller zu Fuss Gehenden aber war vielleicht Jean-Jacques Rousseau, der in seinen Bekenntnissen schrieb: «Ich kann nur beim Gehen denken.» Das ist mehr als bloss die Anwendung des peripathetischen Prinzips, mehr als die Kurierung einer Melancholie; es ist im Gegenteil das Eingeständnis, dass durch das Gehen Körper und Landschaft zu einer dynamischen Einheit verschmelzen; dass Rousseau als passionierter Pflanzenliebhaber die Botanik zu einer «gehenden Wissenschaft» gemacht hat, sei nur am Rande vermerkt. «Der Anblick des freien Feldes, der Wechsel angenehmer Aussichten, die frische Luft, der gute Appetit, das Wohlbefinden, das sich beim Wandern einstellt, die Ungebundenheit des Gasthauslebens, die Entfernung von allem, was mich meine Abhängigkeit fühlen lässt, von allem, was mich an meine Lage erinnert – all das befreit meine Seele, gibt mit eine grössere Kühnheit der Gedanken, schleudert mich gewissermassen hinein in die unendliche Mannigfaltigkeit der Wesen, mit der Kraft, sie zu verbinden, sie auszuwählen, sie mir nach Gefallen ohne Scheu und Furcht anzueignen. Ich verfüge als Herr über die ganze Natur.»

Das sind zweifellos grosse Worte, aber sie geben doch auch zu verstehen, dass das Gehen noch etwas mehr als eine körperliche Bewegungsart ist, nämlich eine grundlegende Lebenserfahrung. Auch der zu Fuss Reisende ist davon betroffen, wie noch einmal Ebel ausgeführt hat: «Die unglaubliche Wirkung der elastischen reinen Bergluft auf die thierische Maschine erleichtert ausserordentlich das Reisen in den Bergen.»

Um die gleiche Zeit kamen neue Verkehrsmittel auf. 1823 verkehrte das erste Dampfschiff auf dem Genfersee; 1828 hatte Cooper auf dem Bodensee das Dampfschiff betreten. Die Postboote auf dem Brienzer- und Thunersee, die Cooper mehrmals benützte, waren auch dampfbetrieben und machten den Ruderbooten immer grössere Konkurrenz. Aus dem «Baedeker» wissen wir, dass 1844 für die Fahrt von Luzern nach Flüelen sowohl Ruder- wie Dampfboote zur Verfügung standen.

Aufschlussreich ist die Beschreibung Coopers, die er von Neuhaus am Thunersee gemacht hat: «Wir brachten drei Stunden zu von Thun nach Neuhaus, welches, wie der Name sagt, auch nur ein einzelnes Haus ist. Es hat einen kleinen künstlichen Hafen, der durch Versenkung von Steinen in gleichlaufender Richtung mit dem Landungssteg gebildet worden ist. Hinter diesem altertümlichen Hafendamm lag eine Flotte von plumpen Fahrzeugen, deren Mannschaft am Strande müssig ging, während sie Passagiere erwartete. Wie gewöhnlich waren sie beiderlei Geschlechts. Ein Kahn mit einer Ladung Engländer lief eben aus dem Hafen, als wir einliefen. ‹Chars› und Fuhrwerke grösserer Art standen bereit; in wenigen Augenblicken sassen wir alle in einem der letztern, mit der Weisung, nach dem Fuss derjenigen Berge zuzufahren, die uns durch ihre von ferne leuchtende Glorie schon längst mit der Sehnsucht eines Tantalus erfüllt hatten. Ich glaube, die Fuhrwerke stehen einigermassen unter polizeilicher Aufsicht; denn wir gelangten ohne Lärm und Zank aus dem Boot in den Wagen. Mit Hilfe von Führern, Schiffern und Kutschern kann eine Reise durch denjenigen Teil des Oberlandes, in dem sich Fahrwege befinden, ziemlich schnell von statten gehen.»

Auch die Eisenbahnen verkehrten bereits auf einzelnen Strecken, aber Cooper hat sie nur zur Kenntnis genommen, selber jedoch in Europa nicht benutzt. Ab 1823 bestand zwischen Basel und Bern eine Schnellverbindung der Reisepost; und von den 1820er Jahren an wurden alle grossen Alpenstrassen ausgebaut. Die ersten Güterzüge verkehrten 1825 mit 15 Kilometern in der Stunde zwischen Stockton und Darlington, 1830 wurde der Eisenbahnverkehr für Passagiere zwischen Manchester und Liverpool eröffnet; bereits vier Monate zuvor waren in Amerika die ersten Eisenbahnzüge der «Baltimore und Ohio-Linie» in Betrieb. In der Schweiz wurde 1848 der Eisenbahnverkehr zwischen Zürich und Baden eröffnet.

Cooper hatte diese Entwicklung am Rande mitbekommen, wie aus einem beiläufigen Hinweis hervorgeht, den er machte, als er auf seiner dritten Exkursion zwischen Brienz und Meiringen die Aussicht bewunderte. «Einige Züge von Packpferden erhöhten den Reiz der Szene. Eine Eisenbahn mag die höheren Fortschritte der Kultur beweisen; aber das Malerische wird durch diese kleinen klassischen Reiterzüge noch ganz vorzüglich erhöht. Sie eignen sich besonders für eine Schweizer Landschaft, und ich bin keinem solche Zuge jemals begegnet, ohne deutlich zu merken, wie wunderbar sie die bezaubernde Wirkung gewundener Pfade, felsiger Abstürze und tiefer Bergschluchten vermehren.»

Die neuen Verkehrsmittel hatten jedenfalls das Reisen ungemein erleichtert. Die Strecke von London nach Rotterdam hatte Cooper in 26 Stunden zurücklegen können. Das waren Fortschritte und Erleichterungen, von denen andere nur träumen konnten. Goethe spricht in einem Brief aus dem Jahr 1830 an Jakob und Marianne von Willemer von einem jungen Mann, der nach London reiste, im Verlauf einer Woche wieder zu Hause sein wollte und ihm so zu Bewusstsein gebracht habe, «wie es jetzt in der Welt schnell hergeht». Die höchsten Gebirge lassen sich leicht überwinden, und man fährt in der offenen Kalesche bequem dahin, «wo wir mühseligen Fussgänger mit Maultieren um die Wette steigen mussten». «Leider sind diese Leichtigkeiten der Bewegung nicht in die Jahre meiner Mobilität gefallen» – Goethes Bedauern ist mehr als deutlich zu hören, er wäre sonst mehr in seinem Leben gereist. Seine Italienreise musste ihm genügen, ebenso seine drei Schweizer Reisen; sie waren zur damaligen Zeit aber schon eine ausserordentliche Sache gewesen.

Die Eisenbahn hatte das Leben verändert; das ist ein Kapitel für sich. Heinrich Heine hatte 1843 das Erlebnis beschrieben, das eine Eisenbahnfahrt von Paris nach Rouen oder Orléans bildete. «Es beginnt ein neuer Abschnitt in der Weltgeschichte, und unsere Generation darf sich rühmen, dass sie dabei gewesen. Welche Veränderungen müssen jetzt eintreten in unserer Anschauungsweise und in unseren Vorstellungen! Sogar die Elementarbegriffe von Zeit und Raum sind schwankend geworden. Durch die Eisenbahn wird der Raum getötet, und es bleibt nur noch die Zeit übrig.» Paul Virilio hat diese Erkenntnis mit dem Begriff «rasender Stillstand» bezeichnet.

Auf seine Art hatte Cooper die gleiche Erfahrung gemacht, nur zurückversetzt in die langsamere Zeit der Kutsche. Auf der Fahrt über den Simplon nach Italien bewunderte er die Strasse, die Klüfte, die Brücken und meinte, «dass wenn man schnell durch eine solche Szene fährt, die Seele, ohne sich mit der Zergliederung der Einzelheiten aufzuhalten, im Stande ist, einen Eindruck von einem fortgesetzten und ungeteilten Ganzen aufzufassen». Der Blick zergliedert und zerlegt die Landschaft in tausend Einzelheiten, die Geschwindigkeit jedoch, die auf der Fahrt erlebt wird, setzt sie wieder zu einem Ganzen oder zu einem Eindruck des Ganzen zusammen.[5] Cooper hatte sozusagen noch den analogen Raum erlebt, bei Heine geht der Raum schon in seine virtuelle Form über.

Es gibt bei Cooper auch interessante Hinweise auf ein räumliches Begreifen der Landschaft, etwa dann, wenn man in seinem «Tagebuch» die Bemerkung liest, dass er jeden Tag mehr davon überzeugt sei, dass die Alpen aus der Ferne schöner anzuschauen seien als aus der Nähe. Denn aus grösserer Distanz wird ihre Gesamtheit besser sicht- und fassbar. In den «Ausflügen» am Ende der dritten Exkursion steht es dann so: «Ich kehrte zu meinen Betrachtungen der Berge aus der Ferne zurück; die mich stündlich mehr überzeugten, dass sie sich am schönsten als ein Ganzes ausnehmen, wenn man sie aus grösster Entfernung betrachtet.» Nah und fern sind nicht die Objekte der Sichtbarkeit, sondern Kriterien, die abhängig vom Standort des Betrachters sind. Die Einzelheiten, das heisst die «wirklichen Grössenverhältnisse, ihre herrlichen, einsamen Täler, ihre erhabene Ruhe», müssen von der Einbildungskraft zu einem Gemälde, das heisst zu einer Einheit, zusammengesetzt werden. Die Nähe und die Ferne haben zwei verschiedene Funktionen, beide müssen sich ergänzen. Aber am Schluss überwog bei Cooper die Ferne.

Chateaubriand hatte ebenfalls[6] dem Fernblick den Vorzug gegeben, aber auch hinzugefügt, dass man wie bei einem Kunstwerk die richtige Distanz einnehmen müsse. Wenn man die Objekte berühren kann, dann ist das «optische Feld zu gedrängt, die Dimensionen verlieren unweigerlich ihre Grösse; das ist etwas so Wahres, dass man den Eindruck hat, ständig über Höhenverhältnisse und Entfernungen getäuscht zu sein.» Erscheint der Mont-Blanc von Chamonix aus etwa besonders hoch? Ein grosser See sieht von weitem klein aus. Und so ist die Grösse der Berge, folgert Chateaubriand, zuletzt nur das Ergebnis der Ermüdung, die sie bereiten.

Es mag von Interesse sein, dass auch John Murray in seinem «Hand-Book for Travellers in Switzerland» auf dieses Verhältnis von Nahsicht und Fernblick eingegangen ist. Von weitem gesehen, bilden die schneedeckten Berge ein «majestätisches Spektakel», aber «das Auge vergisst, dem Geist die Mitteilung zumachen, dass die klar erschauten weissen Massen Berge sind, die in einer Entfernung von 60 oder 70 Meilen liegen». In der Nähe ziehen sich dagegen die grossartigen und erhabenen Objekte zusammen und verdichten sich. Bei Cooper, Chateaubriand und Murray tritt in der nahen Umgebung die objektive Wirklichkeit in Geltung, während in der Distanz alles der Einbildungskraft unterliegt. Das «Ganze» ist nur eine räumliche Disposition.

Zu seiner Zeit musste sich Cooper noch vor allem mit den faktischen Widerwärtigkeiten des Reisealltags, nicht mit den fiktiven des virtuellen

Raums herumschlagen. Dazu gehörten einmal die sprachlichen Schwierigkeiten und die sich daraus ergebenden Missverständnisse. Cooper hatte in Frankreich mit seinen Französischkenntnissen gute Fortschritte gemacht; 1827 berichtete er Luther Bradish, er fange an, sich schrecklich heimisch zu fühlen und die Sprache gehe ihm leicht von den Lippen. In der Schweiz versuchte er 1828 wenn immer möglich, sich auf Französisch zu verständigen, aber in den Bergen kam er damit nicht immer problemlos weiter.

In Altstätten versuchte er es, als alles nichts mehr half, mit der «Sprache der Natur». «‹Kaffee› ist glücklicherweise, so wie ‹Revolution›, ein Wort in unserer überreizten Zeit, das allgemein verständlich ist.» Aber damit kann man nichts zu essen bestellen, und «irgend Etwas» essen zu wollen konnte leicht, meinte unser Reisender, als «Irgend etwas» missverstanden werden. Da war die Sprache vielleicht zu subtil. Was also tun? In dieser Situation entsann sich Cooper «einer längst vernachlässigten-Kunst» und fing an, wie ein Hahn zu krähen. Die Wirtin sauste in die Küche, und es dauerte nicht lange, bis Cooper einen gebratenen Hahn, eine Omelette und weiche Eier vorgesetzt erhielt. Auf der zweiten Schweizer Reise dagegen versuchte es Cooper gelegentlich mit Deutsch, das er in Dresden gelernt hatte.

Sehr belustigte es Cooper immer wieder, für einen Engländer gehalten zu werden, weil und wenn er Englisch sprach. Wenn er dann erklärte, Amerikaner zu sein, wurde es häufig mit ungläubigem Staunen aufgenommen. Es gab viele englische Reisende, aber kaum amerikanische.

Zu den Lästigkeiten des Reisens gehörten im Weiteren die permanenten, oft ermüdenden Auseinandersetzungen mit den Wirten und Besitzern von Wirtshäusern. In Thun ärgerte Cooper sich über die «Nonchalance» des Wirts. «Wir wurden bedient, so viel ist wahr, aber das ist auch alles, was sich sagen lässt. Ich müsste zittern für freie Verfassungen», ereifert er sich, «wenn irgend eine notwendige Beziehung zwischen Rohheit und Freiheit stattfände. Doch der bernische Republikanismus ist weiter vom Demokratismus entfernt als von Despotie.» Das sind happige Worte. Was war geschehen? «Der Fehler fällt, meiner Ansicht nach, hauptsächlich dem Umstand zur Last, dass die Wirte ein Monopol haben durch ihre Lage und den Mangel anderer Unternehmen, die mit ihnen wetteifern können.» Daraus zieht Cooper die liberalistische Schlussfolgerung, die bis heute an Geltung nicht das Geringste eingebüsst hat: «Monopol und mangelnde Konkurrenz vertragen sich schlecht mit wahrer Freiheit.»

Ein anderes Wirtshaus, das sein Monopol nach Strich und Faden ausnützte, war dasjenige in Moudon, wo Cooper dreimal einkehrte beziehungsweise einkehren musste, weil es an Konkurrenz mangelte. Aber es gab auch anständige Wirte wie derjenige in Disentis, «der gerade die ungekünstelte Art hatte, seinen Gästen gefällig zu sein, wie man es von einem Gebirgsbewohner erwarten konnte, vor dessen Tür ein gutgekleideter Reisender, und, mit aller Bescheidenheit sei es gesagt, ein anständiger Reisender aus fremden Landen plötzlich abgestiegen war und sich mit Milch und Brot zum Nachtessen begnügte». Das Unvermögen des Wirts, Cooper zu verstehen, machte ihm am meisten zu schaffen. Noch einen dritten Wirt kennen wir von Cooper. Das war derjenige in Langenthal, der stolz auf seine Schweizer Berge war, als Cooper ihm von seiner Rigibesteigung erzählte. In fast allen Reiseführern der Zeit werden die Wirte wie unumschränkte Herrscher beschrieben.

Schon in Frankreich war Cooper zur Auffassung gekommen, dass es ratsam sei, nie in einem Wirtshaus «zweiten Ranges» abzusteigen, wenn man vermeiden wolle, unangenehme Erfahrungen zu machen. Und ein anderes Mal hatte er einen anderen Rat erteilt, nämlich dass es am besten und sichersten sei, Eier zu bestellen, wenn man einmal in ein schmutzstarrendes Wirtshaus geraten sei. Die andere Seite, die Cooper nicht erwähnt, ist die, dass er mehr als einmal erstaunt war, dass die Schweizer in den Bergen erwarteten, für ihre Dienste bezahlt zu werden, was sich für Cooper so ganz und gar nicht mit der edlen Genügsamkeit der Menschen vertrug, die er bei ihnen voraussetzte oder stillschweigend erwartete.

Nicht unwichtig war die Reiseausrüstung. Ebel hat dazu die genauesten Angaben gemacht: Keine Beinkleider, sondern Oberhosen; ein guter Überrock für im Gebirge oder ein «Wachs-Leinewand-Mantel», auch ein Regenschirm ist ratsam, wenn es im Gebirge regnet, was oft vorkommt; ein Filzhut gegen die Sonne, es kann auch ein Strohhut sein. Das Reisebündel, welches vom Führer getragen wird und nicht so schwer sein darf, enthält Hemden, ein Paar Strümpfe, Schnupftücher, Halstücher, eine Weste, Beinkleider «nebst anderen Kleinigkeiten». Sehr nützlich ist ein langer und starker Bergstock, «mit einer eisernen Spitze versehen». Auch nicht zu verachten: Etwas zum Trinken, «Limonadenpulver oder Weinsteinkrystalle, womit man bei jedem Brunnen sich einen kühlenden Trunk verfertigen kann»; auch ein hölzerner Becher gehört zur Ausrüstung. «Wer Milch und Sahne nicht vertragen kann, der versorge sich mit Chokolade, um im Notfall den Hunger stillen zu können. Wenn das alles und alles beieinander ist, dann Auf und Adieu.»

Cooper hat sich zu seiner Ausrüstung nicht näher geäussert. Aber er hat manchmal das Gepäck vorausschicken lassen, was bedeuten wird, dass es nicht eben wenig war. Einen Wanderstab freilich hatte er bei sich, einen «sechs Fuss langen Stock aus Eichenholz, unten mit Eisen beschlagen und mit einem Stachel versehen». Seinen Knappsack trug der Führer, genau so, wie Ebel es vorgesehen hatte.

Die Entwicklung hatte zwischen 1820 und 1850 bedeutende Fortschritte erzielt. Um 1880 nahmen die ersten Bergbahnen den Betrieb auf und brachten den Tourismus als Massenphänomen zur Blüte, riefen aber gleichzeitig auch die ersten Kritiker auf den Plan. John Ruskin[7], der oft die Schweiz besucht und eine Formel gefunden hat, um den Neigungswinkel der Berge als Kriterium für die Definition von Schönheit heranzuziehen, verdammte die Eisenbahnen als Verschandelung der Natur und verglich den Tourismus mit Übungen an «eingeseiften Kletterstangen in einem Bärenzwinger». Alphonse Daudet[8] verglich in seinem Roman «Tartarin in den Alpen» (1885) das Treiben der Gäste auf der Rigi unverhohlen sarkastisch mit einem Casinobetrieb, und Leonhard Ragaz[9] warnte, die Schweiz werde durch den überhand nehmenden Fremdenverkehr «knechtselig» und opfere das Land auf dem Altar des Profits. «Das Schweizerhaus ist das Hotel Europas geworden», schrieb er.

Erhabene, pittoreske und moralische Landschaften

Die zunehmende Reisetätigkeit hat einen neuen Schönheitsbegriff der Landschaft hervorgerufen; vielleicht war es aber auch so, dass die Landschaft mit einem Mal als schön angesehen wurde, schön in einem ästhetischen Sinn, das heisst als etwas die Sinne Bewegendes, und dies allmählich zu einer Zunahme der Reisen geführt hat. Die Schweiz war das ideale Land dafür und zog die Fremden mit seinen landschaftlichen Schönheiten an.

In der zweiten Hälfte des 18. Jahrhunderts hatten die Kleinmeister, Johann Ludwig Aberli, Heinrich Rieter, Sigmund Freudenberger, Balthasar Anton Dunker und andere, ein Bild der Schweiz reproduziert, das sich ganz und gar im Genrebereich bewegte. Wir können die hohe künstlerische Qualität ihrer Werke heute vollkommen anerkennen, aber in der damaligen Zeit waren es vor allem Beiträge einer Souvenirindustrie, die bemüht waren, den Reisenden zu einem Andenken zu verhelfen. Gleichzeitig hatte Caspar Wolf (1735–1783) ein ganz anderes Bild der Alpen entworfen, das den Vorstellungen des Erhabenen in idealer Weise entsprach.

Damit standen sich zwei Malweisen gegenüber, die man auf der einen Seite als die pittoreske oder malerische und auf der anderen Seite als die erhabene, heroische, sublime beziehungsweise romantische bezeichnen kann. Die malerische bevorzugte Motive wie Ruinen, Abteien, Wirtshäuser, Kirchhöfe, ausserdem Kostüme und besonders familiäre und volkstümliche Genreszenen; auch Hirten und Schäfer hatten darin Platz und stellten einen Übergang zur Idylle her. Die andere, die so genannte erhabene Landschaftsauffassung und -malerei, richtete ihre Aufmerksamkeit auf Felsen, Abgründe, Schluchten, auf eine dramatisch bewegte, das heisst als dramatisch bewegt empfundene Landschaft. Alles, was wild, heftig, zerklüftet, unregelmässig, sozusagen fraktal[10] war, fiel unter diesen Begriff. Dass die Landschaft als romantisch bezeichnet wurde, enthielt eine unüberhörbare Anspielung auf die Kraft, die sie auf das Gemüt und die Einbildungskraft der Betrachtenden ausübte; genau genommen geht der Ausdruck «romantisch» zurück auf das Mittelalter und bezieht sich auf die «romance», die abenteuerliche Ritterdichtung. Im Englischen hat «romantic» den Unterton von «strange», das heisst aussergewöhnlich, bizarr, in gewisser Weise auch spektakulär; erst später wurde daraus poetisch, phantastisch, gefühlsbeladen, schwärmerisch im heute gebräuchlichen Sinn.

Diese zwei Begriffe prägten für lange Zeit den Kanon der Landschaftsmalerei, also auch die Art, wie die natürliche Landschaft wahrgenommen wurde. Nie so richtig zur Kenntnis genommen wurde jedoch, dass es daneben noch eine dritte Auffassung gab, die im Hintergrund geblieben ist und daher auch schwer zu fassen ist. Man könnte sie als «nützliche» oder «moralische» Landschaftsdarstellung bezeichnen.

Was damit gemeint ist, lässt sich so sagen: Es ist die landwirtschaftlich genutzte, aber nicht nur wertgeschöpfte, sondern auch und vor allem die durch Arbeit in sittliche Leistung verwandelte Landschaft, die in der Schweiz seit der Aufklärung eine lange Tradition hat. Frühe Hinweise auf diesen Landschaftstypus können bei Johann Jacob Scheuchzer gefunden werden, der den Alpenraum als Lebensraum entdeckte. Albrecht von Haller hat den Nutzeffekt der alpinen Landschaft hervorgehoben. Zum Beispiel macht bei ihm der Fleiss des Volkes aus Milch «der Alpen Mehl», was bestimmt ein schiefer Vergleich ist, auch wenn vielleicht Käse das Brot ersetzen muss. Die Käseherstellung ist aber ein Aspekt der Produktivität, die in diesem abseits gelegenen Gebiet lange übersehen wurde. Auch

«der Berge wachsend Eis, der Felsen steile Wände
sind selbst zum Nutzen da und tränken das Gelände».

Die Alpen als Wasserschloss, das ist (auch) ein alter Topos. Nicht zuletzt werden die einfachen, anspruchslosen, unverdorbenen Sitten der Menschen in den Bergen als ein soziales Kapital für sich, das auf «papierne Schätze» gut und gern verzichten kann, gewertet und gewürdigt.

Jakob Gujer (1716–1785), genannt Chlijogg, betrieb auf seinem Hof in Wermatswil bei Uster, später auf dem Katzenrütihof bei Rümlang eine Musterwirtschaft[11] und bemühte sich um die Vervollkommnung des Menschen, der nur, dem Zeitgeist entsprechend, ein Mensch auf dem Lande sein konnte. Chlijogg wurde auf diese Weise zum Inbegriff des unverbildeten und trotzdem philosophischen Bauern («le Socrate rustique»), dessen Erfolg und Ansehen weit ausstrahlten und dazu beitrugen, dass er aus allen Richtungen der Welt Besuche erhielt, so unter anderem 1775 und 1779 von Johann Wolfgang Goethe. Heinrich Pestalozzis Neuhof im Birrfeld ist aus Chlijoggs Ideen hervorgegangen.

In seinen «Briefen über ein schweizerisches Hirtenland» (Basel 1782) erblickte Carl Victor von Bonstetten (1745–1832) im Saanenland «ein Compendium von Europa». «Die Täler, durch welche der Sanestrom pfeilschnell herunterschiesst, enthalten in fünf Geschossen die Verschiedenheiten, die der Himmel zwischen Dauphiné und Hamburg hervorbringt; vom Grunde der Täler aber bis auf die Gipfel der Gletscher ist fühlbar, was der Himmel von Hamburg bis Nova Sembla bewürkt.» Das Hirtenleben ist es, das die Würde der Natur garantiert.

In seinen «Neuen Schriften» (Kopenhagen 1799) geht von Bonstetten noch weiter und fordert, im Sinn einer Aufklärung à la Suisse und gegen Rousseau gerichtet, dass Volksaufklärung mit der Landwirtschaft zu beginnen habe. Je besser der Bauer, der «die Nation ist», wirtschaftet, desto näher ist er der Moral und desto mehr trägt er deshalb zur Nationalmoral und gleichzeitig zum Nationalreichtum bei. Dass Moral und Reichtum dabei identisch werden, ist für von Bonstetten kein Widerspruch. Die Einsicht führt an den Ausgangspunkt aller Erkenntnisse, dass Aufklärung die richtige Kenntnis der Verhältnisse des Menschen, in denen er lebt, ist und der Bauer infolgedessen gebildet sein und über sein Handeln Bescheid wissen muss – und dass zugleich die gute Alpenluft, in der diese Aufklärung gedeiht, das beste Mittel gegen die revolutionären Umtriebe in Frankreich ist.

Auch der Philanthrop und Politiker Philipp Emanuel von Fellenberg (1771–1844) war von der «pädagogischen Humanisierung» des Menschengeschlechts überzeugt, allerdings auch von der Tatsache, im Emmental und Entlebuch Leute anzuwerben, um Bern gegen die französischen Truppen zu Hilfe zu eilen. Auf seinem Gut Hofwil gründete er ein landwirtschaftliches Mustergut mit sozialpädagogischer Ausrichtung ebenso wie eine landwirtschaftliche Schule. Wie Chlijogg erhielt Fellenberg aus allen Ländern Besuch von Menschen, die sich über seine Vorstellungen ein Bild machen wollten – unter anderem von einem amerikanischen Reisenden namens James Fenimore Cooper, der sich freilich nicht getraute, Fellenberg, als er ihm zu Pferd begegnete, «beschwerlich zu fallen». Auch lagen Coopers Interessen ganz anders, aber immerhin ist so der Zusammenhang zwischen der moralischen Landschaft, die in der Schweiz so viel Bedeutung beansprucht, und Coopers Reise in diesem Land hergestellt.

Von den drei Landschaftstypen fliessen zwei, die erhabene und die moralische, im Werk Jean-Jacques Rousseaus zusammen. «Ich brauche Giessbäche, Felsen, Tannen, dunkle Wälder, Berge, bergauf und bergab holpernde Wege, Abgründe neben mir», erklärt der Philosoph in seinen «Bekenntnissen», und in «Julie oder die Neue Heloise» schreibt er: «Bald hingen unermessliche Felsen in Trümmern über meinem Haupt; bald umströmten mich hohe, rauschende Wassergüsse mit ihrem Nebel; bald öffnete eine immerwährende Flut zu meiner Seite einen Abgrund, dessen Tiefe das Auge sich nicht zu erforschen getraute. Zuweilen verlor ich mich in eines dichten Waldes Dunkelheit; zuweilen, wenn ich aus einem Schlunde herauskam, erquickte auf einmal meinen Blick eine angenehme Wiese.»

Das alles sind Beispiele für eine erhabene Landschaft. Dann fährt Rousseau fort: «Eine erstaunliche Vermischung von wilder und bebauter Natur zeigte überall der Menschen Hand, wohin man nicht geglaubt hätte, dass sie jemals gedrungen wäre; auf der Seite einer Höhle fand man Häuser; wo man nichts als Brombeeren gesucht hätte, da sah man dürre Weinreben, auf abgerutschtem Erdboden Weinberge, auf den Felsen die trefflichsten Früchte und in Abgründen Felder.»

Auf der anderen Seite preist Rousseau in «Julie oder die Neue Heloise» die manchmal pittoreske, manchmal moralische Landschaft am Beispiel der Landwirtschaft. Das einfache, geordnete Landleben in Clarens, das Rousseau beschreibt, ist die ideale Lebensform, Landarbeit «reiner Genuss». Die bäuerliche Wirtschaft macht einen grossen Teil der Beschäftigungen und Einkünfte der Menschen, die hier leben, aus. Überall ist «das Nützliche an die Stelle des Angenehmen getreten». Die Aufgabe der ländlichen Arbeit, die darin besteht, «öffentlichen und privaten Nutzen» zu erbringen, macht sie interessant. Von einem schattigen Obstgarten wird gesagt, er sei mit dem «Elysium» zu vergleichen; der Weinbau, der eine zentrale Tätigkeit im Roman bildet, führt direkt zum biblischen Motiv des Weinbergs als Inbegriff des irdischen Paradieses. Die Eindrücke, um das ländliche Leben in Clarens zu beschreiben, hat Rousseau an Ort und Stelle gesammelt, die Eindrück für die erhabene Landschaft, die er in den «Bekenntnissen» und «Julie oder die Neue Heloise» wiedergibt, auf zwei Reisen in das Wallis, die er 1744 und 1754 unternommen hat, gewonnen und verarbeitet.

Dass Rousseaus Roman neben Meillerie in Clarens angesiedelt ist, also in nächster Umgebung von Vevey, wo Cooper sich 1832 einen herbstlichen Monat lang aufgehalten hat, ist ein Zusammenhang, der nicht übersehen werden sollte.

Was Cooper in der Schweiz «schön» fand

Coopers Interesse an der Schweiz richtet sich auf die ursprünglichen natürlichen Schönheiten des Landes sowie auf die politischen Einrichtungen, die darin anzutreffen sind, auch auf die Gewerbetätigkeit, aber weniger auf die Landarbeit. Eine schöne Landschaft ist für ihn keine bebaute, sondern eine pittoreske, selten eine erhabene beziehungsweise nur dann eine, wenn sie ins Konzept passt. Am besten ist es, wenn die erhabene den Horizont bildet, vor dem sich im Vordergrund eine liebliche Landschaft ausbreitet. Das ist für ihn die typische und ideale «swiss scenery».

Immer wieder bricht er in Staunen, Bewunderung und Entzücken aus angesichts der alpinen Landschaft, besonders während des ersten Aufenthalts in der Schweiz. Der zweite Aufenthalt hat nicht mehr so viele Reize zu bieten wie der erste, oder der zweite lässt erkennen, dass es doch im Grund genommen die pittoresken Ausblicke waren, die ihn mehr einnahmen als die grossen und grossartigen. Denn schliesslich kannte Cooper aus eigener Anschauung in Amerika keine erhabene Landschaft; die Hudson-Landschaft hat er selber als «schön», das heisst pittoresk beziehungsweise malerisch bezeichnet; und den «Mangel an Bergen» in Amerika hat er erklärt dermassen als Nachteil empfunden, jedenfalls kannte er keine Berge, die ihm den gleichen Eindruck gemacht hätten wie in der Schweiz.

Vielleicht ist überhaupt das Urteil zutreffend, dass das Pittoreske die Menschen immer mehr angezogen hat als die Schaudern bereitende alpine Welt. Sie war ihnen einfach vertrauter. Man kann erst ermessen, was es bedeutet haben musste, zwischen 1750 und 1830 in der Schweiz zu reisen, wenn man berücksichtigt, wie wenig entwickelt die Infrastruktur damals war.

In der Schöllenen hat Cooper die Entdeckung gemacht, wie sehr «dieses Gewirre von Schrecklichem und Erhabenem», diese «chaotische Verwirrung» und «fürchterliche Schönheit», ihn beeindruckte, und er sah hier einen «neckischen Versuch der Natur», die prüfen wollte, «wie weit sie es im Grausigen und Schaurigen zu bringen vermöge». Wenn man aber seine beiden Reisebeschreibungen genauer liest, wird man immer wieder feststellen, wie er sich bemühte, das eine und das andere einander anzugleichen, also gewissermassen einen Mittelweg zu finden. Die erhabene Landschaft wird gemildert, die pittoreske aufgewertet, weil die erstere vielleicht zu gross ist und die zweite vielleicht etwas vergrössert werden müsste.

Als er vom Oberalppass nach Andermatt heruntersteig, fand er das vor ihm liegende Urserental «sowohl romantisch als schön»; auch der Rhonegletscher hatte «nicht bloss ein erhabenes, sondern auch schönes Aussehen; erhaben wegen seines ungeheuren Umfangs und seiner furchtbaren Höhe, und schön wegen der Reinheit seiner ganzen Masse und der Formen seiner einzelnen Schichten».

Auf dem Weg von Interlaken nach Lauterbrunnen schien alles «mit einander zusammenzustimmen und im Alpenmassstab angelegt» zu sein. In Zweilütschinen treffen die beiden Lütschinentäler zusammen, von denen jedes seine «Schönheit und Wildheit» hatte. Später auf dem Weg von Lauterbrunnen nach Grindelwald meinte er, dass die «Eishügel, Felsenblöcke, Giessbäche in einer Wirre durcheinander flimmerten, die keine Feder beschreiben kann – ein malerisches Chaos»: ein perfekter Widerspruch. Ja zum Chaos, wenn es nicht anders geht, aber wenn es sich machen lässt, dann wenigstens ein «malerisches», also gemildertes Chaos. Die Mischung «des Wilden und Schönen» entdeckte er auch auf dem Weg vom Toggenburg nach Rapperswil; sie schien ihm der vollkommene Ausdruck einer Schweizer Landschaft.

Wenn Cooper definierte, was «schön» sei, dann meinte er, dass Strassen eine Landschaft und Inseln einen See verschönern würden. Den Genfersee fand er schön, «weil beide Ufer meilenweit mit Landhäusern, Gärten und Lusthainen übersät» sind. Das Distinkte und Deskriptive, das Mass und der Massstab: darauf wollte er auf keinen Fall verzichten.

Die Landschaft, die ihn am meisten entzückte, diejenige am Lungernsee, jedoch mit dem Gebirge im Rücken und dem Blick hinunter in das sich öffnende Tal, hat er auch auf der zweiten Reise nicht weniger anhänglich als auf der ersten beschrieben: Es waren dies «ein Landweg entlang einem See, etwa zehn Fuss vom Wasser entfernt, der sich entfernt, windet, verliert und wieder hervortritt; eine Wasserfläche, durchsichtig wie die Luft und blau wie die Himmelswölbung, durchaus eben und rein, in der sich der Anblick des reinen lauteren Ätherraums widerspiegelt; ein Gebirgsabhang am jenseitigen Ufer; über den breiten Abhängen, uns zugewendet, gleich geebneten Grasplätzen, glatt geschorene Alpenmatten; zerstreute Lärchenwaldungen, deren dunkelnde Schatten den Reiz der Landschaft durch sanfte Übergänge steigerten; bräunliche Sennhütten, hie und da eine Hütte auf schwindelnder Höhe rastend, dort eine Kapelle oder auch zwei.»

Durchsichtig, eben, geebnet, rein, glatt geschoren, sanft beziehungsweise Ausdrücke wie der richtige Massstab und wie malerisch, zusammen stimmend, das heisst zusammenpassend: Das sind die Attribute einer ganz und gar pittoresken Landschaft. «Diese Ansicht», meinte er ausdrücklich, «hatte durchaus nichts, das den bewundernden Blick fesseln zu wollen schien, es war eine Folge einfacher Züge eines ländlich anspruchslosen Gemäldes, aber es war ein Ideal vereinter ländlicher Einfachheit und Schönheit und so ganz ohne alles Störende, das den guten Eindruck hätte vermindern können.»

Bevor Cooper Rapperswil erreichte, fielen ihm «Felder und Wälder in wechselnder Begegnung, wie in einem Park», auf: keine Natur, sondern zivilisierte Landschaft. Einmal hatte Cooper sogar gemeint, dass, wenn über die Schweiz gesprochen wird, eigentlich die «idyllischen Niederungen» zu oft vergessen würden. Auch auf die wollte er nicht verzichten. Aber da stehen wir schon fast an der Grenze zwischen der pittoresken auf der einen und der nützlichen, moralischen Landschaft auf der anderen Seite.

Coopers Reiseberichte und die Kritik

Nach seiner Rückkehr nach Amerika fing Cooper neben anderen Vorhaben an, seine Reiseeindrücke festzuhalten. In schneller Folge erschienen fünf Bücher über Europa: 1836 «Sketches of Switzerland», im gleichen Jahr auch «Sketches of Switzerland, Part Second». Ein Jahr danach, 1837, folgte «Gleanings in Europe» (über Frankreich) sowie «Gleanings in Europe: England», nochmals ein Jahr danach, 1838, machte «Gleanings in Europe: Italy» den Abschluss.

Schon in Europa fasste Cooper den Plan, seine Eindrücke aus Europa in Buchform herauszugeben. «There will be a book for America», «written especially for my own Countrymen», ein Buch besonders für amerikanische Leser geschrieben, teilte er seinem Verleger in Philadelphia mit. «Ich habe nicht die Absicht, die Menschheit mit Statistiken und trockenen Essays über Politik zu langweilen, sondern will nur schnelle Eindrücke dessen wiedergeben, was ich sehe, mit amerikanischen Augen.» Auf den vier Exkursionen während des ersten Aufenthalts in der Schweiz hatte er ein Notizbuch bei sich, unliniert, 16,7 x 21 cm gross, das in der Cooper Collection der Yale University aufbewahrt wird. Wahrscheinlich machte er sich gelegentlich auch unterwegs Notizen, wobei er notfalls die Wagendecke als Schreibunterlage benutzte, wie er überliefert hat.

Einige Fragen hat die Briefform aufgegeben und die Überlegung, ob die Briefe, wie sie geschrieben sind, zur Veröffentlichung bestimmt waren oder sie nicht vielmehr nachträglich als Grundlage und Aide-mémoire herangezogen und überarbeitet worden sind, ähnlich wie Johann Wolfgang Goethe seine Briefe von den Adressaten zurückerbeten und verwendet hat, um «Dichtung und Wahrheit» und die «Italienische Reise» zu schreiben.

Als er den Italien-Band fast beendet hatte, schrieb er an Richard Bentley, es sollte «eher ein malerisches als ein politisches Buch werden, ähnlich in der Art wie der Erste Teil der Schweiz». Was er mit einer «malerischen» Beschreibung meinte, war der Versuch, die Einbildungskraft zu mobilisieren und aus «zergliederten Teilen» beziehungsweise «einzelnen Zügen», das heisst disparaten Einzelheiten, die sich dem fluktuierenden Bewusstsein anbieten, durch «Vereinwirkung» ein Gesamtbild, also einen Gesamteindruck, das heisst eine neue, übergeordnete Einheit zu montieren.

Das ist eine Feststellung, die er wiederholt gemacht hat. Der Begriff des «Ganzen» ist an dieser Stelle bereits mehrfach aus dem Vokabular Coopers zitiert worden. Es kam dem Schriftsteller darauf an, nicht die einzelnen Details für sich genommen anzustaunen, sondern von diesen zum Ganzen und Allgemeinen fortzuschreiten, notfalls unter Inkaufnahme des Risikos, einem Pauschalismus zu erliegen; reichlich oft kommt bei Cooper das «Schöne» und das «Wilde» unreflektiert vor.

Das trifft auch auf seinen Diskurs zu. Er will malerisch sein, also gesamthaft, aber er springt von einem Punkt zum anderen, so wie der Blick über ein Bild gleitet. Das hat mit der Briefform zu tun, oder es ist die gewählte Form, die ihn dazu verleitet. In der Literatur, zum Beispiel bei Rousseau, Goethes «Werther» oder den Romantikern, war der Briefroman ein kompositorisches Mittel, um die Linearität der Handlung aufzuheben und über das unterstellte direkte Erleben und das fiktive Selbstbekenntnis hinaus das Zwiespältige und Zerrissene zum Ausdruck zu bringen. Analog dazu ist die von Cooper gewählte Form geeignet, die strengere Objektivität aufzuheben und beinahe beiläufig, wie es für eine Reisebeschreibung geradezu prädestiniert zu sein scheint, aufzunehmen und einzuflechten, was auch noch der Erwähnung wert ist, ohne es in eine schematische Ordnung zwängen zu müssen.

Unter diesen Voraussetzungen bestehen Coopers Reisebriefe aus vier inhaltlichen Gruppierungen: Eindrücke der Natur; Wiedergabe von praktischen Angaben zur Reisekultur und -praxis; politische Reflexionen über die Institutionen in der Schweiz und die Folgen der Revolution von 1830 in und auf Frankreich sowie auf die Schweiz; sowie viertens einem Dialog Coopers mit Landsleuten einerseits und einem amerikanisch-europäischen Dialog andererseits, der zwischen den Weltteilen vermitteln soll, die sich nicht oder nicht besonders gut kennen und verstehen. Der Inhalt setzt sich entweder aus Impressionen oder Kommentaren zusammen.

Alle diese Angaben werden nicht zu einem durchgearbeiteten Gesamtbild verbunden, sondern wie ein Spaziergang aufgezählt, von Fall zu Fall und Einfall zu Einfall, mehr chronologisch als thematisch. Die Reisebeschreibung ist selbst eine Reise und folgt impulsiv deren Spontaneität: Cooper macht Halt, verweilt, hält Ausschau, geht weiter, ohne einem Sachlichkeitsdiktat zu verfallen, sondern immer seinem eigenen Geschmack folgend.

Von den fünf Reisebüchern wurden die zwei über die Schweiz am besten aufgenommen, während die anderen mitunter auf heftige Kritik stiessen, was damit zu tun hat, dass ein Teil der amerikanischen Presse sich zu jener Zeit bereits wild entschlossen auf Cooper als willkommenes Feindbild eingeschossen hatte. Der Grund dafür waren zwei Publikationen Coopers, die schon erwähnten «Notions of the Americans» aus dem Jahr 1828 sowie «A Letter to His Countrymen», der 1834 erschienen war, die beide den Autor in das Zentrum des allgemeinen Interesses, aber auch der öffentlichen Kritik gestellt hatten. Dementsprechend hatten auch die Vorurteile gegenüber Cooper zugenommen.

Es fiel Cooper schnell auf, dass der Verkauf nicht so reibungslos verlief wie in früheren Jahren bei seinen ersten Büchern, und er musste zugeben, dass durch den Absatz der Bücher wenig mehr als die Kosten gedeckt wurden. In England ging das Geschäft besser als in Amerika. Oft wurden die meisterhaften landschaftlichen und Naturbeschreibungen gewürdigt, die «noblescenery» und «Alpine scenery», mit denen sich Cooper weit über die Routine anderer Reiseschilderungen stellte; man beanstandete aber seine «sprungbereite Bereitschaft für das Pittoreske» und bedauerte die inferiore Form des Reiseberichts, die Cooper gewählt hatte, und den damit verbundenen deutlichen Abfall gegenüber den ersten Romanen, mit denen es Cooper gelungen war, so etwas wie den Aufbruch zu einer amerikanischen Nationalliteratur zu markieren.

An dieser Stelle soll nur eine Stimme hervorgehoben werden, die umso mehr Aufmerksamkeit verdient, als sie diejenige keines Geringeren ist als Edgar Allan Poe: «Eng vertraut mit sämtlichen Schönheiten der Alten Welt, betrachtet er (Cooper) die Schweiz mit erfahrenerem Blick als die Masse der Reisenden» und ist auf diese Weise in der Lage, sie einem Vergleich zu unterziehen, «zu dem nur wenige über die Mittel verfügen». Die «Ausflüge» schnitten bei Poe weniger gut ab als der «Zweite Teil», in dem er glaubte, der «lebhaften Farbgebung eines Meisters» begegnet zu sein. Nicht immer freilich war Poe gegenüber Cooper so nachsichtig gewesen, aber im Allgemeinen begegnete er ihm mit mehr Wohlwollen als viele andere.

Coopers notorische Widersacher und dezidierte Gegner äusserten sich nicht immer fair, auch wenn man vieles gegen Cooper einwenden kann und muss. Wie später bei jedem seiner Bücher, fuhren sie massives Geschütz auf; die martialische Sprache ist durchaus berechtigt. Sie griff seine «Monomania» und «morbide Einstellung» an, beanstandete die Art, wie er sich zum allwissenden, belehrenden Meister aufspielte («he is constantly taking up on himself the office of master, or rather censor of ceremonies», so etwa die in London erscheinende «Monthly Review») und verurteilte schärfstens besonders seine politischen, das heisst antidoktrinären beziehungsweise republikanisch inspirierten Ansichten in Verbindung mit seiner kritischen Haltung zu Amerika und seiner vehementen ablehnenden Haltung zu England. Wenig hätte gefehlt, und Cooper wäre als Landesverräter denunziert worden, obwohl sein ganzes Bestreben nur darauf hinauslief, die amerikanischen republikanischen Werte zu bewahren und Amerikas Stellung zu festigen.

Zum Frankreich-Band äusserte die in London erscheinende «Monthly Review» unter anderem den Verdacht, Cooper habe eine persönliche Abrechnung mit England vorgenommen, was sich vor allem auf die Kapitel über London am Anfang des Buchs bezog. Die «North American Review» stellte fest, Coopers republikanische Parteinahme steigere sich zum Exzess und die Offenlegung seiner Gefühle lasse einen «sehr schlechten Geschmack» erkennen. Den England-Band nannte die «Quarterly Review» ein «stupides und lächerliches Buch».

Das war der Massstab der Kritik. Es gab auch anerkennende Worte in den Besprechungen, vor allem was Coopers literarische Qualitäten anbetraf, aber man kann doch deutlich erkennen, dass die Presse wenig Neigung bekundete, Cooper seine Auseinandersetzung mit den politischen und sozialen Verhältnissen in Europa nachzusehen, und dafür umso entschlossener war, sich den Schriftsteller als Zielscheibe vorzunehmen, ihm seine ausserliterarischen Ansichten zum Vorwurf zu machen und sich auf einen hartnäckigen Disput mit ihm einzustellen, der viele Jahre lang währen sollte.

Reiseführer der Zeit: Ebel, Picot, Simond, Murray, Baedeker

Coopers Reisebücher über die Schweiz standen, als sie erschienen, in scharfer Konkurrenz zu verschiedenen anderen Büchern, was beweist, dass das Phänomen Schweiz als Reiseland auch 1836 entgegen allen anders lautenden Behauptungen nicht das Geringste an Attraktivität eingebüsst hatte.

In Ebels «Anleitungen» wird erklärt, was die Schweiz für die Menschen von damals so anziehend machte. «Der Mensch und der Philosoph in dem weitesten Sinn dieser Wörter finden nirgends so viel Reichtum des Stoffes zu Untersuchungen, zu Beobachtungen und zu reinem Lebensgenuss als hier.» Zum Beispiel findet der Geologe «das Buch der Natur aufgeschlagen, in welchem die Revolutionen unsers Erdplaneten mit grossen Karackteren aufgezeichnet sind». Am meisten «Nahrung für den Geist» findet, wer «den Menschen zum Gegenstand seiner Untersuchung macht; welcher mit einem scharfen Auge den Einfluss der physischen Beschaffenheit, der Lage, des Klimas, des Bodens, und der Organisation der bürgerlichen und politischen Regierungsverfassung jedes Ländchens ausspäht, der in dem körperlichen Zustande, in Bestimmung des Karackters, der Sitten, des Grades der Kultur, und der vernunftmässigen oder glücklichen und elenden Existenz jedes Völkchens so unverkennbar sich äussert».

Das sieht fast aus, als wären die Schweizer ein fremder Volksstamm, der für ausländische Ethnologen in einen exotischen Zoo gesteckt worden wäre.[12] Aber genauso war das Interesse an der Schweiz damals beschaffen – auch wenn die Älpler Geld annahmen, wenn sie ein Glas Milch herausrückten, oder es um die so genannte bürgerliche Verfassung nicht zum

Bern mit Blick auf die Berner Alpen.

Besten stand, nicht einmal um die so genannten «rein demokratischen» Verfassungen, wie die Adelsgeschlechter der Fürst, Reding und so weiter in den Urkantonen zeigen. Aber das wusste Ebel genau. «Bürgerliche Gleichheit» würde «im Allgemeinen» in der Schweiz nicht herrschen.

Mit der Struktur seines Führers hatte Ebel den Reisenden ein willkommenes Instrument in die Hand gegeben, das vor allem in der stark erweiterten zweiten Ausgabe von 1804 auf alle wünschenswerten Einzelheiten einging: Wirtshäuser, Reisemittel und -zeiten, Aussichten, Spaziergänge, naturkundliche und geschichtliche Angaben und so weiter. Nicht immer mit der vollen Zustimmung Coopers, der den Ebel immer bei sich hatte, aber nicht immer einverstanden war. Was war zum Beispiel am Albis vorgefallen, das Coopers Missfallen und seine Kritik an Ebel erregt hatte?

Ebel hatte geschrieben: «Ein Berg im Kanton Zürich, über den die grosse Landstrasse nach Zug und Luzern geht. Von Zürich bis auf die Höhe, wo das gegenwärtig sehr gute Wirtshaus steht, hat man 2–3 Stunden. Er ist durch die grosse und prächtige Aussicht berühmt, die man besonders bei der Hochwacht, ½ Stunde von dem Wirtshause geniesst.» Im Reisebericht vermerkt Cooper nur kurz und kategorisch: «Ebel lobt die Aussicht; ich schweige.»

In Vevey erwähnte Ebel die Gasthäuser «Aux troix couronnes» und «À la croix» und hält fest: «Die Lage dieser Stadt ist durch die blendende Mannigfaltigkeit sowohl einer wilden und erhabnen, als hinwieder einer reizenden und schönen Natur einzig. Der prachtvolle See, die reizenden Hügelufer voller Städte, Dörfer und Schlösser, die furchtbar melancholischen Felsen von Meillerie, die erhabnen Gebirge des Wallis, die Gletscher des Pain du Sucre (ein Teil des grossen St. Bernhards), die herrlichen Alpen, mit Sennhütten besetzt, oberhalb Montreux, u. s. f., erzeugen einen ewigen Wechsel von Ansichten und Naturgemälden, welche unbeschreiblich sind. Diese ausserordentlich herrliche Lage, nebst der Fruchtbarkeit und dem Klima warmer Länder, hat Vevey von jeher zu einem Lieblingsaufenthalt der Reisenden gemacht. Es gibt hier Pensionsanstalten; auch Landhäuser, welche vermietet werden.»

Auch der Weinbau war Ebel nicht entgangen, so wenig wie später Cooper. «In Vevey speist man die delikatesten Weintrauben von Europa. Alle vier Jahre wird in Vevey von den Winzern und Landleuten das Weinlesefest gefeiert, wozu sich sehr viele Menschen versammeln. Der Ursprung dieses Festes ist sehr alt und dunkel.» In Vevey befindet sich ein grosses Depot von Gruyère-Käse. Auch Rousseau wird von Ebel erwähnt: Die Gegend besitze durch dessen Roman «Julie oder die neue Heloise» «für gefühlvolle Menschen einen eigenen Reiz». Das hatte auch Cooper zur Kenntnis genommen, als er bis Clarens fuhr, um ein Haus zu mieten, und bemerkte, dass der Ort «in den Schilderungen Rousseaus so hoch steht». Ganze Generationen sind übrigens nicht nur mit «dem Ebel» gereist, sondern auch mit «dem Rousseau» beziehungsweise dem Roman «Julie oder die Neue Heloise», dessen darin vorkommende Schauplätze zu richtigen Pilgerorten wurden.

Wer es genauer nehmen wollte, hielt sich an gründlichere, um nicht zu sagen wissenschaftliche Werke wie die «Statistique de la Suisse» von Jean Picot. Das Buch ist wenig deskriptiv; fast gänzlich fehlen praktische Angaben für den Reisenden. Dafür enthält es exakte statistische und volkswirtschaftliche Auskünfte über Lawinen und Schutzwälder, den Gotthardverkehr, der dem Kanton Uri Wohlstand gebracht hat, Zahlen über Viehzucht und Käseherstellung, über Import und Export, über Währungen, Masse und Gewichte, Höhenlagen, Seebreiten, über die Zahl der Häuser in Appenzell, der Kühe in Grindelwald und der Geburten in Luzern und so weiter.

Manchmal scheint der Stoff Picot zu entgleiten, wenn er zum Beispiel die Feststellung macht, Misere und Entbehrungen seien in den höher gelegenen Gebieten «Grund und Ursache für die Entwicklung der schönsten Tugenden», wenn Tugend nicht umgekehrt der symbolische Preis für Elend und Entbehrung war. Die Urner, schreibt Picot weiter, «sind ehrlich und wohlgesinnt, gastfreundlich, unwissend, aber gewillt, sich belehren zu lassen, glühende Verfechter der Freiheit, mutig in der Gefahr und leicht zu beeinflussen in Zeiten des Friedens, immer vorausgesetzt, dass sie nicht von ihren Anführern («chefs de parti») aufgestachelt werden und den Kopf verlieren».

Ausserdem war Cooper die «Voyage en Suisse» von Louis Simond geläufig. Simond gibt im ersten Teil seines Werks den Bericht einer Schweizer Reise wieder, im zweiten geht er auf die politischen und staatlichen Einrichtungen ein. Vielleicht am bemerkenswertesten ist die Tatsache, dass sich die Alpenbegeisterung bereits merklich abgekühlt hat. Mit einem Hinweis auf Immanuel Kant, der mit der doppelten Aktion von Einbildung und Vernunft die Theorie von der Erhabenheit aufgestellt hat, so Simond, werde der Mensch zunächst, wenn er den Alpen näher kommt, von der Masse, Stabilität und Dauer gewaltsam erdrückt und der Fragilität und Kürze des eigenen Lebens bewusst. Das ist das Werk der Einbildung. Dann aber tritt der Sachverstand in Aktion, misst die Volumina, kalkuliert die Erhebung, analysiert die Substanz und kommt zum Ergebnis, dass es sich dabei nur um ruhende Masse handelt, die nicht mehr als einen kleinen Teil auf der Erde einnimmt. Die Erde selbst wiederum ist nur ein kleiner Planet im Sonnensystem, und so weiter. Was also bedeuten die Alpen, wenn man sie mit der intellektuellen Fähigkeit des Menschen vergleicht, der das ganze Gefüge («the whole fabric» in der englischen Fassung, die Cooper verwendete) in die Ordnung eines einzigen Gedankens zu bringen versucht, in dem alles auf geheimnisvolle und genaue Weise arrangiert ist?

So sieht Simonds kühle, distanzierte Betrachtungsweise aus. Das Grosse, Erhabene hat seine Ausstrahlung eingebüsst. Mit der gleichen Sachlichkeit untersucht er auch die politischen Institutionen, die anderswo so viel Lob geerntet haben. In Zürich regiert, sagt er, eine Handelsaristokratie; in Bern herrscht ein beträchtliches Mass an Ungleichheit; eine reine Demokratie hat – auch bei ihm – niemals existiert.

So geht es weiter: Dass so viele Menschen in der Schweiz lebten und es trotzdem noch Platz für Bäume gab, wunderte Simond sehr. «Das Land macht den Eindruck eines englischen Gartens.» Aber es gab auch Kühe in diesem Land, und die waren keine Dekorationsstücke, sondern wurden gemolken, wozu die Hirten sich eines Melkstuhls bedienten, den Simond einer Beschreibung wert befand. Was die Häuser angeht, haben sie überhaupt keine Ähnlichkeit mit denen in Rousseaus Roman «Julie oder die Neue Heloise». Die Lauben in Bern erinnerten den Autor an den Palais

Royal in Paris und an Bologna. In Grindelwald war zwar der Rahm so dick, dass der Löffel in der Tasse stecken blieb, aber in Zürich sollen, hatte Simond sich sagen lassen, «Tabak, Wein und Käse» die Grundlage des gesellschaftlichen Verkehrs bilden und in den Gesprächen mehr Rauchwolken vorbei ziehen als Worte. Das ist Simonds realistisches Bild der Schweiz.

Das pittoreske Bild der Schweiz bei Dewey und Beattie

1836, in dem Jahr, als Coopers zwei Schweizer Bücher erschienen, wurden zwei weitere, in der Art ähnliche Bücher über die Schweiz verlegt: «The Old World and the New; or, Journal of Reflections and Observations Made on a Tour in Europe» von Orville Dewey, in dem Cooper einen Konkurrenten sah, sowie «Switzerland» von William Beattie, dessen Werk mit Illustrationen von William Henry Bartlett versehen war.

Der Reverend Dewey (1794–1882) aus Massachusetts, ein fleissiger Kirchenmann, unternahm mehrere Europareisen und hielt sich auch längere Zeit, von 1841 bis 1843, hier auf. Dass ihn religiöse Fragen besonders interessierten, liegt nahe, und seine Beobachtungen dazu prägen das Buch. Beim Eintritt in die Schweiz in Schaffhausen ist es Sonntag. «Es scheint, dass der Tag ausschliesslich in der Öffentlichkeit verbracht wird – in gemeinsamem Gottesdienst oder gemeinsamen Spaziergängen.» Überall erblickte Dewey intelligente Gesichter, die Kinder hatten Bücher in der Hand und die Erwachsenen legten die Hand an den Hut, wenn sie grüssten.

Dewey reiste von Schaffhausen über Zürich, die Rigi, Luzern, das Berner Oberland, Bern, Genf, Chamonix, das Wallis und über den Simplon weiter nach Italien. Seine Beobachtungen sind manchmal auf pedantische Art bieder, manchmal exaltiert im Stil der Zeit. Am Rheinfall fragte er sich, wie man einen Wasserfall beschreiben könnte? Hegel hätte ihm darauf eine Antwort geben können. Das Wasser fliesst und fliesst, hatte der Philosoph gemeint, als er am Reichenbachfall stand und das Wasser herabstürzen sah, das Bild, das davon entsteht, wird in jedem Augenblick verdrängt, jedoch sofort durch ein neues ersetzt, und in diesem Fall sieht der Betrachter «ewig das gleiche Bild, und sieht zugleich, dass es nie dasselbe ist».

Der Albis wurde in einem Gefährt überquert, das von vier Pferden und zwei Kühen gezogen wurde. Natürlich war die Aussicht programmgemäss «sublim». Auf der Rigi verhinderten Wolken das Spektakel des

Sonnenuntergangs, und am nächsten Morgen war es beim Sonnenaufgang nicht besser. Eine unbehinderte Aussicht sei nur im Verhältnis eins zu vierzig anzutreffen, liess er sich sagen. Dass das Land wie ein Garten aussah, was andere vor ihm auch schon festgestellt hatten, führte er darauf zurück, dass das Gras häufig geschnitten wird. Überhaupt war es nicht Wildnis, das man in der Schweiz erwarten dürfe, meinte er, sondern etwas anderes, nämlich Kontrastierung: «ein hübsches Tal zwischen kahlen Bergen» zum Beispiel.

Drei «gloriose Tage» verbrachte Dewey im Berner Oberland. Diese Zeit reichte ihm, um sich mit Vergnügen und in Dankbarkeit das ganze Leben lang daran zu erinnern. «Ich habe einige der Gipfel der Schöpfung gesehen», erklärte er. Dass ihm das Tal von Chamonix weniger gut gefallen hat als das von Lauterbrunnen und Grindelwald, gehört in das Repertoire der subjektiven Urteile.

In Lausanne überliess der Wirt Dewey ein Zimmer mit Aussicht auf den See. Dewey setzte sich vor dem offenen Fenster nieder, liess Tee kommen und war darauf erpicht, sich weder flüchtige Schatten noch veränderliche Farben über dem See entgehen zu lassen.

Anders als Dewey ging William Beattie vor. Der Engländer, der umfangreiche medizinische Studien betrieben hat, Privatsekretär war und Gedichte veröffentlicht hat, war viel in Europoa gereist, so 1835 und 1836 in der Schweiz. Als Frucht davon entstand sein Werk «Switzerland», in dem er feststellte: «Dort (in der Schweiz) sind die Kräfte des menschlichen Geistes in ungehinderter Tätigkeit, die Lasten und die Rechte gleich verteilt, Sittlichkeit und Fleiss mit Patriotismus und Liebe zur Unabhängigkeit verbunden. Der Bauer kennt nicht die Bedrückung geiziger Grundherren oder geistlicher Inquisition, die Städte erfreuen sich eines freien Handels, und die gemeinsamen Angelegenheiten werden mit Offenheit und Freimut beraten.» So verschieden die einzelnen Kantone untereinander auch ihre Probleme lösen, so herrscht doch «ein Geist im ganzen Land», das heisst ein gemeinsamer, verbindender Geist. «Diese Betrachtung, welche Tells Vaterland dem Leser einflösst, werden bei dem Reisenden von den mächtigen Regungen zurückgedrängt, welche der Anblick der Natur hervorruft.»

Mehrmals dringt Beatties antiklerikaler Standpunkt durch. Im Wallis vereinigen die Menschen des protestantischen Teils «alle Merkmale eines freien Volks» in sich. In den unteren, katholischen Teil dagegen ist bisher «kein Zweig des Kunstfleisses eingeführt worden». In Sachen Viehzucht und Weinbau sind die Menschen dort «für Barbaren zu erachten». «Ungeachtet dessen, dass ihre Nachbarn ihnen unaufhörlich mit gutem Beispiel vorangehen, verharren sie in Untätigkeit, und werden von den Fesseln des Aberglaubens niedergebeugt.»

Die Schneewinde am Gotthard sind mit den Sandwinden in Asien und Afrika vergleichbar und wirbeln so viel Schnee umher, dass die Wege nicht mehr sichtbar sind, so dass «Sicherheitspfähle aufgestellt werden, die den Weg markieren sollen». Die Umstände sind dermassen fürchterlich, «dass der unglückliche Reisende verzweifelt und im Sturm umkommt». Die Menschen entlang der Strasse haben aber gelernt, mit den Verhältnissen zu leben und damit besser fertig zu werden. Wozu sie natürlich seit jeher in der Lage gewesen waren.

In Bern fielen Beattie der Blick auf die Alpen in der Ferne, die sich «in das Blau des Äthers» verlieren, auf, ausserdem der Bärengraben, der in der Stadt die «Stelle des Zoologischen Gartens von London» vertritt, die Ökonomische Gesellschaft sowie die 40 000 Bände der vorübergehend von Haller geleiteten öffentlichen Bibliothek sowie die vielen «hübschen Promenaden». «Die beiden Bastionen, welche die Seiten der Festungswerke decken, werden auch zu Abendpromenaden benutzt.» Es waren die von Cooper und anderen Reisenden so genannten «Plateformen».

Von der einen Bastion aus sieht man die Bergkette mit Wetterhorn, Berglistock, Schreckhorn, Finsteraarhorn, Fiescherhorn, Eiger, Mönch und die Jungfrau, die sich «den Blicken des Naturfreunds in ihrer ganzen Pracht» darstellen. «Die andere Bastion, mit einem reichen Grün bedeckt, wird zuweilen zu körperlichen Übungen benutzt und zu öffentlichen Vergnügungen» – vielleicht die «Turnanstalt, die von Engelmann und Reichard erwähnt wird. Gymnastische Spiele werden abgehalten, Luftballone steigen gelassen, Feuerwerke abgebrannt. Bern erscheint in einem völlig neuen Licht. Auch das städtische Volk muss unterhalten und von der Politik abgelenkt werden, wie schon 1805 und 1808 in Unspunnen die Alpenbewohner.

Und erst die unvermeidlichen Alpen! Das sind «in der Luft schwebende Felsen, welche den Stempel früherer Erderschütterungen, die sie überlebten, an sich tragen». Hat der Reisende «das schauerliche Labyrinth» zwischen Interlaken und Zweilütschinen passiert und der «Prospect» auf das Lauterbrunnental sich enthüllt, breitet sich durch die Strahlen der Morgensonne über den Gletschern eine Wirkung aus, «als wären die Gegend und der Beobachter mit einer Zauberrute berührt». Alles wunderbar! Nur die Frechheit der Bauernmädchen, die einen Gesang anstimmten und eine kleine Entschädigung erwarteten, brachte Beattie in Rage, weil das Singen ihn beim wichtigen Nachdenken störte. Dewey war durch den Gesang dagegen entzückt.

Liest man, was zu Beginn des 19. Jahrhunderts alles über die Schweiz geschrieben wurde, fällt einem vor allem auf, dass es immer die gleichen Hymnen, die gleichen Einwände, die gleichen Anekdoten sind, die in den Berichten vorkommen, ins Positive oder Negative gewendet, je nach Autor. Rousseau mit seinen zwei Wallisreisen ist der Spiritus rector aller späteren Reisebuchautoren, Ebel ihr Stammvater. Fast alle Autoren beziehen sich auf Ebel und befolgen seine Anleitungen, aber alle untereinander verweisen selbst wieder auf sich. Entweder war die Schweiz so klein und alles konzentrierte sich auf wenige Personen, Orte und denkwürdige Details oder aber alle haben bei einander abgeschrieben, was nicht ganz ausgeschlossen werden kann, wenn sie nicht die Route ihrer Vorgänger eingeschlagen haben.

Fellenbergs Anstalt kommt bei Simond, Dewey und Beattie vor; auch Cooper hatte sie vom Zaun aus besichtigt. Die Geschichte des Grindelwaldner Wirts Christoph Bohren, der in eine Gletscherspalte fiel und unter dem Eis einen Weg ins Freie fand, ist bei Picot, Simond und Beattie erwähnenswert. Regelmässig und immer im richtigen Augenblick donnern im Gebiet von Lauterbrunnen, Wengen und Grindelwald die Lawinen zu Tal und dürfen bei keinem Autor fehlen. Das gleiche gilt für die Kröpfe und Kretins im Wallis. Die Aussicht vom Albis aus entgeht keinem Reisenden, auch die Lieder der Bauernmädchen nicht; der einzige Unterschied besteht darin, dass sie einmal Gefallen finden und einmal Verdruss bereiten.

Immer wird die edle Einfalt und stille Grösse der Alpenbewohner zur Kenntnis genommen und kolportiert, als würde es sich bei ihnen um eine merkwürdige Spezies handeln, die keinerlei Anspruch auf Eigenständigkeit erheben kann. Und immer sind es auch die gleiche Stellen, die nicht nur besucht werden, sondern auch ausführlich zur Sprache kommen: der Staubbach, die Rigi, das Berner Oberland, ebenso die Teufelsbrücke. Coopers Weg über den Etzelpass, der ihm Erstaunen und Bewunderung entlockte, ist schon eine beträchtliche Abweichung von den viel frequentierten Wegen und zeigt an, wie verhältnismässig unabhängig Cooper in der Wahl seiner Ziele war. Dass einmal der Weg von Basel nach Biel über den Pierre-Pertuis als romantisch empfundene Reise angesehen wird wie bei Philippe Sirice Bridel, ist noch exklusiver. Dabei hat einer wie der Maler William Turner[13] doch deutlich gezeigt, wie durch eine geringe Verschiebung des Standorts und einen veränderten Blickwinkel sich die Landschaft gleich in einem ganz anderen Licht und anderem Massstab zeigt.

Die Schweiz ist manchmal ein freies Land und demokratisches Museum, manchmal das genaue Gegenteil (Simond). Natürlich ist es manchmal auch irritierend, was die Reisenden noch alles sehen und feststellen. Während in Genf Cooper die Juweliergeschäfte aufgefallen waren, machte Beattie die Feststellung: «In den Abendgesellschaften der gebildeten Klasse herrscht ernste wissenschaftliche Unterhaltung vor.» Dewey meinte, dass die Umgebung von Genf nur in Edinburgh schöner sei. Ebel hatte immerhin die «Naturalien-Kabinette bei den Herren von Saussure, de Luc, Rilliet, Gaussen, Tollot und anderen» erwähnt, und vor allem waren ihm die Uhrenfabriken aufgefallen. Überhaupt hatte Ebel erstaunlich weitsichtig den Manufakturen und Industrien grosse Bedeutung beigemessen.

Wie Cooper besuchte auch Dewey in Genf Louis Simond, der sich seinerseits auf den Schriftsteller Heinrich Zschokke bezieht. Von Zschokke wiederum lag 1836 der erste und 1838 der zweite Band von «Die Schweiz in ihren klassischen Stellen und Hauptorten» vor: ein Versuch, der über weite Strecken immer noch den alten Klischees unterliegt, aber gleichzeit auch ein patriotischer Versuch, in der ausufernden Vielfalt der Kantone zwischen den liberalistischen auf der einen und den konservativen Kräften auf der anderen Seite, sozusagen zwischen alter Väter Sitte und neuer bürgerlicher Freiheit zu vermitteln und ein republikanisches Arkadien zu instaurieren. Das Ziel dieses Werks war es mithin, die ideologische Grundlage für den Umschwung herzustellen, der sich 1848 mit der Gründung des Bundesstaates vollzog und mit der Vollendung der bürgerlichen Revolution Tatsache wurde.

Dass 1838 auch das «Hand-Book for Travellers in Switzerland» von John Murray und wenig später, 1844, das «Handbüchlein für Reisende» über die «Schweiz» von Karl Baedeker erschien, ist nur insofern von Interesse, als beide Publikationen nicht mehr die deskriptive Form wie bei Simond, Dewey, Beattie und natürlich Cooper einhalten, sondern den Stoff methodisch und synoptisch aufarbeiten und auf die praktischen Bedürfnisse der Reisenden eingehen. Man kann daraus nur drei zwingende Schlüsse ziehen, dass das Reisen wesentlich erleichtert worden ist, zum Beispiel durch neue Verkehrsmittel, verbesserte Routen und Zeitpläne, organisierte Abläufe und so weiter; dass infolgedessen eine schnell zunehmende Zahl von Reisenden unterwegs war, in der Schweiz genauso wie anderswo, wenn man das breit gefächerte Programm der Verleger

Murray in London und Baedeker in Koblenz zur Kenntnis nimmt; und dass, wer eine Reise unternimmt, neuerdings Erwartungen hegt, die nicht mehr die Gnade der landschaftlichen Sehenswürdigkeiten zum Inhalt haben, sondern andere, handfeste Fragen aufwerfen und beantworten: Wann geht die Post ab?

[1] Schweizer Geistlicher und Erzieher (1695–1758), «Versuch einer Historischen und Physischen Beschreibung der Helvetischen Eisberge» (1751).
[2] Englischer Historiker (1747–1828). «Sketches of the Natural, Physical and Civil State of Switzerland» (1779). Nicht zu verwechseln mit Coopers Reisebegleiter William Cox in Vevey.
[3] Heinrich Keller, Schweizer Kartograf (1778–1862), Verfasser der «Carte itinéraire de la Suisse» (wahrscheinlich 1813).
[4] In der Einleitung zu «Gleanings in Europe. Switzerland», Neuauflage Albany 1980.
[5] Der Vergleich zwischen der Reise und dem Film erklärt vieles.
[6] In seiner Betrachung «Voyage au Mont-Blanc», 1806 im «Mercure de France» veröffentlicht.
[7] Englischer Kunstwissenschafter (1819–1900), «Modern Painters IV» (1856), «Sesam and Lilies» (1871).
[8] Französischer Schriftsteller (1840–1897), «Tartarin in den Alpen» (1885).
[9] Schweizer Theologe und Sozialreformer, «Die neue Schweiz» (1917).
[10] Das heisst eigentlich «nicht ganzzahlig» (der Begriff kommt aus der Chaostheorie) und ist im Sinn von zerfranst, verworren, bruchstückhaft zu verstehen. Der Pilatus, Mons pileatus, wurde lange Zeit auch als Fracmont bezeichnet, also als unregelmässig zerklüfteter Berg.
[11] Siehe Johann Caspar Hirzel, «Die Wirtschaft eines Philosophischen Bauers», Zürich 1761.
[12] Das Gleiche gilt auch für den Roman «Der Scharfrichter», der in Kapitel V behandelt wird.
[13] Englischer Maler (1775–1851), besuchte zwischen 1802 und 1844 sechs Mal die Schweiz. In seinem Werk wird die Schweizer Landschaft in einem Farbrausch wiedergegeben.

V

Coopers drei «europäische» Romane

Die republikanischen Institutionen in Amerika und die Monarchien in Europa – Verwechslung von Recht und Vorrecht – «Der Bravo» und die Überzeugung, dass auch Republiken für den Machtmissbrauch anfällig sein können – Die Menschen bleiben oft hinter ihren Begriffen von Gerechtigkeit und Wahrheit zurück – Keine Republik kann ohne einen hohen Grad von Tugend ihrer einzelnen Bürger bestehen – Ein Roman von Cooper, der auf dem Genfersee, in Vevey am Winzerfest und im Schneesturm auf dem Grand Saint-Bernard-Pass spielt – Selbst eine schlechte Regierung ist noch besser als keine – Coopers Dauerkonflikt mit der Presse und seine Verteidigung

Die Schauplätze Venedig, Rheinland, Schweiz

Dass James Fenimore Cooper mit seinen politischen Vorstellungen ins Visier der Kritik geraten war, hatte seine Gründe; unverständlich waren die Reaktionen der Presse nicht, aber objektiv oder fair waren sie gewiss auch nicht. Man hätte sich bessere Argumente vorstellen und wünschen können. Dorothy Waples hat die Ausfälle gegen Cooper mit dem miserablen Zustand der amerikanischen Presse zur damaligen Zeit erklärt, denn nicht nur die europäische Presse, sondern ebenfalls diejenigen in den Vereinigten Staaten brachte für Cooper keinerlei Sympathie auf, allerdings aus anderen Gründen.

Eine Spur verständlicher werden die Ursachen für den Konflikt zwischen den Parteien, wenn berücksichtigt wird, dass Coopers republikanische Vorstellungen in ein Europa hinein platzten, in dem der Absolutismus seine letzten Triumphe feierte. Ein Amerikaner im Zentrum der europäischen Monarchien – das war eine merkwürdige Konstellation.

Einen Einfluss ausgeübt haben mag nicht zuletzt auch eine gewisse Unsicherheit Amerikas, die daran lag, dass die Menschen meinten, sich gegenüber Europa in einer Position der Minderwertigkeit zu befinden.

Cooper meinte, dass die amerikanischen politischen Institutionen in den etwas mehr als fünfzig Jahren seit der Unabhängigkeit beispielhaften Charakter erlangt hatten und denen in Europa überlegen waren, Amerika dagegen Ländern wie England und Frankreich in kultureller, zum Beispiel literarischer, Hinsicht unterlegen sei.

Seine Bestrebungen liefen daher darauf hinaus, den amerikanischen Standpunkt so weit, wie es in seinen Kräften stand, zu rehabilitieren und bekannt zu machen. Wie weit ausserdem die nur fünfzig Jahre zurückliegende Feindschaft der amerikanischen Kolonisten gegen das alte Mutterland eine Rolle mitgespielt haben könnte, muss dahingestellt bleiben. Es gibt bei Cooper kaum explizite Hinweise darauf, aber ausgeschlossen werden kann es nicht ohne weiteres. Im Übrigen ist evident, dass Cooper seine liebe Mühe mit England hatte. In einem Brief an Peter Augustus Jay aus dem Jahr 1831 sprach er ausdrücklich von der «detestable aristocracy» in England, der verabscheuungswürdigen englischen Aristokratie, die sich noch lange Zeit in den versklavten Köpfen ihrer Untertanen herumdrücken werde. Er stellte in diesem Zusammenhang eine regelrechte Verschwörung der höheren Klasse fest, um die niedrigere ihrer natürlichen Rechte zu berauben. Allerdings sind Coopers republikanische Auffassungen nicht ausreichend, das heisst genügend kritisch untersucht worden, um sagen zu können, was sie bedeuteten.

Alle diese Kriterien kommen in seinen Reisebüchern direkt oder indirekt, zurückhaltender oder weniger zurückhaltend, zum Ausdruck, aber sie waren schon davor in der so genannten Finanzaffäre von Bedeutung gewesen, als in der Öffentlichkeit die Frage aufgetaucht war, ob die republikanischen Einrichtungen in Amerika im Unterschied zu den monarchischen in Europa überhaupt bezahlbar seien oder nicht. Coopers Einstellung war klar: Die Monarchie ist am Ende teurer als die Republik. Andere waren gegenteiliger Ansicht. Der Konflikt, der aus dieser Meinungsverschiedenheit hervorging, kostete Cooper viele Sympathien. Aber weil er sich genau im Klaren darüber war, worum es ging und wofür er im Bewusstsein der Amerika zugedachten historischen Mission persönlich eintrat, nahm er die so entstandene Feindschaft bereitwillig in Kauf. Er setzte sich entschieden und unbeirrt für seine Überzeugungen ein, mit dem Ergebnis, dass er dafür von den anderen lauthals und oft schmählich beschimpft wurde («morbid», «exzessiv», «stupid» und so weiter; sogar als «prince of egotists», als «Oberhaupt der Egozentriker», wurde er bezeichnet).

Die Diskussion, die von Cooper und gegen ihn geführt wurde, erhielt zusätzliche Nahrung durch drei Romane, die als Folge seines Aufenthaltes in Europa und seiner Auseinandersetzung mit den Verhältnissen auf dem alten Kontinent entstanden sind und europäische Themen behandeln: «The Bravo. A Venetian Story» (1831), «The Heidenmauer; or, The Benedictines, A Legend of the Rhine» (1832) und «The Headsman; or, The Abbaye des Vignerons» (1833).

«Der Bravo» ist in Venedig zur Zeit der Dogen angesiedelt, «Die Heidenmauer» im Rheinland und im Kloster Einsiedeln zur Zeit der beginnenden Reformation, «Der Scharfrichter» in Genf, auf dem Genfersee, in Vevey zur Zeit der Fête des vignerons sowie auf dem Grand Saint-Bernard. Das literarische Werk Coopers hatte damit eine wesentliche Erweiterung erfahren: Zu den historischen Romanen über die frühe Besiedlung Amerikas (von «Der Spion» über «Die Ansiedler» und «Lionel Lincoln» bis zu «Der letzte Mohikaner») und den Seeromanen («Der Lotse», «Der rote Korsar») sowie den Reisebüchern, zu denen auch die «Notions» gezählt werden müssen, fügen sich jetzt die drei Romane mit einer europäischen Perspektive und einem europäischen Decorum hinzu. In ihnen geht es, in literarische Form verpackt, um das Cooper-Thema von Feudalismus, Oligarchie oder Elite beziehungsweise Machtpolitik und Staatsraison auf der einen und einer gerechten, von den Menschen getragenen Politik, die für ihn nur eine republikanische sein konnte, auf der anderen Seite.

Über die hier unterstellte literarische Form und Qualität kann man in guten Treuen geteilter Meinung sein. Die Handlungen sind meistens nebensächlich und ein Vorwand für die Message, die vertreten werden soll. Im besten Fall sind sie eine komplizierte Verwicklung und Verstrickung der beteiligten Personen von haarsträubender Konstruiertheit, das heisst, sie sind so unecht und farblos wie nur möglich: eigentlich Marionetten in einem dröhnenden Thesentheater. Umso enormer ist dafür der Aufwand an eingesetzter Behauptungsmenge und -masse. Dass der Dialog dermassen dominiert, ist ein deutliches Zeichen dafür, dass es Cooper zur Hauptsache darum ging, Ideen zu vertreten und zu verbreiten, also in den Diskurs einzugreifen, nicht jedoch darum, einen Stoff mit den Mitteln des Worts zu einem Kunstwerk glaubhaft zu gestalten.

Seine Bücher sind schematisch und plakativ, manchmal rechthaberisch, etwa die «Littlepage»-Trilogie, und sie sind zudem Propaganda- und Rechtfertigungsmittel, oft tendenziös, dazu nicht selten in eigener Sache vorgetragen: eine pedantisch belehrende Lektion über wahre und über falsche republikanische Gesinnung, über Demokratie und Freiheit, über den Wert des Eigentums und so weiter. «The Bravo» lese sich stellenweise wie ein Traktat, meinte der amerikanische Literaturwissenschafter George Dekker; «novel of purpose» (Tendenzroman) ist der in diesem Zusammenhang gebräuchliche Ausdruck. Für die frühen Werke traf dies kaum zu, von den europäischen Romanen an jedoch ist das gesamte literarische Werk davon infiziert. Ein reines literarisches Werk hätte Coopers Gegner wahrscheinlich kalt gelassen, seine politische und soziale Kritik dagegen, so explizit geäussert, wie es der Fall ist, musste sie geradezu zum Widerspruch herausfordern. Insofern war der Disput vorprogrammiert.

Eine Ausnahme von diesen Einwänden bildet einzig das Setting, das Repertoire der Handlungsorte, die Cooper mit grosser Anschaulichkeit beziehungsweise Erfindungsgabe beschrieben hat, zum Beispiel die Stimmungen der Wälder in «Der letzte Mohikaner» sowie ganz besonders die Schweizer Schauplätze im Roman «Der Scharfrichter von Bern oder Das Winzerfest»[1]. Den Roman begann Cooper während seines einmonatigen Aufenthalts 1830 in Vevey zu schreiben, die Schauplätze kannte er aus eigener Erfahrung.

Die Macht und ihre Korrumpierbarkeit

Der Roman «The Bravo» spielt in Venedig in einem fürchterlichen, bedrückenden Klima der Unsicherheit und Unterdrückung, der Konspiration, Denunziation und Verfolgung. Es ist nicht leicht, in einem kurzen Abriss die Handlung so wiederzugeben, dass ihre vielen Facetten und Handlungsfäden plausibel werden.

Der Dreierrat der Stadt herrscht im Verborgenen, und dies mit einer unglaublichen Machtfülle, an der nicht der geringste Widerspruch geduldet wird. Zu legitimieren braucht der Rat sich nicht; er ist unangreifbar. Genau genommen ist er in der Öffentlichkeit gar nicht präsent. Er wirkt im Geheimen. Die prächtigen Feste, die der Rat gelegentlich gibt, sind einzig dazu bestimmt, das Volk bei guter Laune zu halten und von der drückenden Wirklichkeit, der es ausgesetzt ist, abzulenken. «Es gibt Dinge in Venedig, die ein Mann, der seine Maccaroni in Frieden essen will, lieber vergisst.» Also wird geschwiegen. Besser werden die Verhältnisse dadurch nicht. Gerüchte, Verleumdungen, üble Nachreden steigen in den Stand der Wahrheit auf. Kein Mensch traut dem anderen über den Weg. Es ist eine Situation, wie sie in Diktaturen und totalitären Staaten herrscht, und genau das ist der Eindruck, den Cooper erwecken wollte. Er hat das Bild einer Mini-Tyrannei mit allen ihren Schrecken entworfen.

Nicht nur ehrbare Gondolieri und einfache Fischer, die selbst alle beeinflussbar sind, bevölkern die Stadt, sondern auch Geheimagenten, Schmuggler, Lakaien, jede Art von Gesindel, Banditen, Geschäftemacher und so weiter. Per definitionem ist der Bravo ein Räuber beziehungsweise Meuchelmörder. Das ist der Ruf, den Jacopo Frontini, die Hauptfigur des Romans, geniesst. Es wird ihm nachgesagt, als Angehöriger der Geheimpolizei im Dienst der Dogen zu stehen, was vielleicht stimmt, aber vielleicht auch nicht. Er ist sozusagen ein «IM», ein «informeller Mitarbeiter», wie man vor 1989 in der DDR sagte.[2]

Niemand weiss etwas Genaues. Sicher ist nur, dass überall, wo der Bravo auftaucht, die Gespräche verstummen, die Gesichter erbleichen und die Menschen auseinander gehen. Wenige sterben in Venedig eines mysteriösen gewaltsamen Todes, ohne dass Jacopos Name genannt wird. Aber warum kann ein solcher Mensch sich in der Stadt frei bewegen? Auch das kann niemand sagen, und niemand kennt die Gründe, nach denen der Dreierrat handelt und vorgeht. Und wer würde sich getrauen, danach zu fragen? Dass Cooper die Stadt Venedig nicht als glänzendes Gesamtkunstwerk wiedergegeben, sondern als Folie für seine Kritik an der Korrumpierbarkeit der Macht benützt hat, ist später nicht der letzte der Einwände gewesen, die gegen sein Buch erhoben wurden. Die Kritik hatte natürlich gemerkt, dass Cooper nicht Venedig gemeint hat, sondern die politischen Zustände in Europa um 1830.

Der Dreierrat vermittelt nach aussen das Bild unerbittlicher Tugend, ist aber in seinem Inneren selbst korrupt und allein auf seinen eigenen Vorteil bedacht. Staatspolitik heisst in Venedig unter diesen Umständen nichts anderes als Verteidigung der angestammten Rechte der Elite, der Herrschenden selbst also. Die Rechte der Oberschicht sind in Tat und Wahrheit Vorrechte, das heisst Privilegien. Die Senatoren «sprechen von öffentlichen Tugenden und dem Staat geleisteten Diensten», heisst es bei Cooper. «Doch damit meinen sie, nach ihrer Weise, nicht die Dienste, welche Ehren und Belohnungen bringen. Ihr Gewissen heisst: Staatsbedürfnisse; indessen tragen sie Sorge, dass diese Bedürfnisse ihnen so wenig als möglich unbequem werden.»

Es ist Jacopo, der diese Auffassung im Gespräch mit seinem Freund, dem alten Fischer Antonio, vorträgt. Antonio ist erstaunt und kann es zunächst nicht glauben. Die Vorsehung habe doch, meint er, einen Unterschied zwischen den Menschen gemacht. Worauf ihm Jacopo zur Antwort gibt: «Die Vorsehung hat keinen Senat geschaffen; das ist Menschenerfindung.»

Damit wird deutlich, dass die Rolle, die Jacopo in dem Roman spielt, doch nicht so eindeutig festgelegt ist, wie es zunächst, unter dem Eindruck des in Venedig verbreiteten Klimas der Verdächtigungen, den Anschein gemacht hat.

Jacopo hilft Antonio, bei einem vom Senat veranstalteten Wettfahren auf dem Canale Grande den Sieg trotz seines Alters zu erringen. Antonios Enkel wird auf einer Galeere festgehalten, und der Grossvater bittet den Dreierrat, den Jungen freizulassen. Er beruft sich darauf, dass seine Familie im Krieg mit den Türken grosse Opfer erbracht habe. Der Rat weigert sich, auf das Ersuchen einzugehen. Er kann keinerlei Form von Unzufriedenheit dulden und bezeichnet sie als Mangel an Loyalität, gar als «Immoralität». Wer aufbegehrt, wird eliminiert.

Das ist es, was Antonio widerfährt. Er wird tot aufgefunden. Ist er meuchlings umgebracht worden, ist er an Erschöpfung gestorben? Es ist nicht klar; Cooper lässt es offen. Es ist auch unwichtig.

In einem zweiten Handlungsstrang ist der vornehme Camillo Monforte nach Venedig gekommen, um alte Familienrechte einzufordern, die ihm bisher von der Stadt verweigert worden sind. Camillo verliebt sich in die reiche Erbin Violetta Tiepolo, die allerdings vom Dreierrat wegen ihres Vermögens am Verlassen der Stadt gehindert und schliesslich an einem einsamen Ort in Gewahrsam gehalten wird. Jacopo hilft den Verliebten, die heimlich geheiratet haben, zur erfolgreichen Flucht aus Venedig.

Für ihn selber wird dagegen die Lage eng. Weil er zu viel weiss, könnte er für die Oligarchie gefährlich werden, die daher auf die Idee verfällt, ihn als Mörder von Antonio zu denunzieren. Die Freunde des alten Fischers glauben es bereitwillig, weil auch sie Jacopo fürchten. Jacopo gesteht schliesslich den Mord an Antonio und wird vom Dreierrat zum Tod verurteilt. Im letzten Augenblick erfahren Jacopos Freunde, dass Jacopo den Tod nur gestanden hat, weil ihm gedroht wurde, dass sein eigener Vater sonst gefoltert würde. Jacopo ist unschuldig. Mit dieser Kunde eilen die Freunde zum Dreierrat, um das Urteil rückgängig zu machen. Aber zu spät! Die Ungerechtigkeit nimmt ihren verhängnisvollen Lauf. Das Beil des Henkers blitzt in der Sonne, das Haupt Jacopos fällt blutverschmiert zu Boden. Der Zynismus der Macht hat gesiegt.

Uff! kann man da nur sagen. Was für eine Story! Der Versuch einer Synopsis ist unumgänglich, um Coopers Motive, die dem Roman zugrunde liegen, verständlich zu machen, deckt aber auch deutlich das Dilemma auf, das die Handlung bereitet, wenn man versucht, sie in eine vernünftige Ordnung zu bringen. Sie ist ebenso banal und unbeholfen konstruiert wie von einem unbändigen Missionseifer erfüllt. Misswirtschaft einer mit zu viel Macht ausgestatteten Oligarchie; Anklage gegen missverstandenen Republikanismus; venezianisches Kolorit; das Geschiebe und Getriebe der Menschen in einer von totalitären Zügen geprägten Stadt; eine Liebesgeschichte, die der «romance» und Schauergeschichte erst ihre erlösende Note gibt, auf dem Nebenschauplatz: das alles hat in diesem Roman aus finstern Zeiten Platz.

Was die Gestalt des Jacopo Frontini angeht, verliert Cooper sie gegen Ende etwas aus den Augen, nachdem er ihr lange dicht auf den Fersen geblieben ist. Stumm erleidet Jacopo, der gewissermassen «auf neutralem Grund», das heisst zwischen den Parteien tätig ist, sein Schicksal. Es ist nicht schwer, in ihm einen nahen Verwandten des Harvey Birch in «Der Spion» oder auch des geheimnisvollen Fremden mit dem Namen Submission in «Die Beweinte von Wish-ton-Wish» zu erkennen, die ihre Pflicht erfüllen und nicht nur keinerlei Lohn erwarten, sondern auch noch den Undank der Welt in Kauf nehmen. Die Rollenidentität von Harvey Birch und Jacopo Frontini ist unübersehbar, und es kann keinem Zweifel unterliegen, dass Coopers Sympathie ihnen beiden gehört hat, weit mehr als etwa Natty Bumppo und den anderen.

Obwohl Venedig nominell und rhetorisch eine Republik ist, verhalten sich der Dreierrat und der Rat der Dreihundert, die beide über das Schicksal der Stadt entscheiden, wie eine Aristokratie und gehen in ihrer Selbstauffassung davon aus, zu keinerlei Rechenschaft verpflichtet zu sein. Für Cooper war das eine absolut unhaltbare Vorstellung. Er wollte zeigen, dass nicht nur dem Feudalismus eine Tendenz zu unumschränkter Machtausübung inne wohnt, sondern genauso sehr auch der Republik, wenn die Regierungsangelegenheiten in der Hand nur einer kleinen Zahl von Menschen liegen.

Auch Republiken können also für den Machtmissbrauch anfällig sein. Diese Anfälligkeit aber ist in ihren Auswirkungen destruktiv und verheerend, das Staatswesen wird gelähmt und bricht zusammen. Im Übrigen ging es Cooper darum, vor allem seinen amerikanischen Zeitgenossen, die er zweimal im Buch direkt anspricht[3], die Darstellung einer Übergangszeit zu geben: Die Zeit der absoluten Herrschaft gelangt an ihr Ende. Das kann man natürlich auch in einem historischen Vergleich sehen, wenn man an das Ende der absoluten Monarchie, das mit der Juli-

Revolution von 1830 eingetreten war, und die Ausbreitung der liberalen Freiheiten denkt. Am Ende kann für Cooper nur die Republik stehen, die gerecht und vernünftig regiert wird, das heisst in der «das allgemeine Interesse» an die Spitze gestellt wird.

George Dekker hat von «The Bravo» gemeint, Cooper habe in dem Buch einen Klassenkonflikt beschrieben. Alle sind von der Macht korrumpiert, der wahre Held des Romans sei in Wirklichkeit Antonio Vecchio, der alte Fischer, der veritable «Lederstrumpf der Lagune» (Dekker). Er ist der Repräsentant der unterdrückten Klasse, in deren Namen er spricht, wenn er sich gegen die Ungerechtigkeit wehrt: die selbst erfahrene, aber stellvertretend auch gegen diejenige, die von der Oligarchie am Volk verübt wird.

Am besten ist es indessen vielleicht, sich daran zu halten, was Cooper an mehreren Stellen, dem Traktatcharakter des Buchs entsprechend, selbst über die zugrunde liegende Absicht gesagt hat. Was Cooper entwirft, ist das Schreckensbild einer absoluten, despotischen Macht, die er mit der Aristokratie gleichsetzt, aber wie gesagt auch in anderen Staatswesen vorkommen kann. Es gibt keinen Anhaltspunkt bei Cooper, dass Jacopo je einen Menschen getötet hat. Dass er trotzdem durch die regierende Oberschicht exekutiert wird, ohne dass der Grund dafür klar würde, soll zeigen, dass die Oligarchie nur Ungerechtigkeit und Grausamkeit hervorbringen kann. Dieser Annahme setzt Cooper die Vision einer besseren und gerechteren, sogar «tugendhaften» Regierungsform entgegen.

Cooper verlegt die Handlung in die Zeit, «als die Herrscher noch profan genug waren, zu behaupten, und die Beherrschten schwach genug, es zuzugeben, dass das Recht eines Mannes, seinesgleichen zu beherrschen, ein unmittelbares Geschenk Gottes sei». Das ist vielleicht blumig umschrieben, aber deutlich in der Absicht: Macht ist Anmassung, besonders wenn es Macht in der Hand weniger ist. Nur in der Abweichung von diesem «kühnen» (im Sinn von provokanten) «und egoistischen Grundsatz», nämlich dass die Menschen sich selber regieren sollen, ist es möglich, einer Nation den Charakter von «Freiheit» und «Gemeinsinn» zu geben. «In allen staatlichen Verhältnissen», schreibt Cooper, «kann man als herrschenden Grundsatz annehmen, dass die Starken so lange stärker und die Schwachen schwächer werden, bis die Ersteren zum Regieren und die Letzteren zum Gehorchen unfähig werden. Diese wichtige Wahrheit enthält das Geheimnis des Umsturzes aller derjenigen Staaten, die unter dem Gewicht ihrer eigenen Missbräuche zermalmt werden. Sie zeigen die Notwendigkeit, die Grundlage der Gesellschaft so zu erweitern, dass ihre

Basis ausgebreitet genug ist, das Interesse eines jeden zu repräsentieren; ohne dies gerät die Maschine der Gesellschaft in Gefahr, durch ihre eigene Bewegung unterbrochen und zuletzt durch ihre eigenen Exzesse zerstört zu werden.» Auch das sind deutliche Worte. Der Umsturz kann unausweichlich werden.

In Coopers Venedig ist Autorität, zwar verteilt auf verschiedene Räte, ein Geburtsrecht wie in denjenigen Ländern, «wo sie als Gabe der Vorsehung angesehen wird. Die Patrizier genossen unantastbare Rechte, die mit Eifersucht und Egoismus verteidigt wurden; wer nicht dazu gehörte und nicht zum Herrschen geboren war, konnte sich keine Hoffnung machen, jemals in den Besitz seiner ‹natürlichen Rechte› zu gelangen.»

In einer Passage geht Cooper ausführlich darauf ein, was er unter republikanischer Tugendhaftigkeit versteht. «Es ist bemerkenswert, dass Gemeinschaften stets einen höheren Begriff von Gerechtigkeit und Wahrheit aufstellen, hinter welchem ihre einzelnen Mitglieder jedes für sich weit zurückbleiben. Der Grund ist leicht zu finden, da die Natur allen wenigstens einen Begriff des Rechts gibt, welches aber unter dem mächtigen Einfluss persönlicher Versuchung hintangesetzt wird. Wir können die Tugend recht gut predigen, welche wir selber nicht auszuüben wissen. Daher ist denn auch in solchen Ländern, wo die öffentliche Meinung den grössten Einfluss hat, das öffentliche Verfahren immer am reinsten. Es gibt sich als Folgesatz aus dieser Lehre, dass die Volksvertretung so viel wie möglich eine wirkliche sein müsse, weil durch sie die Sittlichkeit eines Volks, in welchem die Grundsätze und Massregeln der Regierungen unter den Standpunkt der in Einzelnen herrschenden Redlichkeit herabsinken, denn diese Tatsache beweist, wie wenig ein solches Volk sein eigenes Schicksal in Händen hat.»

Das heisst, «dass eine Republik nicht ohne einen hohen Grad von Tugend ihrer einzelnen Bürger bestehen» kann. Oder anders ausgedrückt: Eine Republik taugt nur so viel, wie ihre Vertreter wert sind. Diese Werthaftigkeit aber ist die erste republikanische Voraussetzung.

Es bleibt eine letzte, nicht uninteressante Frage in diesem Zusammenhang zu beantworten: Woher hat Cooper den Stoff genommen? Susan Cooper hat beteuert, der Roman sei eine eigene Erfindung des amerikanischen Autors gewesen. Das ist nicht ganz glaubhaft. Den Stoff hat schon der Schriftsteller Heinrich Zschokke für seinen Roman «Abaellino der grosse Bandit» herangezogen.

Zschokke pflegte im Freundeskreis selbsterfundene Geschichten aus dem Stegreif vorzutragen. Einmal war es eine venezianische Anekdote über den Banditen Abaellino gewesen, die er reichlich ausschmückte und für die er, wie er überliefert hat, einen «Ehrenpreis» erhielt. 1793 erschien die Geschichte von Abaellino als kurzer Roman, später folgte eine, danach eine zweite Bühnenversion, die «mit Geräusch über die meisten Bühnen Deutschlands» gingen (Zschokke) und auch in Goethes Theater in Weimar und Lauchstädt aufgeführt wurden. Der Schauerroman von Matthew Gregory (oder Monk) Lewis, «The Bravo of Venice» (1804), «translated from the German», ist eine freie Bearbeitung von Zschokkes Werk. Von William Dunlap (1766–1839), Künstler, Bühnenautor und Theatermanager, ist ebenfalls eine dramatische Bearbeitung von Zschokkes Thema bekannt, die 1802 entstanden ist. Das Besondere daran ist vielleicht mehr als alles andere die Tatsache, dass Cooper und Dunlap befreundet waren, nicht nur beiläufig; in einem Brief an Dunlap hat Cooper dessen Sohn John «my old school-fellow young Dunlap» tituliert.[4] Es ist unter diesen Voraussetzungen schwer vorstellbar, dass Cooper mit dem auf Heinrich Zschokke zurückgehenden Stoff nicht vertraut gewesen sein soll, auch wenn bei Zschokke die Handlung etwas anders angelegt ist.

Der Scharfrichter von Bern

So streng, wie Cooper mit der Aristokratie in «Der Bravo» umgegangen ist, so mild und nachsichtig hat er sie in «Der Scharfrichter» beurteilt.[5] Dieser Roman ist in der Schweiz situiert, hat wiederum eine extrem verschlungene Handlung, die im Fortlauf in beinahe kriminologischer Art entwirrt wird, und bezieht die Landschaft fast wie eine handelnde Person mit ein. Diese Landschaft kannte Cooper nicht nur, er schätzte sie hoch ein wie kaum eine andere, Italien ausgenommen. Für das Berner Patriziertum – die «gnädigen Herren» – fand der Republikaner Cooper wohlwollende Worte, was er damit rechtfertigte, dass er in der Berner Oberschicht erkannte und ihr attestierte, was er in Venedig so sehr vermisste: Mässigung. Wie er zu diesem Urteil gekommen ist, hat er nicht preisgegeben; es bleibt das Berufsgeheimnis des Schriftstellers. Es gibt nur eine vage Erklärung: Bern ist trotz allem nicht England und das bernische Patriziertum nicht mit der englischen Monarchie vergleichbar.

Der Versuch, den Inhalt des Werks kurz und verständlich zusammenzufassen, ist, wie bei «The Bravo», mit vielen Schwierigkeiten verbunden, weil zu viele personelle Verwicklungen sowie «gothische», melodramatische Elemente auf der einen und volkskundliche Details auf der anderen Seite die Handlung befrachten.

In Genf bereitet sich eine bunt gemischte Gesellschaft darauf vor, das Segelschiff «Winkelried» zu besteigen und die Fahrt nach Vevey anzutreten. Unter den Passagieren befinden sich zahlreiche, die das Winzerfest in Vevey besuchen wollen, andere sind trotz der späten Jahreszeit auf dem Weg nach Italien: der Baron Melchior von Willading, dessen Schloss «tief im Gebirge» liegt, mit seiner kränkelnden Tochter Adelheid; ferner der vornehme Genueser Gaetano Grimaldi; ein junger Soldat in fremden Diensten mit dem Namen Sigismund; ein von den Genfer Behörden gesuchter Schmuggler mit dem Namen Maso; und so weiter. Es wird auch vermutet, dass der Scharfrichter von Bern mit dem Namen Balthasar Steinbach sich unerkannt unter den Passagieren aufhält, doch lassen sich dafür, trotz einer durchgeführten strengen Kontrolle, keine Anhaltspunkte finden.

Das Schiff legt los, beladen auch mit einer Sendung Käse, die ein gewisser Nikolaus Wagner nach Italien bringen will. Der Kapitän Baptist hat sie «aus Liebe zum Gewinn, welche den meisten Bewohnern jenes Landes zu eigen sein soll», an Bord genommen und damit die Manövrierfähigkeit des Schiffes beeinträchtigt.

Ein Sturm kündigt sich an, und die Ereignisse überstürzen sich. Willading und Grimaldi erkennen sich als Jugendfreunde; der Passagier «Herr Müller» wird als Scharfrichter identifiziert und soll über Bord geworfen werden; der Kapitän versagt im Augenblick der Seenot, und Maso übernimmt mutig und entschlossen das Kommando. Das Schiff muss die Käsefracht über Bord kippen, verschiedene Passagiere werden über Bord gespült, die meisten von ihnen aber wieder gerettet, nur nicht der Kapitän und der Käsehändler. In höchster Not haben sich Sigismund und Maso als Retter erwiesen. Grimaldi ist Maso zu Dank verpflichtet, während Sigismund, der den Baron vor dem Tod in den Wellen gerettet hat, nicht unbeeindruckt von Adelheid geblieben ist.

In Vevey besuchen Willading und Grimaldi zusammen mit dem bernischen Landvogt Peter Hofmeister und dem Adligen Roger de Blonay das Winzerfest, das Cooper ausführlich beschreibt. Die Hochzeit von Sigismund und Adelheid wird von den beiden Alten Willading und Grimaldi wohlwollend ins Auge gefasst. Das erste dabei auftretende Hindernis, dass Sigismund nicht adliger Herkunft ist, lässt sich beheben, das zweite dagegen erweist sich als gravierend: Es stellt sich nämlich im weiteren Verlauf der Handlung – wie durch ein Wunder – heraus, dass Sigismund der Sohn des Scharfrichters Balthasar Steinbach ist.

Unter der Bürde des Scharfrichteramts leidet die ganze Familie Steinbach. Sie werden von allen geächtet; das Amt ist erblich und kann nicht abgelehnt werden; es reisst die ganze Familie ins Unglück. In Vevey soll im Weiteren die Heirat eines der Öffentlichkeit geheim gehaltenen, aus der Versenkung auftauchenden Paares erfolgen; das gehört so zum Winzerfest. Die Hochzeit platzt aber im letzten Augenblick, als sich herausstellt, dass die Braut Christine die Tochter von Balthasar Steinbach, also die Schwester von Sigismund, ist und vom Bräutigam Jacques Colis abgelehnt wird. Christine wird dafür erlaubt, mit den Willadings nach Italien zu reisen.

Am Tag nach dem Winzerfest erfolgt der grosse Aufbruch nach Italien: die Willading und Grimaldi machen sich auf den Weg, auch Maso ist unterwegs, ebenfalls Jacques Colis. Was weiter geschieht, erhöht die Unglaublichkeit noch um eine Runde. Die Strecke von Vevey auf den Grand Saint-Bernard wird von Cooper fast mit der Akribie eines Reiseführers wiedergegeben, wo Cooper doch nur eigene Eindrücke seiner Herbstreise aus dem Jahr 1832 festhält. «Wir wandern auf einem sehr alten Pfad», sinniert Grimaldi. Nicht einmal der Topos der in der Literatur über das Wallis standardmässig vorkommenden Crétins fehlt, und schon gar nicht darf der Bernhardinerhund, «dieses edle und halb denkende Tier», ausgelassen werden.

Coopers eigener Beitrag ist ein lebensbedrohender Scheesturm, der die Menschen in eine existenzielle Extremsituation bringt, in welcher Personen und Handlung ihrem Höhepunkt zutreiben, ungefähr so, wie die Gesellschaft auf dem Schiff während der Überfahrt auf dem Genfersee in höchster Gefahr ein Bild menschlicher Schicksalsgemeinschaft ergeben hat. Unterhalb des Hospizes erreicht die Reisegesellschaft mit letzter Anstrengung ein Refugium, in dem sie die Nacht verbringt.

Wenn man versucht, das Wichtigste der Handlung zusammenzufassen, muss man erwähnen, dass am nächsten Morgen Adelheid und Christine ein Beinhaus unterhalb des Hospizes entdecken, in dem vier Menschen schlafen. Aber sie schlafen in Wirklichkeit gar nicht – sie sind tot. Die Drei sind bei der Überquerung des Passes vor einiger Zeit ums Leben gekommen; die «scharfe Bergluft» hat den Prozess der Verwesung unterbrochen: eine Art Hibernation. Sie warten hier darauf, bestattet zu werden. Der vierte ist ermordet worden. Es ist Jacques Colis. Der Verdacht fällt auf Maso, dessen Hund unter dem Fell Gegenstände aus dem Besitz von Colis versteckt hält, sowie auf Balthasar Steinbach, den Scharfrichter, der sich ebenfalls auf dem Grand Saint-Bernard herumtreibt und gute Gründe gehabt haben könnte, Colis, der die Ehe mit seiner Tochter ausgeschlagen hat, umzubringen. Sehr kompliziert, nicht wahr?

Eine Gerichtsverhandlung wird anberaumt, deren Ausgang der Handlung eine unerwartete Wendung gibt. Maso ist der uneheliche Sohn Grimaldis, Sigismund dessen legitimer. Jetzt muss man die Dinge scharf trennen und in Erinnerung behalten. Grimaldi selbst stellt sich als Doge von Genua heraus.

Wie das alles miteinander zusammenhängt und geschehen konnte, breitet Cooper auf den letzten 60 Seiten des Buchs aus. Sigismund, eigentlich Gaetano Grimaldi jun., wurde in seiner Jugend entführt und durch eine wunderbare Fügung des Plots von Balthasar, dem Scharfrichter, adoptiert, was einer charakterlichen Anerkennung des Scharfrichters gleichkommt: Der Henker, wird in der Öffentlichkeit gemieden und verachtet, hat sich aber trotzdem eine menschliche Seite bewahrt. Maso, dessen Herkunft ebenfalls enthüllt wird, verlässt die anderen mit der Bemerkung: «Meine Verderbnis ist die Frucht eurer Ungerechtigkeit», geht seinen eigenen Weg und hinterlässt den Eindruck, in Wahrheit der literarische Halbbruder von Harvey Birch und des Bravos zu sein. Sigismund und Adelheid wiederum können nun ungehindert ihren Bund fürs Leben schliessen.

Das Happy-End der beiden wird aus der Trickkiste hervorgezaubert, jedoch durch den Abgang Masos relativiert. Colis' Schicksal hat sich zuletzt ebenfalls geklärt: Er wurde von zwei fremden Reisenden umgebracht.

Ungefähr ein Drittel des Romans ist für den Sturm auf dem Genfersee, ein Drittel für das Winzerfest und ein Drittel für den Schneesturm auf dem Grand Saint-Bernhard eingesetzt. Die Landschaft wird ausführlich beschrieben, ausserdem nimmt die physische Handlung mehr Raum ein als in so vielen anderen Romanen Coopers.

Was das Setting betrifft, hat Cooper selber ausdrücklich auf die Verbindung von Landschaft und Plot hingewiesen. Die Umgebung des Genfersees hatte den Ausschlag für den Roman gegeben, als Cooper träumend im Boot des Jean Descloux lag, die Ufer des Genfersees und das Panorama der Berge betrachtete und dabei über die «unbegreifliche und doch anziehende Mischung aus Widersprüchen, Täuschungen, Wahrheiten und Irrtümern, welche die Summe unserer Existenz ausmachen», nachdachte.

Thema des Romans ist die Ungerechtigkeit der Erbfolge. Peter Hofmeister war «vermöge irgendeines besonderen Verdiensts oder Unverdiensts (es war jetzt schwer zu sagen, welches von beiden) eines seiner Vorfahren, durch die Gesetze des Kantons und durch die geltende Meinung der Menschen ein Landvogt, so wie Balthasar ein Scharfrichter war. Der wesentliche Unterschied zwischen ihnen lag darin, dass der eine sich seiner Stellung behaglich erfreute, während der andere nur ein geringes Gefallen an seinem Amt hatte.»

Ob daraus eine Kritik am Erbfolgerecht als Ganzes abgeleitet werden kann, bleibt offen. Coopers Sympathie für das Regime des Berner Patriziertums ist jedenfalls unübersehbar. Es wäre «wahrhaft unerträglich», wenn die Gesetze der zivilisierten Welt allein in den Händen der Reichen und Geehrten lägen, meinte er. Freilich mit der schnellen Einschränkung: «Zum Trost für die minder Begünstigten und zur Erhaltung des Weltfriedens verhält sich die Sache» – wenn man Cooper folgen will – «glücklicherweise anders. Der Reichtum hat seine eigenen Leiden; Ehren und Vorrechte werden durch den Gebrauch schal; und vielleicht kann man es als Regel annehmen, dass weniger wahrhaft geregelte Zufriedenheit, deren der unruhige Zustand unseres Daseins unterworfen ist, unter denen gefunden wird, welche gewöhnlich von ihren Mitmenschen am meisten beneiden werden. Wer die vorliegende Erzählung mit dem Auge liest, welches wir uns wünschen, wird in ihrer Anwendung die Erläuterung dieser Wahrheit finden; denn wenn es unsere Absicht ist, einige dieser Übel zu zeichnen, welche aus den Missbräuchen der Privilegierten und Mächtigen entstehen, so hoffen wir gleichermassen zu zeigen, wie völlig unerreicht ihr Zweck bleibt, wenn sie verfehlen, das ausschliessliche Glück zu verleihen, welche das Ziel ist, das alle zu erreichen streben.»

Das ist wiederum gewunden ausgedrückt, aber es heisst das Gleiche: Wenn die Verhältnisse wenigstens halbwegs gerecht sind, ist die Aristokratie nach Berner Muster durchaus akzeptabel. Weder Willading noch Grimaldi waren «dem Übermut gemeinen Stolzes» zugetan («addicted to the insolence of vulgar pride»). Das genügt. «Der Vornehme ist stets höflich, ausgenommen in Fällen, in welchen Anmassung die Artigkeit zurückstösst.»

Zuletzt ist es Coopers feste Überzeugung, dass ohne eine strenge Regierung kein Zusammenleben denkbar ist. «Der Zweck aller Herrschaft ist, Mittel zu ihrer Erhaltung zu suchen», erklärt der Landvogt Hofmeister, «und es lebt wohl kein Mensch, der nicht bereit wäre zuzugeben, dass selbst eine schlechte Regierung besser ist als gar keine. Unsere Regierung ist aber vorzugsweise eine gute, da sie bei jeder Gelegenheit die grösste Sorgfalt anwendet, sich in Achtung zu erhalten, und wer sich selbst achtet, darf gewiss sein, in den Augen anderer geachtet zu werden.» Ohne Gesetze würden die Menschen «Opfer der Verwirrung und Gesetzlosigkeit». So erklärte und legitimierte das Berner Patriziersystem dadurch, dass es regiert, sich selbst in einem Tautologieschluss.

Zwar bekennt der Führer Pierre Dumont, den Willading und Grimaldi angestellt haben, um sie über den Grand Saint-Bernard nach Italien zu geleiten, «dass wir unsere eigenen Herren sind; wir sind es gewesen, seit unsere Väter die Schlösser der Adligen zerstört und ihre Tyrannen gezwungen haben, ihresgleichen zu werden». Den beiden Vornehmen macht das wenig Eindruck. Es sei «die Sprache des Insassen eines zugewandten Orts» und «der Geist, der unsere Älpler schirmt und sie inmitten ihrer Felsen und ihres Eises glücklicher macht» als die Menschen im südlichen warmen Italien, meinen sie huldvoll. Im Übrigen gilt, wie gesagt, das patrizische Berner Regiment. Die Älpler können dagegen nichts anderes als eine exotische Ausnahme bilden.

Gefahrvolle Seefahrt und Passüberquerung im Schneesturm

Auf dem Weg von Genf nach Vevey und weiter über den Grand Saint-Bernard nach Italien geraten die Passagiere der überfrachteten «Winkelried» in einen Sturm, der sie in höchste Lebensgefahr bringt. Der Maritim-Autor mit der Sachkenntnis eines Reiseführer-Verfassers schreibt:

Als das Schiff aus dem Schirm der Häuser und Hügel heraus trat, liess sich die Kraft des Windes spüren, und sein Lauf wurde verhältnismässig rascher, obgleich die Schiffsmannschaft auf die Art, wie es sich durch das Element fortarbeitete, mit einem Kopfschütteln ihre Überzeugung ausdrückte, man habe dem Fahrzeug zuviel zugemutet. Das Wasser bildete mit dem niedrigen Spiegel eine Linie, und als das Schiff einen Teil des offenen Sees erreicht hatte, wo die Wellen mit einiger Heftigkeit dahin rollten, fand es sich, dass die ungemeine Wucht zu stark war, um von der geringen und gebrochenen Kraft der Miniaturwogen gehoben zu werden. Die Folgen waren jedoch eher verdriesslich als beunruhigend. Einige nasse Füsse und gelegentliche Spritzer eines Wasserstrahls auf die oberen Planken waren die einzigen unmittelbaren persönlichen Unbequemlichkeiten.

Der Genfersee hat fast die Gestalt eines Halbmonds und zieht sich von Südwest nach Nordost. Sein nördliches, oder Schweizer, Ufer ist eine «côte», wie man es in der Sprache des Landes nennt, ein Abhang, welcher sich zum Anbau eignet und der, mit wenigen Ausnahmen, seit den frühesten Perioden der Geschichte mit edlen Reben bepflanzt war. Die Römer hatten hier viele Standorte und Posten, von welchen noch Spuren sichtbar sind. Das Mittelalter verdankte der auf den Fall des Reichs folgenden Verwirrung und Vermischung der Interessen viele adlige Schlösser, geistliche Wohnsitze und feste Türme, welche noch am Rand dieses schönen Wasserbeckens stehen oder etwas tiefer im Land die Anhöhen schmücken.

Keiner der Seen dieses merkwürdigen Landes weist eine grössere Mannigfaltigkeit der Szenerie auf als der Genfersee, welcher vor dem lachenden Anblick der Fruchtbarkeit und des Anbaus an seinem unteren bis zur Erhabenheit einer weichen und erhabenen Natur an dem oberen Ende den reichsten Wechsel anzubieten hat. Vevey, der Ort, wohin die «Winkelried» unterwegs war, liegt drei Stunden von der Spitze des Sees oder dem Punkt, wo er die Rhone aufnimmt; und Genf, der Hafen, von welchem der Leser eben Abschied nahm, wird von diesem Fluss durchschnitten, wenn er aus dem blauen Becken des Lemans wieder heraustritt, um auf seinem hastigen Weg in das Mittelmeer die fruchtbaren Gefilde Frankreichs zu durchstreifen.

Es ist wohlbekannt, dass Windzüge über alle Wasserflächen, welche zwischen hohen und gebrochenen Bergen liegen, in Bezug auf ihre Richtung wie auf ihre Stärke unsicher sind. Dies war die Schwierigkeit, welche Baptist bei der Verzögerung der Abfahrt am meisten beunruhigte, denn der erfahrene Schiffer wusste wohl, dass es der ersten und freiesten Kraft des Windes bedurfte, um, wie die Seeleute sagen, «die Kühlte[6] heimwärts zu treiben», gegen die entgegengesetzte Strömung, welche häufig von den Bergen niedersteigen. Überdies war die Gestalt des Sees ein fernerer Grund, warum die Winde selten in derselben Richtung über das Ganze seiner Oberfläche wehen. Starke und anhaltende Kühlten stürzen in das tiefe Becken herab und brechen sich, allem Widerstand trotzend, ihren Weg in jede Spalte der Felsen; aber einer geringeren Kraft als dieser gelingt es selten, dem Schiff vom Eintritt bis zu seinem Ausfluss der Rhone, denselben günstigen Wind zu geben.

Zwanzig Minuten waren verflossen, seit die Ruhe des Sees zuerst gestört worden war, aber die Anstrengungen der Leute der «Winkelried» hatten soviel Kraft erfordert, dass die Zeit viel kürzer erschien. Allein wenn diese Augenblicke gut eingesetzt wurden, so waren auch die Mächte der Luft nicht müssig gewesen. Die unnatürliche Öffnung am Himmel schloss sich und in kurzen Zwischenräumen liessen sich jene furchtbaren Evolutionen der luftigen Schwadronen näher und näher hören. Dreimal waren kurze warme Luftzüge über das Schiff gegangen und einige Male, wenn es sich in die schwerer als gewöhnlich gehenden Wogen stürzte, wurden die Gesichter derer an Bord wie mit einem ungeheuren Fächer kalt angeweht. Dies kam jedoch nur von dem plötzlichen Wechsel in der Atmosphäre, von welcher sich durch den entfernten Kampf zwischen der erhitzten Luft des Sees und der, welche an den Gletschern abgekühlt worden war, einzelne Schichten verschoben, oder aber es war die einfache Folge der heftigen Bewegung des Schiffs.

Die tiefe Dunkelheit, welche das Himmelsgewölbe jetzt umlagerte, gab dem eingebetteten Leman das Aussehen einer düstern Talschlucht und erhöhte das Schauerlich-Erhabene der Nacht. Die Wälle Savoyens hatten das Aussehen von schwarzen Mauern, welche man mit der Hand fassen zu können glaubte, während die sanfteren Höhen der Waadt wie eine zerfliessende und dunkle Masse dalagen, zwar drohend, aber nicht weniger wirr und unerreichbar.

Die Zeichen der Stunde hatten sich allmählich, aber in zunehmendem Grad, vermehrt. Während der See ungekräuselt dalag, herrschte eine so tiefe Stille, dass Töne von dem fernen Hafen das Ohr der Passagiere erreichten und das Gefühl der Sicherheit und den mächtigen Zauber der abendlichen Ruhe mit sich brachten. Diesen folgte das Umwölken des Himmels und das Brausen der Winde, welche bei ihrem ersten Niedersteigen in das Becken des Leman von den Seiten der Alpen nieder brachen. Wie das Auge nutzlos wurde, sofern es nicht die düstern Anzeichen an dem niederhängenden Gewölk betrachten wollte, war der Gehörsinn doppelt scharf geworden und hatte ein mächtiges Mittel abgegeben, die Furcht der Reisenden zu erhöhen.

Der Sturz des Windes, der anfangs unterbrochen war, hatte zwischendurch dem Sausen eines Schornsteins im Sturm geglichen, bald aber die furchtbare Grösse jener luftigen Schwenkungen von Schwadronen erreicht, auf welche wir schon angespielt haben, und die sich in einem grimmen Murmeln verloren, das in der tiefen allgemeinen Ruhe eine sehr nahe Verwandtschaft mit dem Rauschen der Brandung gegen das Meergestade hatte. Die Fläche des Sees brach sich zum ersten Mal nach einem dieser Vorgänger, und dies war das unfehlbare Zeichen eines Sturms, welches Maso überzeugt hatte, es sei keine Zeit zu verlieren. Die Bewegung des Elements in seiner Windstille ist eine allgemeine Erscheinung auf Wassern, welche von hohen und unregelmässigen Vorgebirgen umgeben sind, und gibt ein sicheres Zeichen ab, dass auf einem fernen Teil der Wasserfläche Wind herrscht. Auch auf dem Ozean findet man sie häufig, wo der Matrose gewohnt ist, eine schwere See, die sich nach einer Richtung wälzt, zu treffen, während die Kühle um ihn her von der entgegengesetzten Seite weht. Ihr folgte die einzelne rollende Woge, dem äussern Wellenkreis gleich, den der Wurf eines Steines in das Wasser hervorbringt, sowie die regelmässige und wachsende Bewegung des Sees, bis das Element wie in einem Sturm losbrach, und zwar scheinbar aus eigenem Antrieb, denn es regte sich kein Lufthauch. Dieses letzte und furchtbare Vorzeichen des kommenden Sturms war jetzt so unzweideutig geworden, dass in dem Augenblick, wo drei der Reisenden und der Reeder über Bord stürzten, die «Winkelried», um einen Ausdruck der Seeleute zu brauchen, wörtlich der Wellen wühlte.

Aus «Der Scharfrichter von Bern oder Das Winzerfest».

In Vevey, wo die vornehme sowie weniger vornehme Reisegesellschaft nach überstandenen Gefahren eintrifft, ist das Winzerfest angesetzt, das Cooper mit der Ausführlichkeit eines Reporters beschreibt. «Dieses Fest war ursprünglich einfach und ländlichen Charakters und hatte bei weitem nicht die ausgedehnten Feierlichkeiten und klassischen Allegorien der neueren Zeit aufzuweisen.» Erst im Lauf der Zeit wurde daraus eine Art «Jubelfest», «zu welchem die Müssigen, die Neugierigen und die Schaulustigen aller umliegenden Gegenden in grossen Haufen herbeiströmten. Die Stadt Vevey benutzte diesen Umstand, denn die gewöhnliche Triebfeder des Gewinnes half die Sitte begünstigen, und bis zur Zeit der grossen europäischen Revolution herab scheint das Fest in ununterbrochener Reihenfolge begangen worden zu sein.»[7]

Nach dem Besuch des Winzerfests geht die Reise weiter, Richtung Grand Saint-Bernard und Italien. Aber das Jahr ist schon weit fortgeschritten, der Winter naht mit Riesenschritten. Dann ist der Pass zugeschneit und während Monaten nicht mehr passierbar. Die Reisegesellschaft von Willading und Grimaldi engagiert den Führer Pierre Dumont, und der Weg wird angetreten.

Die Eile der Gesellschaft war den ganzen Tag über nicht so gross gewesen wie jetzt. In dieser Beziehung gleicht der gewöhnliche Wanderer wohl dem, der auf der Heerstrasse des Lebens reist und sich genötigt sieht, durch einen verspäteten und schlecht belohnten Fleiss im Alter die Unachtsamkeiten und Nachlässigkeiten der Jugend gut zu machen, wodurch das Ende seiner Mühen leicht und nützlich hätte werden können. Diese Eile wurde noch gesteigert statt sich zu verringern, denn Pierre Dumonts Auge blieb an den Himmel geheftet, und jeder Augenblick schien neue Beweggründe zu angestrengter Tätigkeit mit sich zu bringen. Die müden Tiere zeigten weniger Eifer als der Führer, und die, welche sie ritten, fingen an, über das Unvernünftige der Hast zu murren, mit welcher sie auf dem schmalen, holprigen Pfad vorangedrängt wurden, während eine Dunkelheit, die tiefer war als die, welche die Schatten der Felsen warfen, auf ihren Weg fiel und die Luft sich so plötzlich mit Schnee füllte, als wären alle ihre Bestandteile durch Anwendung eines raschen, chemischen Prozesses gebildet und verdichtet worden.

Der Wechsel war so unerwartet und doch so vollständig, dass die ganze Gesellschaft ihre Maultiere anhielt und auf die Millionen Flocken, welche auf sie niederfielen, eher mit Staunen und Verwunderung als mit Furcht blickte. Ein Ruf von Pierre weckte sie zuerst aus ihrer Verzückung und rief sie zu einem Gefühl für den wahren Stand der Dinge zurück. Er stand auf einem Felsstück, von der Gesell-

schaft bereits um mehr als fünfzig Schritte getrennt, weiss von Schnee und den Reisenden ungestüm zuwinkend, heran zu kommen.

«Bedecke dich, guter Pierre, ich bitte dich», drängte der Genueser. «Du bist am besten im Stand, die Lage, in welcher wir uns befinden, zu beurteilen, und deiner Leitung allein überlassen wir uns.»

Zehn düstere und ängstliche Minuten folgten. Während dieser Zeit kam der fallende Schnee schneller und in feineren Flocken, und dann und wann gewahrte man betrübende Anzeichen, dass die Winde sich anschickten, loszubrechen. In der Höhe, in welcher die Reisenden sich jetzt befanden, entscheiden Erscheinungen, auf welche man gewöhnlich wenig Gewicht legt, über Leben und Tod. Das Entweichen der Wärme aus dem menschlichen Körper ist in einer Höhe von sechs- bis siebentausend Fuss über der Meeresfläche unter den günstigsten Umständen häufig an sich selbst eine Quelle des Ungemachs; hier kamen aber noch andere Gründe dazu, die die Gefahr erhöhten. Schon die Abwesenheit der Sonnenstrahlen liess eine schauernde Kühle zurück, und einige Stunden der Nacht mussten, selbst mitten im Sommer, Kälte mit sich bringen. So kommt es, dass Unwetter, welche an sich von geringem Belang sind, den menschlichen Körper wegen seiner verminderten Widerstandskraft mächtig ergreifen, und wenn man die Tatsache hinzufügt, dass die Elemente in ihrem Wirken bei weitem ungestümer in den oberen als in den unteren Regionen der Erde sind, wird der Leser die Gründe der Besorgnis Pierres besser verstehen, als er sie wahrscheinlich selbst verstand, obgleich des wackeren Führers lange und herbe Erfahrung recht gut an die Stelle der Theorie treten konnte.

Der Mensch ist in Gefahren selten gesprächig. Die Furchtsamen ziehen sich in sich selbst zurück und überlassen sich einer quälenden Phantasie, welche die Gründe der Unruhe vermehrt und die Mittel der Sicherheit vermindert, während die Geistesstarken ihre Kraft sammeln und auf den ihre Tätigkeit ansprechenden Punkt zusammendrängen. Ein allgemeines und tiefes Schweigen herrschte unter der Gesellschaft, indem jeder einzelne ihre Lage in Farben sah, welche seiner besonderen Stimmung und seinem eigentümlichen Charakter am meisten angepasst war. Die Männer waren ohne Ausnahme ernst und eifrig bemüht, die Maultiere vorwärts zu treiben; Adelheid wurde blass, aber sie behielt durch die blosse Kraft ihres Charakters ihre Ruhe; Christine zitterte und bangte, obgleich Sigismunds Gegenwart und ihr Vertrauen auf ihn sie tröstete.

Zehn Minuten reichten vollkommen aus, allem um sie her eine andere Gestalt zu geben. Der Schnee konnte auf den eisengleichen und senkrechten Flächen der Berge nicht haften, aber die Klüfte und Schluchten und Täler wurden weiss wie die Kuppe des Vélan. Der Führer war offenbar geneigt, keine Zeit mit Erläuterungen zu verlieren, und da die geheime Aufregung sich dem ganzen Zug mitteilte, hatte er keinen Grund, sich über die Langsamkeit ihrer Bewegungen zu beklagen.

Auf diese Weise verstrichen die wenigen düsteren Minuten, welche dem Verschwinden des Tages unmittelbar voran gingen. Der Himmel war nicht mehr zu sehen. Das Auge sah nur eine endlose Folge fallender Flocken, und es wurde allmählich schwierig, auch nur die Felsenwälle zu unterscheiden, welche die wilde Schlucht begrenzten, in der sie ritten. Man wusste jedoch, dass sie in keiner grossen Entfernung von dem Pfade waren, der zuweilen ihre Seiten streifte. Dann durchschritten sie wieder rauhe, steinige Berghalden, wenn ein solcher Ausdruck zu Flächen passt, die keine Andeutung und keine Hoffnung einer Vegetation zeigen.

Pierre wiederholte nochmals seine Ermahnung, so nahe wie möglich beisammen zu bleiben, und riet allen, welche die unglückliche Wirkung der Kälte auf ihre Glieder spürten, den Sattel zu verlassen und sich zu bemühen, den Kreislauf des Bluts durch Bewegung wieder herzustellen; dann setzte er seinen Weg fort. Aber selbst in der Zeit dieser kurzen Besprechung hatte die Lage der Dinge sich merklich verschlimmert. Der Wind, der bisher keine sichere Richtung gehabt hatte, da er eine wilde Strömung der oberen Luft war, welche dadurch von ihrem eigentlichen Weg abgewendet wurde, dass sie auf die rauhen Klippen und Schluchten der Alpen stiess, umkreiste sie jetzt wirbelnd. Die Kälte vermehrte sich plötzlich bedeutend, und die Kräftigsten der Gesellschaft begannen, den betäubenden Einfluss der eisigen Luftströme in einer Weise zu empfinden, welche ernste Besorgnisse hervor rief. Adelheid, die noch hinreichend Besonnenheit zeigte, rief Sigismund herbei, um nach dem Zustand seiner Schwester zu sehen, welche seit einiger Zeit nichts gesprochen hatte.

Diese beunruhigende Aufforderung geschah in einem Augenblick, wo der Sturm neue Kraft zu sammeln schien und es durchaus unmöglich war, auch nur die beschneite Erde zwanzig Schritte von der Stelle zu unterscheiden, wo die Gesellschaft sich in einer zitternden Gruppe gesammelt hatte. Sigismund schlug Oberkleider und Mantel auseinander, in welche Christine eingehüllt war, und das halb bewusstlose Mädchen sank auf seine Schulter.

«Christine – meine Schwester – meine arme, unglückliche Schwester», flüsterte Sigismund, «wache auf! Um Gottes willen, erwache!»

«Erwache, teuerste Christine», rief Adelheid, vom Sattel eilend, um das lächelnde, aber betäubte Mädchen an ihren Busen zu schliessen.

«Seht nach dem Mädchen!», sagte Pierre hastig, da er ahnte, dass eine jener Gebirgskatastrophen bevorstehe, deren er im Verlauf seines Lebens einige von furchtbaren Folgen mit angesehen hatte. «Seht nach den Frauen, denn wer jetzt schläft, stirbt!»

In der Not stiegen alle ab. Sie fühlten, wie gefährlich die Lage war, dass nur Entschlossenheit sie retten konnte und dass jede Minute von grösster Wichtigkeit war. Die Frauen wurden von zwei Männern in die Mitte genommen und auf die-

se Weise gestützt, worauf Pierre laut und mit kräftiger Stimme alle aufforderte, weiter zu ziehen. Das Voranschreiten von Reisenden, die so schwach waren wie Adelheid und Christine, auf einem Steinpfad von sehr unebener Fläche und auf einem steilen Aufstieg, wo der Schnee die Füsse bedeckte und der Sturm in die Gesichter schnitt, war natürlich langsam und äusserst mühselig. Doch erhöhte die Anstrengung die Lebhaftigkeit des Blutkreislaufs, und für kurze Zeit schien es, als ob die am meisten Leidenden gerettet werden könnten. Pierre, der mit der Ausdauer eines Gebirgsbewohners und der Treue eines Schweizers seinen Posten behauptete, ermutigte sie durch seine Stimme und fuhr fort, die Hoffnung nicht aufzugeben, das Zufluchtshaus sei nahe.

In diesem Augenblick, wo es der Kraftanstrengung am meisten bedurfte, und wo augenscheinlich alle deren Wichtigkeit fühlten und am wenigsten geneigt waren, sich derselben zu unterziehen, verliess der Maultiertreiber am Ende des Zugs seinen Posten und zog es vor, den Berg hinab zu steigen und das Dorf zu erreichen, anstatt sich nutzlos zum Kloster emporzuarbeiten. Sobald Pierre von diesem Umstand unterrichtet war, befahl er, die sich verlaufenden Tiere ohne Zaudern und auf jede Gefahr hin herbeizutreiben. Erstarrt, betäubt und unfähig, weiter als einige Schritte zu sehen, war es den Leuten nicht leicht, diesem beschwerlichen Auftrag nachzukommen. Einer nach dem anderen schloss sich den Suchenden an, denn alle Habschaften der Reisenden waren auf den Tieren; und nach einem kurzen Zaudern wurden alle Mautiere glücklich wieder eingefangen. Sie wurden aneinander gebunden, der Kopf des nachfolgenden an den Schweif des vorangehenden, und Pierre schickte sich an, den Weg fortzusetzen. Als er aber den Pfad suchte, war er nicht zu finden. Man forschte nach jeder Seite, aber niemand konnte die geringste Spur entdecken. Rauhe, zertrümmerte Felsenstücke waren alles, womit die sorgfältigste Nachforschung belohnt wurde; und nachdem einige köstliche Minuten fruchtlos vergeudet waren, sammelten sich alle, wie auf eine gemeinschaftliche Verabredung, um den Führer, um seinen Rat zu hören. Die Wahrheit war nicht länger zu verheimlichen – die Gesellschaft hatte sich verirrt.

Ebenda.

Noch über viele Seiten erstreckt sich die Beschreibung, wie die Reisegesellschaft mit den Widrigkeiten der entfesselten Natur zu kämpfen hat, bis es ihr gelingt, wenigstens eine rettende Schutzhütte unterhalb des auf der Passhöhe gelegenen Hospizes zu erreichen und die Nacht zu verbringen – und bis die Handlung ihre Auflösung findet.

Der politische Schriftsteller und die Presse

In Europa hatte sich in James Fenimore Coopers Einstellung ein Wandel vollzogen, der nur mit seinem Amerikanertum und seiner Missionsbereitschaft erklärt werden kann. Seine politischen und gesellschaftlichen Überzeugungen waren in Europa mit den herrschenden Ideen in Konflikt geraten. Der republikanische Wilde aus Amerika in den Hauptstädten der europäischen Restauration war eine Konstellation, die nicht geringen Zündstoff in sich barg.

Coopers Überzeugung war es, dass Amerika sich auf dem Weg in eine republikanische Gesellschaft befand, die in krassem Widerspruch zu den spätabsolutistischen Verhältnissen stand, die er in Europa antraf. Einen anderen Weg als den republikanischen konnte er sich nicht vorstellen. Coopers Freundschaft mit Lafayette bewahrte ihn vor dem Schlimmsten; der frühere französische General in amerikanischen Diensten war sein renommierter Verbündeter und Cooper dessen bester Mitstreiter. Lafayette kannte die Verhältnisse in Amerika, mit denen er sympathisierte; in Frankreich war seine Stellung seit der Juli-Monarchie mehr als umstritten; die Restauration hatte den französischen Beitrag an die amerikanische Revolution aus dem Blickfeld verdrängt. Als dann die Auseinandersetzung um die Frage, ob die Monarchie nach europäischem oder die Republik nach amerikanischen Modell teurer zu stehen komme, schaltete sich Cooper mit seinem «Letter of J. Fenimore Cooper, to Gen. Lafayette» ein und nahm, nicht unerwartet, ebenso für die Republik wie für Lafayette Stellung.

Seine politische Parteinahme in Frankreich für die republikanische Staatsform stiess auf dezidierten Widerspruch, jedenfalls bei jenem Teil der Presse, der den grössten Einfluss auf die öffentliche Meinung ausübte. Indem er auf die Einwände gegen ihn einging, heizte Cooper die Kontroverse noch zusätzlich an. Als schliesslich in den Jahren von 1831 bis 1833 seine europäischen Romane mit ihrer ebenfalls expliziten, das heisst europakritischen Einstellung erschienen, war das ein ausreichender Grund für die Presse, Cooper zu attackieren. Es sieht fast so aus, als ob ein Teil der Literaturvertreter es ihm nicht nachsehen wollte, dass er sich von seinen unproblematischen patriotischen Romanen distanziert und einem anderen Genre, der «novel of purpose», zugewendet hatte.

Fest steht, dass Cooper von diesem Augenblick an sowohl in politischer wie literarischer Hinsicht im Mittelpunkt einer öffentlichen Debatte stand, die auf beiden Seiten mit manchmal ungewöhnlicher Heftigkeit geführt wurde. Der Wille, nichts auf sich beruhen zu lassen, beziehungsweise eine gewisse Streitlust, die in renitente Streitsucht umkippte, auf der Seite Coopers, schlechter Geschmack auf der Seite seiner Gegner bildeten ein Dispositiv, das für den Hickhack der Auseinandersetzung gute, für deren Qualität jedoch denkbar ungünstige Voraussetzungen bildete.

Der Widerspruch hatte im Fall des «Briefs an Lafayette» andere Gründe als im Fall der Romane «Der Bravo», «Die Heidenmauer» und «Der Scharfrichter». Ungeachtet dessen war Cooper zu einer Persönlichkeit von öffentlichem Interesse geworden, von dem jedes Wort und jede Aussage mit grösster Aufmerksamkeit zur Kenntnis genommen wurde. Im gleichen Mass, wie Cooper ins Zentrum des öffentlichen Interesses rückte, wandelten sich auch seine politischen Vorstellungen. Es fällt nicht schwer, in deren weiterer Entwicklung eine Verhärtung, wenn nicht gar eine Radikalisierung festzustellen, was wiederum hilft, die Angriffe der Presse auf Cooper zu erklären und zu verstehen. Eines Tages musste der Schriftsteller feststellen, dass er nicht nur in Europa, aus nahe liegenden Gründen, Gegner hatte, sondern er selbst zu Hause, in Amerika, auf Widerspruch stiess. Das war, seitdem er in den «Notions» versucht hatte, seine Landsleute vor dem englischen Einfluss zu warnen. Auch in Amerika traf er die gleichen Einstellungen wie in Europa an und musste die kleinen Angriffe wie dort hinnehmen, was mit den politischen Veränderungen zusammenhing.

Von den europäischen Romanen wurde besonders «Der Bravo» nicht nur ablehnend aufgenommen, sondern rabiat abgelehnt. Oder besser gesagt: Es war vor allem eine Kritik, die ein heftiges Beben auslöste. Im «New York American» war am 3. Dezember 1831 eine wohlgesonnene Kritik von «Der Bravo» erschienen, die zwar bemängelte, es komme zu viel Politik in dem Buch vor, jedoch die Anschaulichkeit der Handlung bestätigte. Dann aber, am 7. Juni 1832, wurde das Buch in einer «bemerkenswert unfreundlichen und stupiden Kritik» (James Grossman) unerwarteterweise ein weiteres Mal vorgestellt. Ein gewisser «Cassio» nannte das Buch dürftig, fand den Schluss unbefriedigend und vertrat die Meinung, dass Cooper nichts mehr zu sagen habe beziehungsweise dass er nur für Geld schreibe. Persönliche Verunglimpfungen dieser Art gehörten damals zur Tagesordnung.

Cooper replizierte am 2. April 1833 im «Albany Daily Advertiser» und suchte das Epizentrum des Angriffs im Kreis der Doctrinaires in Frankreich. Offenbar gab es vor der amerikanischen bereits eine französische

Fassung des Artikels. Die Frage der Herkunft ist aus heutiger Sicht völlig nebensächlich, höchstens zeigt sie, wie gewisse Ansichten beidseits des Atlantiks zirkulierten. Andere Presseorgane nahmen Cassios Artikel und Coopers Erwiderung auf, und die Fehde war entfacht.

Sie erreichte ihren ersten Höhepunkt im Juni 1834, als Cooper als Erwiderung «A Letter to His Countrymen» veröffentlichte. Der Brief umfasste mehr als hundert Seiten, auf denen Cooper auf die gegen ihn gerichteten Angriffe wegen der Finanzaffäre, auf die Vorbehalte oder Anwürfe von «Cassio» im «New York American» sowie auf weitere kritische Stimmen in «The Courier & Enquirer», «The Commercial Advertiser» und anderen Presseorganen einging.

Den Vorwurf, er habe für Geld geschrieben, beantwortete der Schriftsteller damit, dass er nur ein gerechtes Entgelt für seine Bemühungen entgegengenommen habe. Schwerer wog der gegen ihn erhobene Einwand, er habe sich unhöflicherweise in die inneren Angelegenheiten fremder Länder, in denen er sich aufgehalten habe, eingemischt und auf diese Weise das genossene Gastrecht missbraucht. Wenn es Cooper in Frankreich nicht gefallen haben sollte, meinte zum Beispiel «The Courier & Enquirer», hätte er schweigen müssen oder aber heimreisen können.

Cooper wollte das nicht auf sich sitzen lassen. Er erwiderte, dass er in fast allen Klassen in Europa ein hohes Mass an Missgunst gegen Amerika beobachtet und es sich nicht darum gehandelt habe, als Ausländer Zurückhaltung zu üben («reserve usually imposed on foreigners»), wie das von ihm erwartet worden sei, sondern falsche Angaben, die gemacht worden waren, richtig zu stellen und Lafayette davor zu bewahren, als Ignorant dazustehen.

Der nächste Punkt, auf den Cooper einging, war die Kritik an «Der Bravo». Cooper wollte darin, wie er noch einmal ausführlich darlegte, den «Trugschluss» aufdecken, «dass Nationen durch eine unverantwortliche Minderheit regiert werden könnten». Institutionen, die zum Schutz gegen Gewalt eingerichtet wurden, können selbst, wenn sie von ihrer eigentlichen Aufgabe und Funktion abgelenkt werden, zu gefährlichen Instrumenten der Ungerechtigkeit werden. Was die Handlung anbelangt, hatte Cooper sich auf die Geschichte Venedigs des Autors Daru bezogen. Wäre das Buch in den Otsego-Bergen geschrieben worden, es hätte keinerlei Beanstandungen gegeben, vermutete Cooper. Im Weiteren warf er seinen Landsleuten vor, sich zu sehr vom Ausland beziehungsweise von ausländischen Meinungen beeinflussen zu lassen.

Der zweite Teil von «A Letter to His Countrymen» nimmt auf diesen Punkt sowie darauf, was Cooper unausgesprochen als amerikanische Mission verstand, eingehend Bezug und liest sich stellenweise wie ein «demokratischer Traktat» (Dorothy Waples). Zwei Grundsätze waren es, die Cooper als wichtigste ansah: dass nur dort, wo öffentliches Interesse involviert ist, die Regierung das Recht habe, Kontrollfunktionen auszuüben, und dass in einer Republik die Gesetze mit den Interessen des Allgemeinwohls in Einklang zu stehen haben, nicht aber mit denen eines Fürsten oder einer Minderheit wie in «Der Bravo». Damit deutet alles auf eine Begrenzung der staatlichen Gewalt und Kontrolle auf das unbedingt Notwendige hin: So wenig Staat wie nötig, so viel Freiheit wie möglich, was einer Auffassung entspricht, die heute noch das politische Denken in den Vereinigten Staaten dominiert, auch wenn es längst durchlöchert ist, zum Beispiel im Bereich der sexuellen Moral, nicht aber in der Frage des Rechts, eine Waffe zu tragen.

Mit anderen Worten: Macht ist eine Pflicht, eine Aufgabe, niemals aber ein Privileg. James Fenimore Cooper war während seiner europäischen Jahre, als er Gelegenheit hatte, die politischen Institutionen in Europa aus nächster Nähe zu beobachten und kennen zu lernen, ein politisch denkender Mensch und Schriftsteller geworden, politisch freilich in einem strikt legalistischen Sinn.

Als er dann 1833 nach Amerika zurückkehrte, kamen weitere Gründe hinzu, vor allem eigentumsrechtliche Fragen, die ihn veranlassten, seine politischen Überzeugungen unter dem Aspekt persönlicher Interessen zu ergänzen, vielleicht aber auch zu revidieren.

Mit einem Mal fand er sich in Amerika, das sich stark verändert hatte, nicht mehr zurecht und fing an, mit dem Land zu hadern.

[1] 1833, deutsche Übersetzung im gleichen Jahr.
[2] Eine deutschsprachige Ausgabe ist 1987 in der DDR erschienen, ohne entsprechende Anspielung.
[3] Cooper hat sich selbst ebenso wie seine Arbeit und seine Methode immer wieder gern ins Spiel gebracht, zum Beispiel in den «Notions». In «Der Scharfrichter von Bern oder das Winzerfest» schaltet er an einer Stelle, bevor er fortfährt, eine Pause ein, um sich neu zu sammeln und «selbst Atem zu schöpfen», oder er verweist die Leserschaft auf das folgende Kapitel, um so den Stoff zu organisieren.
[4] Mehreren Opern diente der Stoff als Vorlage. Am bekanntesten geworden ist «Il Bravo» von Saverio Mercadante aus dem Jahr 1839.
[5] Es wird hier darauf verzichtet, näher auf den Roman «Die Heidenmauer» einzugehen, da er nichts Neues, Substanzielles zum Verständnis von Cooper und seinen Anschauungen beiträgt.

[6] Seemannssprache: so viel wie leichte Brise.
[7] Letztmals vor Coopers Aufenthalt in Vevey wurde das Winzerfest 1819 abgehalten, das erste Mal danach im Jahr 1833. Cooper muss also seine Kenntnisse aus mündlichen Beschreibungen gewonnen haben. Ebel erwähnt dem gegenüber, das Winzerfest würde alle vier Jahre durchgeführt.

VI

Heimkehr in ein verändertes Amerika

Amerikas Aufschwung – Die republikanische Staatsform als Grundlage für eine grosse Zukunft – «Die Feinde Amerikas sind auch die Feinde der Freiheit» – Das Amerika-Bild in Europa und Coopers Korrekturen daran – Keine literarischen und künstlerischen Stoffe in Amerika – Die Axt ist wichtiger als das Buch – Gegen «gelehrte Müssiggänger» – Cooper lässt sich nach seiner Rückkehr nach Amerika zuerst in New York und danach in Cooperstown nieder – Das Land hat sich stark verändert, Cooper ebenfalls – Die schriftstellerische Arbeit nach 1833 – Sittenbild der New Yorker Gesellschaft im Roman «Eva Effingham oder die Heimat» – Der Streitfall um das Grundstück Three Mile – Präsident Andrew Jackson und die Demokratie – Schlechte Auswirkungen der Einwanderung und der neu Zugezogenen

Freiheit und Fortschritt

James Fenimore Cooper war überzeugt von der Bedeutung Amerikas in der Welt und der Mission, die das Land dabei zu spielen habe. Im Vorwort zum Roman «The Water-Witch» (1830) stellte er unumwunden fest: «Früh der Fesseln des Mittelalters entledigt, welche mit der Persönlichkeit den Geist niederhielten, ist Amerika im Gang der Verbesserungen, welcher das gegenwärtige Zeitalter so bedeutungsvoll macht, Europa eher vorausgegangen als gefolgt. Unter einem so umfassenden, liberalen und gerechten System wie das seinige mag es wohl mit Rivalschaften zu kämpfen haben, die durch eine geschlossenere Mitbewerbung unterstützt werden und die so absurd sind in der Anmassung von Liberalität als verletzend durch ihre Monopole; aber zu fürchten hat es am Ende nichts. Sein politischer Wahlspruch sollte Gerechtigkeit sein und seine erste und grösste Sorge darauf gerichtet, dass sie ihren eigenen Bürgern gewährt werde.»

Dieses umfassende liberale und gerechte System hatten die Menschen des Landes («We, the People») sich in der Verfassung von 1787 selber gegeben, und Cooper wird immer wieder darauf bestehen, dass es dieser Schritt war, der Amerika einen Vorsprung gegenüber den anderen Ländern gesichert hat.

Im ersten Kapitel von «The Water-Witch» heisst es dann nicht minder unumwunden: «Es scheint fast, als habe die Natur, gleich wie den Stufen des animalischen Lebens, auch dem Steigen der moralischen und politischen Grössen ihre Grenzen gesetzt. Während die Stadt der Medici sich von ihren verfallenden Mauern zurückzieht, nicht anders als die Gestalt des Menschen einschrumpft zum hageren, Socken tragenden Pantalon, während die Königin des adriatischen Meeres auf ihren Morastinseln schläft und selbst Rom nur durch zerfallene Tempel und verschüttete Säulen bezeichnet wird, überschüttet die junge Kraft Amerikas die Wilden des Westens mit den glücklichsten Früchten des menschlichen Fleisses.»[1]

Um den Reigen der Zitate abzurunden: «Eine neue Ära fängt für dieses Volk zu dämmern an. Es hat aufgehört, am Boden zu kriechen, es wandelt aufrecht unter den Mächten der Erde. Alle diese Dinge sind innerhalb eines Menschenlebens geschehen. Die Europäer mögen sich dagegen sträuben, die Ansprüche eines Nebenbuhlers anzuerkennen, den sie noch kürzlich als ein beraubtes, gekränktes und schwaches Volk gekannt hatten; aber die Natur verlangt Gehorsam gegen ihre Gesetze, und die Dinge müssen ihren Kreislauf vollenden. Es ist ein grosser Geist in dieser Nation erwacht; ihre Hilfsmittel sind in ihren Händen, und es ist ebenso fruchtlos wie schwach, Resultate leugnen zu wollen, die mit jedem Jahre klarer, wichtiger und unwiderlegbarer werden.»

Für diesen Fortschritt in Amerika, der zunächst einmal ohne nähere Begriffsdefinition ein demokratischer ist, nennt Cooper verschiedene Gründe: den ersten sah er in der «Eigentümlichkeit seiner Bewohner». Sie haben ein hohes Mass an Aufklärung, was sie über die indianischen Ureinwohner stellt; den zweiten ordnete er der Geschicklichkeit und den Talenten der Menschen zu, das heisst ihrer praktischen Tätigkeit, wofür er den Erie-Kanal als Beweis anführte.[2] Ein Werk wie gerade dieses könne nichts anderes als die Frucht der einzigartigen Freiheit sein, die die Amerikaner genössen, meinte er.

In dem Buch «The American Democrat», 1838 erschienen, wird Cooper diesen politischen Vertrag wie folgt klar ausdrücken: Freiheit ist in der Monarchie eine Konzession («concession») der Krone, in der Republik dagegen, also in Amerika, eine Befugnis («grant») des Volks an die Regierung, die Geschäfte des Staates zu führen, aber für das Volk und zu seinem Vorteil. Freiheit ist, was das Volk (wie in der Präambel der amerikanischen Verfassung: «We, the People») sich selbst erteilt. Explizit heisst dies, dass in Amerika «die Staatsdiener, wie man die Beamten hier nennt, sich ganz dem Willen des Volkes fügen müssen.» Amerika hat alle demokratischen Unterschiede der Stände ausgeräumt und ist dabei weiter gegangen als selbst die Schweiz, wo sie noch «mehr oder weniger» fortbestehen. Allerdings kann man bei Cooper viele sich widersprechende Aussagen finden, was es so schwer macht, ein klares Profil seiner Vorstellungen zu entwerfen. Zwar hat Amerika die Standesunterschiede abgeschafft, das ist richtig, aber Klassenschranken gibt es natürlich trotzdem, wie überall, nur mit dem entscheidenden Unterschied, dass sie in Amerika nicht unüberwindlich und nicht durchgehend geregelt sind.

Schliesslich sind für die in Amerika erzielten Fortschritte auch der zur Verfügung stehende Raum sowie die Freiheit der Religion geltend zu machen; die Hintergründe der Kolonialisierung des Kontinents interessierten Cooper dabei kaum.

In letzter Konsequenz kann das nur heissen, dass es die amerikanische Verfassung von 1787 mit ihren Freiheitsrechten war, die dem Land den Weg in eine glänzende Zukunft, die alle anderen Länder der Welt nur mit Neid zur Kenntnis nehmen können, geebnet hat. Dass Freiheit für Cooper in diesem Kontext Republik heisst, aber sonst vor allem und um jeden Preis Freiheit der Eigentumsrechte bedeutet, störte ihn nicht besonders. Darum warf er sich auch, als er sich in Paris mit den Exponenten der Monarchie anlegte, so sehr in die Bresche: Es waren am Ende der Kette seine eigenen Rechte, die er verteidigte.

Die Republik war der Schlüssel für eine hervorragende Zukunft, aber es musste eine Republik sein, wie Cooper sie verstand. Auch wenn er meinte, dass alles, was das amerikanische Volk zu tun habe, darin bestehe, sein «besonnenes Wesen» beizubehalten und weiter so zu machen wie bisher, um auf diese Weise «allen übrigen Nationen den Rang abzulaufen». Wer das nicht einsieht und nicht gewillt ist mitzumachen, ist selber schuld. Darum sind «alle Feinde Amerikas» auch zugleich «Feinde der Freiheit», was eine Äusserung ist, die sofort den heftigsten Widerspruch hervorrufen muss und auch hervorgerufen hat, als sie aus dem Mund eines Präsidenten wie George W. Bush kam[3]. Aber einer wie Cooper hat sie auch getan, und er war überzeugt von dem, was er sagte. Niemand würde jedoch auf die Idee kommen, sich an Coopers Aussage aufzuhalten.

Ein Versuch, zwischen Amerika und Europa zu vermitteln

Dass die Feinde Amerikas identisch mit den Feinden der Freiheit sind, steht in den «Notions» aus dem Jahr 1828. Ein reisender Europäer, der Amerika besucht, beschreibt in dem Buch seine Eindrücke so, dass der inkriminierte Satz nicht direkt aus dem Munde Coopers kommt. Aber das ist natürlich ein Kunstgriff, denn natürlich ist es Cooper selber, der hier seine eigenen Ansichten über Amerika vorlegt und verbreitet, aber mit verstellter Stimme, so dass das Lob über Amerika weniger penetrant ausfällt und die Kritik, die er ebenfalls übt, mindestens gemildert wird; denn zu kritisieren hatte Cooper nicht wenig, schon 1828, aber erst recht nach seiner Rückkehr aus Europa nach Amerika. Er war mit Amerika zerstritten und fand sich 1833 unter den veränderten Verhältnissen der Zeit nicht mehr zurecht, ein Umstand, der sich mit den Jahren noch zusehends verschlechterte. Das erklärt seine zwiespältigen Aussagen einmal für und einmal gegen Amerika.

1828, als die «Notions» erschienen, war vieles noch anders gewesen. Cooper war überzeugt, dass Europa zu wenig über Amerika wusste, aber Amerika auch zu wenig über Europa. Unwissenheit herrscht auf beiden Seiten. «Wir Amerikaner wissen unser Erstaunen kaum zu zügeln, wenn ein fehlgreifender Wicht aus Europa zufällig Massachusetts eine Stadt nennt oder Kennebunk für einen Staat hält; und gleichwohl, wie viele der Unsrigen wären wohl im Stande, die zweiundzwanzig Schweizer Kantone oder die achtunddreissig deutschen Bundesstaaten oder auch nur die zehn Gebiete Italiens namentlich aufzuzählen?», überlegte er während seiner ersten Reise in die Schweiz.

Coopers Kritik richtet sich kategorisch gegen die monarchistische Staatsform und gegen England, auch wenn er einräumt, dass die Rechte der Untertanen in England aus Vernunftgründen abgeleitet werden, während sie auf dem europäischen Festland von der Gnade und den Zugeständnissen der Herrscher abhängen. Diese Bemerkung schliesst einen Hinweis auf die politische Philosophie von John Locke ein, der die theoretische Grundlage für den Eintritt des Bürgertums in die Geschichte entwickelt hat. Im Unterschied zu monarchischen war die amerikanische Staatsform mit ihrer republikanischen Verfassung und ihren repräsentativen Institutionen für Cooper die aussichtsreichere, da sie den einzelnen Menschen stärker in die Pflicht nimmt und ein zivilisiertes Verhalten von ihm verlangt.

Die «hämischen Ungerechtigkeiten gegen uns Demokraten», die Cooper beobachtete, mussten einen Grund haben. Er fand ihn «in der

Furcht vor dem gewichtigen Einflusse, den das Beispiel einer grossen und an Zahl und Wohlstand wachsenden Bevölkerung ausübt, deren handelnde und politische Eigentümlichkeiten tätige Wechselwirkungen hervorbringen müssen». Andererseits befielen ihn Zweifel, wenn er daran dachte, dass die zwölf Millionen Amerikaner, die 1824 in den Vereinigten Staaten von Nordamerika lebten, nicht ausreichen könnten, um für die restliche Welt ein Vorbild zu sein.

Er meinte in diesem Zusammenhang ausdrücklich, dass es eine Beleidigung für die Aristokratie gewesen sein musste, als Amerika der Welt das «Beispiel einer glücklichen, gedeihenden Demokratie» vorführte, wie es eine bittere Niederlage für die «hierarchischen Verfassungen» gewesen sein musste, als es sich herausstellte, dass «Religion, Ordnung und Sittlichkeit» auch ohne sie gedeihen können, die Menschen also durchaus in der Lage waren, ihre eigenen Verhältnisse selbst in die Hand zu nehmen und zu gestalten.

Die Schweizer haben, «mit wenigen Ausnahmen, gute Wünsche für uns», meinte Cooper, anders als in den übrigen Ländern Europas. Dort herrsche eine Stimmung unter den höheren Ständen, denen kaum etwas anderes ein grösseres Vergnügen bereite als die Nachricht, «dass unser Staatenbund sich aufgelöst hätte». Dazu ein kurzer historischer Hintergrund. Der Staat South Carolina hatte sich in der Frage der Schutzzoll-Gesetzgebung mit einer so genannten Nullifikationsorder gegen die Bundesregierung gestellt. Es war einer der grösseren politischen Konflikte in der Regierungszeit von Präsident Andrew Jackson, mit dem Ergebnis, dass die Einheit der Union auf dem Spiel stand. Den Gegnern der amerikanischen Staatsform wäre diese Entwicklung nicht ungelegen gekommen. Noch einmal machte Cooper die alten Gründe dafür geltend: «Dieser Hass entspringt nicht sowohl dem Widerwillen gegen uns, als vielmehr einzig dem Abscheu vor unserer Verfassung. Als Volk, meine ich, werden wir von der Mehrzahl mit ganz gleichgültigen Augen betrachtet; aber diejenigen, welche heftig gegen unsere Institutionen eingenommen sind und solchen Abscheu vor dem von uns gegebenen Beispiele eines durch freie Entwicklung in steigendem Wohlstand fortschreitenden Volks empfinden, können sich freilich kaum ein wenig persönlichen Hasses bei ihrer politischen Feindschaft erwehren.»

In Europa habe er sich, schreibt Cooper, daran gewöhnen müssen, «dass man mit der Vorstellung von einem Amerikaner vorneweg den Begriff von Gemeinheit, Grobheit, Unwissenheit und Dummheit zu verbinden pflegt». Von den Franzosen «als Nation» nahm er stillschweigend an, dass sie keinerlei Meinung von den Amerikanern hätten, und nur die von ihm angenommene Tatsache des tief sitzenden Widerwillens der Franzosen gegen die Engländer und alles Englische machte die Sache für ihn als Amerikaner während seines Aufenthaltes in Frankreich, in Europa und sogar auf seinen Reisen in der Schweiz erträglich. Er musste nur oft genug und mit Nachdruck beteuern, nicht Engländer, sondern Amerikaner zu sein. Wenn das einmal begriffen war, ging manches gleich leichter vonstatten.

So viel, wie er den Europäern vorzuwerfen hatte, so viel hatte er auch an den eigenen Landsleuten auszusetzen. Vor allem bemängelte er deren mangelnden Nationalstolz, auf den sie doch, meinte er, allen Grund hatten, sich zu berufen. In der Einleitung zu seiner ersten Schweizer Reise stellte er fest, so einfach und gerecht seine Denkweise in der Beurteilung amerikanischer Grundsätze auch sei, so sehr weiche sie von der Meinung vieler amerikanischer Kritiker ab, welche die Auffassung vertreten, «einem Manne zieme es, nicht bloss seinen gesunden Verstand, sondern auch seine gesunden Sinne zu verleugnen, wo es darauf ankommt, sich als treu gläubiger Sprössling des vaterländischen Bodens zu zeigen». Nur nicht Amerikaner sein wollen! «In manchen Fällen zwingt uns wohl die Not, wirklich Amerikaner zu sein; sobald sich aber nur eine erträgliche Gelegenheit zeigt, da legen wir einen gewaltigen Eifer an den Tag: ‹englische Laden zweiten Rangs› zur Schau zu stellen, oder mit anderen Worten, wo wir keine Engländer sein können, sie doch wenigstens nachzuäffen.» In «Eva Effingham oder Die Heimat» sagt Cooper genauso deutlich: «Die Amerikaner sind ein imitierendes Volk.»

Was Cooper beanstandete, war als zweierlei: einmal der unbesehene Import fremder, das heisst europäischer beziehungsweise englischer Ansichten, und einmal die damit verbundene Form von Unterwürfigkeit, die den amerikanischen Charakter ebenso wie die politischen Institutionen des Landes negativ beeinflussen und verderben würden. Cooper war der Ansicht, dass England Amerika nach einer langen Zeit moralischer Beherrschung («moral dominion») so lange wie möglich in geistiger Abhängigkeit («mental bondage») zu halten versuche und dass Amerika so lange nicht wirklich seine Unabhängigkeit erlangt haben würde, als dieser Zustand anhielt.[4] In «A Letter to His Countrymen» bestand er darauf, dass Amerika seine eigenen Geschäfte selber und nach den eigenen Überzeugungen führen müsse.

Diese Kritik an der Sucht der Amerikaner, England beziehungsweise Europa zu kopieren oder zu imitieren, zieht sich wie ein roter Faden durch Coopers Werk und steigert sich noch im Lauf der Jahre. Schliesslich sind die «Notions» aus keinem anderen Grund geschrieben worden, um den Amerikanern ein bisschen Selbstvertrauen einzupflanzen, wie er meinte. Das war eine gute Absicht, aber was er damit erreichte, war eine umgekehrte Wirkung, die darin betand, dass seine Landsleute oder viele von ihnen mehr und mehr auf Distanz zu ihm gingen.

Warum sollte sich Amerika denn überhaupt England oder Europa anpassen oder unterwerfen? Warum, so fragte Cooper, lässt sich der Amerikaner verspotten, «weil er seine Wünsche nicht auf das Niveau des schneckenähnlichen und unnatürlichen Fortschreitens der europäischen Staaten bringen kann»? Oder gar nicht bringen will? Man verzeiht Cooper seine Unzimperlichkeit, mit der er die anderen kritisierte und belehrte, nur deshalb so bereitwillig, weil er sich auf eine demokratische Legitimation berufen konnte, die er bei den von ihm Kritisierten vermisste.

Was er hier sagen wollte, ist dies: Während das aristokratische Europa Gefahr lief, in einen Stillstand zu verfallen, herrschte in Amerika eine Aufbruchstimmung und war das Land in voller Expansion begriffen. Ein Amerikaner, der in den «Notions» befragt wurde, gibt dem Reisenden in dem Buch folgende Auskunft: "Wir leben in der Aufregung eines raschen und ununterbrochenen Weiterschreitens. Das schnelle Wachstum der Gesellschaft hat sich allen Gliedern mitgeteilt, und wir gehen vorwärts, weil wir nicht gewohnt sind, still zu stehen. Ich stand einst auf der gleichen Anhöhe wie jetzt, da sah ich neun Zehntel seiner lachenden Fluren noch in die Schatten der Wälder gehüllt. Sie sehen, was sie jetzt geworden sind. Wer hundert Jahre nach uns hierher kommt, wird das ferne Getöse einer Stadt vernehmen, die sich aus dieser Ebene erhebt, und seinen Sinnen misstrauen, wenn er die Anzahl und den Umfang ihrer Kunstwerke gewahr wird.» Was für ein Optimismus!

Das Land rühmt er genauso oft, wie er es kritisiert. Neu-England könne sich mit vollem Recht seiner schmucken Dörfer rühmen. An Geräumigkeit, freundlichem Aussehen und Bequemlichkeit übertreffen sie alles, was man sich vorstellen kann. Das Gleiche gilt von den Strassen: Nirgends trifft man bessere an als hier. Die Berge in Amerika sind weniger «abschüssig» als in Europa und daher besser zu bebauen. So ersetzt die Nützlichkeit, was ihnen an Schönheit mangelt. Auch Denkmäler des Altertums sind in der Neuen Welt etwas Unbekanntes, dafür werden sie ersetzt durch zahllose Naturschönheiten – falls ihnen nicht die Nützlichkeit zuvorgekommen ist.

Am Ende geht die Rechnung immer für Amerika auf. In der Mischung von entwickelter «Zivilisation» und «düsteren Denkmälern des

Naturzustands» liegt der ganze Unterschied zwischen der amerikanischen und der europäischen Landschaft. Was nicht die Natur geschaffen hat, ist das Werk der Menschen. «Es wird Zeit und Nachdenken erfordert, um die Lage eines Landes zu würdigen, wo Akademien, Kirchen, Städte, kurz die meisten Dinge, die eine vorgerückte Zivilisation verkünden, mit Gegenständen vermischt erscheinen, welche gewöhnlich einen Kindheitszustand der Gesellschaft verraten. Es ist nicht schwer, die Grösse von Petersburg und Odessa zu begreifen, wenn man die Hand des Autokraten in ihren Werken walten sieht; in Amerika dagegen ist alles, was nicht die Natur getan hat, das freiwillige Werk der Bevölkerung.»

Immer ist bei Cooper eine Mischung aus Stolz und Minderwertigkeitsgefühl zu beobachten. Wer in Paris bei Véry und Robert diniert, in den Hallen des Kolosseums oder auf den Höhen der Akropolis seinen Geschmack verfeinert und einen Blick «auf das Meisterwerk der Architektur, die Börse von Paris», geworfen hat, kann sich nur mit Geringschätzung von den «kunstlosen Naturschönheiten», einem «republikanischen Gesellschaftszimmer» oder einer «Promenade in einer nordamerikanischen Handelsstadt» abwenden, meinte er. Aber gerade das sind dann wieder die Trümpfe und Triumphmomente, die Cooper aufzählt, um Amerikas republikanische Überlegenheit geltend zu machen.

Einerseits gibt es an der Baukunst in Amerika wenig zu rühmen und ist zum Beispiel das Weisse Haus ein «bescheidener Bau». Die Diskussion über Architektur, die damals geführt wurde, zum Beispiel in «Eva Effingham oder Die Heimat», geht um die Bewertung des englischen beziehungsweise «gothischen» Cottage-Stils auf der einen und des «griechischen», das heisst tempelartigen Stils auf der anderen Seite. Andererseits sind die «freiwilligen Werke der Bevölkerung», also das, was die Menschen in Amerika erschaffen haben, das Einzige, was den kunstlosen Naturschönheiten entgegengestellt werden kann. Womit Cooper sich klein macht, dient ihm handkehrum dazu, sich gross zu machen. Am Ende gereichen alle Nachteile Amerikas (kunstlose Natur, unbedeutende Leistungen der Baukunst) zu dessen Vorteil, und Cooper wird nicht müde, solche Nachteile aufzuzählen, je mehr, desto besser.

Vielleicht ist das damit zu erklären, dass im Zentrum von Coopers Aufmerksamkeit der Unternehmergeist des praktisch handelnden Menschen steht. Denn damit steht er «auf einer höheren Stufe des Daseins als jedes andere Volk, das ich besucht habe», lässt Cooper den von ihm eingeführten Reisenden in den «Notions» sagen, durch dessen Mund er spricht. «Die Tätigkeit einzelner Individuen wird überall sichtbar; sie zeigt sich im Landbau und der Bequemlichkeit, dem Überfluss, den getroffenen Verbesserungen und dem steigenden Reichtum, während die Wirkung einer Humanität, die beinahe an Verfeinerung grenzt, in jedem Haus hervortrat, in das ich kam.» Für den in Amerika waltenden hervorragenden Unternehmergeist ist die «hohe Zivilisation des Landes» beziehungsweise die «Selbstachtung», der «Anstand» und die «Ordnungsliebe», die zuletzt auch vor «moralischer Verderbtheit» bewahren, verantwortlich, also das «Prinzip der Individualität». Niemand ausser dem Amerikaner versteht es, Ruhe und Ordnung zu bewahren, ohne dabei die von der Verfassung garantierte persönliche Freiheit einzuschränken oder aufzugeben. Die Gesetze in Amerika sind ja auch nicht zum Zweck erlassen worden, den Menschen zu bevormunden, sondern verfolgen einzig das Ziel, ihn vor Schaden zu bewahren. Ausserdem hat noch kein Gesetz der Welt die Menschen am Denken je gehindert, meinte der amerikanische Autor.

Die vorausgesetzte individuelle Entfaltung ist das eine, der Sinn für das Praktische und Manuelle, die «nützlichen Künste», das andere. Coopers Reisender, also er selber, schreibt, dass er «hier zu Lande schönere, besser gearbeitete und passender eingerichtete Pflüge als überall in Europa wahrgenommen» habe. «Diese einfache Tatsache mag die Geschichte des Charakters dieses Volks und den Keim seiner künftigen Grösse zeichnen. Die Axt ist hier bewunderungswürdig schön und in genauen Verhältnissen geformt, und sie wird mit einer Geschicklichkeit gehandhabt, welche ans Unglaubliche grenzt.» Die «allgemeine Verbreitung nützlicher Kenntnisse» ist in Amerika gross und geniesst Vorrang. Nicht so gut steht es, wie gesagt, in der Baukunst, ebenso in den literarischen Bereichen, überhaupt in den geistigen Fakultäten.

Bücher sind für die «sittliche und Verstandes-Ausbildung» unerlässlich, und die Amerikaner haben es auch stets verstanden, die «Bedürfnisse der Zivilisation» sowie alles, was zum «eleganten Leben» gehört, zu decken. «Weil Bücher am wohlfeilsten sind und die Nation viele Musse und grosse Wissbegierde hat, so sind sie nicht allein sehr verbreitet, sondern auch allgemeiner als bei irgendeinem anderen Volk. Ich erinnere mich nicht, ein Haus betreten zu haben, ohne nicht mehr oder weniger Bücher vorzufinden.» Nur eine kleine Ergänzung: Die Buchdruckerei ist vor der Schriftstellerei ins Land gekommen. Der 23. Brief der «Notions» ist ganz der Literatur, der Presse und dem Geistesleben im Allgemeinen gewidmet. Schon vor der Revolution gab es in Amerika «Kalender, Psalter, religiöse Abhandlungen, Predigten, Zeitschriften, politische Aufsätze und wohl auch rohe Versuche der Poesie».

Für den Mangel an eigenen Schriftstellern gibt Cooper als Grund an, dass die Menschen in Amerika noch nicht gezwungen sind, «mit ihrem Witz ihr Brot zu verdienen»[5]. Sie haben ja auch noch eine Menge praktischer Arbeit zu verrichten... So ergibt es sich, dass die literarischen Werke überwiegend aus England kommen und in Amerika nachgedruckt werden, was wiederum für Cooper ein Grund war zu bemängeln, dass die Menschen in Amerika zu viel auf den englischen Geschmack achteten und davon beeinflusst würden.

Und wenn Cooper die Bemerkung äussert, dass der Geschmack des lesenden Publikums in Amerika besser sei als anderswo, dann drückt sich das darin aus, dass nicht alle englischen Bücher in Amerika gelesen werden. Das amerikanische Publikum weiss genau, was es lesen beziehungsweise nicht lesen will. Bedeutende Hindernisse sind der Literatur in Amerika in den Weg gelegt, «bis sie (um mich eines kaufmännischen Ausdrucks zu bedienen) Produkte auf den Markt bringen kann, die mit den englischen in Konkurrenz treten» können. Wohl würden gelegentlich Werke genialer Männer erscheinen, schreibt Cooper, für die eine «fortgesetzte pekuniäre Hilfe der Beifall ist, den das Talent am meisten braucht». Aber weil es zu Coopers Zeit kein Urheberrecht gab, druckten die amerikanischen Verlage die englischen Werke ohne Entschädigung nach, was für sie ein gutes Geschäft war. Hätten die Drucker und Verleger, fährt Cooper beinahe ökonomisch verständnisvoll nickend fort, den Autoren auch noch ein Honorar bezahlen müssen, hätte das die Produktionskosten im Druckereigewerbe und damit das unternehmerische «Risiko» erhöht.[6]

Ein Nachteil der amerikanischen Literatur besteht ferner in der «Armut an Stoffen». «Es gibt hier keine Annalen für die Historiker, keine Torheiten für den Satiriker, keine Sittenzüge für den Dramatiker, keine geheimnisvollen Stoffe für den Romanschreiber, keine grossen Verstösse gegen den Anstand für den Moralisten und keine reichen Hilfsquellen für den Dichter überhaupt.» Das Land gibt nichts her, ein Holzboden für Novellisten und Romanschreiber oder, mit einem anderen Wort Coopers, ein «Puddingstein», aus dem sich keine Funken schlagen lassen.

Immerhin zählt Cooper Namen auf: Bryant, Percival, Sprague, Halleck, ferner Brockden Brown, vor allem dessen Roman «Wieland», schliesslich Washington Irving, und nicht zuletzt – in einer ironischen Anspielung – sich selbst. Durch den Mund des fremden Beobachters ist das sowieso kaum anstössig.

Dramatische Schriftsteller gibt es in Coopers Amerika nicht. «Die grosse Einförmigkeit des gewöhnlichen Lebens in Amerika steht in tödlicher Feindschaft mit der dramatischen Bespiegelung.» Ungeachtet aller dieser Hindernisse und des «überwiegenden Einflusses der englischen Literatur» nehmen originale amerikanische Werke der Literatur an Zahl zu, «und Talente und Einsichten tragen über tausend Hindernisse den Sieg davon. Mir scheint, dass das neue Schriftstellertum der Amerikaner zusehends wachsen und einen mächtigen Einfluss auf die übrige Welt haben wird.» Auch hier also wird Amerika der Welt den Rang ablaufen.

Es ist vielleicht gut, noch einmal daran zu erinnern, dass Cooper die «Notions» schrieb, weil er die negativen Urteile über Amerika, die er in Europa hörte, verfehlt fand, die amerikanische Anpassung an Europa, die er beobachtete, entschieden bekämpfte und mit dem Buch eine Korrektur an den Fehlurteilen anbringen und ein Gegenbild Amerikas zirkulieren lassen wollte. Allerdings ein Gegenbild, das den negativen Urteilen eine massive Ladung positiver und überpositiver Urteile entgegenstellte, die kaum von irgendwelcher Bescheidenheit zeugen.

Oder doch? Wo es um die intellektuellen Fähigkeiten geht, nimmt Cooper alles zurück und einen anderen Standpunkt ein. Die praktische Tätigkeit kommt vor der intellektuellen, die Axt vor den Büchern. Dementsprechend fällt sein Urteil über das geistige Leben in Amerika aus.

«Auf die klassische Gelehrsamkeit wird hier weniger Rücksicht genommen als in Europa», schreibt Cooper sachlich, aber kaum im Sinn einer Selbstkritik, «und da der Studienkurs selten über vier Jahre dauert, kann die gelehrte Ausbildung überhaupt nicht gross sein. Das Land besitzt weder die Bevölkerung, noch die Mittel, um eine grosse Anzahl gelehrter Müssiggänger zu unterhalten.»[7] Statt in «träumerischem Zurückbleiben» zu verweilen und sich in einer «Masse von Theorien» zu verlieren, soll der junge Mensch «ins Getümmel der Welt» hinaustreten. Trifft er einen Gegner, «dem er in der Gelehrsamkeit nicht gewachsen ist, so nimmt er den natürlichen Verstand zu Hilfe» – vielleicht auch die Axt? – «und überlässt die wunderlichen Torheiten denen, die ihre Liebhaberei dabei haben». Gegenüber dem Gelehrten gewinnt der Geschäftsmann «durch reine Erfahrung und durch die Kollision der Verstandeskräfte einen Schatz echter Gelehrsamkeit». Der gleiche Geschäftsmann, vor dem sich Cooper sonst mit Abscheu abwandte.

Was Cooper unter praktischer Arbeit und Tätigkeit verstand, dem entsprach auch eine praktische Vernunft, und diese wiederum muss auf die verfassungsmässig garantierten individuellen Freiheiten zurückgeführt werden. Der freie Mensch ist ein praktisch eingestellter Mensch, der die republikanische Praxis und Freiheit, die er vom Gesetzgeber fordert, gut kennt und sich selber daran hält. In den «Notions» hörte der fremde Reisende von einem amerikanischen Einwohner folgende Aussage: «Es ist ein eigentümlicher Zug in unserer Politik, dass wir den Menschen als ein vernünftiges Wesen gelten lassen, und den Kampf zwischen Unwissenheit und Aufklärung viel mehr zu befördern als zu hemmen suchen. Wir finden, dass dies der Letzteren den Sieg verschafft, während es verhindert, dass sie nicht das Eigentum weniger bleibt. Man muss eingestehen, dass unsere Versuche bis jetzt zu Gunsten der Demokratie ausgefallen sind.»

Daraus leitete der Reisende die Schlussfolgerung ab: «Schon dämmert für Amerika der Tag reiner Verstandesherrschaft.» Die ganze Nation wiege sich, stellte er fest, in beruhigender Sicherheit, weil sie sich selbst vertraue, während anderswo – im aristokratischen Europa – der Gesellschaftszustand zweihundert Jahre in einer Täuschung ausgedauert und während dieser ganzen Zeit «im Widerspruch mit den richtigen Deduktionen der Staatswissenschaft gestanden», das heisst den Feudalismus erduldet habe.

Der Disput über die Rolle Amerikas in der Welt wurde mit zwei herausragenden Reisewerken weitergeführt: 1829 mit den «Travels 1828–29 in America» des Engländers Basil Hall, der nicht besonders gnädig mit dem Land umging, sowie 1832 mit «Domestic Manners» der Engländerin Frances Trollope, die ein reizvolles Bild Amerikas aus weiblicher Sicht gezeichnet hat.

Wieder in Cooperstown

Die «Notions» mit dem Lob auf die Axt einerseits und die Verstandestätigkeit andererseits schrieb Cooper 1828 während seines Aufenthaltes in Paris. Das war noch zu einer Zeit, als er glaubte, Amerika der Welt als Vorbild vorschlagen zu können. Als er Ende 1833 von seinem Aufenthalt in Europa zurückkehrte, fiel sein Urteil über das Land anders aus, nicht mehr so vorbehaltlos zustimmend, viel skeptischer und zunehmend sarkastischer. Amerika hatte sich verändert, aber Cooper nicht weniger.

Die erste Zeit nach seiner Rückkehr lebte Cooper in New York, in einer geräumigen Wohnung mit zwei Wohnzimmern, einem Esszimmer, acht Schlafzimmern, Keller, Bad, Wasserkloset sowie Unterkünften für die vier Dienstboten, die er aus der Schweiz mitgebracht hatte. In ihrem Buch «The Whig Myth of James Fenimor Cooper» schrieb Dorothy Waples, Cooper sei in diesem Abschnitt seines Lebens sehr arm gewesen. Anhaltspunkte dafür gibt es keine, ausser dass Waples dezidiert für Cooper Partei ergreift. Aufschlussreich ist vielmehr, dass Cooper im Dezember 1831 nach dem Tod des Neffen William Yardley seine Schwägerin Elizabeth Caroline De Lancey bat, als Kopistin für ihn nach Europa zu kommen. Vertraulich schrieb er ihr, er würde in diesem Jahr nahezu 20 000 Dollar verdienen, was damals eine höchst respektable Summe gewesen sein muss.

Im Juni 1834 reiste der Schriftsteller nach Cooperstown und fand, dass der Ort «beträchtliche Fortschritte» gemacht habe. «Der See sieht grösser und die Berge sehen niedriger aus, als ich erwartet hatte. In die Wälder sind tiefe Lücken gerissen, aber Mangel an Wald muss noch kein Defekt des Landschaftsbildes sein.» Nur Otsego Hall, das alte Herrschaftshaus, das er in früherer Zeit verkaufen musste, befand sich in einem bedenklichen Zustand.

Noch im gleichen Jahr entschloss er sich, den alten Familiensitz zurückzukaufen, ihn umbauen zu lassen und sich dort niederzulassen. Das Leben in Cooperstown war billiger als in New York. Wenn Cooper also wirklich so arm war, wie es behauptet wird, dann erscheint es verständlich, dass er sich in seiner alten Heimatstadt niederliess. Aber der Vorteil davon war auch, dass er hier die Ruhe fand, die er als Schriftsteller brauchte, um ungestört arbeiten zu können. Nur noch, um Reisen nach New York, Philadelphia und anderen Städten zu unternehmen, meistens in geschäftlichen Angelegenheiten, verliess er in den folgenden Jahren Cooperstown.

Abgeneigt war er dem Geld kaum. «Geld ist überall ein sehr reelles Gut, denn man kann sich damit nicht nur das Nötige kaufen, sondern auch in höherem oder geringerem Grad bei denen Respekt erzielen, welche einen Vorteil daraus zu ziehen wünschen», hatte er in den «Notions» geschrieben. «Allein Geld kann hier weit leichter als anderwärts erworben werden, wenigstens in dem Mass, wie bei den Menschen das Gefühl der Selbständigkeit vorherrscht, welches dem menschlichen Wesen angeboren ist.» Übrigens sind die meisten Waren in Amerika halb so billig wie in England, was wiederum bedeutet, dass die Amerikaner besser leben als die Engländer. Was genau die Aussage ist, die Cooper beabsichtigt hatte. Und die man von ihm erwarten konnte. Im Roman «Eva Effingham oder Die Heimat» kritisiert er freilich die amerikanische Jagd nach dem Geld. «Das Verlangen, schnell reich zu werden, hat alle Klassen ergriffen. Sogar Frauen und Geistliche sind davon angesteckt, so dass wir ganz und gar unter dem Diktat der Geldgier, diesem verderblichsten aller Einflüsse, stehen.» Mal so, mal so.

Ob Cooper eher reich oder arm war, ist schwer zu entscheiden. Einen wohlhabenden Lebensstil pflegte er auf jeden Fall. Er war ja schliesslich eine Autorität geworden, umstritten gewiss, aber auch einflussreich, und er verkehrte in den besten Kreisen. Was in der Literatur über Cooper gern verschwiegen wird, ist die Tatsache, dass Cooper nach 1834 in Spekulationen verschiedener Art verwickelt war, über die man nur verstreute Angaben findet. James F. Beard macht die Angabe, dass der Schriftsteller Geld zum Investieren besessen habe, als er nach Amerika zurückgekommen sei, und nennt die Summe von «zwischen $ 10000 und $ 20000». Zusammen mit James De Peyster Ogden investierte Cooper Geld in den Baumwollhandel. 1834 liessen Cooper und Ogden 1600 Ballen Baumwolle nach Liverpool verschiffen; Ogden war der amerikanische Partner von Roskell, Ogden & Co. in Liverpool. Cooper sprach in diesem Zusammenhang von einer «heavy investment», also wohl einer beträchtlichen Geldeinlage.

Mit Horace H. Comstock liess er sich später in Grundstücksspekulationen in Kalamazoo County, Michigan, ein, als das Land in eine fieberhafte Expansion geraten war. Comstock war mit einer Nichte Coopers verheiratet und schien Cooper ein «respektabler junger Mann» zu sein. Cooper investierte 6000 Dollar. Das Unternehmen verlief nicht besonders erfolgreich. Coopers Korrespondenz enthält zahlreiche Hinweise auf die Schwierigkeiten, die er hatte, als er das Geld zurück haben wollte. Es wurde beschlossen, die Rückzahlung samt Gewinn und Zinsen in Raten vorzunehmen, aber Cooper hat nie den ganzen Betrag zurückerhalten. Zwischen 1847 und 1850 unternahm er mindestens fünf Reisen nach Michigan, um sich an Ort und Stelle über die Verhältnisse auf dem Laufenden zu halten. Zum Schluss wünschte er sich «aus tiefstem Herzen, nie etwas von Michigan gehört zu haben». Das war nach 1848, als er im Roman «The Oak Opening; or, The Bee-Hunter», der in der Vergangenheit in Kalamazoo County angesiedelt ist, wohl gemeinte Worte über Michigan gefunden hatte.

Cooper soll ein «nervöser Anleger» (James F. Beard) gewesen sein. Auch das Baumwollgeschäft verlief erfolglos. Wieder gibt die Korrespondenz vereinzelte und oft nur versteckte Hinweise darauf. 1841 schrieb Cooper an seine Frau: «Die Dinge liegen nicht so schlimm, wie ich erwartet habe. Ogden nimmt an, dass der tiefste Punkt erreicht ist.» Also muss es schlimm genug gewesen sein. Sicher ist nur so viel, dass die Transaktionen ihn ununterbrochen in Trab hielten.

Das Erstaunliche dabei ist nur, dass Cooper sonst jede Gelegenheit ergriff, um zum Ausdruck zu bringen, wie sehr er Geld, Kommerz und

Spekulation verabscheute. Die «Spekulationswut» habe, genauso wie der imitative Baustil, Amerika erfasst, schrieb er in «Eva Effingham oder Die Heimat». In dem Roman geht die New Yorker Börse, dieser «Tempel des Mammons», in Rauch und Flammen auf: als weithin sichtbares Symbol für den Zusammenbruch einer Mentalität, die er scharf verurteilte. Er sah für Amerika nur drei mögliche Wege: «Das Bajonett, die Rückkehr zu den wahren Grundsätzen der ursprünglichen Regierung oder der Umschwung zum Geld». Optimistisch war er nicht. Dem Geld räumte er die grössten Chancen ein, den alten Grundsätzen die geringsten. Was den Handel betrifft, meinte er, dieser würde nur egoistische Interessen fördern. Er fand, dass das Geschäftsleben seine eigenen Gesetze entwickle und es schwierig sei, sich ihnen zu widersetzen.

Der Widerspruch zwischen seinen Überzeugungen auf der einen und seinen Handlungen auf der anderen Seite wird verständlich, wenn man seinen eigenen Standpunkt besser kennt und berücksichtigt: Statt Kapital und Handel bevorzugte er Landbesitz. Selber gehörte er der «property aristocracy» an, der «landed gentry», dem Landadel, der eine soziale Haltung einnahm, deren Gegner er in den folgenden Jahren mit Invektiven überschüttete. Zuletzt war die Literatur nur noch ein Mittel, um seine einseitigen Eigentumsvorstellungen zu verteidigen.

Mit seinen schriftstellerischen Leistungen war es langsam abwärts gegangen. Die europäischen Romane waren mehr oder weniger ein Flop gewesen, der für Cooper zuletzt solche Ausmasse angenommen hatte, dass er zunächst entschlossen war, in Zukunft auf die Belletristik ganz zu verzichten. Was er dann in den Jahren von 1835 bis zu seinem Tod trotzdem schrieb, waren in der überwiegenden und keineswegs geringen Zahl[8] Tendenzromane, deren literarische Qualität jeder Bedeutung entbehrt. Von Interesse sind sie im besten Fall, um Coopers politische und gesellschaftliche Einstellung beziehungsweise den Gesinnungswandel, den er vollzogen hatte, zu erklären.[9] Eine Ausnahme davon bildeten lediglich die Romane «Der Pfadfinder» (1840) und «Der Wildtöter» (1841), denen ein unerwarteter und ungewöhnlicher Erfolg beschieden war.

Wieder in Cooperstown, befasste Cooper sich zunächst vor allem mit seinen fünf europäischen Reisebüchern, die zwischen 1836 und 1838 erschienen. Auch hier war der Erfolg mässig. 1834 markierte mit «A Letter to His Countrymen» den Beginn der Kontroverse mit seinen Landsleuten. Da fiel der Tonfall schon ganz anders aus als in den «Notions». Zu kritisieren gab es immer mehr, und in seinen danach veröffentlichten Werken, zum Beispiel «The American Democrat», verschärfte er noch seine

Einwände, die er in «A Letter to His Countrymen» bereits andeutungsweise erhoben hatte. Das Amerika, das er bei seiner Rückkehr antraf, passte ihm ganz und gar nicht und liess die alten Werte vermissen, auf die es ihm ankam. Im Weiteren betrieb Cooper umfangreiche Studien für sein Werk «The History of the Navy of the United States», das er 1839 veröffentlichte. 1846 folgten die «Lives of Distinguished American Naval Officers» mit einer Reihe von biografischen Skizzen berühmter amerikanischer Seehelden.

In der «History of the Navy» befasste sich Cooper auf knappen fünfzehn Seiten mit der Schlacht auf dem Lake Erie im Jahr 1813 während des Zweiten Unabhängigkeitskriegs. Es war eine Aussage in dem Buch, deren Folgen seine Aufmerksamkeit lange beanspruchen sollten, wahrscheinlich auch seine Ehre als Marinehistoriker. Kommandant Oliver Hazard Perry hatte sein Schiff «Lawrence» verloren. Gegen Perrys Stellvertreter Jesse Duncan Elliott wurde der Vorwurf erhoben, mit seinem Schiff «Niagara» Perry nicht rechtzeitig zu Hilfe gekommen zu sein. Perry selbst hatte zunächst für Elliott Partei ergriffen und selbst dessen Verhalten als untadelig gewürdigt, später jedoch sein erstes Urteil umgekehrt. 1834, lange nach Perrys Tod, wurde der Fall in der Presse aufgegriffen und Elliott als Feigling bezeichnet.

Die Umstände der Schlacht auf dem Lake Erie hatte Cooper gründlich und gewissenhaft untersucht. Nach Abwägung aller Fakten war er in der «History of the Navy» zum Schluss gekommen, dass Elliott keinerlei Schuld traf und dass er ungerecht behandelt worden war. Der relativ kurze Passus in dem Werk rief die Perry-Anhänger auf den Plan, die um das Ansehen ihres damals populären Helden fürchteten. Die Auseinandersetzung, die daraufhin begann, gehörte zu den «erbittertsten Kontroversen» (James Grossman), die Cooper in seinem Leben geführt hat. Der Schriftsteller antwortete 1843 mit dem Pamphlet «The Battle of Lake Erie» auf die wesentlichsten Kritikpunkte. Unterdessen war Elliott vor ein Kriegsgericht gestellt, jedoch in allen Punkten freigesprochen worden. Nur die Presse wollte sich nicht zufrieden geben. Andererseits klagte Cooper gegen die Perry-Anhänger wegen Verleumdung, worauf ihm 1842 gerichtlich bestätigt wurde, dass er die Angelegenheit in jeder Beziehung unparteiisch und wahrheitsgetreu dargestellt habe.

Der Zwischenfall ist nicht weiter von Belang für die Vita Coopers, wirft aber ein Streiflicht auf seine Arbeitsweise, vielfältigen Interessen und umfassenden, gründlich geführten Recherchen sowie die Auseinandersetzungen, die jedes seiner Worte und Werke im Land hervorrief. Nachdem er seit 1833 wieder in Amerika lebte, wurden alle seine Äusserungen von der Öffentlichkeit mit angespannter Aufmerksamkeit verfolgt, zur Kenntnis genommen, kommentiert und repliziert.

Aber auch Cooper selber nahm zur Kenntnis und kommentierte, was in Amerika vor sich ging und kaum noch seine Zustimmung fand. Seine Eindrücke des Landes, die er nach seiner Rückkehr empfing, hat er im 1838 veröffentlichten Roman «Eva Effingham oder Die Heimat» mit beissender, beinahe sarkastischer Schärfe und gelegentlich mit nicht knapp bemessener Plumpheit festgehalten. Ob es sich nur um eine Satire handelt, wie Warren S. Walker meinte, ist nicht klar. Zu deutlich vertritt Cooper in dem Buch Ansichten, die sich mit denen decken, die auch sonst von ihm bekannt sind und eine neue Tendenz in seiner Einstellung erkennen lassen.

«Mr. Effingham hatte, sobald er sich zur Heimkehr entschlossen hatte, an seinen Geschäftsführer die Weisung ergehen lassen, seine Wohnung in New York zur Aufnahme der Familie herzustellen; denn er gedachte, den Winter in der Stadt zu verbringen und seinen Landsitz erst mit dem Beginn des Frühjahrs zu besuchen.»

So fängt der Roman an. Die Ähnlichkeiten mit Coopers Lebenslauf sind nicht ganz zufällig und unter Umständen durchaus nicht unbeabsichtigt. Der genannte «Mr. Effingham» ist Edward Effingham, genannt Ned. Er ist ein Vetter von John Effingham, genannt Jack. Mit von der Partie ist Edwards Tochter Eve. Sie verbringen nach der Heimkehr nach Amerika die Abende in Gesellschaft von New Yorker Neureichen, die Cooper als dümmliche, unwissende, aber sich wichtig nehmende Menschen darstellt. Die Effinghams charakterisieren New York als «weniger London, mehr Liverpool»; es ist ausserdem eine Handelsstadt, was in Coopers Diktion einem negativen Urteil gleichkommt.

Im weiteren Verlauf unternimmt die Gesellschaft mit einigen weiteren Mitreisenden, unter anderem dem englischen Reisenden Sir George Templemore, einen Ausflug nach Templeton, wo die Vorfahren der Vettern Effingham gelebt haben; wir kennen die Anfänge der Familiengeschichte aus «Die Ansiedler», wo Edward Olliver Effingham Elizabeth Temple geheiratet hat. Die Reise von New York den Hudson entlang flussaufwärts über Albany nach Templeton ist ein höchst reizvolles und anschauliches Stück Reiseliteratur aus der damaligen Zeit. Dass Cooper der Hudson besser gefiel als der Rhein, kann man ihm nachsehen – Geschmackssache. Auf einer Bootsfahrt auf dem Otsego-See werden später Erinnerungen an Natty Bumppo, den Lederstrumpf, ausgetauscht.

Die ersten Kapitel beschreiben das geistige Klima in Amerika, das den Ankömmlingen entgegenschlägt. «American coldness», amerikanische Kaltfühligkeit, sagt Cooper. Eva Effingham war in die «denkbar untoleranteste Gesellschaft» zurückgekehrt. Es herrscht eine «Tendenz zu respektabler Mittelmässigkeit». Das Übel heisst Provinzialismus; es gibt keine Massstäbe für Meinungen und Geschmacksrichtungen; alle, die eine Meinung haben, berufen sich nur auf ihre eigenen Erfahrungen. «Ist Gatty wirklich tot?», werden die von Europa Zurückkommenden von der New Yorker High Society gefragt. «Gatty» ist Goethe, oh Halbbildung! Das tönt anders als in den «Notions».

Amerika ist wie ein Fahrzeug, das auf dem höchsten Punkt der Strasse angekommen ist und jetzt langsam den Berg hinunterrollt. «Ich will nur sagen», sagt eine der in dem Roman vorkommenden Personen, «dass der Galgen in Amerika schnell im Verschwinden begriffen ist und dass das Volk – wohl verstanden ‹le peuple› – begonnen hat, Geld anzunehmen. Diese beiden Umstände stellen, so weit meine Erinnerung reicht, eine erstaunliche Umkehrung zum Schlechteren dar.» Geld ist ein Ziel («end») geworden und kein Mittel («mean») mehr.

Astrabulus Bragg, der Grundstückagent der Effingham, ist das Exempel des neuen Geistes, der sich in Amerika ausgebreitet hat: Geschäftstüchtigkeit über alle Massen, aber von Manieren keine Spur. Anstatt The Wigwam, den Familienbesitz der Effingham, in Stand stellen zu lassen, wäre es besser gewesen, dort eine Mühle oder ein Wirtshaus zu errichten, das hätte mehr eingebracht, meint er bedauernd; The Wigwam ist natürlich mit Otsego Hall identisch. Bragg vertritt den Standpunkt des Volks beziehungsweise der Öffentlichkeit («the public»), was Cooper ganz und gar in einem negativen Sinn verstanden wissen wollte. Gemeint war damit das neue Amerika unter Präsident Andrew Jackson.

Das Volk beziehungsweise die Öffentlichkeit sind eine fürchterliche Macht, und was es sagt, muss als Gesetz verstanden werden, erklärt Bragg den Heimkehrenden die Situation. Auch das war der neue, gewissermassen populistische Geist in Amerika, mit dem sich anzufreunden oder gar abzufinden Cooper Mühe hatte. «Ich bin überzeugt, dass kein Land sich so sehr zum Schlechten gewendet hat», sagt John Effingham im Buch zu seinem Vetter Edward Effingham. Ein «beispiellos schnell errungener Wohlstand» einerseits und die «plötzliche Einwanderung grosser Massen ungebildeter Personen» haben das Land tief greifend verändert: Coopers Klage; Coopers Entsetzen. Die Einwanderer störten Cooper masslos. Als sich Neuansiedler in Cooperstown auf Three Mile, einem Grundstück, das Cooper gehörte, breit machten, war der Ofen ganz aus. Gleich mehr davon.

Vor The Wigwam spielen Kinder des Orts auf dem Rasen Ball, unerlaubterweise. Die Vettern Effingham wollen sie auffordern, sich fortzugeben, da sie sich unerlaubterweise auf fremdem Boden aufhalten, aber Bragg mahnt sie zu Besonnenheit: So etwas wäre höchst unpopulär, man müsse bedenken, dass sie bald Wähler sein würden. Das kann nun wirklich keine Satire mehr sein, das ist schon eine Karikatur, nicht anders wie der Vorfall, bei dem die Einwohner von Templeton in dem Roman den Einbau einer Kanzel in der Kirche verhindern wollen. Dafür sollen die Bänke der Mitglieder der Kirchgemeinde höher gestellt werden: aus Gründen der «Gleichstellung in der Religion». In einem der «Littlepage»-Romane wird die Entfernung eines Baldachins, unter dem sich die Angehörigen der Familie Littlepage in der Kirche zu versammeln pflegen, als Ausdruck einer unerwünschten Besserstellung verlangt.

In «Eva Effingham oder Die Heimat» besucht die Bevölkerung von Templeton einen Ort am Otsego-See, der Fishing Point genannt wird. Dieser Ort befindet sich im Besitz der Familie Effingham «seit der Zeit, als zivilisierte Menschen hier ihren Wohnsitz aufgeschlagen haben». Die Leute von Templeton haben sich jedoch daran gewöhnt, The Fishing Point als öffentlichen Besitz zu betrachten, «first by use, and then by special gift», durch überlieferte Nutzniessung und als besondere Schenkung, die der Populist Bragg erklärt.

Die Effinghams lassen eine Warnung an die Bevölkerung ergehen, was von dieser postwendend als «Aggression» interpretiert wird. Man spreche sogar von «lynchen», raunt Aristabulus Bragg. Die Effinghams legen Dokumente vor, die ihren Besitz als durch den König von England garantiert bestätigen. Braggs Kommentar dazu: Ja, der König… Das mag ja sein. Trotzdem können sich doch nicht alle Menschen irren, und schliesslich ist das Volk eine Instanz, an der niemand vorbeikommt: «a powerful machine». Man sollte stets nur das tun, was die Mehrheit gutheisst, lautet sein Wahlspruch, der seine anbiedernde Haltung beweist. Dass er als «extrem egalitär» beschrieben wird, muss im Kontext nicht etwa als lobenswerte, sondern im Gegenteil als negative Charakterisierung verstanden werden.

Diese Episode, die im Roman beschrieben wird, hat eine genaue Entsprechung in Coopers Leben. The Fishing Point war in Wirklichkeit Three Mile Point am rechten Ufer des Otsego-Sees, eine kleine Halbinsel, die Cooper geerbt hatte und die er auf Zusehen hin der Bevölkerung

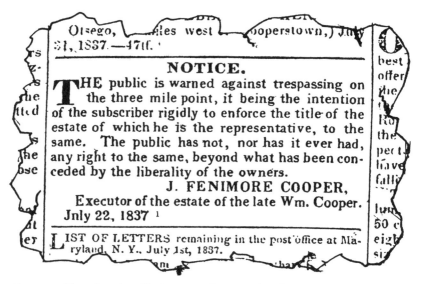

Cooper meldet seine alten Besitzansprüche an und rückt am 31. Juli 1837 eine Annonce in die Zeitung «Freeman's Journal» ein.

zur allgemeinen Benützung überlassen hatte. Die Folge war jedoch, dass der Ort von der Bevölkerung in späteren Jahren als ihr Besitz angesehen wurde. Als Cooper, nachdem er nach seiner Rückkehr von den Umständen Kenntnis erhalten hatte, sich entschloss, seinen alten Besitzanspruch anzumelden, und eine Aufforderung an die Einwohner von Cooperstown ergehen und am 31. Juli 1837 in dem in Cooperstown erscheinenden «Freeman's Journal» eine Notiz einrücken liess, in der die örtliche Bevölkerung dazu aufgerufen wurde, das Stück Land am See unter Androhung gerichtlicher Schritte nicht weiterhin unerlaubterweise zu betreten, da breitete sich in Cooperstown Feindseligkeit gegen Cooper aus. Eine Versammlung wurde einberufen, die Teilnehmer bestanden auf ihrem Anspruch und gingen schliesslich so weit, die Entfernung von Coopers Büchern in der örtlichen Bibliothek zu verlangen. Dorothy Waples meinte, aus dieser Reaktion könne ersehen werden, was für ein «mob spirit» sich in einem kleinen Ort wie Cooperstown ausgebreitet hatte.

Die Coopers waren nach ihrer Rückkehr in die Heimat eine «europäisierte Familie», was genügend Stoff für Konflikte bot. Als James Fenimore Cooper Otsego Hall zurückkaufte, hatte dies für die Bevölkerung zur Folge, dass sie Umwege in Kauf nehmen musste, weil der Coopersche Grundbesitz den Ort entzweischnitt und Cooper es untersagte, sein Land für eine Abkürzung zu benützen. Schliesslich entrüstete sich die Bevölkerung auch über den «gotischen» anstatt den üblicherweise verbreiteten «griechischen» Baustil von Otsego Hall, genauso wie die Frage in «Eva Effingham oder Die Heimat» Gesprächsstoff bietet. Nicht zuletzt kommt hinzu, dass viele Bewohner von Cooperstown Neuzuzüger waren und die Geschichte von Three Mile Point nicht kannten, sondern sich auf das Recht beriefen, «seit Jahren» den Ort als Ausflugsziel ungehindert benützt zu haben. Wobei eine Zeitangabe wie «seit Jahren» nur die wenigen Monate umfasst, die seit der letzten Baisse an der Börse verflossen sind, wie Cooper sarkastisch meinte. In der Literatur finden sich keine Hinweise, wie der Fall ausgegangen ist. Es scheint, dass Three Mile Point später wieder wie zuvor von der Öffentlichkeit benutzt wurde.

Der Vorfall war der Ausgangspunkt dafür, dass Cooper begann, Vorstellungen von Eigentum zu entwickeln, die ihn bis ans Ende seines Lebens beschäftigten, die er bei jeder Gelegenheit neu auftischte und die allmählich die Form von Verbohrtheit annahmen, freilich in der betörenden Verpackung einer vehementen Verteidigung von Freiheit und Rechtsstaat. In Wirklichkeit war Cooper, wie Thomas Philbrick es sah, ein «unausstehlicher Tugendbold» geworden.

Der Schluss des Romans «Eva Effingham oder Die Heimat» entwirrt die Herkunft und verwickelten Verwandtschaftsbeziehungen des jungen Paul Powis, der sich in Eve Effingham verliebt hat und sie zuletzt heiraten wird: das altbekannte Motiv so vieler von Coopers Romanen.

Cooper und das Amerika von Präsident Andrew Jackson

Die Hintergründe für Coopers veränderte Einstellung können verhältnismässig einfach zusammengefasst werden. 1829 war Andrew Jackson Präsident der Vereinigten Staaten geworden. In seinen zwei Amtszeiten bis 1837 hatte er in der Politik einen neuen Geist eingeführt[10], der sich von demjenigen in der Vergangenheit, der noch auf die Zeit von 1776 und die Gründerväter der Republik zurückging, grundlegend unterschied. Das Produkt seiner Politik war die so genannte Jacksonian Democracy, mit der Cooper in gewissen Punkten übereinstimmte und die er in anderen entschieden verurteilte.

Jackson war ein Haudegen, zugleich ein radikaler Demokrat. Also vielleicht ein demokratischer Haudegen. In jüngeren Jahren war er Bodenspekulant, Anwalt, Richter, Senator gewesen, danach Pflanzer in

Tennessee, der zwanzig Sklaven für sich arbeiten liess; seine finanziellen Schwierigkeiten zwangen ihn 1798 und 1804, sich aus den öffentlichen Ämtern zurückzuziehen. In einem Duell tötete er 1806 seinen Gegner Charles Dickinson; auch sonst war er in Händel aller Art und Schiessereien (1813 mit Thomas Hart Benton, der später einer seiner besten Verbündeten wurde) verwickelt.

Als General erlangte er im Zweiten Unabhängigkeitskrieg militärischen Ruhm, als er am 8. Januar 1815 einen britischen Invasionsversuch in Louisiana verhinderte und New Orleans erfolgreich verteidigte. Als Kriegsheld, der Amerika davor bewahrt hatte, einen grossen Teil seines Territoriums im Süden zu verlieren, wurde er in Washington gefeiert, der Präsident bedankte sich bei ihm für die geleisteten Dienste persönlich.

Krieg führte Jackson auch gegen die Indianer. In der Schlacht von Tohopeka (Horseshoe Bend) 1814 schlug eine amerikanische Übermacht einen Haufen Creek-Indianer. Es war mehr ein Ausrottungskrieg als ein glanzvoller militärischer Sieg. Im Friedensvertrag von Fort Jackson aus dem Jahr 1814 wurden die Creek gezwungen, 23 Millionen Acres (drei Fünftel von Alabama und einen Fünftel von Georgia) abzutreten, doch verpflichtete sich Amerika im Friedensvertrag von Ghent aus dem Jahr 1814, die nach 1811 angeeigneten Indianerländer zurückzugeben. Jackson dachte jedoch nicht daran, auf diese Bedingung einzugehen. Er wusste, wie wichtig das Land für die Zukunft Amerikas war, und niemand getraute sich, gegen ihn etwas zu unternehmen. Für die Vereinigten Staaten war damit ein enormer Landzuwachs verbunden.

Später führte Jackson Krieg gegen die Seminolen, die von Engländern und Spaniern materiell unterstützt wurden, und nahm Florida, das bisher den Spaniern gehört hatte, ein. Die Eroberung erfolgte unrechtmässig, wie sogar Jacksons Biograf und Bewunderer Robert V. Remini zugeben muss. Wiederholt überschritt der General seine Kompetenzen, aber sein Ruhm von New Orleans und seine vorteilhafte und visionäre Territorialpolitik waren Legitimation genug. Damals rückte der Begriff des «Kontinentalismus» (John Quincy Adams), also von einem Amerika, das vom Atlantik bis zum Pazifik reichte, in den Bereich der Realisierung, nachdem zuvor Präsident Thomas Jefferson 1803 Louisiana von den Franzosen gekauft und in den Jahren von 1804 bis 1806 die Expedition von Meriwether Lewis und William Clark in seinem Auftrag den Kontinent bis zur Pazifikküste erkundet hatte.

Verschiedene weitere so genannte Verträge mit Indianern zwischen 1816 bis 1818 hatten zur Folge, dass den allerdings eingeschüchterten Indianern eine freiwillige Umsiedlung («removal») nahe gelegt wurde. Angemessener wäre es, von Deportation zu sprechen. Für das Land, das Cherokee, Creek, Choctaw in Georgia, Alabama, Mississippi und Florida aufgaben – oder aufgeben mussten –, erhielten sie wertloses Land in Oklahoma. Dadurch wurde, wie 1819 schon durch den Florida Purchase, noch einmal ein beträchtlicher Landgewinn erzielt. Während seiner Präsidentschaft unterzeichnete Jackson 1830 das Indian Removal Bill, zu dessen Folgen der berühmte «Trail Where They Cried», der «Marsch der Tränen», gehörte.

Die Kriege Amerikas mit Creek und Seminolen haben natürlich zahlreiche Facetten. Es genügt hier aber, wenn festgestellt wird, dass die Vereinigten Staaten die Verträge mit den Indianern bekanntlich nie sehr genau genommen haben, wenn dadurch ihre Entwicklung behindert wurde, und sie sich nur auf diejenigen Gesetze berufen und auf deren Einhaltung bestanden haben, die sie den anderen aufgezwungen haben.

Andrew Jackson, der gelegentlich «Sharp Knife» und vor allem wegen seines ungehobelten Charakters «Old Hickory» genannt wurde, war ein gnadenloser Mensch, der in seiner «üblichen aggressiven Weise» (Robert V. Remini) jeden aus dem Weg räumen liess, der ihn in seinen Vorhaben behinderte. Widerrede ertrug er nicht. Als er später für die Präsidentschaft kandidierte, wurden ihm die vielen summarischen Todesurteile, die er während des Kriegs mit den Creek und Seminolen unterzeichnet hatte, zur Last gelegt, offenbar ohne nachteilige Wirkung. Jackson war seit dem Sieg von New Orleans ein Volksheld, und die von ihm angewendeten so genannten Wildwest-Methoden hatten in Amerika keinen Seltenheitswert.

Am 4. März 1829 wurde Andrew Jackson als siebenter Präsident der Vereinigten Staaten vereidigt. Der militärische Draufgänger und Indianerkiller verwandelte sich in einen Super-Demokraten. Er versprach, gegen korrupte Regierungsbeamte einzuschreiten und Tugend und Moralität der Administration wieder herzustellen. In «Rough Draft of the Inaugural Address», einem Entwurf für seine Ansprache während der Amtseinsetzung, bekräftigte er das Recht des Volks, sämtliche Massnahmen der Regierung zu kontrollieren. «Das einzige Ziel und der Ruhm» der Regierung müssten darin bestehen, «gleichermassen Glück und Freiheit für alle Angehörigen der Konföderation» zu verwirklichen. Das Recht auf Leben, Freiheit und Glück, wie es in der Unabhängigkeitserklärung von 1776 festgehalten wird, sollte nicht nur ein Recht sein, sondern eine

Forderung. Es musste also im praktischen Leben verwirklicht werden können. In seinen «Outlines of principles» bekannte Jackson sich zu einer strikten Minimierung der Administration. Bildung und Verantwortung beziehungsweise Intelligenz und Patriotismus des Einzelnen waren für ihn die Voraussetzung für das Gedeihen der Demokratie.

Der oberste Grundsatz, den Jackson verfolgte, war: «The majority is to govern», und diese regierende Mehrheit war niemand anders als «the people», das Volk. Der Wille des Volks muss in jedem Fall und um jeden Preis befolgt und erfüllt werden. Die Administration handelt im Namen des Volks für das Volk und durch das Volk. Die Herrschaft des Volks war die Grundlage der Jacksonian Democracy. Etwas anderes gab es nicht.

Zwei wichtige Ereignisse haben die Präsidentschaft Jacksons markiert. In der Frage der Schutzzoll-Gesetzgebung kam von den Südstaaten Widerstand, der erstmals 1828 manifest wurde. Als die Administration 1832 einen neuen Schutzzoll-Tarif beschloss, reagierte South Carolina mit der so genannten Nullifikationsorder, mit der die Durchsetzung der Bundesgesetzgebung abgelehnt wurde. Jackson drohte 1833 mit der Force Bill, das ihm eine militärische Durchsetzung der Bundesgesetzgebung in North-Carolina erlaubt hätte.

Der Konflikt, der dieser Frage zugrunde lag, war der: Hat der Bundesstaat oder haben die Einzelstaaten Vorrang beziehungsweise können Einzelstaaten die Bundesgesetzgebung ausser Kraft setzen? Das war ein alter Konflikt, der schon zwischen Jeffersons Republikanern, die für eine weitgehende Machtausübung durch die Teilstaaten eintraten, und den Föderalisten, die sich – entgegen ihrer Bezeichnung – für eine starke Zentralgewalt aussprachen, ausgetragen wurde. Jackson exponierte sich für eine starke und dauerhafte Union. «Verfassung und Gesetze kommen an oberster Stelle», erklärte er, und an einem Bankett brachte er den Toast aus: «Our Union, it must prevail», unser Bundesstaat muss Bestand haben. Der Konflikt hat in Amerika bis in die Gegenwart nichts von seiner politischen Aktualität verloren.

Der zweite Fall von Bedeutung war Jacksons Veto gegen eine Verlängerung der Konzession für die Bank of United States. Die Konzession lief 1836 aus, aber Jacksons Gegner erreichten, dass die Frage 1832 vor dem Wahlkampf für die Präsidentschaft von 1833–37, die dann von Jackson glanzvoll gewonnen wurde, zur Sprache kam. Die Bank of United States übte die Funktion einer Zentralbank aus. Ihr Direktor Nicholas Biddle führte eine restriktive Geldpolitik, aber die Entwicklung des Landes und wirtschaftliche Expansion war auf Kredite angewiesen.

Jackson legte gegen eine Konzessionsverlängerung der Bank sein Veto ein, nachdem der Kongress ihr bereits zugestimmt hatte, unter anderem mit dem Hinweis auf den korrupten Einfluss, den die Bank im Allgemeinen und das Geld im Besonderen auf die amerikanische Gesellschaft ausübten. «Es ist bedauerlich», erläuterte Jackson seinen Entschluss in unglaublich deutlichen Worten, «dass die Reichen und Mächtigen so oft die Entscheidungen der Regierung zu ihrem Eigennutzen zurecht biegen. Unterschiede in der Gesellschaft werden unter jeder gerechten Regierung immer bestehen. Gleichheit der Begabungen, der Erziehung oder des Wohlstands kann durch keine menschliche Einrichtung behoben werden. Im vollen Genuss der Gaben des Himmels und der Früchte der fortgeschrittenen Industrie, Wirtschaft und Tugend ist jeder Mensch zum Schutz durch das Gesetz berechtigt; aber wenn die Gesetze darauf abzielen, diesen natürlichen und unvermeidbaren Vorteilen andere künstliche Unterschiede hinzuzufügen und die Reichen reicher und die Mächtigen mächtiger zu machen, dann haben die einfachen Mitglieder der Gesellschaft – Farmer, Mechaniker, Arbeiter –, die weder die Zeit noch die Mittel haben, um ihre Vorteile zu sichern, das Recht, sich über die Ungerechtigkeit ihrer Regierung zu beschweren.»

Mit anderen Worten: Die Freiheit gehört allen, nicht den wenigen, Einflussreichen. Die Bank war ein Monster und musste weg. Zum ersten Mal hatte ein Präsident aus moralischen und nicht verfassungsrechtlichen Gründen ein Gesetz verhindert.

Jackson zog das Bundesvermögen von der Bank of United States ab und platzierte es auf verschiedenen Banken in den Bundesstaaten. Was Jackson nicht einkalkuliert hatte, war der Umstand, dass sein Entschluss dazu beitragen sollte, dass zwar das Geld lockerer zu fliessen begann und auf Grund dessen die Wirtschaft bald stürmisch expandierte, aber zugleich die Inflation auch angeheizt wurde.

In der von Präsident Andrew Jackson verfolgten Politik wird der Übergang von den alten republikanischen Ideen, Grundsätzen und Werten eines Thomas Jefferson zu einer modernen Auffassung von Demokratie erkennbar. Jackson vertrat die Interessen des durchschnittlichen Amerikaners, aber was er erreichte, war entgegen seiner Absicht die beschleunigte Zirkulation des Grosskapitals und die Dominanz des Kommerzes. Jackson als Repräsentant einer agrarisch-egalitären Bevölkerung im Geist der Gründerväter, die Wagner, Küfer oder, wie Benjamin Franklin, Drucker und Verleger und so weiter waren, hinterliess in Tat und Wahrheit ein Amerika, das sich voll und ganz der Ökonomie ausgeliefert hatte.

Die neue Klasse von Finanz, Industrie und Geschäftswelt wuchs Jackson über den Kopf. Er übernahm das republikanische Potenzial aus der Gründerzeit und formte daraus die Demokratische Partei, als deren Gründer er angesehen wird. Aber seine Gegner waren unterdessen auch nicht untätig geblieben und schlossen sich ebenfalls zusammen: zur Partei der Whig. Es waren Anhänger des früheren Präsidenten John Quincy Adams, des Politikers John Caldwell Calhoun, Exponenten der aufstrebenden Geschäftswelt, dissidente Jacksonianer und Reste der alten Föderalistischen Partei, die die neuen Ideen von Business & Progress vertraten. Man könnte sie eine Gruppe von amerikanischen Ablegern der französischen Doctrinaires bezeichnen. Diese Whigs sollten sich bald als Coopers erbittertste Feinde herausstellen.

Unter Jackson wurde Amerika in einen gewaltigen Wandel gerissen. Industrielle Revolution und Demokratisierung waren die Sonnenseite der Entwicklung, auf der Schattenseite standen die gewaltige Migrationsbewegung nach Westen, die Indianerpolitik und die Sklaverei, die Entstehung der modernen Massengesellschaft in Umrissen, eine rapid sich ausbreitende Armut, Kriminalität, Bigotterie. Mit den Mitteln der Jacksonian Democracy und ihren respektablen, aber reichlich rückwärts gewandten Wertvorstellungen war der sich anbahnenden Entwicklung auf die Dauer nicht mehr beizukommen. Das Signal jedoch, das Jackson gesetzt hatte, bleibt für alle Zeit bestehen.

Vor diesem Amerikabild in der ersten Hälfte des 19. Jahrhunderts wird die Einstellung James Fenimore Coopers zu Amerika verständlicher. Es gab viele Punkte, in denen er mit Jackson übereinstimmte, zum Beispiel in der Bekämpfung von Kapital, Kommerz und Korruption oder in der Wiederherstellung der alten republikanischen und Jeffersonischen Werte. Selbst im Eintreten für eine starke Zentralgewalt deckten sich Jacksons Ansichten mit denjenigen Coopers. Die Angst, die Union könnte auseinander fallen, war für Cooper seit den Pariser Tagen eine Vorstellung, die ihn in heillose Furcht stürzte.

Im Übrigen war Cooper auch mit den territorialen Erweiterungsvisionen von Präsident Jackson einverstanden. Im Krieg, den Amerika später gegen Mexico führte und der mit weiterem Landgewinn in Texas verbunden war, stand Cooper auf der Seite des späteren Präsidenten James Knox Polk. Dem Krieg vorausgegangen war die Monroe-Doktrin von Präsident James Monroe (1823, «Amerika den Amerikanern»), im Zusammenhang mit dem Krieg mit Mexico stand die Redewendung von «Manifest Destiny» (1846), die besagte, dass es einem göttlichen Auftrag entspricht, wenn die Vereinigten Staaten sich den nordamerikanischen Kontinent aneignen. Cooper unterstützte die amerikanische Westward Movement und war der Auffassung, dass jede Landnahme gerechtfertigt war, wenn sie in einem höheren Auftrag erfolgt, das heisst im Namen der weissen Zivilisation, des Christentums, der moralischen Verbesserung.

Wenn also die Etikettierung nur richtig erfolgte, musste für ihn die Unterdrückung fremder Völker und Ethnien (Indianer, Schwarze, die als Sklaven gehalten wurden, Mexicaner) nicht weiter gerechtfertigt werden. In den «Notions» hatte Cooper die Feststellung gemacht, «dass der rote Mann vor der überlegenen moralischen und physischen Macht des weissen zurückweicht», was alles ausdrückt, was es darüber zu sagen gibt. Die zivilisatorische und christliche Rechtfertigungspraxis hat der amerikanische Literaturwissenschafter Roy Harvey Pearce im Verhältnis von Indianern und weisser Zivilisation, die recht eigentlich den Indianer «erfunden» hat, genau herausgearbeitet. Die Kolonisierung Amerikas war vor allem ein «religiöses Unterfangen», schreibt Pearce.

In anderen Bereichen war eine Übereinstimmung Coopers mit den Ideen von Andrew Jackson unmöglich, auch wenn Jacksons Gegner, die Whigs, auch seine eigenen Gegner waren. Mit der wiederholten Berufung auf «das Volk», das die Grundlage der Jacksonian Democracy bildete und dem zu dienen die erste und oberste Aufgabe der Regierung war, konnte Cooper nicht das Geringste anfangen. Das Volk, in das Präsident Jackson sein ganzes Vertrauen setzte, hielt Cooper für ungebildet und in seinen Forderungen und Erwartungen für anmassend. Der Begriff «the people» war für ihn ein fürchterliches Reizwort.

«So sehr er (Cooper) die Whigs hasste, so wenig konnte er die Demokraten lieben – er unterstützte sie, aber ein Parteigänger von ihnen war er nicht», schreibt George Dekker. Während seiner Aufenthalte in der Schweiz hatte er schon mitverfolgen können oder müssen, wie die «Volksherrschaft» das Übergewicht erhielt, was ihm nicht gefiel, und er sprach von einem «excess of liberty», einem Freiheitsexzess, der nichts Gutes verheissen konnte, wenn man James Fenimore Cooper hiess.

Die Whigs hasste er also, vor allem die Presse der Whigs, und mit den Demokraten und Reformern um Präsident Jackson konnte er nur ein distanziertes Verhältnis haben. Ein Republikaner aber war er. Doch mit dem Begriff Republikanismus können in Coopers Verständnis nur die alten, bewährten Wertvorstellungen aus der Zeit von Thomas Jefferson und der Gründerväter bezeichnet werden: ein staatstheoretisches, kein praktisch-politisches Verständnis. Dadurch konnte er sich bewahren, was

Dorothy Waples «such a thing as personal aristocracy» nennt, etwas wie persönliche Aristokratie, jedoch ohne politischen Anspruch. Zu einem Besucher hat Cooper 1850 geäussert, dass ein «Erstklass-Aristokrat» Voraussetzung sei, um einen «Erstklass-Demokraten» abzugeben. Das heisst doch wohl, dass der Aristokrat dem Demokraten vorausgeht.

Der Einfluss der Neuzuzüger auf den Nationalcharakter

In der folgenden Passage aus «Eva Effingham oder Die Heimat» liegt der Konflikt um The Fishing Point schon zurück, aber er beschäftigt die Vettern Edward und John Effingham immer noch, und sie denken über die möglichen Ursachen des Vorfalls nach. Es ist ein aufschlussreicher Text, der ebenso Coopers Ansichten über das Amerika unter Präsident Jackson wie seine weniger skeptische als vielmehr anmassende Haltung dokumentiert.

Jeden Widerstand gegen den Volkswillen von der Seite eines Individuums betrachteten die Herren Bragg und Dodge als Arroganz und Aristokratie per se, ohne dass sie sich dabei auch nur im Geringsten auf die Frage des Rechts oder Unrechts eingelassen hätten. Das Volk schien ihnen der Souverän zu sein – wohl mit Recht, wenn sie die Allgemeinbedeutung des Ausdrucks zu würdigen verstanden hätten – und sie gehörten zu der zahlreichen Klasse, welche den Ungehorsam gegen denselben, wie gesetzlos auch seine Launen sein mochten, in eben dem Licht betrachteten, in welchem der Untertan eines Despoten den Ungehorsam gegen seinen Fürsten ansieht.

Es ist kaum nötig zu sagen, dass der Standpunkt von Mr. Effingham und seines Vetters ein ganz anderer war. Klaren Verstands, voll Rechtsgefühl und freisinnig in seinem ganzen Tun und Treiben bereitete namentlich dem Ersteren der kürzliche Vorfall grossen Ärger, und er schritt, nachdem sich Mr. Bragg und sein Begleiter entfernt hatten, mehrere Minuten schweigend in der Bibliothek auf und ab, da er augenscheinlich viel zu bekümmert war, um zu sprechen.

«Dies ist jedenfalls ein ganz ausserordentliches Verfahren, John», begann er endlich, «und ich habe einen recht ärmlichen Dank für das Wohlwollen geerntet, mit welchem ich dreissig Jahre lang anderen gestattet habe, sich meines Eigentums zu bedienen. Du weisst, wie oft dies zu meiner und meiner Freunde Unbequemlichkeit geschehen ist.»

«Sagte ich dir nicht, Ned, du dürftest nach deiner Rückkehr nicht das Amerika erwarten, das du bei deiner Abreise nach Europa verlassen hast? Ich bin überzeugt, dass kein Land sich so sehr zum Schlechten gewendet hat.»

«Dass ein beispiellos schnell errungener Wohlstand durch die plötzliche Einführung grosser Massen ungebildeter Personen in die Gesellschaft den Ton der sogenannten Welt wesentlich beeinträchtigt hat, ist eine natürliche Folge augenfälliger Ursachen, und wir konnten sogar mit Fug die Verschlechterung der Sittlichkeit erwarten, denn wir sind auf den Glauben angewiesen, dass der Reichtum den verderblichen Einfluss übt, unter welchem der Mensch nur leben kann. Dennoch gestehe ich, dass ich nimmermehr erwartet hätte, den Tag zu erleben, an welchem eine Masse von Fremdlingen und Zugvögeln, die Geschöpfe einer Stunde, sich erdreisten könnten, alte und lang ansässige Einwohner der Gegend zu einem Beweis ihres Anrechts an ihre Besitzungen aufzufordern, und dies noch obendrein in einer so ungewöhnlichen, unerhörten Weise, neben der Bedrohung mit einer gewaltsamen Beraubung.»

«Lange ansässig?» wiederholte John Effingham lachend. *«Was nennst du lange ansässig? Bist du nicht ein Dutzend Jahre fort gewesen, und messen nicht diese Leute alles nach dem Massstab ihrer eigenen Gewohnheiten? Es scheint, du bildest dir ein, dass du nach Rom, Jerusalem oder Konstantinopel gehen, ein paar Jahre fortbleiben, danach ganz ruhig wieder nach Templeton zurückkommen und, sobald du dein Haus wieder in Besitz genommen hast, dich einen alten Einwohner nennen könntest?»*

«Gewiss glaube ich, dieses Recht zu besitzen. Wie viele Engländer, Russen und Deutsche haben wir nicht in Italien getroffen, die sich Jahre lang dort aufhielten und dennoch neben ihren Gefühlen alle ihre natürlichen und lokalen Rechte behielten.»

«Ja, dies gilt für Länder, in welchen die Gesellschaft beständig ist. Da gewöhnen sich die Menschen daran, dieselben Gegenstände um sich zu haben, die gleichen Namen zu hören und ihr ganzes Leben lang dieselben Gesichter zu sehen. Die Neugierde bewog mich, Erkundigungen einzuziehen, und ich habe daraus die Überzeugung erhalten, dass sich keine von den alten ansässigen Familien bei der Angelegenheit um den Fishing Point beteiligt hatte; das ganze Geschrei ging von denen aus, welche du als Zugvögel bezeichnet hast. Aber was folgt daraus? Diese Leute meinen, alles dränge sich in die gesetzlichen sechs Monate zusammen, die zur Stimmberechtigung nötig sind.»

«Ist es nicht ausserordentlich, dass Leute, welche in der Sache doch unterrichtet waren, sich so unbesonnen und absprechend benehmen konnten?»

«In Amerika nicht. Blicke umher, Ned, und du wirst überall die Abenteurer obenan stehen sehen – in der Regierung, in den Städten, in den Dörfern, auf dem Land sogar. Ein Grundzug unserer Nationalität ist der Wechsel. Ich gebe zu, dass viel davon eine natürliche Folge rechtmässiger Ursachen ist, denn ein unermessliches Weideland lässt sich in keiner anderen Weise bevölkern. Aber diese Notwen-

digkeit hat den ganzen Nationalcharakter angesteckt, und die Menschen werden des Einerlei müde, wie wohl sie sich auch dabei befinden mögen. Alles dient dazu, diesem Gefühl Vorschub zu leisten, während sich nirgends Widerstandsmomente zeigen. Die ewige Wiederkehr der Wahlen gewöhnt an den Wechsel der öffentlichen Beamten, der grosse Zuwachs der Bevölkerung bringt neue Gesichter, und die schnelle Anhäufung von Reichtum versetzt neue Menschen in hohe Stellungen. Auch die Architektur des Landes reicht nicht aus, um uns an die Häuser zu fesseln, und ausser diesen haben wir keine Denkmäler, an denen unsere Verehrung haften könnnte.»

«Du brauchst starke Farben, Jack.»

«Blicke in die erste Zeitung, die dir unter die Hand kommt, und du wirst sehen, mit welch dreister Stirn die jungen Männer des Landes eingeladen werden, sich zu versammeln, um sich über öffentliche Angelegenheiten zu besprechen, als ob man von den Ratschlägen und Erfahrungen ihrer Väter nichts mehr wissen wolle. Kein Land kann gedeihen, wo der ordentliche Geschäftsgang, auf welchem das ganze Gebäude des Regierens beruht, in einer das Sittengesetz und die Kindspflicht dermassen verhöhnenden Weise beginnt.»

«Dies ist allerdings ein unangenehmer Zug im Nationalcharakter; aber wir müssen bedenken, welche Kunstgriffe die Arglist in Anwendung bringt, um die Unerfahrenen für ihre Zwecke zu missbrauchen. Hätte ich einen Sohn, der sich erdreistete, die Weisheit und Erfahrung seines Vaters so verächtlich herabzuwürdigen, so würde ich den Schurken enterben.»

«Ah, Jack, man weiss ja, dass Junggesellenkinder stets gut erzogen und gesittet sind. Wir wollen übrigens hoffen, dass die Zeit gleichfalls ihre Wechsel mit sich führen wird, und gebe Gott, dass einer derselben den Personen, Dingen und Gefühlen einen festeren Boden sichert.»

«Die Zeit wird sicherlich ihre Wirkung haben, Ned, obschon wahrscheinlich alle diejenigen, die im Gegensatz zur Volkslaune und den Volksinteressen auf die individuellen Rechte Bezug nehmen, wohl die falsche Richtung einschlagen dürften.»

«Es ist freilich die Neigung vorhanden, Popularität an die Stelle des Rechts zu setzen; aber wir müssen das Gute mit dem Schlimmen hinnehmen. Selbst du, Jack, würdest diese Volksbedrückung gewiss nicht gegen irgendein anderes System, unter dem du bisher gelebt hast, vertauschen wollen.»

«Ich weiss nicht – ich weiss nicht. Von aller Tyrannei ist mir eine gemeine bei weitem die verhassteste.»

«Du pflegtest sonst auf das englische System grosse Stücke zu halten; aber ich glaube, eigene Beobachtung hat deine frühere Bewunderung ziemlich abgekühlt», sagte Mr. Effingham in einer Weise lächelnd, die sein Vetter vollkommen verstand.

«Was willst du, Ned? Wir alle nehmen in unserer Jugend irrige Vorstellungen auf, und diese war eine der meinigen. Gleichwohl ist mir die kalte, starre Herrschaft des englischen Gesetzes mit seinen Früchten, bis auf die beispiellose Herzlichkeit eines gekünstelten Zustands hinunter, immer noch lieber als wenn ich mich von jedem Erzhalunken, der auf seiner Jagd nach Dollars zufällig durch dieses Tal kommt, mit Füssen treten lassen soll. Eines übrigens musst Du mir wohl selbst zugestehen: Das Publikum vernachlässigt ein bisschen gar zu gern die Pflichten, die es erfüllen sollte, während es sich Vorrechte herausnimmt, zu denen es nicht befugt ist.»

Mit dieser Bemerkung, welche so viel Wahrheit in sich fasste, schloss die Unterhaltung.

Aus «Eva Effingham oder Die Heimat», 15. Kapitel.

Standesunterschiede auf amerikanische Art

In der folgenden Passage wird im Roman «Eva Effingham oder Die Heimat» dem englischen Besucher Sir George Templemore die amerikanische Gesellschaft erklärt. Cooper übernimmt republikanische Werte aus der Gründerzeit und stellt sie erstaunlicherweise auf die gleiche Stufe wie «die von Erlach» in der Schweiz, die sich gegen die Habsburger gewehrt haben, ohne ein Wort über die realen Untertanenverhältnisse in den alten Kantonen und im Bern des Ancien Régimes zu verlieren.[11] Dass Cooper die «Klasse der Europareisenden» mit dem Ausdruck «Hadschis» versieht, ist eine Anekdote für sich.

Grace Cortland blickte errötend auf, denn es war für sie ein ebenso neuer wie aufregender Umstand, von einem einsichtsvollen Fremden über einen derartigen Punkt befragt zu werden.

«Ich weiss nicht, ob ich die Anspielung recht verstehe», sagte sie, «obschon ich fürchte, Sir George Templemore will damit fragen, ob wir Auszeichnungen in unserer Gesellschaft haben.»

«Es sind häufig mehr Auszeichnungen als augenfällige Unterschiede vorhanden», bemerkte Eva Effingham. «Wenn ich Sir George Templemore richtig verstehe, möchte er wissen, ob wir die Achtbarkeit nach Strassen und den Rang nach Stadtteilen beurteilen.»

«Das ist nicht ganz meine Meinung, Miss Effingham, vielmehr möchte ich wissen, ob unter denen, welche Anspruch auf feinere Bildung erheben können, jene genauen Distinktionen vorkommen, die man anderwärts findet – mit einem Wort,

ob es Exklusive und Elegante gibt oder ob die Grundsätze der Gleichheit auch hier angewendet werden.»

«Es ist unmöglich, dass sich in einer Stadt von 300000 Seelen[12] nicht Coterien[13] bilden sollten.»

«Ich meine nicht einmal dies, sondern vielmehr, ob es zwischen den Coterien selbst Unterschiede gibt. Steht nicht in der öffentlichen Meinung und durch stillschweigende Übereinkunft, wenn auch nicht durch positive Bestimmung, die eine über der anderen?»

«Die Distinktion, auf welche Sir George Templemore anspielt, trifft allerdings zu», entgegnete Grace, mit mehr Mut fortfahrend, als sie merkte, dass der Gegenstand sich ihrer Fassungskraft mehr und mehr enthüllte. «Die alten Familien zum Beispiel hatten insgesamt mehr gemeinsam als die anderen, obschon es sehr zu bedauern ist, dass es dabei nicht noch viel genauer genommen wird.»

«Die alten Familien!», rief Sir George Templemore mit so viel Nachdruck auf diesen Worten, als ein wohlerzogener Mensch sich unter derartigen Umständen erlauben konnte.

«Ja, die alten Familien!», wiederholte Eva mit der ganzen Kraft ihrer Betonung, welche der Baron Anstands halber unterdrückt hatte, «so alt wenigstens, als zwei Jahrhunderte sie machen können, und obendrein mit einem über diese Periode hinaus reichenden Ursprung, so dass sie in dieser Hinsicht den alten Familien der übrigen Welt nicht nachstehen. Die Genialität des Amerikaners ist in der Tat besser als gewöhnlich, da sie, abgesehen von ihrem eigenen Wert, in derjenigen von Europa ihre Wurzeln hat.»

«Ich bitte, mich nicht falsch zu verstehen, Miss Effingham. Ich weiss wohl, dass Amerika in dieser Hinsicht sich mit allen anderen zivilisierten Ländern messen kann; nur nimmt es mich Wunder, dass es in einer Republik auch nur den Ausdruck ‹alte Familien› gibt.»

«Dann müssen Sie mir die Bemerkung erlauben, dass Ihre Verwunderung nur in dem Umstand liegt, dass Sie den wahren Zustand dieses Landes nicht richtig kennen. Es sind zwei grosse Quellen der Auszeichnung – Reichtum und Verdienst. Wenn nun ein Geschlecht von Amerikanern während mehrerer Generationen sich fortwährend entweder durch die eine oder die andere dieser beiden Ursachen bemerkbar macht, warum sollte es nicht eben so gut den Anspruch erheben, als eine alte Familie anerkannt zu werden wie die Europäer unter den gleichen Umständen? Eine republikanische Geschichte ist eben so gut Geschichte wie eine monarchische, und ihre historischen Namen sind zu gleicher Beachtung berechtigt; dies räumen Sie sogar Ihren europäischen Republiken ein, und doch wollen Sie es der unsrigen absprechen?»

«Ich muss auf Beweisen bestehen. Wenn wir diese Beschuldigung auf uns ruhen lassen, sehen wir uns zuletzt durch unsere eigene Nachlässigkeit geschlagen.»

«Wohlan, wenn Sie auf Beweisen bestehen, was sagen Sie dann gegen die Capponi – sonnez vos trompettes, et je vais faire sonner mes cloches – oder gegen die von Erlach, eine Familie, die fünf Jahrhunderte lang bei so vielen Kämpfen gegen Unterdrückung und Aussenfeinde an der Spitze stand?»

«Alles dies ist sehr wahr», entgegnete Sir George, *«aber dennoch gestehe ich, dass wir die amerikanische Geschichte gewöhnlich nicht in dieser Weise zu betrachten pflegen.»*

«Eine Abkunft von Washington mit einem Charakter und einer gesellschaftlichen Stellung, welche derselben entspricht, wäre ausserdem auch nicht absolut gewöhnlich.»

«Wenn Sie mir so scharf zusetzen, so muss ich Miss van Cortlandt um Beistand angehen.»

«In diesem Punkt wird Ihnen wohl keine Unterstützung zufliessen. Miss van Cortlandt hat selbst einen historischen Namen und wird einem ehrenhaften Stolz nicht vergeben, um eine der feindlichen Mächte aus der Klemme zu ziehen.»

«Wenn ich auch einräume, dass Zeit und Verdienst in gewissem Sinn die Familien Amerikas mit den europäischen in eine gleiche Lage versetzen müssen, so kann ich doch nicht einsehen, wie es sich mit Ihren Interessen verträgt, dass Sie den gleichen Nachdruck auf diese Umstände legen.»

«Hierin sind wir vollkommen mit Ihnen einverstanden, denn ich denke, der Amerikaner hat wohl am meisten Grund, auf seine Familie stolz zu sein», entgegnete Eva mit Ruhe.

«Sie gefallen sich diesen Abend augenscheinlich in Paradoxen, Miss Effingham, denn ich bin überzeugt, dass Sie für die Behauptung dieses neuen Satzes kaum etwas Stichhaltiges aufbringen können.»

«In Europa sind Ämter, Gewalt und folglich Auszeichnung erblich; in Amerika aber ist dies nicht der Fall, denn hier hängt alles von den Wahlen ab. Zuverlässig hat man nun weit mehr Grund, auf Vorfahren stolz zu sein, die ihre wichtige Stellung einem freien Wahlakt verdanken, als auf Vorfahren, welche eine derartige Auszeichnung nur den Zufälligkeiten der Geburt, die sich ebenso gut heureux als malheureux gestalten können, verdanken. Der einzige Unterschied zwischen England[14] und Amerika, soweit die Familien in Frage kommen, besteht darin, dass sie denen auch positiven Rang erteilt, welchen wir nur Bedeutsamkeit zugestehen. Unser Adel hat die öffentliche Meinung zur Grundlage, während der Ihrige an dem grossen Siegel klebt. Und nun wollen wir dahin zurückkehren, von wo wir ausgegangen sind, und die Frage stellen, inwieweit die Familien in Amerika Einfluss auf die gewöhnliche Gesellschaft ausüben.»

«In diesem Ende werden wir uns wohl an Miss van Cortland wenden müssen.»

«Leider tun sie es weit weniger, als sie meiner Ansicht nach sollten», versetzte Grace mit Wärme, *«denn der Umstand, dass die Fremden so sehr um sich greifen, hat in dieser Hinsicht alle Gebühr völlig über den Haufen geworfen.»*
«Und doch wage ich zu behaupten, dass eben diese Fremden Gutes wirken», erwiderte Eva. *«Viele von ihnen haben in ihrer Heimat eine achtbare Stellung eingenommen und sollten als ein schätzenswerter Zuwachs für eine Gesellschaft betrachtet werden, die ihrer Natur nach ‹tant soit peu› provinziell sein muss.»*
«Oh!», rief Grace, *«ich kann alles leiden, nur nicht die Hadschis.»*
«Wen?», fragte Sir George gespannt.
«Die Hadschis», wiederholte Grace lachend, obschon sie zugleich bis über die Augen errötete.
Der Baron blickte von der einen jungen Dame zur anderen.
«Die Hadschis sind eine Klasse, Sir George Templemore», sagte Eva lachend, *«zu welcher wir beide, Sie und ich, zu gehören die Ehre haben. Man versteht darunter nicht eine Pilgerschaft nach Mekka, sondern eine Reise nach Paris, und der Pilger muss statt eines Mohammedaners ein Amerikaner sein.»*

Aus «Eva Effingham oder Die Heimat», 3. Kapitel.

[1] Das ist der Satz, der den Druck des Buchs in Italien verhinderte.
[2] Wurde 1825 vollendet; verband den Erie-See über den Mohawk und Hudson River bei Troy mit dem Hafen von New York.
[3] Nach dem 11. September 2001.
[4] In einem Brief Coopers an den Verlag Carey and Lea aus dem Jahr 1826. Der Genauigkeit halber muss dazu gesagt werden, dass es darin um Urheberrechtsfragen ging, die, weil sie nicht geregelt waren, England zum Nachteil Amerikas und der amerikanischen Schriftsteller gereichte. Aber es betrifft Coopers Vorstellungen auch generell.
[5] Das englische «wit» ist gemeint im Sinn von Verstand, geistigen Fähigkeiten, Intelligenz.
[6] Schon im nächsten Brief in den «Notions» bekommen die Schriftsteller ein Honorar, und selbstverständlich ein höheres als in allen anderen Ländern.
[7] Denselben gegenaufklärerischen Standpunkt hat auch Rousseau eingenommen, als auch er die «gelehrten Müssiggänger» – die gleichen Worte bei beiden – verurteilte und das Nachdenken als «widernatürlichen Zustand» bezeichnete. In diesem Zusammenhang muss auch an Natty Bumppos extrem anti-intellektuelle Haltung erinnert werden.
[8] Über 20 Romane, neben den übrigen theoretischen, maritimen Werken, Pamphleten und so weiter.
[9] Wir werden in diesem Kapitel auf den Roman «Eva Effingham oder Die Heimat» und in Kapitel 8 auf die Romane der «Littlepage»-Trilogie sowie «The Crater» eingehen. Sie vertreten exemplarisch Coopers Einstellung.
[10] Grundlage für den folgenden Teil über die Politik von Andrew Jackson ist das Buch «The Life of Andrew Jackson» von Robert V. Remini.
[11] Siehe «Wilhelm Tell für die Schule» von Max Frisch.

12 New York in den 1830er Jahren.
13 Fraktionen, Cliquen, Klüngel.
14 Sir George Templemore, der Gesprächspartner von Eva Effingham und ihrer Freundin Grace van Cortland, ist Engländer und hält sich zu Besuch in Amerika auf.

VII

Coopers konservative Utopie

Das Thema Natur in Amerika und der Widerspruch zur christlichen Religion – Bewahrung der Wildnis oder Fortschritt der Zivilisation? – Das Land soll denen gehören, die es kultivieren – Coopers Haltung zu Indianern und Sklaven – Das Gewehr und die Ausübung demokratischer Rechte – Unrechtmässige Landbesetzung – Die «Littlepage»-Trilogie und Coopers pamphletartige Verteidigung seines Grundeigentums – Reaktionäre politische Ideen – Coopers Ablehnung des Volks, der Demokratie, der Mehrheitsverhältnisse, der Presse und so weiter, aber auch der neuen Geldaristokratie – Wie viel Freiheit erlaubt beziehungsweise erträgt der Staat? – Ideale, utopische Gesellschaftsverhältnisse auf einer exotischen Insel in Coopers letztem Roman – Abschied vom Schriftsteller

Der Übergang von der Natur zur Zivilisation

Ein zentrales Thema in der Geistesgeschichte der Vereinigten Staaten bildet die Natur. Die ersten Ankömmlinge in der «neuen Welt» mussten einen harten Kampf mit den Unbilden der Natur führen und ihn gewinnen, wenn sie nicht draufgehen wollten: mit den extremen klimatischen Verhältnissen, der Weite des unbesiedelten Raums, dem in grossen Teilen des Landes wenig fruchtbaren Boden, der Unsicherheit der Wildnis und so weiter. «Go west» war nur ein anderer Ausdruck für diesen Kampf.

Für die Indianer, die seit jeher das Land bewohnt hatten, war das alles keine Frage, für die Einwanderer jedoch sah die Lage anders aus. Von den Pionieren bis zum – in den Vereinigten Staaten nie anerkannten – Industrieproletariat war das Elend oft unbeschreiblich; ein Roman wie «Der Dschungel» von Upton Sinclair, in dem die Verhältnisse in den Schlachthöfen von Chicago beschrieben werden, belegt das deutlich. Das unglaublich hartnäckige Beharren auf der «pursuit of happiness», dem Anspruch auf individuelles Glück, wie es in der Unabhängigkeitserklärung von 1776 formuliert wird, bekommt auf dieser Grundlage eine etwas andere Bedeutung. In historischen Fotografien von der «frontier» im so genannten Wilden Westen kommt davon mehr zum Ausdruck als in den Filmen aus Hollywood. Wer nicht rücksichtslos genug war, das heisst drastisch gesagt, wer nicht zuerst schoss, um den war es bald geschehen.

Erstaunlich ist dabei nur, dass die Wildnis immer wieder als Arkadien angesehen wurde, zweifellos nicht zuletzt wegen der unwiderlegbaren phantastischen Schönheiten des Landes. Wenn man sich die amerikanische Malerei von Albert Bierstadt, Thomas Cole, Asher B. Durand, David Johnson sowie anderen Vertretern der Hudson-Schule und die frei von Eingriffen jeder Art uneingeschränkt atmenden Landschaften, die sie wiedergegeben haben, anschaut, wird auch das klarer.

Der Widerspruch zwischen grausamer und arkadischer Natur klärt sich schnell auf, wenn man berücksichtigt, dass die ersten Einwanderer, die oft religiös Verfolgte waren, Anspruch auf das Land erhoben. Sie betrachteten es als neue Heimat, sahen darin aber gleichzeitig auch einen fremden, abweisenden und feindlichen Aussenraum, der in Besitz genommen, besiegt und erobert, milder gesprochen: der gezähmt und zivilisiert werden musste – die indianischen Ureinwohner mit eingeschlossen. Die Vereinigten Staaten haben seither stets Feinde gebraucht für ihre Identitätsstiftung: Kommunisten, Raucher, zuletzt so genannte Terroristen, die alles umfassen, was vom konformen und konsensuellen Denken abweicht. Man denkt mit Schrecken an die finsteren Zeiten des Kommunistenjägers John McCarthy und die Freiheitslitaneien, die in Ameri-

Die bedeckte Brücke über den Hudson, nach einem Gemälde von Henry Ferguson.

ka so gern aufgesagt werden, an den Unterschied zwischen Wirtschaftsfreiheit und moralischer Rigidität, die an Repression grenzt, und so weiter. Die Hollywood-Industrie lebt von Filmen, die immer neue Horrorfeinde und -phänomene erfinden in Form von Extraterrestrischen, drohenden Ungeheuern, Erdbeben und so weiter. Auch diese Sichtweise kann mithelfen, den tief sitzenden Gegensatz von religiösem Eifer einerseits und rücksichtslosem Eroberungswillen andererseits, der heute noch ungeschönt im amerikanischen Denken vorkommt, zu erklären.

Den entscheidenden Impuls zur Zivilisierung des Landes, das heisst zur Ersetzung der natürlichen Welt durch eine von Menschen gemachte, leistete die Eisenbahn. Ohne sie wäre die Besiedlung des Kontinents von Osten nach Westen anders verlaufen, wenn es nicht gerade dieser Besiedelungsdrang war, der zu seinem Zweck auf den Bau von Eisenbahnen angewiesen war. Diese Entwicklung hat wie in einem Schnellkurs den Gang der Zivilisation geprägt, den Giovanni Battista Vico[1] so umschrieben hat: «Erst waren die Wälder, dann die Hütten, darauf die Dörfer, danach die Städte und schliesslich die Akademien.» Fehlt nur zu sagen, dass im Plan der Eroberung des nordamerikanischen Kontinents die Harvard University und das Massachusetts Institute of Technology längst im Voraus bestimmt war, aber die Entwicklung könnte, bei den gegebenen Voraussetzungen, vielleicht doch weniger unausweichlich gewesen sein, als es den Anschein macht.

Das alles schliesst nicht aus, dass die Natur immer wieder als eine Art Refugium betrachtet wurde, zum Beispiel von den Transzendentalisten, die in der ersten Hälfte des 19. Jahrhunderts in Concord, Massachusetts, lebten und eine Lebensphilosophie im Geist des deutschen Idealismus verkündeten. Einer ihrer herausragenden Vertreter, Henry David Thoreau, hat die Feststellung gemacht, dass die «Rettung der Welt» in der Wildnis liege, in die er, Thoreau, sich selber zurückgezogen hatte, als er von 1845 bis 1847 die Zeit in einer selbst gebauten Blockhütte am Walden Pond bei Concord, Massachusetts, verbrachte, um «mit Bedacht» zu leben, wie er sagte, und nicht das Leben zu verpassen. Nicht vergessen sei in diesem Zusammenhang, dass der Naturschutzgedanke zu einem wesentlichen Teil auf den in Schottland gebürtigen, aber in Amerika wirkenden Naturwissenschafter John Muir, den Gründer des Yosemite Nationalpark, zurück geht und einerseits bis zum früheren Vizepräsidenten Al Gore führt, der einen «Marshallplan für die Erde» aufstellte[2], andererseits dem Ökofeminismus sowie der «deep ecology», innerhalb derer die Natur mit einem eigenen Rechtsstatus ausgestattet werden soll, den Weg ebnete.

Diese wenigen Hinweise sollen helfen, das Verhältnis von Natur und Zivilisation bei James Fenimore Cooper zu erhellen. Der Vater des Schriftstellers hatte ein Stück Wildnis urbar gemacht, aber der Sohn James Fenimor Cooper war ein Stadtmensch ganz und gar, der sich gern an seine Jugend am Rand der Wildnis erinnerte und sie nachträglich idealisierte. In seinen Büchern kommen immer wieder Landschaftsbeschreibungen von ergreifender Schönheit vor, so von den Glenn's Falls oder des Sees Horican, identisch mit dem Lake George in «Der letzte Mohikaner», oder des Sees Glimmerglas in «Der Wildtöter», wie Cooper den Otsego-See nannte. Den Lake George verglich Cooper in «Die Ansiedler» mit «den herrlichsten Seen der Schweiz und Italiens», in «Satanszehe», dem ersten Roman der Littlepage-Trilogie, bleiben die amerikanischen Landschaften weit hinter denen zurück, «die man an den Seen zwischen den Felswänden der Alpen antrifft»[3]; von der Umgebung des Otsego-Sees meinte Cooper in «Eva Effingham oder Die Heimat», dass sie «an Schönheit und Charakter einer schweizerischen kaum nachstand».

Die ersten Seiten des «Wildtöters» sind von einer Frische, Farbigkeit und Unmittelbarkeit[4], die einem schmerzlich bewusst machen können, mit welchem Verlust das Verschwinden der Natur verbunden ist – und es zu Coopers Zeit schon war. Die auffallendste Eigentümlichkeit der Glimmerglas-Landschaft, schreibt Cooper, «waren die feierliche Einsamkeit und die süsse Ruhe. Nach allen Seiten, wohin das Auge sich wandte, fiel es auf nichts als die spiegelgleiche Fläche des Sees, die friedliche Wölbung des Himmels und den dichten Kranz der Wälder. So reich und üppig waren die Umrisse des Waldes, dass man kaum eine Öffnung gewahrte, und alles sichtbare Land von dem runden Berggipfel bis an den Saum des Wassers bot eine sich gleichbleibende Farbe ununterbrochenen Grüns dar. Mit einem Wort, die Hand des Menschen hatte noch nie irgend etwas entstellt oder verunstaltet an dieser Urszene, die im Sonnenlicht schwamm, ein prachtvolles Bild überschwänglich grossartiger Waldherrlichkeit.»

«Das ist gross! – das ist erhebend! – das ist eine Bildung der Seele, wenn man nur hinsieht», ruft Nathanael genannt Natty Bumppo, der Wildtöter, entzückt aus, wenn er des Sees ansichtig wird. Bezeichnend ist aber vor allem, was darauf folgt: Dies alles sei, schreibt Cooper, «treu geblieben der Ordnung des Herrn, um zu leben und zu sterben nach seinem Willen und Gesetz». Die Landschaft ist dem Willen Gottes direkt unterstellt. Was das heisst, muss sofort untersucht werden.

Aus Paris schrieb Cooper am 25. Mai 1831 seinem Bruder Richard: «Ich sehne mich nach Wildnis – Cooperstown ist bei weitem zu bevölkert und künstlich für mich, und ich habe die Absicht, irgendwo in die Wälder zu tauchen, für sechs Monate im Jahr, wenn ich wieder zurück bin. Ich will nicht meinen eigenen Staat verlassen, werde aber einen noch nicht erschlossenen Teil davon suchen.»

James Grossman, der kritischste aller Literaturwissenschafter, die mit Cooper umgegangen sind, stellte diese Möglichkeit radikal in Abrede. Cooper sei nie, meint er, ernsthaft an der Natur um ihrer selbst willen interessiert gewesen, ihm fehlte die Fähigkeit des Naturalisten, sich restlos an sie hinzugeben; er betrachtete sie nur als Ausstattungsstück seiner Romane. Das ist ein hartes Urteil. Die Klage über den Verlust der natürlichen Welt kommt fast immer aus dem Mund von Städtern, und Cooper war in seinem Habitus einer. In seinem Fall stimmt Grossmans Verdikt vielleicht in einem doppelten Sinn: Wildnis war nichts, das man sich selbst überlassen durfte, kein Wert um seiner selbst willen, sondern etwas, das zivilisiert werden sollte. Das hatte er von seinem Vater mit bekommen. Wenn Cooper sein Interesse für die Natur bekräftigte, dann in erster Linie im Hinblick auf ihre mögliche Aneignung: als Grundbesitz. Und wenn er die Absicht hatte, innerhalb der Grenzen des Staates («state») New York zu bleiben, dann meinte er damit vielleicht unbewusst sein Eigentum («estate»).

Es gibt im Denken von James Fenimore Cooper einen nicht aufgelösten Widerspruch, der immer wieder hervortritt und sich daraus ergibt, dass er zwischen dem schmerzlich empfundenen Verlust der Natur und dem Fortschritt der Zivilisation, der ihn manchmal beflügelte, hin und her schwankt. Gravierend kommt hinzu, dass seine christliche Einstellung die Bewahrung der ursprünglichen Natur nicht zugeben und schon gar nicht zulassen konnte.

Die «Notions» enden mit dem Hinweis auf die beginnende Grösse Amerikas: eine neue Ära fange für das amerikanische Volk an zu dämmern. Motor dieser Entwicklung waren für Cooper die demokratischen Einrichtungen, die dem Einzelnen ein grosses Mass an Handlungsfreiheit, dadurch einen entscheidenden Antrieb sowie ausgeprägten Willen zur Tat verliehen und auf diese Weise dazu beitrugen, eine bedeutende Zivilisation hervorzurufen und relativen Wohlstand zu verbreiten. Mit Naturbewahrung hatte das wenig zu tun, mit Ausbreitung der Zivilisation und dem Zurückdrängen der Natur umso mehr. «Wir leben in der Aufregung eines raschen und ununterbrochenen Weiterschreitens», kann man in den «Notions» lesen, «und wir gehen vorwärts, weil wir nicht gewohnt sind, still zu stehen». Auch vor der Natur nicht.

Bekanntlich hatte Cooper den Bau des Erie-Kanals als Beweis für die amerikanische Überlegenheit, genauer gesagt: für die Überlegenheit der demokratischen politischen Ordnung angesehen. Es ist aber schwer zu übersehen, dass ein solches Bauwerk zwar vielleicht eine besondere zivilisatorische Auszeichnung ist, aber einen tiefen und irreparablen Eingriff in die natürliche Welt darstellt. Und wenn der Auskunftgeber dem Reisenden in den «Notions» vertraut, dass vor hundert Jahren die «lachenden Fluren noch in die Schatten der Wälder gehüllt» waren und an der gleichen Stelle in weiteren hundert Jahren das «Getöse einer Stadt» zu vernehmen sein werde, dann irrte Cooper sich in seiner Prognose nicht nur in der Zeit – die Entwicklung ging viel schneller vor sich –, sondern dann ist es auch wahrscheinlich, dass sich darin ein heimlicher Stolz verbirgt. Ausgeschlossen werden kann es nicht ganz, wenn man daran denkt, dass Cooper in «Tausendmorgen», dem zweiten Band der Littlepage-Trilogie, meinte, dass die «investierte Arbeit» in die Urbarmachung des Landes «gewöhnlich die Schönheit des Landes weitgehend beeinträchtigt».

Aus allen diesen Äusserungen spricht nicht unbedingt eine besonders naturfreundliche Einstellung. George Dekker hat den Vorschlag gemacht, Natty Bumppo als komische Figur zu betrachten. Das ist eine kühne Interpretation, die mit dem viel beschworenen Naturideal, das Natty Bumppo angeblich repräsentiert, aufräumt und eine mögliche andere Deutung vorschlägt. Natty Bumppo wehrt sich, freilich vergeblich, gegen die heraufziehende Zeit, die nichts anderes sein kann als die Jacksonian Democracy, die Cooper wie in einem Akt stiller Ahnung vorweg genommen hat. Verschwunden sind die alten Ideale aus der Zeit von Thomas Jefferson, Kommerz und Geld lenken das Denken der Menschen. Marmaduke Temple ist die Avantgarde dieser neuen Zeit. Geld und Gesetz sind unvereinbar mit den alten Werten, sie bereiten den Weg in die Neuzeit vor, die Cooper manchmal hasste und manchmal bewunderte, aber auf dem die Natur garantiert auf der Strecke blieb.

Dass Cooper selber Land besass und vom Staat Schutz für sein Landeigentum erwartete, ist einer der vielen Widersprüche in seinem Denken. Auf diese Weise trug er, ohne es zu wollen, dazu bei, dass eine sichtbare Verwandlung der Landschaft im Dienst einer neuen Ökonomie erfolgen konnte, wie George Dekker gesagt hat. «Wie schnell ist die Zivilisation in die Fussstapfen einer wilden Natur getreten», stellt Elisabeth, die Tochter Temples, fast erstaunt fest. Aber genau so war es von Anfang an gemeint.

In den «Notions» steht auch ein Kapitel über New York. Cooper sieht voraus, dass die Stadt zum «Mittelpunkt des Handelsverkehrs zwischen

Norden und Süden» aufsteigen werde. Selbst der Handelsverkehr ist Cooper gut genug, wenn er Amerikas Glorie bestätigen kann, auch wenn der Krämergeist ihm sonst in jeder Beziehung widerstrebte. Als Cooper 1851 starb, riss ihn der Tod aus einer Geschichte der Stadt New York mit dem Titel «The Towns of Manhattan»; das Manuskript wurde in einer Druckerei ein Raub der Flammen, nur die Einleitung ist erhalten geblieben. Cooper vertrat darin die Überzeugung, an keine höhere Unschuld oder Tugend unter der ländlichen Bevölkerung im Gegensatz zu derjenigen in den grossen Städten zu glauben. Im Übrigen ist diese Einleitung ein Pamphlet für die Ideologie des Land- und Bodenbesitzes und manifestiert eine politische Einstellung, die man nur als reaktionär bezeichnen kann.

James Fenimore Cooper 1850. Daguerrotypie von Mathew Brady.

Nicht zuletzt ist die Idealnatur mit der christlichen Religion und also mit Coopers – manchmal dominanter, manchmal erbaulicher – religiöser Einstellung nur schwer zu vereinbaren. Wenn Wälder gerodet und Felder angelegt werden, ist das christlich und ein Segen für die Menschen. Macht euch die Erde untertan, verkündet die Bibel. Das ist der christliche Auftrag, der vielleicht auch damit zusammenhängt, dass die Natur in einem christlich-jüdischen Sinn gar nicht göttlich sein kann, weil nur Gott selber diesen Anspruch erheben darf. Auf diese Weise ist jeder Eingriff in die Natur gerechtfertigt, sie darf und kann entsakralisiert werden. Sie muss es. Andererseits fürchten sich die Menschen instinktiv vor der Natur und versuchen mit allen Mitteln, sie durch eine von ihnen selber hervorgebrachte und beherrschte Welt zu ersetzen

Im 18. Jahrhundert war die Idee, dass der Land- und Ackerbau eine «dem Menschen durch die Natur auferlegte Verpflichtung» sei, die Grundlage für die Rechtfertigung, Jäger, Sammler und Nomaden zu vertreiben. Der Rechtsphilosoph Emer de Vattel hatte diesen Gedanken entwickelt. Jeder Nation, meinte er, sei es aufgetragen, «den ihr zugefallenen Teil der Erde zu bestellen». Völker, die keinen Ackerbau betrieben, verdienten es, «wie Raubtiere ausgerottet zu werden». Damit stellte de Vattel den Menschen, die nach Nordamerika eingewandert waren und eine neue Bleibe suchten, eine einzigartige Rechts- und Argumentationshilfe zur Verfügung, auf die sie sich gern berufen haben. Ackerbau ist christlich, Jagd unchristlich.

Arbeit im Sinn von Kultivierung der Erde beziehungsweise Menschenwerk ist auch eines der Fundamente der bürgerlichen Gesellschaft, wie es John Locke in seinen «Zwei Abhandlungen über die Regierung» festgehalten hat. Die wildwachsenden Früchte, die die Erde hervorbringt, und die Tiere, die sie ernährt, gehören den Menschen gemeinsam. Was aber der Mensch «durch die Arbeit seines Körpers und das Werk seiner Hände» erschafft, stellt «im eigentlichen Sinne sein Eigentum» dar. Was immer der Mensch «dem Zustand entrückt, den die Natur vorgesehen» hat, soll ihm gehören. Dem gemeinsamen Zustand der Natur hat der schaffende Mensch durch seine Arbeit etwas hinzugefügt, was das gemeinsame Recht der übrigen ausschliesst. Das ist die Ideologie des Privatbesitzes, der in Lockes Argumentationsweise hoch über dem Gemeinbesitz steht.

Wer das Land bestellt, dem soll es also auch gehören. Der Kolonialismus hatte eine bürgerliche und christliche Rechtfertigung erhalten. Die Ausrottung der Indianer konnte beginnen, selbst wenn ein guter Indianer für Cooper kein toter sein musste, aber bestimmt ein christianisierter wie zum Beispiel der erbarmungswürdige John Mohegan in «Die Ansiedler», der einmal der grosse Häuptling Chingachgook gewesen war. Erst im Augenblick seines Sterbens kehrt John Mohegan zu seiner ursprünglichen Religion zurück und stirbt als Indianer, zum Entsetzen des Reverend Grant.

Manifest Destiny und Westward Movement, das heisst, dem Auftrag, den Amerika sich erteilt hatte, den Kontinent in Besitz zu nehmen, stand Cooper nicht besonders kritisch gegenüber. Auch hier war es ausgeschlossen, dass die Zivilisation, die von den Einwanderern mitgebracht wurde, sich ausbreiten konnte, ohne auf Kosten der Natur zu gehen und schon gar nicht, ohne die Rechte der Indianer zu berücksichtigen, über deren tragisches Schicksal er in seinen früheren Büchern vielleicht noch entsetzt war.

Aus allen diesem Überlegen hätte sich für Cooper ein Konflikt ergeben müssen zwischen seiner strengen religiösen Gläubigkeit, seinem Fortschrittsglauben und seiner supponierten Naturliebe. Aber es war nicht der Fall. Die Natur ist nur Dekoration, wie die Indianer in seinen Romanen. So wenig, wie es Cooper um sie ging, so wenig ging es ihm um die Natur. Seine Vorstellung von den Indianern war längst gemacht. Ohnehin waren die Indianer ein Phantasieprodukt der Weissen in Amerika, wie Roy Harvey Pearce festgestellt hat. Gleichwohl ist Pearce bereit, im Vordringen der Zivilisation nach Westen eine tragische Dimension zu erkennen, und zwar insofern, als Natty Bumppo, der Wald- und Naturmensch, von der sich ausbreitenden Zivilisation vertrieben wird. Wohl verstanden: Natty Bumppo, der Weisse, der durch seine Herkunft auf der Seite der Eroberer steht, auch wenn er von diesen verstossen wird, nicht etwa Chingachgook, der Indianer. Wenn Coopers uneingeschränkte Anteilnahme Natty Bumppo gilt, der am Schluss von «Die Ansiedler» nach Westen aufbricht, muss das nicht heissen, dass er der Natur nachgetrauert hätte. Er wird, ein Relikt aus vergangenen Tagen, aus dem Weg geräumt. Ein neues Zeitalter ist angebrochen.

Land und Landeigentum

Dass Cooper den Konflikt nicht sah, hat mit seiner Einstellung zum Land und der von ihm vertretenen Auffassung von Landbesitz zu tun. Die Wälder werden gerodet, das ist bedauerlich, aber nur so wird der Weg vorbereitet, damit das Land in Besitz genommen werden und die Zivilisation sich ausbreiten kann, was nicht unerwünscht ist, sondern im Gegenteil als vorbildliche Tat angesehen wird. Nicht etwa, dass die Natur zurückgedrängt und zerstört wird, ist jedoch die Frage, die zur Diskussion gestellt werden müsste, sondern es ist vielmehr die Frage, wem das Land in einem juristischen Sinn überhaupt gehört. Dass Natty Bumppo dieser Entwicklung zum Opfer fällt, mag tragisch sein oder nicht, genau genommen ist er einfach nur ein Exponent und eine Metapher dafür, dass die Natur und das Naturrecht ausgedient haben und die Zivilisation oder, deutsch und deutlich gesagt, die Rechtstitel an den Ländereien den Lauf der Dinge bestimmen.

Damit erhebt sich die Frage: Wem gehört das Land beziehungsweise wem hat es einmal gehört. Beim Versuch, darauf eine Antwort zu geben, muss zwischen Coopers eigenem Landeigentum und dem, was er zum Thema gesagt hat, unterschieden werden.

Nach Beendigung des French and Indian War, der in «Der letzte Mohikaner» sowie im ersten Teil von Coopers «Littlepage»-Trilogie, dem Roman «Satanszehe», den historischen Hintergrund bildet, musste Frankreich die Gebiete im Nordosten des amerikanischen Kontinents, die es bisher besetzt hatte, räumen und sich in Richtung des heutigen Kanada zurückziehen. Das britische Königreich bemächtigte sich sofort des Gebiets. In das frei gewordene Territorium drangen Prospektoren, Landverwaltungsgesellschaften, Landvermesser, Grundstückspekulanten, Neusiedler und so weiter ein. Ein Spekulationsboom im nördlichen Teil des heutigen Staates New York setzte ein, an dem auch William Cooper beteiligt war.

Der Vater des Schriftstellers kaufte 1786 am Ausfluss des Otsego-Sees 40 000 Acres Land, das er ein Jahr zuvor inspiziert hatte. Es hatte zuletzt der Burlington Company gehört, die es von einem abenteuerlichen Pelzhändler, Indianeragenten und Grundstückhändler und -spekulanten, George Croghan, übernahm, als dieser seine Gläubiger nicht mehr bezahlen konnte. Als der alte Cooper auf einen Baum kletterte, um das Land zu überblicken, sah er nicht die Wildnis ausgebreitet vor sich liegen, wie es die Legende will, sondern im Gegenteil überall private Eigentumsmarkierungen, unter anderem «GC CY 1768», das Zeichen von Croghans ehemaligem Besitz, der es ihm angetan hatte.

Nachdem der Kauf abgeschlossen war, begannen William Cooper und sein Kompagnon Andrew Craig, ein Kaufmann aus Burlington, Käufer und Pächter für das Land zu suchen, wobei die Käufer oft selber Spekulanten waren, die es ihrerseits weiterverkauften. Es musste alles verhältnismässig schnell gehen, weil die Rechtstitel an dem Land rechtlich nicht restlos klar waren. Das erklärt die Vorgehensweise von Cooper und Craig, die Alan Taylor als «aggressiv» bezeichnet hat.

Wichtig ist in diesem Zusammenhang auch, dass die Pächter und Kolonisten in der Regel arme Schlucker waren und die Zinsen, die sie entrichten mussten, sie nicht nur erdrückten, sondern auch dazu beitrugen, das Gefälle zwischen ihrer Armut einerseits und dem Wohlergehen und der Macht der reichen Grundstückhändler und Landeigentümer andererseits zu vergrössern. So bildete die Erschliessung des nordamerikanischen Kontinents von Anfang an die Ausgangslage für eine soziale Ungleichheit, die sich zunehmend vertiefte.

Als William Cooper 1809 starb, betrug sein Vermögen 750 000 Dollar und war zur Hauptsache in Landbesitz in den Counties Otsego, Broome, Onondaga, Oneida, Herkimer, St. Lawrence und Tioga angelegt. James Fenimore Cooper erhielt beim Tod des Vaters seinen Erbteil wie jeder der damals lebenden sechs Söhne: 50 000 Dollar bar aus dem in Grundeigentum angelegten Vermögen.

Zum väterlichen Erbe kam dasjenige – nicht näher spezifizierte – der Schwiegereltern hinzu. Die De Lanceys, eine der besten Adressen, hatten sich während des Unabhängigkeitskriegs loyal auf die Seite Englands gestellt. Nach dem Sieg der Kolonisten wurden die Loyalisten unter Berufung auf das Confiscation Act von 1777 und das Act of Attainer von 1779 beschlagnahmt. John Peter De Lancey, James Fenimore Coopers Schwiegervater, verbrachte einige Jahre in Irland, kam 1790 nach Amerika zurück und liess sich, rehabilitiert, auf einem kleinen Grundstück in Mamaroneck, Westchester County, nieder, das seiner Mutter Anne gehörte, die es von ihrem Vater Caleb Heathcote geerbt hatte.

Durch diese Umstände muss Cooper in jungen Jahren über einen relativen Wohlstand verfügt haben, aber durch andere Umstände um 1820 das meiste davon verloren haben. Er war damals der einzige Überlebende aus dem väterlichen Zweig. Der Zweite Unabhängigkeitskrieg und eine darauf folgende krisenhafte Situation hatten dazu beigetragen, dass der Wert des Landes auf einen Zehntel gesunken war, während durch Spekulationen von Coopers Brüdern und Cooper selber zusätzlich ein Schuldenberg entstanden war, der auf dem Schriftsteller lastete.

So viel zu Coopers Besitz, in dem sich «Verluste der Loyalisten und Profite der Patrioten» (John McWilliams) verbinden. Mit anderen Worten kann man sagen, dass der Schwiegervater des Schriftstellers verloren hat, was der eigene Vater auf geschickte und vorteilhafte Weise gewonnen hat. Was der Schriftsteller dazu in seinem Werk gesagt hat, zum Beispiel im Roman «Die Ansiedler», wo das enteignete Land der Familie Effingham einerseits von Marmaduke Temple verwahrt und am Schluss an Edward Oliver Effingham zurückgegeben wird, aber zugleich auch von der britischen Regierung entschädigt worden ist[5], muss gewiss nicht faktisch mit den Verhältnissen in Coopers Leben übereinstimmen, kann aber trotzdem aufschlussreich sein.

Daher noch einmal gefragt: Woher kommt das Land? Von den Indianern in erster Linie natürlich, die es nicht verloren haben, sondern denen es entwendet wurde. In den «Notions» liess Cooper sich vernehmen, dass die Länder kaum in Besitz genommen worden seien, «die durch Herkommen oder ausdrückliche Bedingung Eigentum der Indianer waren, ohne dass ein Vertrag und ein Kauf abgeschlossen worden wäre». «Wie weit man die Wilden dafür entschädigt hat, ist eine andere Frage», doch nahm Cooper einfach an, dass die Käufe ehrlich vereinbart und ausgeführt worden sind. Erstens aber wussten die Indianer gar nicht, was Landeigentum ist, sie konnten also auch gar kein Land verkaufen; und zweitens wurden sie vielleicht dafür entschädigt, dass sie Land an die Einwanderer abtraten, aber vielleicht auch nicht.

Das ist eine famose Rechtfertigungslogik für den Landerwerb. Wenn in einzelnen Fällen die Indianer auch wirklich Verträge abgeschlossen haben mochten, dann war es in anderen Fällen der König, das heisst George III. von England, der «durch seinen autorisierten Agenten, den Gouverneur der Kolonie New York» («Eva Effingham oder Die Heimat») Parzellen auf Zeit verpachtete, ohne Einwilligung der Indianer natürlich.

Krasser noch ist die Argumentation in «Conanchet». Der darin vorkommende indianische Häuptling fragt die Weissen fassungslos: «Woher kommt es, dass die Yenghis (Yankees) so unersättlich sind, dass sie alles haben wollen, was zwischen der aufgehenden und untergehenden Sonne liegt?»

Die Antwort, die Content gibt, ist frappant: «Du beschuldigst uns, dass wir deine Ländereien begehren und unser Gemüt der Verderbtheit des Reichtums hingeben. Das kommt daher, weil dir nicht bewusst ist, was wir hinter uns gelassen haben, um dem Geist der göttlichen Wahrheit treu zu bleiben. Gott hat seine Diener hierher gebracht, damit der Weihrauch des Preises aus der Wildnis zu ihm steige. Den Boden, den du hier siehst, haben wir rechtmässig bezahlt; den Überfluss und Wohlstand des Tales um den Preis unseres Schweisses und vieler Arbeit erkauft.»

Hier wird die Lockesche bürgerliche Ideologie mit dem religiösen Dogma verbunden und zu einem unangreifbaren Argument gemacht. Wir sind religiös Verfolgte, wir dienen Gott, wir kultivieren die Erde, folglich gehört die Erde beziehungsweise das Land uns. Dass die Indianer das nicht verstehen, ist ihr Fehler, wir, die Einwanderer, haben alles sauber bezahlt. Als Cooper gegen Ende seines Lebens schon sehr bigott geworden war («a zealous and bigoted Christian missionary», meint George Dekker), schrieb er in einem seiner letzten Romane, «The Oak Openings»: «Die Wege der göttlichen Vorsehung gehen über die Erforschungen der menschlichen Vernunft.» Es genügt also, sich auf die göttliche Vorsehung zu berufen, und fertig ist der kleine Klaus. Wenn sich das Christentum über die Nationen ergiesst, nachdem sie den Blutspuren der Eroberer gefolgt ist, meinte Cooper, dann ist jede Hoffnung erloschen, dass Amerika die Schuld je bezahlen würde, die sie gegenüber Afrika auf sich geladen hat beziehungsweise dass Amerika darauf verzichten würde, die Wälder und Prärien zu erobern. Denn alles geschieht im Namen einer gerechteren Einstellung des Menschen im Verhältnis zu seinem Schöpfer, und der ist kein Freund wilder Indianer. So ist die Religion ein Mittel für diejenigen, die sich auf sie berufen, um alles zu rechtfertigen und zu entschuldigen.

Die Einstellung, die Cooper hier zur indianischen Urbevölkerung einnimmt, ist skrupellos. Sie war es noch nicht, als Cooper «Der letzte Mohikaner» schrieb und ihm gelegentlich, wie im dritten Kapitel des Romans, noch Zweifel kamen, ob alles mit rechten Dingen zugegangen sei. Chingachgook beklagt die Art, wie die Delawaren[6] einmal ein glückliches Volk waren, dann aber ihr Lebensraum immer mehr eingeschränkt wurde. Die Klage ist bedrückend. Der angeblich gute Freund Natty Bumppo weiss darauf nur zu antworten, er könne gewisse «üble Gewohnheiten» seines eigenen Volks auch nicht teilen, aber die Delawaren seien ja schliesslich auch «von der untergehenden Sonne her», also von Westen, gekommen wie die Weissen von Osten, und sie hätten – selbst Einwanderer – die Maquas (Mengwes, Mingos, Irokesen), das heisst ihre Feinde, «in die Wälder zu den Bären» getrieben, wie die Weissen später mit den Indianern getan haben. Wieder beruft sich Cooper durch die Figur von Natty Bumppo auf die Bibel, während Chingachgook auf seine Vorväter Bezug nimmt. Für Cooper ist das eine ausgeglichene Rechnung.

Der Konflikt bezieht sich nicht nur auf die «wilden Indianer», sondern erstreckt sich, wie wir gesehen haben, am Ende auch auf Natty Bumppo, den Naturmenschen, der seit jeher in den Wäldern gelebt hat, sich auf das Naturrecht beziehungsweise Recht des Naturmenschen beruft und mit dem gesetzten Recht der sich ausbreitenden Zivilisation nicht mehr zurecht kommt.

Der Unterschied zwischen Naturrecht auf der einen und Gesetzesrecht[7] auf der anderen Seite ist das Thema von Coopers drittem Roman «Die Ansiedler». «Der letzte Mohikaner» mag das berühmteste Buch des Schriftstellers sein, aber wer verstehen will, worauf es Cooper wirklich angekommen ist, muss «Die Ansiedler» lesen. Es ist anschaulich in der Beschreibung einer Pioniersiedlung in Nordamerika um 1800, und es ist aufschlussreich in seiner Tendenz. Das Buch hält eine bedeutende Umwälzung in der Geschichte der Vereinigten Staaten fest. Hugh MacDougell meinte sogar ausdrücklich, man müsse es als historische Quelle lesen. Dafür spricht tatsächlich viel.

Natty Bumppo ist in «Die Ansiedler» ein Mann von 70 Jahren. Sein ganzes Leben hat er in den Wäldern verbracht. Er kennt jeden Stein und jeden Baum; er kennt das Wild, weiss aber auch, dass der Bestand zurückgegangen ist; er ist ein treffsicherer Schütze. Er ist, mit einem Wort, mit den Bedingungen eines Lebens in der Wildnis bestens vertraut. Allerdings ist er in seiner Einstellung extrem anti-intellektuell. Er hat nie ein Buch gelesen, und dasjenige, das neuerdings herumgereicht wird, lehnt er mit aller Skepsis und Vehemenz ab: das Gesetzbuch. Auch das «unnütze Stubensitzen» verachtet Natty Bumppo. Menschen, die in die Wildnis eingedrungen sind, betrachtet er als Eindringlinge, aber für diese Menschen ist wiederum er, Natty Bumppo, ein Squatter. Daraus geht der Konflikt, den das Buch behandelt, hervor.

In gewisser Weise ist Natty Bumppo ein Naturschützer der ersten Stunde. Der Wald hat die Bestimmung, Tiere und Vögel zu beherbergen, findet er. Die Jagd ist erlaubt, wenn es um das eigene Überleben geht, wobei Mass zu halten ist und Schaden vermieden werden soll. Genau das aber wird von der Gesellschaft um Judge Marmaduke Temple angerichtet, wenn sie das grosse, sinnlose Taubenschiessen abhält, während Temple von sich behauptet, derjenige zu sein, der die Natur bewahren will. Beide, Natty Bumppo und Marmaduke Temple, wollen das «Jagdbare des Bezirks» erhalten, aber auf höchst unterschiedliche Weise: der Waldmann durch eine ihm geläufige Vernunft und Form von Respekt vor der Schöpfung, zum Beispiel durch sinnvolle Einhaltung der Schonzeit, Judge Temple dagegen durch Vorschriften und Gesetze. 1785 erliess der Kongress weit reichende Gesetze zum Schutz von Hirschen und Wäldern; auf sie bezieht sich Judge Temple. Wenn der Reverend Grant sagt, das Land sei nicht für das Wild geschaffen, sondern für die Christenmenschen, so ist das eine Auffassung im Geist John Lockes und eine Aussage im Dienst seines Herrn, der in diesem Fall Marmaduke Temple ist, der Gründer von Templeton.

Dass Temple den Wald in Weideland verwandelt, also alles andere macht als ihn zu erhalten, wie er vorgibt, entgeht ihm einerseits, aber Urbarmachung ist andererseits nichts Negatives, und es ist in seiner Vorstellung ausserdem wichtiger als Handel und Gewerbe. Das sah auch James Fenimore Cooper so. Er war gleichermassen gegen die Aristokratie wie gegen das Business eingestellt, gegen Landeigentum jedoch hatte er nichts einzuwenden.

Marmaduke Temple erlässt Gesetze, die die Jagd einschränken und das unkontrollierte Roden verhindern sollen, denn wie Temple beklagt, sei die Zerstörungswut unter den Ansiedlern gross; bei der Jagd und beim Fischen sei «Zuflucht zu verheerenden Hilfsmitteln» genommen worden. Seine Massnahmen benachteiligen Natty Bumppo in besonderer Weise. Die Wälder waren schon sein Lebensort, als der Richter noch nicht in der Gegend gesehen worden war und die Wälder durch Kauf zu seinem Eigentum gemacht hatte. Wenn Temple behauptet, die Umwelt zu schützen, dann liegt ihm – so kann man sagen – vor allem anderen daran, seinen Besitz vor fremden, unerwünschten Eingriffen zu schützen. Das ist dann aber etwas anderes.

Die Gesetze haben die Aufgabe, «uns aus dem Zustand der Wildheit zu reissen», sagt der Judge. Sie haben eine erziehende und zivilisierende Funktion. Natty Bumppo strauchelt an dieser Einstellung. «Man spricht davon, dass es neue Gesetze im Lande geben soll, und ich bin überzeugt, dass dies neue Wege in die Berge zur Folge hat», sinniert er. «Das Land hat sich so verändert, dass man kaum noch die Seen und die Ströme erkennt.» Gesetze und vordringende Zivilisation bilden eine untrennbare Einheit.

Natty Bumppo schiesst ausserhalb der gesetzlich erlassenen Frist einen Hirsch, zum Teil aus Unkenntnis der Gesetze, zum Teil, weil er sich darüber hinwegsetzt und auf seine Ancienität beruft. In Coopers Roman dauert das gesetzliche Jagdverbot bis Ende Juli, den Hirsch jedoch erlegt Natty am 20. Juli. Also eine Lappalie. Für das, was mit einem Mal ein «Vergehen gegen Privatrecht» ist, soll Natty Bumppo von Judge Marmaduke Temple, der ihn auf seinem Land bislang mehr oder weniger toleriert hat, verurteilt werden. Und dies, nachdem kurz zuvor Natty Bumppo die Tochter des Richters und ihre Begleiterin vor einem wilden Panther gerettet hat.

Den Richter ficht das nicht an. Er bleibt unnachgiebig. Das Recht! Das Gesetz! macht er geltend. Ohne Gesetze, meint er, würde die Wildnis verwildern, sich selbst überlassen bleiben, vielleicht auch von den Menschen gewaltsam zerstört anstatt gezähmt, kultiviert und durch das Werk von Menschenhand ersetzt zu werden.

Erschwerend kommt hinzu, dass Natty Bumppo Widerstand gegen die Repräsentanten des Gesetzes geleistet hat. Das darf nicht sein. «Könnte eine Gesellschaft denkbar sein, in der die Hüter des Gesetzes dem Widerstand von Menschen, die sich mit Gewehren bewaffnet haben, ausgesetzt sind? Sollte ich deshalb die Wildnis gezähmt haben?», entrüstet sich Marmaduke Temple. Ohne Gesetze und deren Einhaltung könnten die Eigentümer ihres Landes nicht mehr sicher sein: ein Thema, das später in den drei «Littlepage»-Romanen noch deutlicher an Konturen gewinnen sollte.

Natty Bumppo wird zu einer Stunde am Pranger und zu einer Busse von 100 Dollar verurteilt beziehungsweise zu einem Monat Gefängnis, bis die Busse bezahlt ist. Das ist ein hartes Urteil für den reinen, naiven Waldheiligen, obwohl der Richter ihm den Betrag heimlich zukommen lässt. Aber Natty Bumppo hat die Fassung verloren und ist ein gebrochener Mann. Am Ende verlässt er Templeton und macht sich auf den Weg. «Er war weiter nach Westen gezogen – der erste in der Schar der Ansiedler, welche der Volkswanderung den Weg quer durch unser Festland gezeigt haben.» So schliesst das Buch, in dem der Ausdruck «pioneer» (Ansiedler) auf der letzten Seite zum ersten Mal vorkommt.

Waldmensch, Squatter und Gesetzbuch

Was weder im Buch an keiner Stelle steht noch in der Rezeption als Problem aufgeworfen worden ist, ist die Tatsache, dass Marmaduke Temple Landeigentümer ist, das Gesetz vertritt, seine Durchsetzung überwacht und als Richter amtet. Das ist eine bedenkliche Ämterkumulierung. Von Gewaltentrennung als einem Grundgedanken moderner Staatsauffassung nicht die geringste Spur. Was Cooper beschreibt, sind veritable feudalistische Zustände, und wieder haben wir es mit einer Ungereimtheit zu tun zwischen seiner oft heftig bekundeten Ablehnung der Aristokratie einerseits und seiner Bereitwilligkeit andererseits, Verhältnisse zu akzeptieren, die im Widerspruch zu seiner erklärten Auffassung stehen und feudalistisch im besten Sinn sind. Aber wenn das

Eigentum in Gefahr geriet, konnte er sich leicht über seine früheren Ideale hinwegsetzen.

Die Ideologie des Eigentums wurde im Verlauf der Jahre immer stärker zur Maxime seiner politischen Einstellung. Alles, was in «Die Ansiedler» steht, entspricht Coopers Denkweise. Folgerichtig hat er auch die Vertreibung Natty Bumppos ebenso wie die Transformation von Wildnis in Zivilisation bereitwillig in Kauf genommen.

«Game law» sei «property law», hat Charles Swann festgestellt: Jagdgesetze sind genau genommen Gesetze, die das Eigentum betreffen. Sie sind für ihn in gewisser Weise sogar «Klassengesetze», weil dieses «game law» einseitig die Landeigentümer zum Nachteil der Pächter privilegiert. Das Erlassen von Gesetzen wird so zu einem starken Symbol der Machtfülle und Machtausübung.

Den grösseren Rahmen bildet der Konflikt zwischen der Notwendigkeit von Gesetzen im Interesse der Allgemeinheit einerseits und den verbrieften Grund- und Freiheitsrechten des Individuums andererseits. Zu diesen zuletzt genannten gehört seit dem Bill of Rights (1791) das Recht auf Waffenbesitz. In gewisser Weise wird also das Tragen einer Waffe als Ausübung demokratischer Rechte verstanden. Für den Jäger Natty Bumppo geht daher die Einschränkung seiner Jagdtätigkeit in Wirklichkeit weit über den jägerischen Aspekt hinaus: Sie stellt einen massiven Eingriff in seine politische Freiheit dar. Darum sagt der deutsche Major Hartmann in seiner zackigen, vom Deutschen gefärbten englischen Aussprache zum Beispiel auch so zutreffend: «Ter rifle is petter as ter law» (ungefähr: Das Kewehr is pesser als das Kesetz), ein Satz, der so im Buch steht, aber ohne die dazu gehörende Argumentation keinen Sinn ergeben würde.

Waffenbesitz als ein verwirklichtes demokratisches Grundrecht: Was in den Vereinigten Staaten nicht einmal diskutiert wird, weil es so durchaus geläufig ist, entgeht in Europa der Aufmerksamkeit und dem Verständnis weitgehend. Die «Lederstrumpf»-Romane zeigen damit, wie vielschichtig die Figur Natty Bumppos angelegt ist oder interpretiert werden kann: als Waldläufer, «secular saint» (George Dekker), Don Quichotte, Vertreter des Naturrechts, demokratisches Prachtsexemplar, historischer Wegweiser der amerikanischen Geschichte und Zivilisation, Single, der die Heirat mit Mabel Dunham ausschlägt und sich lieber in den Wäldern versteckt, und so weiter.

Wo es in «Die Ansiedler» um die Rechtfertigung des Landbesitzes gegangen ist, geht es in Coopers Littlepage-Trilogie («Satanszehe», 1845,

«Tausendmorgen», 1845, «Die Roten», 1846) um die Urbarmachung und Aneignung des Landes; «Satanszehe» ist der Name des Besitzes der Familie Littlepage, im ersten der Romane steht Cornelius Littlepage, genannt Corny, im Zentrum. Die Trilogie ist die erste Familien-Saga in der amerikanischen Literatur, zugleich gibt sie ein Bild der Besiedlung des nordamerikanischen Kontinents nach 1750, während des French and Indian War, wieder.

Major Evans Littlepage und sein Kompagnon Abraham Van Valckenburgh haben gemeinsam nördlich von New York 40 000 Acres gekauft, ein Gebiet («Patent»), das sie Moosridge nennen und das von ihren Söhnen, Corny Littlepage und Dirck Van Valckenburgh, inspiziert und für die spätere Besiedlung erschlossen werden soll. Mit dem Auftrag, die väterliche Erwerbung aufzusuchen, begeben sich Corny und Dirck zuerst nach Albany und später in die westlich gelegenen Wälder. Von Albany gibt Cooper ein wunderbar anschauliches Bild des gesellschaftlichen Lebens. Eine dramatische Schlittenfahrt auf dem vereisten Hudson, die beinahe in eine Katastrophe mündet, weil das Eis schon am Tauen ist, wird in grandioser Weise beschrieben.

Der French and Indian War ist in vollem Gang. Die französischen Truppen bedrohen von Norden her das Gebiet und sollen zurückgeschlagen werden, ausserdem machen sich die Huronen durch kriegerische Handlungen bemerkbar. Corny und Dirck nehmen als «colonials» am Feldzug Lord Howes gegen die Truppen des französischen Generals Montcalm teil. Später wird «Ravensnest», der Besitz von Herman Mordaunt, ein Blockhaus ohne Fenster nach aussen, in das sich Corny und Dirck mit den Mitgliedern der Familie Mordaunt verschanzt haben, von Indianern angegriffen und soll ausgeräuchert werden. Der Angriff wird zurückgeschlagen, nicht ohne Opfer auf beiden Seiten.

Hermann Mordaunt ist Nachbar der Littlepage-Familie und der Vater von Anneke, mit der sich Corny Littlepage am Ende des Buchs vermählt. Man kann schon voraussehen: die Güter Satanszehe und Ravensnest werden eines Tages zusammengelegt und der Familienbesitz auf diese Weise, mit den darauf lebenden Pächtern, beträchtlich vergrössert werden.

Eine rührende Familien-Sage mit historischem Hintergrund. Das Land, noch Urwald, wird langsam erschlossen. In Ravensnest sind «verschiedene Verfahrensweisen erprobt worden, um den Boden von seiner Last von Bäumen zu befreien»: Nix Natur. Für Herman Mordaunt war es nicht leicht, Pächter zu finden, die bereit waren, sich auf seinem Patent niederzulassen, mitten in der Noch-Wildnis. Zehn oder fünfzehn Familien waren es dann aber doch, die dazu bereit waren, freilich um den Preis, dass die Verträge auf Jahre hinaus für eine verschwindend geringe Pachtsumme abgeschlossen werden mussten. In der Regel brauchten die Pächter während der ersten Anfangsjahre ohnehin überhaupt keinen Pachtzins zu entrichten. Mordaunts Agent hatte auch einen kleinen Laden eingerichtet – aber auch das ist ja aus der Lebensgeschichte von Coopers Vater hinlänglich bekannt, auch wenn die Ähnlichkeiten mit ihm nur zufällig sind und unter keinen Umständen beabsichtigt waren. Wie auch immer, Coopers eigene Interessen werden auf diese Weise nicht weniger deutlich sichtbarer.

Im zweiten Teil «Tausendmorgen»[8] ist der Unabhängigkeitskrieg beendet und die «Aufgabe des Niederlegens der Forste und Erschliessung der Naturgeheimnisse» das Allerwichtigste. Im Mittelpunkt der Handlung steht Mordaunt Littlepage, genannt Morty, der Sohn von Cornelius und Anneke Littlepage, Herr über Satanszehe und Ravensnest, wie zu erwarten war. Teile beider Besitztümer sollen verpachtet werden. Das Land blüht und gedeiht und wird von Andries Coejemans vermessen. Eigentliches Thema des Romans ist die Tatsache, dass Morty auf seinem Land Squatters entdeckt, Menschen, die sich illegal niedergelassen haben oder auf das Gewohnheitsrecht berufen. Es handelt sich um die Mitglieder der Familie Aron Timberman, die eine den Littlepage bis dahin unbekannte Sägemühle betreibt. Zwischen Morty Littlepage und Aron Timberman, genannt Tausendmorgen, entsteht ein Konflikt, in dessen Verlauf Morty von den Aron-Leuten gefangen genommen, aber später von seinen eigenen Leuten befreit wird. Bei dieser Gelegenheit kommt Aron ums Leben, ebenso Andries Coejemans, Mortys getreuer Gefolgsmann. Morty heiratet am Ende des Buchs Ursula, die Tochter Coejemans'.

Die Episode von Three Mile, in die Cooper nach seiner Rückkehr nach Amerika verwickelt war und die in «Eva Effingham oder Die Heimat» beschrieben wird, bildet den Hintergrund des Romans. Der Schriftsteller war durch die Ereignisse in seinem Rechtsempfinden tief aufgewühlt worden und benützte nun die Littlepage-Trilogie dazu, die Öffentlichkeit über die Leserschaft zu belehren: Eigentum ist unantastbar, Besetzung fremden Landes illegal. Das bezweifelt auch niemand, es ist vielmehr die Art, wie Cooper argumentiert. «Ohne Eigentumsrechte kann kein Volk zivilisiert sein; denn kein Volk würde sein Bestes leisten, wenn nicht jedem Manne erlaubt und zugesichert wäre, Besitzer von dem zu bleiben, was er sich zu erwerben vermag», lässt Cooper Morty

Littlepage dozieren. Auf eine Formel gebracht, kann das nur heissen: Eigentum ist die Grundlage der Zivilisation.

Am Staat liegt es, in Coopers Verständnis, dieses Eigentum zu schützen. Es gibt Gesetze, aber wenn sie nicht eingehalten werden, sind sie untauglich. Einerseits ist das Squatter-Unwesen mit dem «passiven Zulassen von Übergriffen auf dem Rechtssektor» zu erklären, andererseits ist es eine Folge der dünnen Besiedlung sowie des Überflusses an Land. «Unser Landes», sagt Cooper. Beide Umstände sind unentschuldbar. Gleichgültigkeit gegen das Recht und anmassende Frechheit haben nicht nur zu Verletzungen der Gesetze geführt, «sondern ebenso zum Aufkommen von Begriffen, die der Herrschaft des Gesetzes strikt zuwiderliefen. Gerade dieses allmähliche Unterminieren richtiger Ansichten ist es, was die unmittelbar drohende Gefahr unsres Gesellschaftssystems bildet; eine falsche Humanitätsduselei» breitet sich aus, und so weiter. Die «Bahn zum Despotismus» verläuft entlang «der Ufer des Morastes der Zügellosigkeit». Zu diesem «Morast» gehörte es zum Beispiel, dass in den 1840er Jahren der Bundesstaat New York ein Gesetz erliess, das es Pächtern erlaubte, besetztes Land käuflich zu erwerben.

Für Cooper war das ein krasser Verstoss gegen die absolute Unantastbarkeit von Verträgen; in «Satanszehe» behauptet der Schriftsteller daher, New York sei «der bei weitem schandbarste Bundesstaat der ganzen Union», er lasse «seine wichtigsten Gesetze mit Füssen treten». Eigentlich wollte Cooper ausdrücken, dass Eigentum dazu beitragen könne, jede Form von Unterdrückung zu verhindern, aber er übersah, dass der Eigentumsbegriff, wie er ihn verwendete, in letzter Konsequenz gar nicht zuliess, dass andere ebenfalls Eigentum erwerben konnten. Was sich aber nicht mehr ändern kann, ist zum Absterben verurteilt. Cooper predigte den totalen Stillstand und verdammte jede Form von dynamischer Entwicklung. Jedenfalls hier.

In «Tausendmorgen» sind die Squatter arm, Aron muss eine kinderreiche Familie durchbringen. Er hat keine andere Möglichkeit, sich über Wasser zu halten. Das ist die andere Seite. Warum überhaupt gehört das Land nicht Tausendmorgen?, fragt der Indianer Susquesus Morty. Coopers beziehungsweise Mortys Antwort: «Weil unsre Gesetze ihm kein Recht einräumen; während sie es dem Eigentümer, der es gekauft hat, vollkommen übertragen.» Aron ist für Cooper in einer Herausgeber-Fussnote nur ein «einzelner, unwissender und gemeiner Räuber».

Die einzige Begründung Arons, die er vorzubringen hat, lautet: «Wofür ein Mann schwitzt, darauf hat er auch ein Anrecht.» Wenn das

Holz verarbeitet ist, dann ist er bereit, weiterzuziehen, wenn es sein muss, wie schon so oft zuvor in seinem Leben: siebzehn Mal. Ein Mal mehr oder weniger spielt da auch keine Rolle mehr. Coopers schmählicher Kommentar dazu macht darauf aufmerksam, dass man auch schwitzen kann, wenn man seinem Nachbarn «Hab und Gut wegschnappt».

Die zweite aufschlussreiche Begründung Arons macht den Besitz vom Bedürfnis abhängig. Es ist eine Interpretation im Geist Lockes, nicht aber im Verständnis Coopers, obschon Cooper von Lockes Vorstellungen wissentlich oder nicht beeinflusst war. Am Ende ist Morty Littlepages steifes und unnachgiebiges, geradezu verbohrtes Beharren auf seinen Eigentumsrechten abstossend, und Aron Timberman, Tausendmorgen genannt, zieht die Sympathie auf sich. Das Buch endet mit der bezeichnenden Bemerkung Morty Littlepages: «Das reissende Wachstum New Yorks bewirkte, dass unsre unbebauten Grundstücke in der gedeihenden Stadt rasch einen hohen Marktwert bekamen; und wir fanden uns sehr bald reicher, als man zum Glücklichsein nötig hat.» Wenn man berücksichtigt, dass Satanszehe und Ravensnest etwa 50 Kilometer nördlich von New York liegen sollen, wird es verständlich, was die Aussage zu bedeuten hat. Das Land ist in den Sog der Spekulation geraten, die von New York ausgeht. Angesichts dieses zu Schau gestellten Reichtums verliert das Lamento über Rechtsverletzungen seine Bedeutung. Das Recht dient nur dazu, die gesellschaftliche Bevorzugung und «the right to rule», die Herrschaft einer Minderheit, zu erhalten.

Der letzte Roman der Trilogie, «Die Roten», ist eine eskalierte Peinlichkeit. Er spielt in den 1840er Jahren, in einer Zeit, in der die Anti-Rent-Movement ihren Höhepunkt feiert. Die Pächter weigern sich, die Pachtzinsen weiter zu entrichten. Die Entwicklung spitzt sich in genau dem Augenblick zu, als Hugh Roger Littlepage, genannt Onkel Ro, der Sohn von Mordaunt und Ursula Littlepage, und Hugh Roger Littlepage, genannt Hugh, der Neffe von Onkel Ro – same name, different person –, von einer Grand Tour in Europa und im Nahen Osten nach Hause zurückkommen. Onkel Ro war 20 Jahre im Ausland gewesen, Hugh fünf Jahre. Ursula Littlepage ist jetzt eine alte Dame von 80 Jahren.

Bei ihrer Rückkehr warnt sie ihr Anwalt vor der drohenden Revolte, was sie veranlasst, inkognito nach Ravensnest zurückzukehren. Hugh erfährt auf diese Weise, was seine Pächter und Tagelöhner über ihn denken. Schmeichelhaft ist es nicht. Sie beschweren sich über die Ungleichheit des Besitzes, was Hugh und Onkel Ro nur als «Selbstsüchtigkeit» und «Habgier» verstehen können, nicht aber als «Patriotismus» wie die Littlepage alias Cooper. Denn dass sie selber von Selbstsucht und Habgier ganz und gar frei sind, ist für sie eine unumstössliche Tatsache wie die Auffassung, «dass Abstufungen an Wohlhabenheit eine unvermeidliche Consequenz der Civilisation» sind.

Im Verlauf der Handlung von «Die Roten» versammeln sich die Pächter, um das weitere Vorgehen zu besprechen. Natürlich rotten sie sich – in der Sprache Coopers – zusammen. Ravensnest soll niedergebrannt werden. Die empörten Pächter beziehungsweise Anti-Rentner verkleiden sich als Indianer («injins» bei Cooper, «Insches» bei Arno Schmidt) und schreiten zur Tat, werden aber im letzten Moment von einer Gruppe richtiger Indianer in die Flucht geschlagen.

Die Indianer, die im rettenden Augenblick auftauchen, wollen Susquesus aufsuchen, den alten, abgeklärten Indianer, der auf Ravensnest sein bescheidenes Dasein fristet, und ihm vorschlagen, mit ihnen zu kommen. Der aber lehnt ab. Die Leserschaft erfährt bei dieser Gelegenheit, dass Susquesus, ein Delaware, seinen Stamm verlassen und sich bei den Onondaga niedergelassen hat, weil er eine Frau liebte, die schon an einen anderen Delawaren gebunden war. Also räumte er das Feld, denn «die Gesetze des roten Mannes werden eingehalten». Wie schön, dass die Indianer wenigstens einmal den schlechten Blass- und Bleichgesichtern, das

Three Mile Point um 1850.

heisst den landlosen Weissen, als Vorbild dienen dürfen. Dazu sind sie zuletzt gerade recht.

1500 Seiten für drei mittelmässige bis schlechte Romane, die den sozialen Konflikt einseitig, extrem, manchmal in arroganter Weise zugunsten der Besitzenden entscheiden, sich auf die Gesetze berufen, aber im gleichen Zug diese Gesetze als ungenügend ablehnen und die «Allmacht der Mehrheit» als Gefahr an die Wand pinseln, pausenlos Belehrungen erteilen und jede geringste Form von Widerstand als Rechtsbruch verdammen – das ist mit der Zeit ungeniessbar und zum Teil einfältig, wie zum Beispiel die Episode mit einem Baldachin in der Kirche in Ravensnest, der für die Familie Littlepage vorbehalten ist. Die Anti-Renter wollen ihn entfernen lassen und fassen eine Resolution, aber Hugh ist nur gewillt, das Papier zu lesen, wenn er höflich darum gebeten wird. «Die schlechten Menschen haben keine Ahnung von der Wahrheit», lamentiert Mary Warren, die Tochter des rechtschaffenen Reverend Warren, die am Ende Hugh Roger Littlepage, den Neffen und Enkel, heiratet. Denn die Wahrheit ist auf Seiten der Littlepage, der Besitzenden, alles andere ist Aufruhr, Verdrehung der Tatsachen, Lüge.

Die Vorfälle in Three Mile müssen Cooper ganz schön aufgeschreckt, beinahe traumatisiert haben, wie es aussieht. Seither konnte er gar nicht mehr genug poltern und polemisieren gegen die vielfachen Bedrohungen, denen jede Art von Eigentum ausgesetzt war. Sie bestimmten seine politische Einstellung nachhaltig. Am Schluss wetterte Cooper gegen alles: die Kirche (ausser der Episcopalian Church, der er angehörte), die Presse, die Anwälte, die Demokratie, die Mehrheit, die Freiheit, das Volk, in dem er eine «mobocraty» erblickte, eine Herrschaft des Mobs, und so weiter.

Auf sein literarisches Werk jedenfalls wirkte sich seine Einstellung verheerend aus. Mit der Littlepage-Romanfolge habe der Schriftsteller sein früheres Werk «kannibalisiert»[9], meinte George Dekker. Vom Schriftsteller war Cooper zum agitierenden Propagandisten und Pamphletisten geworden.

Einsamer Kämpfer gegen eine verkehrte Welt

Cooper hat sich bei mehr als einer Gelegenheit auf die alten Werte aus der Zeit von Thomas Jefferson berufen und mit der Ablehnung des Geschäftsgeistes in der Ära Jackson zu verstehen gegeben, dass er ethische

Grundsätze über Interessen stellte. Aber was enthielten seine Bücher seit «Eva Effingham oder Die Heimat» anderes als eine wortreiche Rationalisierung seiner ureigenen Interessen, das heisst eine Verteidigung seines Besitzes, und eine Umwandlung seiner Ansprüche in Grundsätze einer neuen politischen Sichtweise? Er war einseitig und konservativ geworden, fast reaktionär, und fand alles, was von seiner eigenen Meinung abwich, fanatisch, demagogisch, selbstsüchtig und so weiter.

Diese Einstellung kulminierte in seiner politischen Schrift «The American Democrat». Auch sein literarisches Werk stand im Dienst derselben Mission. Belegstellen lassen sich in grosser Zahl anführen, gelegentlich sogar solche, die seine Aussagen wieder relativieren. Aber grundsätzlich ist Coopers Haltung so klar definiert, dass sie keine beschwichtigenden, korrigierenden Interpretationen erlaubt. Zudem kommt es oft darauf an, was er zu welcher Zeit gesagt hatte. In den «Notions» war er, was die Zukunft Amerikas betraf, noch optimistisch, in «The American Democrat» hatte er jede Zuversicht verloren.

Die Auseinandersetzung mit seinem politischen Testament, als das «The American Democrat» angesehen werden kann, erfolgt auf den nachfolgenden Seiten nicht auf juristischer, sondern politischer beziehungsweise argumentationskritischer Grundlage und versucht zu zeigen, wie Cooper für sich alles so zurechtgelegt hat, dass es zu seinen Gunsten ausfiel.

Als Demagogie bezeichnete er es in «The American Democrat», wenn Politiker unter Berufung auf das «Volk» ihre eigenen Interessen verfolgten, aber genau das war es, was er selber tat, wenn er behauptete, «dass das Recht auf Eigentum, in gewisser Weise, in der Natur begründet» sei. Er berief sich auf das Naturrecht wie andere auf das Volk. Ob er auf diese Weise das private Eigentum vor dem korporativen retten wollte, ist eine mögliche, aber nicht entschiedene Erklärung.

Die Pflicht des Bürgers, schrieb er, bestehe darin, alle politische Handlungen in Übereinstimmung mit den grossen Regierungsgrundsätzen zu beurteilen, nicht mit den eigenen Auffassungen und Vorurteilen. Bald aber sollten ihn die kurz zuvor eingetretenen Ereignisse von Three Mile eines Besseren belehren. Von da an galten nur noch die Rechtsgrundsätze, die in seinem Sinn lagen.

Wohl war Cooper bereit, gewisse Vereinbarungen («rules of regulation») zu akzeptieren, wenn sie die Schwachen vor den Starken und die Tüchtigen vor den Nichtsnutzen schützen. Ziel jeder Politik müsse die Bewahrung der Invididualität sein, meinte er, so dass jeder «Herr seiner

Handlungen» bleiben, die Früchte seiner Arbeit ernten und die Ziele seines Glücks auf seine eigene Weise verfolgen könne. Mit anderen Worten: Es geht um die freie Entfaltung eines jeden Einzelnen, die aber nicht die Garantie für die Entfaltung aller Betroffenen ist, sondern in Coopers Beweisführung ausschliesslich den Schutz der Eigentümer durch den sonst abgelehnten Staat meint. Erlaubt sein soll nur, was das Gesetz zulässt (in «The American Democrat»). Die Öffentlichkeit beziehungsweise Mehrheit – Cooper bediente sich des Ausdrucks «the publick», der einen negativen Akzent hat – besitze keine Macht, wenn sie nicht ausdrücklich festgelegt ist. Darüber hinaus zu gehen ist unzulässig. Das führt zum Schluss, dass jede Gesetzesänderung verwerflich ist und als Affront des Volks angesehen werden muss.

Nicht dass Cooper prinzipiell Unrecht hätte, wenn er die Begehrlichkeiten des Volks bemängelte und implizit den kommenden Wohlfahrtsstaat ablehnte, ärgerlich ist vielmehr die Ausschliesslichkeit, mit der er behauptete und in immer neuen Anläufen wiederholte, dass es auf das Eigentum ankomme und alles Übrige davon abgeleitet zu werden habe, ohne Berücksichtigung aller anderen Faktoren, die das gesellschaftliche Zusammenleben auch noch bestimmen. Wenn er zum Beispiel sagte, dass jeder die Gelegenheit habe, höchste Ämter zu bekleiden und bedeutende Vermögen zu erwerben, dann ist das ein grosser Trugschluss. In einer ungleichen Gesellschaft, wie sie Cooper propagierte, sind auch die Chancen ungleich verteilt, bis heute, aber in den Vereinigten Staaten noch mehr als woanders.

Cooper war nun einmal kein Demokrat. Seine demokratische Rhetorik war nur ein Mittel, um, wie Dorothy Waples vertreten hat, seine republikanische Gesinnung zu kommunizieren, die ihrerseits das Gegenstück zu Monarchie und Aristokratie bildete. Ebenso wie gegen feudale Zustände war er ausdrücklich auch gegen das Volk («the people», «the publick»), die Mehrheit («majority»), die Masse («mass»), den Mob («mob»). Der Begriff «mob» kommt in «Eva Effingham oder Die Heimat» sowie in «The American Democrat» ausdrücklich vor. Dass Cooper auch den Sozialismus ablehnte, liegt nahe. In seinem verloren gegangenen Stück «Upside Down; or, Philosophy in Petticoats»[10] verspottet er den «Kommunismus».[11] Sich selbst betrachtete Copper als «citizen», als Vertreter einer sozialen Elite. Er nahm die Haltung einer «Aristokratie der Werte» (Robert E. Spiller) beziehungsweise «Aristokratie der Intelligenz» (James Grossman) ein und stellte sich damit in einen triangulären Gegensatz zum Volk und zur «monied aristocracy», der Geldaristokratie.

In «The American Democrat» hielt er ausdrücklich fest, dass «Wissen und körperliche Kraft wichtig für die Entwicklung der Gesellschaft» sind und dass die Elite («men of education», «men of refinement and training») für den Fortschritt der Allgemeinheit ein Segen sei. Der gleiche Gedanke kommt auch in «Die Roten» vor, wo Cooper sagt, dass das Land dringend eine «Gesellschaftsklasse» benötige, «die mit Unabhängigkeit des Charakters und der Stellung jene relative Musse verbindet, welche die Voraussetzung für Kultiviertheit und Verfeinerung ist» und die dazu ausersehen ist, «Geschmack und Grundsätze» zu verbinden. Man muss «dem grössten Teil der meisten Versuchungen entrückt» sein, weil nur die Menschen in dieser bevorzugten Situation für die Gesellschaft eine moralische Stütze abgeben. Der Vollständigkeit halber muss hinzugefügt werden, dass es Cooper bei dieser Argumentation darauf ankam, von «rein religiösen Motiven» abzulenken. Es muss ihm also daran gelegen gewesen sein, bei seinen Äusserungen von einer Art «säkularer» Beweisführung auszugehen.

Das Volk aber musste sich durchschlagen und war zu einer solchen Verfeinerung ungeeignet: zu selbstsüchtig; zu habgierig; zu ungebildet; zu anfällig für demagogische Argumente und so weiter. Wenn in der amerikanischen Verfassung von «the people» die Rede ist, dann waren für Cooper damit die gebildeten Gründerväter beziehungsweise die Mitglieder der verfassunggebenden Versammlungen gemeint, nicht die hart arbeitenden Pächter, die schuften mussten, um ihre Zinsen zu bezahlen. Mit «the people» war in den «Notions» die Bevölkerung in einem allgemeinen Sinn, der Souverän in der schweizerischen Bedeutung des Begriffs, gemeint, in «The American Democrat» ist es die politische Mehrheit, das heisst die Masse der Menschen, die in das neue demokratische Zeitalter eintritt und Cooper eher mit Schrecken erfüllte als mit Bewunderung für die politischen Errungenschaften, auf die er einmal so stolz gewesen war, wenn er mit seinen europäischen Freunden über die Vorzüge der politischen Systeme beidseits des Atlantiks debattierte.

Eine beträchtliche Gefahr geht jetzt von den Regierungen aus, die behaupten, «im Namen des Volks» zu handeln. Klar: Das war gegen Jackson gerichtet. Die Neigung, sich auf das Volk zu berufen, anstatt der «Strasse der Wahrheit» und der «Gerechtigkeit» zu folgen, sei weit verbreitet, meinte er, doch weder «the people» noch «the publick» seien in der Lage, die Wahrheit zu erkennen.

Die Gewalt der Mehrheit begrenzt die Rechte der Minorität, reklamierte er. Schon Alexandre de Tocqueville hatte in seinem Werk «Die Demokratie in Amerika» seine Skepsis über die so genannte Tyrannei der Mehrheit ausgedrückt.

In den «Notions» hatte Cooper noch vertrauensselig gemeint, es sei «einer der herrlichsten Grundsätze unserer Konstitution, dass die Minorität sich dem Willen der Mehrheit unterwerfen muss». Zu früh geschossen, kann man da nur sagen. Jetzt tönte es anders. Das Mehrheitsrecht gefährdet das Naturrecht, anders gesagt: das Recht der Landeigentümer. Wo die Mehrheit das Sagen hat, ist die Tyrannei nicht weit. Die Bedrohung geht von «the publick», von der Mehrheit und Masse, aus, was bedeutet, dass diese Mehrheit oder, einfach gesagt, das Volk in Amerika überwacht werden muss, wie es mit Monarchen und Aristokraten in anderen Ländern geschehen sollte. «The publick» ist, überall auf der Welt, in einem sprichwörtlichen Sinn «seelenlos», heisst es in «The American Democrat» – eine Seele haben allem Anschein nach nur Grundeigentümer, die über genug Zeit verfügen, um sie zu kultivieren und zu verfeinern.

In «Satanszehe» wetterte Cooper, nachdem er es in «The American Democrat» schon ausgiebig getan hatte, in einer begleitenden, die Romanhandlung kommentierenden Fussnote erneut gegen die Verhältnisse: «Das eigentliche Cardinal-Übel in unserem Land besteht in der Herrschaft der ‹Mehrheit›», die nie in der Lage gewesen sei, «hohe Vortrefflichkeiten zu erkennen und zu würdigen». Die gleiche Einstellung auch in «Die Roten»: «Die Vorstellung von der ‹Allmacht der Mehrheit› ist in Amerika tief eingewurzelt und derart verbreitet in der gesamten Bevölkerung, dass sie einen der Hauptzüge des National-Charakters bildet. Sie richtet vor allem dadurch unendlichen Schaden an, dass man sie irrigerweise für das leitende Prinzip unserer ganzen Staatsverfassung hält; während es sich dabei um nichts als ein notwendiges Behelfsmittel handelt, um gewisse Fragen zu entscheiden, die von irgendjemandem und auf irgendeine Weise entschieden werden müssen.»

Es gibt also gewisse Voraussetzungen, unter denen die Mehrheit ihre Berechtigung hat. «Wenn jedoch Missbrauch damit getrieben wird, ist der unerträglichsten Tyrannei dadurch Tür und Tor geöffnet.» Leider verrät Cooper nicht, wann das der Fall ist, aber es bedarf keiner grossen Kombinatorik, um herauszufinden, was er meinte.

Was Cooper besonders fürchtete und kritisierte, war das Schwanken der Volksmeinung. In seinem Buch über die zweite Schweizer Reise hatte er noch die Möglichkeit der vergleichsweisen «Unbeständigkeit der Volksgunst» durch die demokratischen Institutionen in Amerika klipp und klar in Abrede gestellt. Auch hier tönte es jetzt anders. Cooper hatte nun grösste Bedenken, die öffentliche Meinung könne stärker werden als das Gesetz, was im Fall der Gesetzgebung in New York, wo den rebellierenden Pächtern das Recht eingeräumt wurde, Land käuflich zu erwerben, ja in gewisser Hinsicht auch zutraf.

Dem Thema «they say» («es heisst», «man sagt»), womit Cooper die öffentliche Meinung umschrieb, ist in «The American Democrat» ein Kapitel eingeräumt. Auch die Presse bekommt ihren Teil ab. Sie kann sowohl ein guter Diener wie ein unheilvoller Herrscher sein und so mächtig wie ein Despot werden. Wenn sie Tyrannen stürzt, dann nur deshalb, um ihre eigene einzuführen. Dort, wo er nur die Wahl zwischen «Monarchie» und «Regierung der öffentlichen Meinung» antraf, wollte er, Cooper, sich lieber der Stimme enthalten.

Alles, was er gegen Mehrheit und öffentliche Meinung vorbrachte, bezog sich gleichermassen auch auf die Handelsklasse («men of trade»), denn die «Geldaristokratie» ebenso wie die Gefahr der Geldherrschaft beschäftigten ihn nicht weniger als die fürchterlichen Folgen der reinen Volksherrschaft.

Unter allen diesen Umständen bildet die Demokratie nur eine rhetorische Rechtfertigung, und Freiheit konnte nur eine Sache der ebenso gebildeten wie seelenvollen Landeigentümer sein, die über genügend Weitblick und Tiefsinn verfügten, um ihre Interessen zu verfolgen. Die Frage nach der Herkunft, den Rechten, Pflichten und der Verantwortung des Eigentums ist Cooper nicht in den Sinn gekommen. Vielleicht lag das zu seiner Zeit auch gar nicht im Bereich des Denkbaren. Schon davor, als er die politischen Verhältnisse in der Schweiz beobachtete, erfüllte ihn Demokratie mit Unbehagen. Sowieso gab er ihr nur in kleinen, abgelegenen Bergkantonen eine Chance, im Übrigen orientierte er sich vorzugsweise am Berner Patriziat, mit dem er sich im Geist verbunden fühlte. Wenn man Cooper von Volk, Mehrheit, Masse und so weiter argumentieren hört, fällt einem ein, wie Friedrich Nietzsche sich über den «Pöbel» ausgelassen und die «demokratische Verfalls-Form des Staates» gebrandmarkt hat, freilich vor allem, um die herrschende «Sklavenmoral» zu kritisieren.

Gänzlich gegen die Demokratie sein konnte Cooper nun aber allein schon aus Alibigründen nicht. In «The American Democrat» war er immerhin bereit, ihr gewisse Vorteile zuzubilligen. Dazu gehörte – man staune – «eine allgemeine Erhöhung des Volkscharakters» sowie ein «respektables Mittelmass». Zudem war sie die billigste Staatsform überhaupt. Was aber ihren Vorteil bildete, war zugleich ihr grösster Nachteil, nämlich eine «Tendenz zur Mittelmässigkeit» und die Gefahr ihres Missbrauchs durch das Volk. Denn es ist immer schwierig, Menschenmassen davon zu überzeugen, «dass sie durchaus einmal Unrecht haben könne, und ein Einzelner Recht», wahrscheinlich besonders dann, wenn dieser Einzelne ein Landeigentümer ist. Als einen der grössten Mängel der Demokratie bezeichnete Cooper es, dass sie versuche, «die Wahrheit durch Abzählen der Nasen ermitteln zu können».

«Die Gefahren der Volksherrschaft» lauern also bei jeder Gelegenheit und jederzeit. «Jeglicher, der es mit der Freiheit, deren sich dieses Land bisher erfreut, gut meint», dozierte Cooper, «sollte ab jetzt die demokratischen Tendenzen mit Misstrauen betrachten; da, wenn je die Freiheit untergehen sollte, dies nur in direker Folge von ihnen stattfinden wird. Denn es ist eine der verderbten Menschen Natur wesentlich anhaftende Eigenschaft, jedes Gut oder Vorrecht früher oder später zu missbrauchen, selbst wenn es mit der Religion in Zusammenhang stünde. Wenn die Geschichte überhaupt etwas beweisen kann, dann ist es diese Wahrheit.»

In «Tausendmorgen» besuchen Morty Littlepage, Ursula, ihr Vater Andries Coeejemans sowie Susquesus, der geheimnisvolle Indianer, eine grosse Vogelbrut-Kolonie mit Millionen von Tauben und stellen ihre Gedanken dazu an. Je grösser die Zahl der Individuen ist, sei es bei Menschen oder Tieren, desto mehr breitet sich eine Massendynamik aus, die gefährliche Folgen haben kann. «Grosse Ansammlungen von Lebewesen scheinen bestimmten allgemeinen Gesetzen unterworfen zu sein, wonach sich die Macht der Gesamtheit über Handlungen und Empfindungen des Einzelnen, oder einiger weniger, immer mehr steigert.» Das sind Audubon plus die vorweggenommenen Erkenntnisse von Le Bon.[12]

Die politische Metaphorik ist einleuchtend. Übertragen auf unsere «neue republikanische Regierungsform» heisst das in «Tausendmorgen», dass die Demokratie in gewisser Weise die stärkste Regierung der Welt sein kann, in gewisser anderer Weise aber auch die schwächste. «Einerseits liegt ihr ein Prinzip der Selbsterhaltung zugrunde», fährt Mortys Souffleur Cooper fort, «dessen andere Systeme sich nicht zu erfreuen haben; denn um eine Volksregierung zu beseitigen, müsste sich das Volk ja gegen sich selbst auflehnen; auf der andern Seite wird es ihn an dem tüchtigen lebendigen Prinzip einer konsequenten, stetigen Rechtspflege mangeln, weil sie keine unabhängige Gewalt kennt, deren Pflicht und Interesse es wäre, für eine solche Sorge zu tragen. Der weiseste Mann, den ich je kennen gelernt habe, hat mir prophezeit, dass dies der Punkt sein werde, an dem unser System zusammenbricht; weil dadurch der Ruf, die persönliche Sicherheit und das Eigentum des Bürgers zunehmend unsicherer und folglich die Grundgesetze denen verhasst werden müssen, die sie früher hochgehalten haben.»

Ursula will geltend machen, dass auch die Regierung des fürchterlichsten Despoten stets nur «das Regiment eines einzelnen Menschen» sei. Aber dazu ist von Coopers Seite zu bemerken, «dass eine Regierung der grossen Zahl noch weit despotischer werden kann, als die eines Einzelnen; da das Volk zwar immer, auf die eine oder andere Art, dem Unterdrückten gegen den Despoten beistehen wird; jedoch selten oder niemals gegen sich selbst. Sie haben es gesehen, wie diese Tauben, unter dem Diktat der Massenseele, ihre Instinkte verloren –: Gott bewahre mich immerdar vor der Tyrannei der Massen!»

Der Einzelne, die Freiheit und der Staat

Immer das gleiche Lied, der gleiche Refrain: hier die guten Eigentümer, dort der schlechte Einfluss der Mehrheit; hier die vorbildliche Staatsform, dort der sich abzeichnende Missbrauch. Eine Regierung der Mehrheit («popular rule») ist vielleicht gut, in bestimmten eingeschränkten Bereichen und sehr massvoll angewendet, aber nur dann, sonst nicht; sie bleibt eine ultimative Forderung, ein Idealzustand. Mit der Praxis ist sie nur schwer zu vereinbaren. Wenn aber Gefahr im Verzug ist, dann ist jede Massnahme zur Rettung der Freiheiten voll und ganz gerechtfertigt, und die kann nur in einer Einschränkung der Freiheit bestehen beziehungsweise in einer Reduktion des Einflusses des Volks. Dass in diesem Zusammenhang auch die Parteien von Cooper entschieden abgelehnt werden, ist kaum weiter erstaunlich. Im Fragment «New York» bezeichnete er sie als «mächtige Despoten der Zeit». Er sah in ihnen, genau genommen, die Demagogen vereinigt, die im Namen des Volks sprechen und sich auf diese Weise zu Beherrschern der Massen aufschwingen.

Die Regierung der Mehrheit ist also an und für sich gut, aber nur dann, wenn es so wenig Regierung wie möglich ist. Unter Umständen kann es sogar unumgänglich werden, das allgemeine Wahlrecht zu limitieren. Was Cooper in den «Notions» noch stolz als Amerikas Überlegenheit über Europa ausgegeben hatte, wird in «The American Democrat» Stück um Stück, unter dem Eindruck der vorgefallenen Ereignisse, revidiert und zurückgenommen.

Cooper verstand die Entwicklung, die in der Person von Präsident Andrew Jackson ihre Verkörperung gefunden hatte, immer weniger. Umgekehrt schritt die Entwicklung schneller, als Cooper ihr folgen konnte, voran und verlangte nach Anpassungen an die veränderten Verhältnisse. Wir wissen heute aus bester Anschauung, was eintreten kann, wenn es nicht gelingt, Reformen rechtzeitig durchzuführen. Neue Sensibilitäten, neue kollektive Vorstellungen, neue technische Errungenschaften machen Veränderungen erforderlich. Das ist das dynamische Prinzip der Demokratie und ihr bedeutender Vorteil: dass sie auf die Veränderungen eingehen kann und auf diese Weise wandlungsfähig bleibt. Geschieht dies nicht, breitet sich ein Fundamentalismus aus, der zum Anachronismus wird, zum Mühlstein. Cooper wollte davon nichts wissen und entwickelte sich mit den Jahren buchstäblich zu einem Vertreter dessen, was heute mit dem Ausdruck Fundamentalismus bezeichnet wird.

Seine Einstellung und seine Forderungen waren aber nichts Ungewöhnliches, sondern im Gegenteil etwas für das politische Verständnis Amerikas durchaus Konsensuelles, schon damals. Henry David Thoreau hat später das Gleiche gesagt wie Cooper, als er die Bemerkung machte, die beste Regierung sei diejenige, die am wenigsten regiert. Die Freiheit des Individuums ist der alles bestimmende Grundsatz, der Staat dagegen das Fragwürdige, beinahe Anstössige, Militär und Sheriffwesen ausgenommen. Die Entwicklung reicht bis zu so paradoxen, kaum fassbaren Ereignissen in der Gegenwart wie dem Una-Bomber Theodore Kaczynski, der aus Ablehnung staatlicher Einrichtungen und Opposition gegen die technologische Entwicklung Briefbomben versandte und den Tod dreier Menschen verursachte, oder dem Anschlag von Timothy McVeigh 1995 in Oklahoma, wo das lange schon gesäte Misstrauen gegen den Staat und der Hass auf ihn zu einem fürchterlichen Exzess der Verblendung geführt hat. Doch die Menschen in den Vereinigten Staaten haben immer nur die Folgen entsetzt zurückgewiesen, nie jedoch die Ursachen zur Diskussion gestellt, die in der Ablehnung des Staates liegen. Fehlen dieser Staat und seine eindämmende, regelnde und disziplinierende Wirkung, wird die «volonté générale» in der Staatsphilosophie von Jean-Jacques Rousseau ausser Acht gelassen, droht die Anarchie – nicht umgekehrt.

Das Verhältnis von individueller Freiheit und staatlicher Gewalt muss ständig neu ausgehandelt und auf eine vertragliche Grundlage gestellt werden. Das kann indessen nicht heissen, dass die individuellen und bürgerlichen Freiheiten als Mittel eingesetzt werden, um genau diese Freiheiten aus dem Weg zu räumen, weil sie in eine falsche Richtung gehen, wie es Cooper sich vorstellte, wenn er den zunehmenden Einfluss von «the people» beobachtete. Dass andererseits der alte Staat durch Formen einer neuen Ethik des Zusammenlebens ersetzt werden könnte, ist ein Ideal, für das in der Realität bisher keine konkreten Ergebnisse zu verzeichnen sind. Freiwillig geht es nicht. Der Mensch ist, nach Thomas Hobbes, des Menschen Wolf und der Staat als Ordnungsmacht daher unverzichtbar.

So, wie Cooper dem Volk nicht über den Weg traute, konnte er auch der Demokratie keine positive Seite abgewinnen. Auch der Freiheit nicht[13], die für ihn nichts als eine Forderung der sattsam bekannten Demagogen war.

Dass es unter allen diesen Voraussetzungen auch keine Gleichheit geben konnte, ist auch nicht mehr schwierig zu verstehen. Wenn es für Cooper eine Gleichheit der politischen und zivilen Rechte geben mochte, dann bestimmt keine des Eigentums, und wenn es vielleicht eine Gleichheit der Rechte gab, dann gewiss keine der Talente. Gleiche Rechte in diesem eng gesehenen Kontext konnte für Cooper also nicht Gleichheit heissen.

Es musste für Cooper sogar ausdrücklich eine gewisse Ungleichheit bestehen, weil sonst die Mittelmässigkeit verheerende Folgen nach sich ziehen würde, meinte er in «The American Democrat». Das hörte die vornehme und kultivierte «landed gentry» mit gespannter Aufmerksamkeit, Indianer und Schwarze dagegen wahrscheinlich weniger.

Die ambivalente Haltung gegenüber den Indianern ist schon dargelegt worden. Für den Skandal der Sklaverei brachte Cooper überhaupt keine Einsicht auf, was damit zu tun hatte, dass Cooper eine natürliche Ungleichheit annahm, von der sich das Los der schwarzen Sklaven ableitete. Cooper war nicht John Brown[14]. Das Problem der Sklaverei hatten die Vereinigten Staaten von Nordamerika als Hypothek aus kolonialer Zeit übernommen, also war Europa mit schuldig daran, eine feine Argumentation, die Cooper verfolgte. Im Übrigen meinte er, dass das Problem der Sklaverei sich mit der Zeit von selbst lösen werde.

So viel Ressentiment, so viel Abwehr jeglicher Neuerungen, so viel Uneinsichtigkeit – und dies alles in einer dermassen geballten Ladung – ist ein schwer verdauliches Programm. Aus dem überzeugten politischen Denker in den «Notions» war im Verlauf der Zeit ein extrem konservativer und reaktionärer Mensch geworden, der unter Berufung auf fingierte höhere Ideale seine eigenen Interessen vertrat und verfolgte und zum Schluss alles einzig und allein daran mass.

Niemand bestreitet, dass das Eigentum des Schutzes bedarf und die Tätigen die Früchte ihrer Arbeit ernten sollen, damit nicht die Schmarotzer den Kuchen essen, den andere gebacken haben, aber zu keinem

Zeitpunkt waren weder das Eigentum noch die Aneignung des selbst erzielten Erfolgs in den Vereinigten Staaten je ernsthaft gefährdet. Alles wurde getan und muss bis heute getan werden, um die Oberschicht bei guter Laune zu halten. Wenn Cooper aber den allmählichen Untergang des Landes durch eine sich ausbreitende Disziplinlosigkeit und Verwahrlosung voraussah, dann war das eine unerträgliche Schwarzweissmalerei. Eher drohte die Gefahr, dass zu viel Kapital, Macht und Einfluss sich in der Hand weniger konzentrieren würde, aber das konnte Cooper sich keinen Augenblick lang vorstellen, im Unterschied zum Beispiel zu Gottfried Keller, der in seinem Roman «Martin Salander» (1886) deutliche Worte fand, um eine Entwicklung zu monieren, die nicht von Gutem sein konnte und die der Schweizer Schriftsteller deutlich kommen gesehen hatte.

Ideale Gesellschaft auf einer abgelegenen Insel

Es mag an der Verbohrtheit des Autors liegen, dass sein spätes Werk immer mehr der literarischen Qualität entbehrte und es daher kaum ins Deutsche übersetzt worden ist. Ein einziges Werk hätte freilich eine Ausnahme verdient: der Roman «The Crater; or Vulcano's Peak. A Tale of the Pacific», 1847 erschienen.

Das Buch beginnt als Robinsonade und endet als endzeitliche Gesellschaftsvision. Von der Frontier in der Wildnis war Cooper an die utopische Front in einem exotischen Setting übergewechselt. Keine romantische Atmosphäre, keine gothischen Romanelemente, alles ist realistisch. Mark Woolston aus Bristol, Pennsylvania, folgt dem Ruf zur See und heuert auf der «Rancocus» an. Bevor er in See sticht, heiratet er heimlich Bridget Yardley, deren Vater Arzt und Konkurrent von Marks Vater ist, der ebenfalls als Arzt praktiziert.

Die «Rancocus» umrundet Cap Hoorn, passiert Valparaiso und gerät im Pazifik in einen Sturm. Kapitän Crutchley geht über Bord, die Mannschaft haut ab, nur Mark Woolston und Bob Betts bleiben zurück und finden sich auf einer einsamen Insel wieder, die sich als Riff mit einem erloschenen Vulkan in der Mitte herausstellt. Mark Woolston und Bob Betts lassen sich auf dem Eiland nieder. Sie ernähren sich vom Fischfang. Wasser ist in Kavernen vorhanden.

Erste Entdeckung: Es gibt keine Erde. Mit Seegras und einem Sack Erde, die sie in der geretteten Schiffsladung finden, stellen die beiden

Überlebenden in einem aufwändigen Verfahren Erde her. Mit Schiffsbauteilen, die sie ebenfalls in der unversehrten Ladung finden, bauen sie eine Pinasse und taufen sie «Neshamony». Mit Bob Betts an Bord wird sie von einer Welle fortgetragen. Mark Woolston bleibt allein zurück. Er verzweifelt fast, sieht keine Hoffnung auf Rettung und sinnt über sein Schicksal nach, aber grosses Missgeschick ist leichter zu ertragen als kleines, sagt er sich. Und siehe: Das Gras fängt an zu wachsen, immer mehr verwandelt sich das Riff in einen blühenden Garten.

Mehr noch: Ein Erdbeben erschüttert die Gegend, und aus dem Meer steigt ein Nebenriff empor. Zugleich wird das eigene Riff in die Höhe gehoben und bildet eine eigene Insel, die für Mark Woolston das zur Verfügung stehende Territorium beträchtlich erweitert. Die Spitze des aufgetauchten, bisher nicht sichtbar und erreichbar gewesenen Gipfels – Vulcano's Peak – ist bewaldet, sie muss einmal über Wasser gelegen haben. Viele Früchte gedeihen hier. Mark Woolston kniet nieder und dankt Gott für das Wunder wie Columbus, als er nach langer Seefahrt wieder Festland betrat.

Vierzehn Monate vergehen. Dann erscheint unerwartet am Horizont ein Schiff. An Bord trifft der alte Freund Bob Betts ein, der erzählt, wie er nach Pennsylvania zurückgekehrt ist und Geld für die Rettung von Mark Woolstone gesammelt hat. In seiner Begleitung befindet sich eine Gruppe von zwölf Personen, darunter auch Bridget Yardley, Marks Ehefrau. Die Gesellschaft lässt sich auf Vulcano's Peak nieder, baut Häuser, Mark und Bridget bekommen Nachwuchs, die Kolonie gedeiht, und so weiter. Immer wieder werden die Menschen von feindlichen Eingeborenen angegriffen und müssen Krieg führen, aber sie wehren alle von aussen kommenden Gefahren erfolgreich ab.

Ein Schoner wird gebaut. Mark Woolston, inzwischen zum Gouverneur ernannt, beschliesst, Sandelholz einzukaufen, es in Kanton zu verkaufen, mit dem Erlös Tee zu kaufen und damit in Bristol Handel zu treiben. Von dieser Reise in die alte Heimat kehrt Gouverneur Woolston am Ende mit 207 Neusiedlern nach Vulcano's Peak zurück.

Jetzt, da die Kolonie gewachsen ist, muss ein Sekretär angestellt werden, ebenso ein General-Staatsanwalt, später wird auch eine Postorganisation eingerichtet: Eine Regierungsstruktur braucht die Insel. Was Cooper beschreibt, ist die Gründung eines Idealstaates. Bisher hatte das Land allen gemeinsam gehört, aber das soll geändert werden. Jeder Siedler erhält 50 Acres, Gouverneur Woolston etwas mehr. Der Besitz aller wird gleich protegiert, aber nachdem das einmal geschehen ist, soll jeder selbst sein Glück verfolgen können. Der Landbau macht Fortschritte, die Kolonie gedeiht, alles sieht verheissungsvoll aus.

Aber die Idylle kippt. Wohlstand breitet sich aus, aber mit ihm auch die Selbstsucht. Alles verschlimmert sich noch durch die Ankunft weiterer Siedler, darunter einem Drucker, einem Juristen und vier Geistlichen, die sich auf die religiöse Freiheit berufen und mehr Unruhe und Streitigkeiten stiften als Erbauung. Das Recht steht nicht mehr im Dienst der Gerechtigkeit, sondern der Spekulationen und Rache. Die Presse verlegt die Regierungsgewalt vom Amtssitz in die Druckerei. Ein Freiheitsfieber greift um sich, politische Rechte werden gefordert, das natürliche Recht wird einer Minderheit vorenthalten, die Regierung der Mehrheit durch Taschenspielertricks beeinflusst und verfälscht: Coopers Kritik und Klage. Wir kennen sie. Zu guter Letzt soll Gouverneur Woolston enteignet werden. Die neu Angekommenen, die nichts zum Aufbau der Kolonie beigetragen haben, erheben Anspruch auf sein Land – genau wie in Three Mile. Das ist die Pointe.

Exzess und Masslosigkeit zerstören das Werk der ideal konzipierten Gemeinschaft. Habsucht und Gier führen das Kommando. Noch einmal macht sich Mark Woolston auf den Weg nach Bristol, Pennsylvania, um seine Angelegenheiten in Ordnung zu bringen. Bei seiner Rückkehr findet er Vulcano's Peak nicht mehr. Ein erneutes Erdbeben hat die Insel heimgesucht, sie ist im Ozean untergegangen: als Strafe für den begangenen, nicht wieder gutzumachenden Frevel der Menschen, als sie die natürliche Ordnung zerstört haben.

Der Grundton, den Cooper anschlägt, ist pessimistisch. Der Kreislauf von Idealismus und Korruption beziehungsweise Verfall ist vorgezeichnet. So lange der «richtige» Weg befolgt wird, ist der Segen gewiss, doch wenn der «falsche» eingeschlagen wird, ist das Verhängnis programmiert. Die Menschen «sind nur Würmer unter Millionen anderer Würmer, die sich die Gottheit der Vorsehung zu ihrem eigenen Zweck erschaffen hat; ihre ruhmreichen Länder, ihre gelobten Klimata und Werke ergreifen vorübergehend Besitz von nur kleinen Teilen eines schwimmenden Globus, ein kleiner Punkt im Raum, der dem von einem unsichtbaren Finger gewiesenen Lauf folgt und der eines Tages aus der Umlaufbahn gerissen wird, wie er einmal dorthin gesetzt wurde, durch die alles erschaffende Hand. Dann soll das fürchterliche Wesen kein zweites Mal in die menschlichen Geschicke greifen, damit die hoch gezüchtete Eitelkeit unserer Rasse nicht auf die Idee kommt, Zahl, Fähigkeit, Erfolg, Macht stehe über den gnädigen Gaben seiner Gunst, bevor seine Ziele erfüllt sind.»

Das ist «Apocalypse now». Die ideale Gesellschaft zerbricht an der Engstirnigkeit der Menschen, das heisst an den Menschen, die andere Vorstellungen des richtigen und falschen Wegs haben als Cooper. Als er am Buch arbeitete, hatte er die Reiseberichte von Captain James Cook gelesen, die «Principles of Geology» von Charles Lyell, das wichtigste Werk zur Geologie der damaligen Zeit, das unter anderem Charles Darwin nachhaltig geprägt hat. Vielleicht haben auch die idealen beziehungsweise utopischen Kommunen, von denen es damals in Amerika zahlreiche gab, einen Einfluss auf ihn ausgeübt, als er «The Crater» schrieb.[15]

Inseln waren immer Orte der Utopie, reüssierende und andere. Konservativ sind sie alle in ihrer Tendenz, den historischen Ablauf zu unterbrechen und die Vorbildlichkeit unverändert zu perpetuieren. Thomas Philbrick meinte, im Fall von «The Crater» sei die Utopie eine idealisierte Vorstellung seiner Jugendzeit in Cooperstown und eine Antwort auf die Jacksonian Democracy gewesen. Die Ereignisse nehmen daher ihren erwartungsgemässen katastrophalen Verlauf, aber bevor Vulcano's Peak untergeht, spielt der Autor ebenso mit Daniel Defoes «Robinson» wie mit den zwar fiktiven, aber auf Originalquellen beruhenden Südsee-Reiseberichten in der amerikanischen Literatur, etwa von Herman Melville («Taipee», «Omo», «Mardi») oder Edgar Allan Poe («Die denkwürdigen Erlebnisse des Arthur Gordon Pym»).

Cooperstown um 1850. Nach einer alten Zeichnung von Henry L. Eckerson.

Wo Melville und Poe nicht auf Symbolismus verzichten wollen, hält sich Cooper strikt an eine realistische gesellschaftliche Vision. Der Einzelne setzt sich am besten allein durch. Wo er für sich und seine Nächsten schaffen kann, ohne um die Früchte seiner Arbeit fürchten zu müssen, stehen die Dinge am besten. Wo mehrere Menschen zusammenleben, wo Assoziationen gebildet werden, dort entstehen Probleme, und wenn die Mehrheit, wie Cooper sie verstand, das Sagen hat, ist der Untergang vorgezeichnet.

Kein optimistischer Ausblick, aber kann man die Zeit aufhalten? «The Crater» war Coopers Warnung an die Adresse Amerikas. Der Grund dafür lag in seinen eigenen Affären, das ist unübersehbar, doch in «Vulcano's Peak» ist die Erzählung und die literarische Behandlung des Stoffs über lange Passagen hinweg bestimmend. In Coopers Spätwerk war das eine seltene und glückliche Ausnahme.

Abschied vom Schriftsteller und amerikanische Apotheose

James Fenimore Cooper starb am 14. September 1851, einen Tag vor seinem 62. Geburtstag. Susan Augusta, seine Frau, überlebte ihn nur kurz; sie starb 1852. Otsego Hall wurde kurze Zeit in ein Hotel umgewandelt und brannte 1853 nieder.

Cooper war ein vielseitiger, vor allem enorm produktiver Schriftsteller gewesen, und er war mit den Jahren ein erzkonservativer Mensch mit brisanten politischen und sozialen Ideen geworden. Das eine schliesst das andere nicht aus, bedauerlich ist nur der Umstand, dass beides so wenig übereinstimmte. Aber etwas anderes war vielleicht gar nicht möglich. Was Cooper als Schriftsteller geleistet hat, ist das eine, seine politischen und gesellschaftlichen Auffassungen das andere. Das frühe literarische Werk hatte dazu beigetragen, dass er heute als erster amerikanischer Schriftsteller mit einer Ausstrahlung weit über Amerika hinaus anerkannt wird. Diese Hinterlassenschaft wird bleiben. Der «Lederstrumpf» gehört in den Rang der Weltliteratur und beruht, wie das gesamte Werk, auf einer Schaffenskraft, die kaum ihresgleichen kennt. Das muss mit grösster Bewunderung zur Kenntnis genommen werden. Was die Auseinandersetzung damit und mit seine Ideen betrifft, ist eine andere Sache: Meinung, Interpretation, Kommentar.

Als Cooper starb, nahm die amerikanische Öffentlichkeit die Nachricht mit grossem Respekt auf. Seine Schriftstellerkollegen führten nach seinem Tod zu seinem Andenken verschiedene Erinnerungsfeiern durch, am 25. September 1851 in der City Hall, am 7. Oktober 1851 in der Historical Society und am 24. Februar 1852 in der Metropolitan Hall in New York. Die Aufstellung eines Denkmals wurde in Erwägung gezogen, aber der Plan nicht ausgeführt.

Cooper wurde gefeiert als meisterhafter Beschreiber der amerikanischen Geschichte, christlicher Philosoph, Romanautor mit zahlreichen Werken über die Seefahrt und so weiter. In der Versammlung vom 7. Oktober 1851 nannte ihn der Historiker George Bancroft eine «Verkörperung der amerikanischen Ideenwelt und wahrhaft schillernde Grösse Amerikas». Im darauf folgenden Jahr machte der Staatsmann und Redner Daniel Webster, der die Versammlung vom 24. Februar als Vorsitzender leitete, die Bemerkung, dass Coopers Werk «wahrhaft patriotisch und amerikanisch, durch und durch» sei: ein Gegenstand «nationaler Hochachtung». Wer nicht selber teilnehmen konnte, übermittelte Grussbotschaften, die vor den Anwesenden vorgelesen wurden: von Herman Melville, Ralph Waldo Emerson, Nathaniel Hawthorne, Henry W. Longfellow und vielen weiteren, die heute nicht mehr so bekannt sind. Edgar Allan Poe war 1849 ums Leben gekommen, Mark Twain, von dem eine herrliche erfundene Kritik an Coopers Stil vorliegt, noch zu jung.

Man kann sehen, wie die amerikanische Öffentlichkeit Cooper ohne Verzögerung in ihre Dienste nahm, ihn zum Aushängeschild der noch jungen amerikanischen Literatur erhob und die Hagiografie einsetzte. Vergessen waren seine Fehden mit der Presse, die ihm so übel wollte, seine Sozialkritik, die nicht immer und überall nur zustimmend aufgenommen worden war. Was seine Prozesse mit Zeitungen angeht, so wurde Coopers Meinung, er habe sich nie gegen Kritik, sondern nur gegen Verleumdungen gewehrt, von den meisten literarischen Zeitgenossen geteilt.

Am 24. Februar 1852 hielt der Schriftsteller William Cullen Bryant eine «Rede über Leben und Genius Coopers». Er liess das Leben des Schriftstellers an den Zuhörern vorüberziehen und meinte mit Blick auf «Die Ansiedler»: «Hier ist der Poet des Landlebens – hier ist unser Hesiod, unser Theokrit»[16], der erst noch besser geschrieben habe als sie.

Bryant musste freilich eingestehen, dass es Cooper nicht gelungen sei, überzeugende, glaubhafte Frauengestalten zu erfinden. Dafür erinnerte er daran, dass «Der Spion» 1847 in einer persischen Übersetzung in Isfahan erschienen sei. Als einmal jemand, der gerade aus Europa nach Amerika zurückgekommen war, gefragt wurde, was die Menschen auf dem Alten

Kontinent tun würden, zitierte Bryant die Antwort: «Sie lesen alle Cooper.» In Italien kam alles, was die Menschen dort über Amerika wussten, aus Coopers Büchern. So strahlte Coopers Ruhm für Amerika über die ganze Welt.

Bryant schloss seine Rede mit den Worten: «Die Beispiele, die er in seinen glorreichen Büchern von Heldentum, Ehre und Wahrheit gegeben hat, von Verbundenheit zwischen Mensch und Mensch, von allem, was gut, gross und beispielhaft ist, diese Beispiele sind durch Figuren verkörpert, die eine so starke Ausstrahlung besitzen, dass wir sie unter unsere Freunde und Favoriten reihen.»

Freunde und Favoriten? Einige schon, aber nicht alle. Cooper hat auch ein paar negative Helden und Verlierer gestaltet: Natty Bumppo, der im Alter durch das Gesetz, auf das sich Marmaduke Temple in absoluter juristischer Konformität beruft, vertrieben wird; Chingachgook, der zum Komparsen degradierte Indianer; Aron Timberman, der Squatter, der keine Kenntnis von den Vorzügen des Lebens der Landeigentümer hat, ein hartes Leben führen muss, seine Familie durchzubringen versucht, so gut es geht, und dafür mit dem Leben bezahlt; die stillen, unbeugsamen, ihre Pflicht erfüllenden Helden Harvey Birch und Jacopo Frontini. Ihnen gehört unsere Freundschaft bis zuletzt. Und von ihnen und ihrem Schöpfer verabschieden wir uns jetzt.

«Fireman's Parade», in Cooperstown, 1923.

1. Giovanni Battista Vico, italienischer Philosoph (1668–1744), «Prinzipien einer neuen Wissenschaft über die gemeinsame Natur der Völker» (1725, 1730).
2. Untertitel des Buchs «Wege zum Gleichgewicht». Frankfurt 1992.
3. Die Auseinandersetzung mit der Littlepage-Trilogie in diesem Kapitel hält sich an die extrem manirierte, aber zugleich geniale Übersetzung von Arno Schmidt.
4. Honoré de Balzac hat das Buch in den höchsten Tönen gelobt.
5. Ein merkwürdiger Sachverhalt, auf den Hugh C. MacDougall hingewiesen hat, der aber seltsamerweise nirgends sonst aufgegriffen worden ist.
6. Zu denen die Mohikaner gehörten.
7. Beziehungsweise in den Vereinigten Staaten Richterrecht.
8. Englischer Titel «The Chainbearer» (Der Kettenträger), weil die Landvermesser Ketten verwendeten, um die neuen Ländereien zu vermessen und die Grenzen zu ziehen.
9. Danke, Dekker, für das richtige Wort zur richtigen Zeit.
10. Das Stück wurde 1850 in New York erfolglos aufgeführt. Eine einzige Szene ist erhalten geblieben.
11. Das Kommunistische Manifest datiert von 1848, dem europäischen Revolutionsjahr. Was Cooper von Marx und Kommunismus wusste, ist nicht näher belegt. «Dr. McSocial» ist eine Figur im Stück.
12. John James Audubon (1780–1851), amerikanischer Zeichner. Wie Arno Schmidt in einer Fussnote seiner Übersetzung von «Tausendmorgen» erwähnt, hat Audubon in seinem Werk von einer Milliarde Wandertauben gesprochen (1831 in Ohio). – Gustave Le Bon, französischer Psychologe. Schrieb unter anderem «Psychologie des foules»(Psychologie der Massen), 1895.
13. Für den Ausdruck Freiheit gibt es im Englischen zwei verschiedene: «freedom» und «liberty», die nicht immer einfach auseinander zu halten sind. «Freedom» legt den Akzent auf die Möglichkeit, verfasste politische Rechte auszuüben, «liberty» auf die Freiheit der individuellen Entfaltung im Sinn von Selbstbestimmung.
14. Legendärer christlich eingestellter Sklavereigegner (1800–1859). Führte einen privaten Krieg gegen die Sklavenhalter, wurde in Harper's Ferry gefangen genommen und zum Tod durch den Strang verurteilt. Im amerikanischen Sezessionskrieg von den Nordstaaten zum Märtyrer erhoben.
15. New Harmony, Indiana, von Robert Owen; Brook Farm in Massachusetts, das von George Ripley geleitete Experiment der Transzendentalisten in den Jahren 1841 bis 1846; Fruitland in Harvard, Massachusetts, von Amos Bronson Alcott.
16. Antike griechische Dichter. Hesiod, «Werke und Tage» über die Entstehung der Götterwelt.– Theokrit, Begründer der bukolischen Dichtung.

Zeittafel

1620	Die Mayflower landet in Plymouth; Beginn der Besiedlung Nordamerikas
1754–1763	French and Indian War
1776	4. Juli: Unterzeichnung der Unabhängigkeitserklärung
1776–1783	Amerikanischer Unabhängigkeitskrieg
1787	Amerikanische Verfassung: «We, the People»
1789	14. Juli: Französische Revolution 15. September: Coopers Geburt; George Washington erster Präsident Amerikas (bis 1797)
1791	Vermont tritt der Union bei, verschiedene Gebiete tun in den folgenden Jahren ein Gleiches
1801	Thomas Jefferson Präsident von Amerika (bis 1809) Louisiana Purchase
1806–07	Lehrzeit auf dem Handelsschiff «Sterling»
1808–10	Dienst in der amerikanischen Marine, die meiste Zeit in Oswego am Lake Ontario und in New York
1811	1. Januar: Hochzeit mit Susan Augusta De Lancey, Aufenthalt in Mamaroneck, Scarsdale, Cooperstown
1812–14	Zweiter Unabhängigkeitskrieg
1815	Wiener Kongress, Beginn der Restauration in Europa, Anerkennung der Schweiz als unabhängiger Staat
1819	Amerika kauft Florida von Spanien
1820	«Precaution»
1821	«The Spy»
1822	Umzug nach New York
1823	«The Pioneers» Monroe-Doktrin gegen europäische Ansprüche auf dem amerikanischen Kontinent
1826	Reise nach Europa, Niederlassung zunächst in Paris, «The Last of the Mohikans»
1827	«Die Prärie»
1828	Erste Schweizer Reise, Weiterreise nach Italien, «Notions of the Americans»
1829	Aufenthalt in Italien Andrew Jackson Präsident von Amerika (bis 1837), Jacksonian Democracy

1830	Abreise von Italien, Aufenthalt in Dresden, Rückkehr nach Paris Frankreich: Revolution in Paris («Les trois glorieuses»), Beginn der Herrschaft Louis-Philippes, Juste-Milieu; Schweiz: Verbreitung demokratischer und liberaler Ideen, Aufhebung aristokratischer Kantonsverfassungen, zunehmende Konflikte zwischen progressiven und konservativen Kräften und zwischen Stadt und Land als Folge der demokratischen Entwicklung.
1831	Beginn der Finanzaffäre
1832	Zweite Schweizer Reise
1833	Rückkehr nach Amerika, Niederlassung in New York; «Der Scharfrichter von Bern oder Das Winzerfest»
1836	Niederlassung in Cooperstown; «Sketches of Switzerland», «Sketches of Switzerland: Part Second»
1838	«The American Democrat»; «Home as Found»
1840	«Der Pfadfinder»
1841	«Der Wildtöter»
1845	Amerika: Manifest Destiny; Schweiz: Sonderbund
1845–46	«The Littlepage-Manuscripts»: «Satanszehe», «Tausendmorgen». «Die Roten»
1847	Schweiz: Sonderbundskrieg
1846–48	Krieg Amerikas gegen Mexico; nach Beendigung gehen Texas, New Mexico und Kalifornien an Amerika
1848	Europa: Revolutionsjahr; Frankreich: Ende der Herrschaft Louis-Philippes, Ausrufung der Republik Schweiz: Gründung des Bundesstaates
1851	14. September: Coopers Tod

Die Statue, die Victor Salvatore von James Fenimore Cooper ausgeführt hat. Sie wurde 1940 in Cooperstown aufgestellt.

Ein Cooper-Glossar

Addison, Joseph – Englischer Publizist (1672–1719), besuchte verschiedene Male die Schweiz und veröffentlichte 1705 seine «Remarks on Several Parts of Italy, & c.», in denen er beschrieb, wie ihn die Schönheit genau so wie das Schreckliche der Alpen ergriff.

Alpen – Sie galten lange Zeit als Ort von Finsternis und Schrecken, bis Joseph Addison erkannte, dass im Schrecken ein Teil der Schönheit liegt. Dieses doppelte Gefühl von Abstossung und Hingerissenheit wird mit dem Ausdruck «erhaben» (englisch «sublim») bezeichnet. Die Idee der Erhabenheit legte der deutsche Philosoph Immanuel Kant (1724–1804) seiner «Kritik der Urteilskraft» zugrunde, um eine Theorie des Schönen zu entwickeln.

Baedeker, Karl – Deutscher Verleger (1801–1859). Veröffentlichte 1844 «Die Schweiz. Handbüchlein für Reisende nach eigener Anschauung und den besten Hilfsquellen».

Bartlett, William Henry – Vielgereister englischer topografischer Zeichner (1809–1854). >>Beattie. Die Illustrationen über die Schweiz sind nur ein kleiner Teil seines Werks.

Beattie, William – Englischer Arzt, Schriftsteller und Reisender (1793–1875). Sein «Switzerland» mit Stichen nach Zeichnungen von William Henry Bartlett schien 1836, im gleichen Jahr wie Coopers zwei Schweizer Reisebücher.

Bern – Cooper lebte 1828 drei Monate in der Stadt und besuchte sie 1832 auf der Durchreise. «Eine der eindrucksvollsten Städte in Europa» schrieb er 1828 prima vista in seinen Reiseunterlagen. 1832 be-

Cooperstown heute.

dauerte er, sich in Bern niedergelassen und nicht Genf vorgezogen zu haben, obwohl er bei seinem ersten Besuch in Genf von der Stadt enttäuscht war.

Byron, Lord George – Englischer Dichter (1788–1824). Schauplatz seines Dramas «Manfred» ist Schloss Unspunnen. >> Genfersee.

Charles X – Französischer König (1757–1836) aus dem Haus Bourbon. Wurde in der Julirevolution 1830 gestürzt.

Chateaubriand, François René Vicomte de – Französischer Schriftsteller und Staatsmann (1768–1848). Anhänger Charles' X, grosser Stilist. Schrieb unter anderem indianisch inspirierte Erzählungen: «René», «Attala», «Les Natchez». Veröffentlichte einen Bericht über eine Reise nach Chamonix.

Clinton-Republikaner – Eine der drei Fraktionen der Republikanischen Partei in der Zeit um 1800, neben den Livingstone- und den Burrite-Republikanern. Die Clintons waren eine Familie mit grossem Einfluss in New York. George Clinton (1739–1812) war mehrmals Gouverneur von New York, sein Neffe DeWitt Clinton (1769–1828) nach 1802 einer der mächtigsten politischen Führer in New York Staate. Cooper war Sekretär der Clinton-Republikaner in Westchester County.

Clark, William – Amerikanischer Forschungsreisender (1770–1838). Siehe Lewis, Meriwether.

Demokratie – So viel wie Volksherrschaft. Für Cooper war der Begriff im besten Fall geeignet, um eine Abgrenzung gegen die Monarchie vorzunehmen; selber bezeichnete sich der «Lederstrumpf»-Autor als Republikaner. In «The American Democrat» outet sich Cooper nicht als Demokrat, sondern als Landeigentümer. Politische Verhältnisse mit demokratischen (Mehrheits-) Entscheiden, wie sie unter der Präsidialzeit von Andrew Jackson an die Tagesordnung kamen, waren ihm suspekt. Auch in der Schweiz ein oft umstrittener Begriff, besonders in den feudalo-aristokratischen und ständestaatlichen Kantonen. >> Kapitel 7.

Dewey, Orville – Amerikanischer Geistlicher (1794–1882). Bereiste die Schweiz und beschrieb seine Eindrücke in «The Old World and the New», die im gleichen Jahr wie Coopers zwei Schweizer Reisebücher, 1836, erschienen.

Doctrinaires – Gruppe von restaurativen, ebenso anti-republikanisch wie anti-royalistisch eingestellten Politikern und politischen Theoretikern in Frankreich vor und nach 1830, zu der zeitweilig auch Minister François Guizot gehörte, der durch den Satz «Enrichissez-vous par le travail et par l'épargne» in die Geschichte eingegangen ist. Er wollte auf diese Weise das Census-Wahlrecht bewahren.

Ebel, Johann Gottfried – Deutscher Arzt (1764–1830), lebte zeitweise in der Schweiz. Schrieb eine «Anleitung, auf die nützlichste und genussvollste Art, die Schweiz zu bereisen» (1793, erweiterte Auflage 1804), den ersten Schweizer Reiseführer, ausserdem eine «Schilderung der Gebirgsvölker der Schweiz» (1798 und 1802).

Engelmann, J. P., und Reichard, H. A. O. – Verfasser des «Manuel pour les voyageurs en Allemagne et dans les pays limitrophes», dessen dritte Ausgabe (Frankfurt 1827) Cooper unterwegs benützte.

Erhabenheit – >>Alpen.

Finanzaffäre – In «Notions of the Americans» (1828) hatte Cooper die Feststellung gemacht, die republikanische Staatsform sei weniger kostspielig als die monarchische. Exponenten des Juste-Milieu widersprachen dieser Auffassung. Das Thema war Anlass für eine über längere Zeit sich hinziehende Kontroverse und trug Cooper unter anderem den Vorwurf ein, sich in die inneren Angelegenheiten der europäischen Staaten einzumischen. Er hatte Lafayette auf seiner Seite und erklärte in «Letter to General Lafayette» (1830) sowie «A Letter to His Countrymen» (1830) erneut seinen Standpunkt.

Föderalisten – Nach der amerikanischen Unabhängigkeit gab es keine Parteien im heute üblichen Sinn, sondern zwei starke politische Formationen: die Föderalisten, die entgegen ihrer Bezeichnung für eine starke Zentralregierung eintraten, sowie die Republikaner um Thomas Jefferson, die eine weitgehende Übertragung der politischen Macht an die einzelnen Bundesstaaten anstrebten. William Cooper, der Vater des Schriftstellers, war Föderalist.

Freeman – «Freeman» und «freewoman»: freier Bürger, freie Bürgerin. Nach Collier's Standard Dictionary (New York 1967) in den amerikanischen Kolonien «freeholder»: Grundeigentümer, der mit dem Bürger- und Wahlrecht ausgestattet war.

French and Indian War – Kolonialkrieg zwischen England und Frankreich in Nordamerika in den Jahren 1754–1763. Endete damit, dass Frankreich grosse Landgebiete an England abtreten und sich nach Norden, in das heutige Kanada, zurückziehen musste. Der Ausgang des Krieges erklärt, warum Frankreich sich im amerikanischen Unabhängigkeitskrieg auf die Seite der Kolonisten stellt.

Genfersee – Die Gegend um den Genfersee scheint eine bevorzugte Inspirationsquelle jeder Art gewesen zu sein. Joseph Addison begriff hier den erhabenen Charakter der Alpen. Jean-Jacques Rousseau schwärmte im Roman «Julie oder die Neue Heloise» von den Ufern des Sees, Byron liess sich von Schloss Chillon zum Versepos «Child Harold» anregen, Cooper hielt sich einen glücklichen Monat lang in Vevey auf; sein Roman «Der Scharfrichter oder Das Winzerfest» spielt zum Teil auf dem Genfersee, dessen Umgebung Cooper zuletzt von allen Gegenden der Schweiz am besten gefiel.

Greenough, Horatio – Amerikanischer Bildhauer (1805–1852), mit Cooper befreundet. Schuf das Standbild von George Washington mit erhobener Rechten, das für das Capitol in Washington bestimmt war und heute im National Museum of American History in Washington aufgestellt ist.

Heckewelder, John Gottlieb Ernestus – In England geborener und in Amerika wirkender Geistlicher (1743–1823). Indianerkenner, verfasste «Account of the History, Manners, and Customs of the Indian Nations, Who Once Inhabited Pennsylvania and the Neighboring States» (1819). Cooper bezog aus diesem Werk Angaben, die für sein Indianerbild massgebend waren.

Hobbes, Thomas – Englischer Philosoph (1588–1679), vertrat in seinem Hauptwerk «Leviathan» (1651) die Auffassung, der Mensch sei des Menschen Wolf und daher auf einen starken Staat angewiesen, der das Zusammenleben zum Wohl aller streng regelt.

Indianer – Als Cooper «Der letzte Mohikaner» schrieb, war sein Interesse an den Indianern noch gross, in späteren Jahren liess es beträchtlich nach. Den «Lederstrumpf» ein Indianerbuch zu nennen, ist eine Verfälschung der Tatsachen. Cooper ging es um die Ausbreitung der Zivilisation mit der Bibel und dem Gesetzbuch im Gepäck.

Jackson, Andrew – Radikaler Demokrat (1767–1845), siebenter Präsident der Vereinigten Staaten von 1829–1837. In der so genannten Jeffersonian Democracy drückt sich der Übergang von den alten republikanischen Werten zur modernen demokratischen Industrie- und Massengesellschaft aus. Gründer der Demokratischen Partei. Cooper war in vielen Bereichen mit ihm einverstanden, in vielen anderen, zum Beispiel was das Volk und die Mehrheit angeht, ganz und gar nicht. >> Kapitel 7.

Jefferson, Thomas – Amerikanischer Staatsmann (1743–1826), Verfasser der Unabhängigkeitserklärung von 1776. Stand später dem Marquis Lafayette bei der Aufsetzung der «Déclaration des droits de l'homme et du citoyen» (1789) zur Seite. Er setzte sein ganzes Vertrauen in die menschliche Vernunft, bekämpfte Eigennutz und war überzeugt, dass die Menschen das Recht hätten, ihr Schicksal selber zu gestalten. Um diese Ziele zu erreichen, war er gegen jede Form von Machtkonzentration eingestellt, auch gegen Macht und Einfluss durch Geld. Von 1801 bis 1809 dritter Präsident der Vereinigten Staaten.

Juste-Milieu – Bezeichnung für die Regierungszeit Louis-Philippes in Frankreich von 1830 bis 1840. Zeit des wirtschaftlichen Aufschwungs im Zeichen des Liberalismus.

Lafayette, Gilbert Motier Marquis de – Französischer General und Staatsmann (1757–1834). Stand im amerikanischen Unabhängigkeitskrieg im Dienst von General George Washington und spielte später in der französischen Politik eine bedeutende Rolle. Verfasser der «Déclaration des droits de l'homme et du citoyen» (1789) zusammen mit Thomas Jefferson. Cooper war während seiner Pariser Zeit oft zu Gast bei ihm.

Lewis, Meriwether – Amerikanischer Entdeckungsreisender (1744–1809). Führte zusammen mit William Clark im Auftrag von Präsident Jefferson zwischen 1803 bis 1806 eine Expedition vom Missouri bis zur Pazifikküste durch. Die gewonnenen Erkenntnisse legten die Grundlage für die Besiedlung des nordamerikanischen Kontinents bis zum Pazifik.

Locke, John – Englischer Philosoph (1632–1704). In seinen «Two Treaties of Government» (1690) entwickelte er eine Staatstheorie, die auf den Grundsätzen des Privateigentums, der Toleranz in Glaubensfragen, des Rechts auf Widerstand gegen absolutistische Macht und der Idee der Gewaltenteilung beruhen. Lockes Gedanken sind in die amerikanische Unabhängigkeitserklärung von 1776 und die französische «Déclaration des droits de l'homme et du citoyen» (1789) eingegangen und haben der bürgerlichen Gesellschaft den Weg bereitet.

Louisiana Purchase – Präsident Thomas Jefferson kaufte 1803 den Franzosen grosse Gebiete im Süden der heutigen Vereinigten Staaten und westlich des Mississippi ab.

Louis-Philippe – Französischer König (1773–1850) aus dem Haus Orléans, regierte das Land von 1830 bis zur Revolution von 1848.

Manifest Destiny – Redewendung aus der Zeit um 1845, die sich auf den göttlichen Auftrag der USA bezog, den nordamerikanischen Kontinent der freien Entwicklung ihrer Bevölkerung zur Verfügung zu stellen. Rechtfertigung für die territoriale Ausdehnung der Vereinigten Staaten. >> Monroe Doktrin.

Monroe Doktrin – Proklamation von Präsident James Monroe von 1823, «Amerika den Amerikanern» vorzubehalten. 1904 von Präsident Theodore Roosevelt mit der Absicht ergänzt, dass die Vereinigten Staaten überall in Nord- und Südamerika das Recht haben sollen, ihre Interessen durchzusetzen und sich zu diesem Zweck in die inneren Angelegenheiten fremder Staaten einzumischen. >>Manifest Destiny.

Morse, Samuel Finley Breese – Amerikanischer Künstler (1791–1872), auch Erfinder des ersten elektromagnetischen Schreibtelegrafen, der auf der Grundlage der Unterbrechung eines Stromschaltkreises funktioniert (1843). Er meinte, dass es möglich sein müsse, «Intelligenz augenblicklich durch Elektrizität zu übermitteln». Das Morsealphabet ist nach ihm benannt. Mit Cooper eng befreundet.

Murray, John – Englischer Verleger (1808–1892), veröffentlichte 1838 «Hand-Book for Travellers in Switzerland and the Alps of Savoy and Piedmont». Sein Vater John Murray (1778–1843) war selber ebenfalls Verleger gewesen und hatte Coopers «Die Ansiedler oder Die Quellen des Susquehanna» veröffentlicht.

Picot, Jean – Honorarprofessor der Geschichte und Statistik in Genf (1777–1864). Verfasser unter anderem von «Statistique de la Suisse» (1819).

Reiseführer – >>Baedeker, Ebel, Engelmann und Reichard, Murray, Picot, Simond.

Republikaner, Republikanische Partei – Zur Zeit der amerikanischen Unabhängigkeit gab es zwei Parteigruppierungen: Die Republikaner um Thomas Jefferson und die Föderalisten. Die Jefferson-Republikaner gingen um 1830 in der Demokratischen Partei auf. Die Republikanische Partei von heute ist 1854 aus einer Sammlungsbewegung verschiedener Gruppierungen, unter anderem den Whigs, hervorgegangen. Wenn Cooper sich als Republikaner bezeichnete, bezog er sich auf die von Thomas Jefferson geprägten republikanischen (in gewisser Weise vorindustriellen, auf Grundbesitz basierenden) Werte. Er grenzte sich auf diese Weise von Demokraten ebenso wie von Monarchisten ab. >> Clinton-Republikaner, Föderalisten, Whigs.

Restauration – Bezeichnung für die Wiederherstellung der absolutistischen Verhältnisse in Europa und die Zeit zwischen dem Ende der Napoleonischen Kriege beziehungsweise dem Wiener Kongress und dem Jahr 1848. Siehe Vormärz.

Rigi – Häufig besuchter Aussichtsberg. Er gehöre «unter die schönsten Berge der Schweiz», meinte schon Ebel 1793. Cooper besuchte die Rigi auf seiner ersten Schweizer Reise 1828. Erst um 1880 herum jedoch, mit dem Bau der Bergbahnen, wurde die Rigi zu einem beliebten Treffpunkt der mondänen Welt.

Rousseau, Jean-Jacques – In Genf geborener Philosoph (1712–1778). Lebte vorübergehend in Môtier (Kanton Neuchâtel) und auf der Petersinsel. Er prägte das «empfindsame Zeitalter» und übte mit dem Satz «Zurück zur Natur» sowie mit der Figur des «edlen Wilden» Kritik an den gesellschaftlichen Zuständen der Zeit. In «Julie oder Die Neue Heloise» (1761) stimmte er ein Loblied auf das einfache, unverdorbene Landleben an (in Meillerie, Clarens), seine Beschreibungen der romantischen, erhabenen Bergwelt sind ebenfalls darin sowie in seinen «Bekenntnissen» (1782) enthalten.

Schweiz – Cooper besuchte die Schweiz 1828 und 1832, in einer Zeit, als demokratisches Gedankengut und wirtschaftlicher Liberalismus sich, wie überall in Europa, ausbreiteten. Die Auseinandersetzung zwischen den freisinnigen und konservativen Kräften führte zum Sonderbundskrieg. Im Revolutionsjahr 1848 war die Schweiz mit der Gründung des modernen Bundesstaates das einzige Land in Europa, das die bürgerliche Revolution erfolgreich vollendete.

Scott, Sir Walter – Schottischer Schriftsteller (1771–1832), prägte mit seinen von der Romantik inspirierten historischen Romanen den literarischen Stil der Zeit («Ivanhoe», 1820).

Shelley, Percy Bysshe – Englischer Dichter (1792–1822). Verbrachte mit seiner (späteren) Frau Mary Wollstonecraft Shelley und Lord Byron den Sommer 1816 am Genfersee. Hier entstanden seine Gedichte «Hymn to Intellectual Beauty» und «Mont-Blanc».

Shubrick, William Branford – (1790–1874), verbrachte den grössten Teil seines Lebens im Dienst der amerikanischen Marine. Einer von Coopers engsten Freunden.

Simond, Louis – Kaufmann und Reiseschriftsteller (1766–1831). Verbrachte einige Jahre in New York, wurde 1822 in Genf eingebürgert. Verfasser einer «Voyage en Suisse» (1822, im gleichen Jahr auch in einer englischen Ausgabe in Boston erschienen), die Cooper benützte, um die Schweiz kennen zu lernen.

Squatter – Illegaler Land- und Liegenschaftsbesetzer. Squatter in Coopers Romanen sind die Familie von Aron Timberman in «Tausendmorgen» und Ismael Bush in «Die Prärie». Auch Natty Bumppo ist in «Die Ansiedler» ein (tolerierter) Squatter.

Thoreau, Henry David – Amerikanischer Schriftsteller und Naturalist (1817–1862). Verbrachte von 1845 bis 1847 mehr als zwei Jahre in einer selbst gebauten Hütte («cabin») am Walden Pond bei Concord, Massachusetts. «Walden oder Hüttenleben im Walde» (1854).

Tocqueville, Alexis de – Französischer Historiker (1805–1859). Kritisierte in «Über die Demokratie in Amerika» die «Allmacht der Mehrheit» und sagt: «Ich kenne kein Land, in dem im Allgemeinen weniger geistige Unabhängigkeit und weniger wahre Freiheit herrscht als in Amerika.»

Unabhängigkeitserklärung, amerikanische – Am 4. Juli 1776 von den Vertretern der 13 Kolonien unterzeichnet, die sich in dem Dokument vom englischen Mutterland lossagen. Das Recht auf Leben, Freiheit und Glück («Life, Liberty and the pursuit of Happiness») wird darin festgelegt.

Unabhängigkeitskrieg, amerikanischer – Krieg der (damals) 13 nordamerikanischen Kolonien mit Unterstützung Frankreichs gegen Grossbritannien. Das Zeichen gaben die Schüsse der Kolonisten 1775 an der North Bridge in Concord, Massachusetts, gegen die britischen Truppen. Der Krieg begann 1776 und endete 1781 mit dem Sieg der amerikanischen Truppen unter George Washington in der Schlacht von Yorktown, Virginia, gegen die von Lord Cornwallis angeführten Briten. Im Friedensvertrag von Versailles 1783 anerkannte Grossbritannien die Unabhängigkeit Amerikas. – Der so genannte Zweite Unabhängigkeitskrieg dauerte von 1812 bis 1814.

Vattel, Emer de – Neuenburger Rechtsgelehrter (1714–1767). Vertrat in «Le droit des gens ou principes de la loi naturelle» die Auffassung, dass das Land denen gehören soll, die es kultivieren. Mit diesem gegen Rousseaus Naturzustand gerichteten Urteil gab er die juristische Rechtfertigung für die Vernichtung der nomadisierenden Völker.

Verfassung, amerikanische – Beginnt mit «Wir, das Volk» («We, the People»); wurde 1787 in Kraft gesetzt.

Vormärz – Auch Biedermeier genannt. In Deutschland die restaurative Zeit zwischen Wiener Kongress 1815 am Ende der Napoleonischen Kriege bis 1848. >> Restauration.

Washington, George – General und Staatsmann (1732–1799). Oberbefehlshaber der amerikanischen Truppen im Unabhängigkeitskrieg. Von 1789 bis 1797 erster Präsident der Vereinigten Staaten.

Westchester County – Grenzt an New York City an. In Westchester County liegen einige Orte, die auf Cooper Bezug nehmen: Mamaroneck, Scarsdale. In Coopers Roman «Der Spion» ist es der Schauplatz einiger kriegerischer Auseinandersetzungen im amerikanischen Unabhängigkeitskrieg.

Whigs – Politische Formation, bestehend aus Anhängern des Präsidenten John Quincy Adams (1797–1801), des einflussreichen Politikers John Caldwell Calhoun, dissidenten Jacksonianern, Resten der alten Föderalistischen Partei sowie Exponenten der aufstrebenden Geschäftswelt, die die neuen Ideen von Business & Progress vertraten. Man könnte sie eine Gruppe von amerikanischen Ablegern der französischen Doctrinaires bezeichnen. Die Whigs und ihre Kreise waren erbitterte Gegner Coopers.

Wildnis und Zivilisation – Das eigentliche Thema von Cooper. Die Wildnis wird zurückgedrängt, und die Zivilisation breitet sich aus.

Wollstonecraft Shelley, Mary – Englische Schriftstellerin (1797–1851). Verbrachte zusammen mit Percy Bysshe Shelley, den sie später heiratete, und Lord Byron den Sommer 1816 in Genf und am Genfersee und begann dort ihren Roman «Frankenstein oder Der neue Prometheus».

Yankee – In der Kolonialzeit Bezeichnung für die englischen Siedler in Neu-England, im Unterschied zu den Kolonisten holländischer Herkunft in New York und im Hudson-Tal. Heute auf alle Amerikaner angewendet.

Zschokke, Heinrich – Schriftsteller, Erzieher, Historiker, Redaktor des «Schweizer Boten» (1771–1848), deutscher Herkunft, in der Schweiz vor 1848 in unzähligen politischen Funktionen wirksam. «Die Schweiz in ihren klassischen Stellen und Hauptorten» (1836 und 1838, in der zweiten Ausgabe von 1858 sind die Ereignisse von 1848 eingeflossen).

Coopers Werke

The Spy: A Tale of the Neutral Ground (1821). – Der Spion. Deutsch von Helga Schulz. Berlin 1989.
The Pioneers: or, The Sources of the Susquehanna (1823). – Die Ansiedler. Der Lederstrumpf, Band 4. In der Bearbeitung der Übersetzung von C. Kolb u.a. durch Rudolf Drescher. Frankfurt 1983.
The Pilot: A Tale of the Sea (1823). – Der Lotse. Ein Seegemälde. Die Übersetzung basiert auf der Ausgabe von 1853. Freiburg i. Br. 1984.
Lionel Lincoln: or, The Leaguer of Boston (1825). – Lionel Lincoln oder die Belagerung von Boston. Aus dem Englischen. Frankfurt 1839.
The Last of the Mohican: A Narrative of 1757 (1826). – Der letzte Mohikaner. Der Lederstrumpf, Band 2. In der Bearbeitung der Übersetzung von C. Kolb u.a. durch Rudolf Drescher. Frankfurt 1983.
The Prairie (1827). – Die Prärie. Der Lederstrumpf, Band 5. In der Bearbeitung der Übersetzung von C. Kolb u.a. durch Rudolf Drescher. Frankfurt 1983.
Notions of the American: Picked up by a Travelling Bachelor (1828). – Die Nordamerikaner, geschildert von einem reisenden Hagestolzen. Aus dem Englischen übersetzt von Dr. F. H. Ungewitter. Frankfurt 1829.
The Wept of Wish-ton-Wish (1829). – Conanchet oder Die Beweinte von Wish-ton-Wish. Neubearbeitung von Erich Noether. München 1924; Conanchet oder Die Beweinte von Wish-ton-Wish. Deutsch von Arno Schmidt. Stuttgart 1962.
The Bravo (1831). – Der Bravo. Eine venetianische Geschichte. Aus dem Englischen von Dr. G. Friedenberg. Stuttgart 1853.
The Headsman; or, The Abbaye des Vignerons (1833). – Der Scharfrichter von Bern oder das Winzerfest. Aus dem Englischen. Frankfurt 1833.
A Letter to His Countrymen (1834). Auf der Website der James Fenimore Cooper Society zugänglich.
Sketches of Switzerland (1836). – Ausflüge in die Schweiz. Aus dem Englischen übersetzt von Dr. C. F. Nietsch. Frankfurt 1836.
Sketches of Switzerland, Part Second (1836). – Aufenthalt in Frankreich, Ausflug an den Rhein und zweiter Besuch in der Schweiz. Aus dem Englischen übersetzt von Dr. C. F. Nietsch. Frankfurt 1837.
Home as Found (1838). – Eva Effingham oder die Heimath. Aus dem Englischen von Dr. Carl Kolb. Stuttgart 1846.
The American Democrat (1838). New York 1959.
The Pathfinder; or, The Inland Sea (1840). – Der Lederstrumpf, Band 3. In der Bearbeitung der Übersetzung von C. Kolb u.a. durch Rudolf Drescher. Frankfurt 1983.
The Deerslayer; or, The First War-Path (1841). – Der Wildtöter. Lederstrumpf, Band 1. In der Bearbeitung der Übersetzung von C. Kolb u.a. durch Rudolf Drescher. Frankfurt 1983.
Satanstoe; or, The Littlepage Manuscripts: A Tale of the Colony (1845). – Satanstoe. Bilder aus der amerikanischen Vergangenheit I. Deutsch von Arno Schmidt. Frankfurt 1976, 1991.

The Chainbearer; or, The Littlepage Manuscripts (1845). – Tausendmorgen. Bilder aus der amerikanischen Vergangenheit II. Deutsch von Arno Schmidt. Frankfurt 1977, 1983.
The Redskins; or, Indian and Injin: Being the Conclusion of the Littlepage Manuscripts (1846). – Die Roten. Bilder aus der amerikanischen Vergangenheit III. Deutsch von Arno Schmidt. Frankfurt 1978, 1983.
The Crater; or, Vulcan's Peak: A Tale of the Pacific (1847). Cambridge 1962.
Pages and Pictures from the Writings of James Fenimore Cooper. With Notes by Susan Fenimore Cooper. New York 1861.
Works of J. Fenimore Cooper. With new introductions by Susan Fenimore Cooper. New York and Cambridge, 1876–1884 (so genannte Household Edition).
The Letters and Journals von James Fenimore Cooper. 6 Bände. Edited by James Franklin Beard. Cambridge 1960–68.

Andere Werke

Baedeker, Karl: Die Schweiz. Handbüchlein für Reisende nach eigener Anschauung und den besten Hülfsquellen bearbeitet. Koblenz 1844.
Balzac, Honoré de: Lettres sur la littérature, le théâtre et les arts. Revue parisienne, 25 juillet 1840. Hier in ders.: Œuvres complètes vol 28. Paris o. J. (1963).
Beard, James Franklin: Historical Introduction. In: James Fenimore Cooper, The Pioneers. Albany 1980.
Ders.: Historical Introduction. In: James Fenimore Cooper, The Last of the Mohicans. Albany 1983.
Beattie, William: Switzerland. Illustrated in a Series of Views taken expressly for this work bei W. H. Bartlett. London 1836.
Bonstetten, Karl Victor: Neue Schriften (Kopenhagen 1799). Neuausgabe Bern 2000.
Cooper, Susan Fenimore (Tochter): Small Family Memoirs. In James Fenimore Cooper (Enkel) (Hg.): Correspondence of James Fenimore Cooper. New Haven 1922.
Cooper, William: A Guide in the Wilderness; or, The Western Countries of New York with Useful Instructions to Future Settlers (Dublin 1810). Reprint Cooperstown 1986.
Dekker, George: James Fenimore Cooper. The Novelist. London 1967.
Dewey, Orville: The Old World and the New; or, Journal of Reflections and Observations made on a Tour in Europe. London 1836.
Ebel, Johann Gottfried: Anleitung auf die nützlichste und genussvollste Art in der Schweiz zu reisen (Zürich 1793). Erweiterte Auflage 1804.
Engelmann, J. B., und Reichard (H. A. O.): Manuel pour les Voyageurs en Allemagne et dans les Pays Limitrophes. Frankfurt 1827 (dritte Auflage).
Goethe, Johann Wolfgang: Frankfurter Ausgabe: Die letzten Jahre. Band I 1823–1828, Band II 1828–1832. Frankfurt am Main 1993.
Grossman, James: James Fenimore Cooper. o. O. 1949.
Grüninger, Hans-Werner: James Fenimore Cooper, voyageur en Suisse. Typoskript o. J. (Dissertation an der Sorbonne, 1963).
Heckewelder, John Gottlieb Ernestus: Account of the History, Manners, and Customs of the Indian Nations, Who Once Inhabited Pennsylvania and the Neighboring States (Philadelphia 1819). Deutsche Übersetzung Göttingen 1821.

Georg Wilhelm Friedrich Hegels Leben beschrieben durch Karl Rosenkranz. Supplement zu Hegels Werken. Berlin 1844.

Locke, John: Zwei Abhandlungen über die Regierung (1690). Frankfurt 1977.

Lounsbury, Thomas R.: James Fenimore Cooper. Boston 1892.

MacDougall, Hugh C.: Where was James? A James Fenimore Cooper Chronology from 1789 to 1851. James Fenimore Cooper Society, Cooperstown, Second Printing 1998.

Ders.: Reading «The Pioneers» as History. Hand out for the course «Between the Rivers. The History of Otsego, Schoharie, and Delaware Counties from 1740–1840», given for the Center for Continuing Adult Learning. Oneonta, New York, 1994. www.oneonta.edu

Murray, John: Hand-Book for Travellers in Switzerland and the Alps of Savoy and Piedmont. London 1838.

Oelschlaeger, Max: The Idea of Wilderness. From Prehistory to the Age of Ecology. New Haven/London 1991.

Outland, Ethel R.: The «Effingham» Libels on Cooper. A Documentary History of the Libe Suits of James Fenimore Cooper. Madison 1929.

Pearce, Roy Harvey: Rot und Weiss. Die Erfindung des Indianers durch die Zivilisation. Stuttgart 1991.

Pickering, James H.: Cooper's Otsego Heritage: The Sources of «The Pioneers». Presented at the 2nd Cooper Seminar «James Fenimor Cooper: His Country and His Art» at the State University of New York College at Oneonta, 1979.

Picot, Jean: Statistique de la Suisse. Genève 1819.

Reichler, Claude; Ruffieux, Roland: Le voyage en Suisse. Anthologie des voyageurs français et européens de la renaissance au XXe siècle. Paris 1998.

Remini, Robert V.: The Life of Andrew Jackson. New York 1988 (Zusammenfassung der dreibändigen Ausgabe 1977, 1981 und 1984).

Schaller, Marie-Louise: Annäherung an die Natur. Schweizer Kleinmeister in Bern 1750–1800. Bern 1990.

Schirmer, Gustav: Die Schweiz im Spiegel englischer und amerikanischer Literatur bis 1848. Zürich, Leipzig 1929.

Schmidt, Aurel: Der Fremde bin ich selber. Auf der Suche nach der verschütteten Utopie. Basel 1982.

Ders.: Die Alpen – schleichende Zerstörung eines Mythos. Zürich 1990.

Shelley, Mary W., und Shelley, Percy B.: Flucht aus England. Reiseerinnerungen und Briefe 1814–1816. Aus dem Englischen übertragen und herausgegeben von Alexander Pechmann. Hamburg 2002.

Simond, Louis: Voyage en Suisse fait dans les années 1817, 1818 et 1819. Paris 1822.

Ders.: Switzerland; or, A Journal of a Tour and Residence in that Country, in the Years 1817, 1818 and 1819. Boston 1822.

Spiller, Robert E.: Fenimore Cooper. Critic of his Time (1931). New York 1963.

Ders.: Introduction. In: James Fenimore Cooper, Gleanings in Europe: France. New York 1928.

Ders.: Introduction. In: James Fenimore Cooper, Gleanings in Europe: England. New York 1930.

Ders. und Beard, James F.: Historical Introduction. In: James Fenimore Cooper, Gleanings in Europe: Switzerland. Albany 1980.

Swann, Charles: Guns Mean Democracy. «The Pioneers» and the Game Law. In: Robert Clark, James Fenimore Cooper: New Critical Essays. London/Totowa 1985.

Taylor, Alan: William Cooper's Town. Power and Persuasion on the Frontier of the Early American Republic (New York 1995). New York 1996.

Thoreau, Henry David: Walking (1862). Leipzig/Weimar 1986.

Vico, Giovanni Battista Vico: Prinzipien einer neuen Wissenschaft über die gemeinsame Natur der Völker (1725, 1730). Hamburg 1990.

Walker, Warren S.: Plots and Characters in the Fiction of James Fenimore Cooper. Hamden 1978.

Waples, Dorothy: The Whig Myth of James Fenimore Cooper. New Haven 1938.

Zschokke, Heinrich: Ausgewählte Schriften. Aarau 1828.

Ders.: Abaellino der Grosse Bandit (1794). St. Ingbert 1994.